Schriftenreihe der
Neuen Juristischen Wochenschrift

Im Einvernehmen mit den Herausgebern der NJW
herausgegeben von
Rechtsanwalt Prof. Dr. Konrad Redeker
Rechtsanwalt Felix Busse
Heft 29

Arztrecht

von

Dr. iur. Dr. h.c. Adolf Laufs

Professor
an der Universität Tübingen

4., verbesserte und erweiterte Auflage

C. H. BECK'SCHE VERLAGSBUCHHANDLUNG
MÜNCHEN 1988

Zitierweise: Adolf Laufs, Arztrecht, 4.A.

CIP-Titelaufnahme der Deutschen Bibliothek

Laufs, Adolf:
Arztrecht / von Adolf Laufs. – 4., verb. u. erw. Aufl. –
München : Beck, 1988
(Schriftenreihe der Neuen Juristischen Wochenschrift ;
H. 29)
ISBN 3 406 32810 5
NE: Neue Juristische Wochenschrift / Schriftenreihe

ISBN 3 406 32810 5
Druck: C. H. Beck'sche Buchdruckerei Nördlingen

Vorwort zur 4. Auflage

Seit vielen Jahren läßt die Neue Juristische Wochenschrift Schwerpunkthefte mit medizinisch-juristischen Beiträgen erscheinen, so daß ihrer Schriftenreihe ein Grundriß des Arztrechts durchaus ansteht. Arztrechtliche Fragen gewinnen praktisch und forensisch noch immer an Gewicht. Begründete Antworten erfordern den Austausch zwischen den Fächern, die Zusammenarbeit von Medizinern und Juristen. Darum wendet sich diese juristische Arbeit auch an den interessierten Arzt. Belege und Zitierweise suchen auf ihn Rücksicht zu nehmen. Die Auswahlbibliographien vor jedem Abschnitt sollen dem Leser Hinweise geben, der sich von dem knapp gehaltenen Text nicht befriedigt sieht und darum weitere Auskünfte sucht. Die Schwerpunkte liegen bei zivil- und strafrechtlichen Themen, die vielfach in allgemeine dogmatische Fragen einmünden. Diese indessen ließen sich auf dem zu Gebote stehenden Raum kaum einmal auch nur umreißen. Für ein vertieftes Studium des Arztrechts empfiehlt sich also je und je die Inanspruchnahme der juristischen Standardliteratur. Als ergiebig erweisen sich noch einzelne ältere arztrechtliche Spezialwerke.

Die freundliche Aufnahme des Werkes hat die Neuauflage erforderlich gemacht, für die der Autor den Text wiederum an vielen Stellen ergänzt, teilweise neu gefaßt und verbessert hat.

Der Verfasser dankt für gute Hilfe seinen Mitarbeitern, insbesondere Herrn Rechtsreferendar Dr. iur. Dieter Weber und Fräulein cand. iur. Heike Signer.

Der Autor widmet die Neuauflage des Buches dankbar den Medizinern seiner Familie: dem Großvater Dr. med. Paul Nopp i.m., dem Vater Dr. med. Josef Laufs i.m., der Schwester Dr. med. Wilfriede Granderath, dem Bruder Prof. Dr. med. Rainer Laufs, der Schwägerin Dr. med. Margot Laufs und der Tochter cand. med. Katja Laufs.

Tübingen, im September 1987 Adolf Laufs

Verzeichnis grundlegender und in der Folge abgekürzt zitierter Werke

E. Ankermann u. H. J. Kullmann (Hg.), Arzthaftpflicht-Rechtsprechung. Ergänzbare Rechtsprechungssammlung zur gesamten Arzthaftpflicht, 1987

B. Behrends, W. Gerdelmann (Hg.), Krankenhaus-Rechtsprechung. Ergänzbare Sammlung der Entscheidungen aus dem gesamten Krankenhauswesen, 1986

P. Bockelmann, Strafrecht des Arztes, 1968

E. Deutsch, Arztrecht und Arzneimittelrecht, 1983

E. Deutsch u. H.-L. Schreiber (Hg.), Medical Responsibility in Western Europe. Research Study of the European Science Foundation, 1985

K. Engisch, Die rechtliche Bedeutung der ärztlichen Operation, 1958

H. Franzki, Der Arzthaftungsprozeß, 1984

D. Giesen, Arzthaftungsrecht. Medical Malpractice Law, 1981

D. Giesen, Wandlungen des Arzthaftungsrechts, 1983 (1984)

H. Göppinger (Hg.), Arzt und Recht. Medizinisch-juristische Grenzprobleme unserer Zeit, 1966

S. Häußler, R. Liebold u. H. Narr, Die kassenärztliche Tätigkeit, 1982

E. Jung, Das Recht auf Gesundheit, 1982

H. Jung u. H. W. Schreiber (Hg.), Arzt und Patient zwischen Therapie und Recht, 1981

B.-R. Kern u. A. Laufs, Die ärztliche Aufklärungspflicht. Unter besonderer Berücksichtigung der richterlichen Spruchpraxis, 1983

M. Kohlhaas, Medizin und Recht, 1969

K. Luig, Der Arztvertrag, in: Vertragsschuldverhältnisse, 1974

R. Luyken, G. Pottschmidt, H. G. Thoelke, F. Wandtke, J. Zitzmann u. H. Weil (Hg.), Sammlung von Entscheidungen der Berufsgerichte für die Heilberufe, 3teilige Losebl.-Sammlung, 1985

A. Mergen (Hg.), Die juristische Problematik in der Medizin, 3 Bde., 1971

H. Mück, Die rechtliche Entwicklung des Arzt-Patient-Verhältnisses in der DDR, 1982

H. Narr, Ärztliches Berufsrecht. Ausbildung, Weiterbildung, Berufsausübung, 2 Teile, [2]1987

H. Putzo, Die Arzthaftung. Grundlagen und Folgen, 1979

H.-J. Rieger, Lexikon des Arztrechts, 1984

P. Schiwy, Th. Harmony, R. Jakubowski u. G. Dalichau, Deutsches Arztrecht. Sammlung des gesamten Medizinalrechts des Bundes und der Länder mit Kommentar, 1987

E. Schmidt, Der Arzt im Strafrecht, in: Lehrbuch der gerichtlichen Medizin, hg. von A. Ponsold, [2]1957, 1–79

E. Steffen, Neue Entwicklungslinien der BGH-Rechtsprechung zum Arzthaftungsrecht (RWS-Skript 137), [2]1986

W. Thürk (Hg.), Recht im Gesundheitswesen. Textsammlung. 3 Bde., Stand 1987

J. v. Troschke u. H. Schmidt (Hg.), Ärztliche Entscheidungskonflikte. Falldiskussionen aus rechtlicher, ethischer und medizinischer Sicht, 1983

H.-L. Weyers, Empfiehlt es sich, im Interesse der Patienten und Ärzte ergänzende Regelungen für das ärztliche Vertrags-(Standes-) und Haftungsrecht einzuführen?, 1978

Der Hippokratische Eid*

Ich schwöre bei Apollon dem Arzt und Asklepios und Hygieia und Panakeia und allen Göttern und Göttinnen, indem ich sie zu Zeugen rufe, daß ich nach meinem Vermögen und Urteil diesen Eid und diese Vereinbarung erfüllen werde:

Den, der mich diese Kunst gelehrt hat, gleichzuachten meinen Eltern und ihm an dem Lebensunterhalt Gemeinschaft zu geben und ihn Anteil nehmen zu lassen an dem Lebensnotwendigen, wenn er dessen bedarf, und das Geschlecht, das von ihm stammt, meinen männlichen Geschwistern gleichzustellen und sie diese Kunst zu lehren, wenn es ihr Wunsch ist, sie zu erlernen, ohne Entgelt und Vereinbarung und an Rat und Vortrag und jeder sonstigen Belehrung teilnehmen zu lassen meine und meines Lehrers Söhne sowie diejenigen Schüler, die durch Vereinbarung gebunden und vereidigt sind nach ärztlichem Brauch, jedoch keinen anderen.

Die Verordnungen werde ich treffen zum Nutzen der Kranken nach meinem Vermögen und Urteil, mich davon fernhalten, Verordnungen zu treffen zu verderblichem Schaden und Unrecht.

Ich werde niemandem, auch auf eine Bitte nicht, ein tödlich wirkendes Gift geben und auch keinen Rat dazu erteilen; gleicherweise werde ich keiner Frau ein fruchtabtreibendes Zäpfchen geben: Heilig und fromm werde ich mein Leben bewahren und meine Kunst.

Ich werde niemals Kranke schneiden, die an Blasenstein leiden, sondern dies den Männern überlassen, die dies Gewerbe versehen.

In welches Haus immer ich eintrete, eintreten werde ich zum Nutzen des Kranken, frei von jedem willkürlichen Unrecht und jeder Schädigung und den Werken der Lust an den Leibern von Frauen und Männern, Freien und Sklaven.

Was immer ich sehe und höre, bei der Behandlung oder außerhalb der Behandlung, im Leben der Menschen, so werde ich von dem, was niemals nach draußen ausgeplaudert werden soll, schweigen, indem ich alles Derartige als solches betrachte, das nicht ausgesprochen werden darf.

Wenn ich nun diesen Eid erfülle und nicht breche, so möge mir im Leben und in der Kunst Erfolg beschieden sein, dazu Ruhm unter allen Menschen für alle Zeit; wenn ich ihn übertrete und meineidig werde, dessen Gegenteil.

---

* Nach Karl Deichgräber, Der Hippokratische Eid, [4]1983. Vgl. auch Wilhelm Capelle (Bearb.), Hippokrates. Fünf auserlesene Schriften, [2]1984.

Inhaltsverzeichnis

I. Wesen und Inhalt des Arztrechts

F. Anschütz, Indikation zum ärztlichen Handeln. Lehre, Diagnostik, Therapie, Ethik, 1982; F. Anschütz, Ärztliches Handeln. Grundlagen, Möglichkeiten, Grenzen, Widersprüche, 1987; K.F. Arndt, Heilpraktikerrecht, 1985; H. Baier (Hg.), Medizin im Sozialstaat. Medizinsoziologische und medizinpolitische Aufsätze, 1978; H. Baier, Medizin, Mensch, Gesellschaft, 1981; D. Birnbacher, Medizin–Ethik, 1986; E.M. Burkardt, Ärztliche Standespflichten und Streikrecht der Kassenärzte und der in Krankenhäusern privatrechtlich angestellten Ärzte, iur. Diss. Würzburg, 1971; C. Bruaire, Medizin und Ethik, 1982; H.J. Bochnik u.a., Vertrauen: Fundament des ärztlichen Berufs, in: Bistum Essen (Hg.), Vertrauen als Fundament, 1981, 11–46; F. Büchner, Der Eid des Hippokrates. Die Grundgesetze der ärztlichen Ethik, 1945; K. Deichgräber, Der Hippokratische Eid, [4]1983; E. Deutsch, Medizin und Forschung vor Gericht. Kunstfehler, Aufklärung und Experiment im deutschen und amerikanischen Recht, 1978; E. Deutsch, H. Kleinsorge u. F. Scheler (Hg.), Verbindlichkeit der medizinisch-diagnostischen und therapeutischen Aussage, 1983; W. Doerr, W. Jacob, A. Laufs (Hg.), Recht und Ethik in der Medizin, 1982; U. Eibach, Medizin und Menschenwürde. Ethische Probleme in der Medizin aus christlicher Sicht, 1976; D.v. Engelhardt, Dauer und Wandel in der Geschichte der medizinischen Ethik. Ein Beitrag zur Prüfung der Paradigmawechsel des Thomas S. Kuhn in der Medizin, in: U. Schlaudraff (Hg.), Ethik in der Medizin, Tagung der evangelischen Akademie Loccum 1985, 1987, 35–44; K. Engisch, Konflikte, Aporien und Paradoxien bei der rechtlichen Beurteilung der ärztlichen Sterbehilfe, in: Festschrift f. Eduard Dreher, 1977, 309–330; A. Eser, Der Arzt zwischen Eigenverantwortung und Recht. Zur Problematik „ärztlichen Ermessens", in: Festschrift f. Alfons Auer, 1980, 166–189; E. Fleischmann, Die freien Berufe im Rechtsstaat, 1970; P. Fritsche, Grenzbereich zwischen Leben und Tod. Klinische, juristische und ethische Probleme, [2]1979; H.-G. Gadamer, Apologie der Heilkunst, in: Kleine Schriften I, Philosophie, Hermeneutik, 1967, 211–219; W. Geiger, Wie frei ist der Arzt?, in: Festschrift f. Erwin Stein, 1969, 83–97; G. Geilen, Neue juristisch-medizinische Grenzprobleme, JZ 1968, 145–152; D. Giesen, Arztrecht, in: Staatslexikon, Bd. 1, [7]1985, Sp. 366–374; J. Gross, Die Persönliche Freiheit des Patienten. Zur öffentlichrechtlichen Normierung des medizinischen Behandlungsverhältnisses, 1977; R. Gross, H.H. Hilger, W. Kaufmann, P.G. Scheurlen (Hg.), Ärztliche Ethik (Kölner Symposium), 1978; F. Hartmann, Medizin in Bewegung – Arzt im Umgang, 1975; H. Hausheer, Arztrechtliche Fragen, Schweizerische Juristenzeitung 1977, 245–255; G. Heberer, H.W. Opderbecke u. W. Spann (Hg.), Ärztliches Handeln – Verrechtlichung eines Berufsstandes. Festschrift f. Walther Weißauer, 1986; H. Hellner, Arzt–Kranker–Krankheit, 1970; J.M. Humber, R.F. Almeder (Hg.), Biomedical Ethics and the Law, [2]1979; F.J. Illhardt, Medizinische Ethik, ein Arbeitsbuch, unter Mitarb. v. H.-G. Koch, 1985; K. Jaspers, Die Idee des Arztes; Arzt und Patient, in: Philosophie und Welt. Reden und Aufsätze, 1958; Kath. Ärztearbeit Deutschlands (Hg.), Medizinische Ethik, 1982; E.W. Keyserlingk, Sanctity of life or quality of life, 1979; J. Kleeberg (Hg.), Eide und Bekenntnisse in der Medizin, eine Anthologie, 1979; P. Koslowski, Ph. Kreuzer, R. Löw (Hg.), Die Verführung durch das Machbare. Ethische Konflikte in der modernen Medizin und Biologie, 1983; D. Krauskopf u. J. Siewert, Das Kassenarztrecht, [3]1980; P. Krauß, Medizinischer Fortschritt und ärztliche Ethik, 1974; M. Kriele, „Stand der medizinischen Wissenschaft" als Rechtsbegriff, NJW 1976, 355–358; G. Küchenhoff, Arztrecht, in: Staatslexikon,

Bd. 1, [6]1957, Sp. 601–612; A. Laufs, Recht und Medizin im Zeichen des technischen Fortschritts. Aufgaben und Antworten aus der Sicht des Juristen, 1978; A. Laufs, Recht und Gewissen des Arztes, in: Heidelberger Jahrbücher XXIV, 1980, 1–15; A. Laufs, Grundlagen des Arztrechts, in: Festschrift f. Hermann Weitnauer, 1980, 363–386; A. Laufs, Berufsfreiheit und Persönlichkeitsschutz im Arztrecht, 1982; A. Laufs, Recht und Ethik des Arztes. Harmonie und Widersprüche, in: ZFA 1983, 979–984; A. Laufs, Arzt und Recht im Wandel der Zeit, MedR 1986, 163–170; A. Laufs, Standesregeln und Berufsrecht der Ärzte, in: Festschr. f. W. Weißauer, 1986, 88–95; P. Lawin u. H. Huth, Grenzen der ärztlichen Aufklärungs- und Behandlungspflicht, 1982; A. Lukowsky, Philosophie des Arzttums, 1966; G. Lüke, Beiträge zum neuen Kassenarztrecht, 1980; H. Müller u. H. Olbing (Hg.), Ethische Probleme in der Pädiatrie und ihren Grenzgebieten, 1982; G. A. Neuhaus (Hg.), Pluralität in der Medizin, der geistige und methodische Hintergrund, 1980; R. Nissen, Randbemerkungen zur ärztlichen, besonders der chirurgischen Berufsführung, 1974; K. E. Rothschuh (Hg.), Was ist Krankheit? Erscheinung, Erklärung, Sinngebung, 1975; M. Sailer, Medizin in christlicher Verantwortung. Sittliche Orientierungen in päpstlichen Verlautbarungen und Konzilsdokumenten, 1982; H. Schaefer, Der Krankheitsbegriff, in: M. Blohmke u. a. (Hg.), Handbuch der Sozialmedizin III, 1976, 15–31; H. Schaefer, Medizinische Ethik, 1983; H. Schipperges, E. Seidler, P. U. Unschuld (Hg.), Krankheit, Heilkunst, Heilung, 1978; H. Schipperges, Arzt und Patient in der Welt von morgen, 1983; J. Schlemmer (Hg.), Haben wir die richtige Medizin?, 1975; G. Schlenker, Das „berufsunwürdige Handeln" des Arztes, o. J.; E. Schmidt, Der Arzt im Strafrecht, 1939; G. Schneider, Kassenarztrecht, 1983; G. Scorer, A. Wing (Hg.), Decision Making in Medicine: the practice of its ethics, 1979; W. Seeger, Die Berufsordnungen der Heilberufe, DVBl 1958, 487–491; E. Seidler, Entscheidungskonflikte in der Medizin, ÄrzteBl. Bad.-Württ. 1977, H. 4; A. Siebert, Strafrechtliche Grenzen ärztlicher Therapiefreiheit, 1983; P. Sporken, Die Sorge um den kranken Menschen. Grundlagen einer neuen medizinischen Ethik, [3]1986; F. F. Stobrawa, Die ärztlichen Organisationen in der Bundesrepublik Deutschland, 1979; J. Taupitz, Rechtliche Bindungen des Arztes: Erscheinungsweisen, Funktionen, Sanktionen, NJW 1986, 2851–2861; H. Thielicke, Wer darf leben? Der Arzt als Richter, 1968; H. Thielicke, Wer darf sterben? Grenzfragen der modernen Medizin, 1979; B. Tiemann u. S. Tiemann, Kassenarztrecht im Wandel, 1983; R. Tölle-Kastenbein, Das Genfer Arztgelöbnis und der Hippokratische Eid, o. J.; H. Trockel, Zur Frage der Rezeption ärztlicher Standesethik, NJW 1971, 1057–1061; W. Uhlenbruck, Der Ärztestreik als Mittel kollektiver Interessenwahrung, Recht der Arbeit, 1972, 327–336; W. Wachsmuth, Chirurgie zwischen Gesetz und Gewissen, Arzt- u. Arzneimittelrecht 1977, 179–184; W. Wachsmuth, Die chirurgische Indikation. Rechtsnorm und Realität, in: Festschrift f. Paul Bockelmann, 1979, 473–480; V. v. Weizsäcker, Der kranke Mensch. Eine Einführung in die medizinische Anthropologie, 1951; W. Wiegand (Hg.), Arzt und Recht (Berner Tage für die juristische Praxis 1984), 1985; U. Wolff, Abschied von Hippokrates, 1981.

1 Das zersplitterte, in die verschiedensten juristischen Fächer hineinreichende, unübersichtliche Gesundheitsrecht mit seinem Kernstück des Arztrechts[1]

[1] Über dessen Entwicklung A. Laufs, NJW 1978, 1177–1181; 1979, 1230–1235; 1980, 1315–1320; 1981, 1289–1294; 1982, 1319–1324; 1983, 1345–1351; 1984, 1383–1390; 1985, 1361–1367; 1986, 1515–1521; 1987, 1449–1456, mit jeweils zahlreichen Nachweisen. Über die Bundesgesetzgebung zum Gesundheitsrecht M. Borchmann, MedR 1983, 133–135; 221 f.; 1984, 58–60; 219–223; 1985, 157–160; 1986, 26–30; 105–110; 1987, 30–36; 98–104.

erfordert das Bemühen um die tragenden Grundlagen und Zusammenhänge.[2] Die ärztliche **Standesethik** bildet ein verbindendes Fundament, in dem auch die Berufsfreiheit des Arztes[3] wurzelt. Trotz mancher Zweifel liefern wesentliche Auskünfte des Hippokratischen Eides gültig bleibende Ansätze für die Fortbildung der Berufsethik[4] im Zeichen immer neuer technischer Umbrüche, Möglichkeiten und Gefahren. Die Hauptfrage heißt: Darf die Medizin, was sie kann? (Sporken). Die Antwort kommt an der stattlichen Zahl gediegener amerikanischer Studien nicht vorbei, die um die beiden Grundfiguren kreisen: Sanctity of Life and Quality of Life.[5]

Pflege und Fortbildung des Berufsethos bilden neben der Gewährleistung 2
eines hohen fachwissenschaftlichen Leistungsvermögens die Hauptaufgabe wie den Existenzgrund des ärztlichen Standes und seiner Institutionen. Auch für die Jurisprudenz und die Rechtspflege hat die Arztethik erhebliches Gewicht. Es erscheint „durchaus legitim, auf dem Felde des Rechts, bei der Rechtsetzung, der Rechtsanwendung und im Rechtsstreit, ethisch und damit zugleich rechtlich zu argumentieren. In besonderer Weise gilt das für das Arztrecht."[6] Die meisten Rechtsfragen, die der ärztliche Dienst im technischen Zeitalter aufwirft, lassen sich nicht mittels konkreter, eigens für sie geltender gesetzlicher Einzelnormen beantworten, sondern nur in oft schwieriger Abwägung allgemeiner Rechtsgrundsätze, deren Inhalt und Tragweite sich regelmäßig erst im Blick auf Sätze der Ethik voll erschließen. „Wie kaum ein anderes Gebiet ist das Recht der Medizin daher offen für ethische Erwägungen, ohne die es gar nicht auskommen kann."[7]

Seit alters gründet die Idee des Arztes auf **Wissenschaft und Humanität.** 3
Naturwissenschaftliche Erkenntnis und Nächstenliebe leiten den berufenen Arzt gleichermaßen. Nüchternes Wissen und technisches Können dürfen ihn nie die Würde des selbstentscheidenden Kranken und den unersetzlichen Wert jedes einzelnen Menschen vergessen lassen. „Das Verhältnis von Arzt und Patient ist in der Idee der Umgang zweier vernünftiger Menschen, in dem der wissenschaftliche Sachkundige dem Kranken hilft" (Karl Jaspers). Die Hilfe des Arztes gilt nicht nur dem Fall eines Allgemeinen, sondern stets einem Individuum. Der gewissenhafte ärztliche Helfer faßt den Lebenslauf ins Auge, vermag den Umgang des Kranken mit seiner Krankheit zu gestalten. Der Arzt darf sich freilich nicht die Rolle des Seelsorgers anmaßen, auch wenn er glaubt, die Krankheit solle den Betroffenen zum Sinn des Lebens führen. „Eine Heilung", so schreibt Hans Carossa im Arzt Gion, „aus der nur der frühere Zustand wieder hervorgeht und nicht ein starkes Mehr an

---

[2] A. Laufs, Zeitschr. f. Allgemeinmedizin 1983, 979–984.

[3] A. Laufs, Berufsfreiheit und Persönlichkeitsschutz im Arztrecht, 1982.

[4] Die als besonders ausgeprägter Teil der allgemeinen Ethik ihr Gegenstück in einer Patientenethik finden sollte.

[5] F.J. Illhardt, Arzt und Christ, 1980, 201–214.

[6] H.-L. Schreiber, in: Festschrift f. Hanns Dünnebier, 1982, 633–647 (641 f.).

[7] Schreiber, 643.

Lebensgeist, ist eben keine; und andrerseits: Erneuerungen eines Wesens, wie wären sie möglich ohne zeitweiliges Erkranken?«

4 Der Arzt wirkt durch Sachkunde, die Objektivierung voraussetzt und also Distanz braucht. „Es gilt nur den Abstand zu finden, dann kann einer viel für den anderen tun" (Carossa). Andererseits wendet der Arzt seine Wissenschaft an in einer übergreifenden, menschlichen Gemeinschaft mit dem Leidenden. Daher gehört zum Wesen des Heilkundigen „eine emotionale Komponente, ohne welche die echte Arzt-Patienten-Beziehung kaum möglich ist" (Werner Wachsmuth). Aufgrund der Wissenschaft überschreitet die ärztliche Kunst alle Wissenschaft auch durch den glücklichen Griff, nämlich die mittels langer Erfahrung „ermöglichte Beobachtung und Erwartung, die ihre Gründe nicht restlos bewußt gegenwärtig hat" (Jaspers).

5 Der Arzt ist nicht Anwalt des Gemeinwohls, sondern zuerst **Helfer des einzelnen Kranken.** Dem wie immer bestimmten Gesamtinteresse darf er die individuellen Belange seines Patienten nicht unterordnen. Freilich soll sich der Arzt bei seinem Tun und Lassen immer bewußt bleiben, welche Folgen sich für die Vielzahl der anderen daraus ergeben, etwa finanziell für die Versichertengemeinschaft. Dies gilt vornehmlich für den medizinischen Aufwand. Wenngleich kein Sozialingenieur, ist der Arzt stets verpflichtet, ebenso wirksamen wie sparsamen Gebrauch von den medizinischen Mitteln zu machen. Dazu gehören genaue Indikationen und sorgsames prognostisches Abwägen.

6 Das Recht hat die Aufgabe, Konflikte im menschlichen Zusammenleben zu vermeiden und zu schlichten. Das Recht besteht aus Normen, die das menschliche Verhalten in der Gemeinschaft regeln. Die Rechtsnorm zeichnet sich dadurch aus, daß sie allgemein verbindlich gilt und daß Sanktionen ihre Geltung erzwingen. Das Recht soll der guten Ordnung wie der Gerechtigkeit dienen. Die Rechtsnorm oder der Rechtssatz ist „eine innerhalb einer organisierten menschlichen Gemeinschaft geltende, auf ihrem Willen beruhende Verhaltensnorm, die unter gewissen Voraussetzungen ein bestimmtes äußeres Verhalten bindend vorschreibt, das heißt mit einem vom Willen der Unterworfenen unabhängigen Geltungsanspruch" (Heinrich Lehmann).

7 Das **Arztrecht** umfaßt die Summe der Rechtsnormen, unter denen der Arzt und seine Berufstätigkeit stehen. Es erscheint freilich weder in einem abgeschlossenen System noch in einer umfassenden Kodifikation, wenngleich einzelne Berufsgesetze und besondere Satzungen erlassen sind. Immerhin enthalten die großen Zivil-, Straf- und Verfahrensgesetze verstreut Vorschriften, die sich im besonderen an den Arzt richten. Doch wesentliche Fragen, die ärztliches Handeln aufwirft, müssen ihre Antwort aus dem Recht für jedermann, etwa den allgemein geltenden Sätzen des BGB oder des StGB, finden. Die Gerichte, die diese Sätze auslegen und fortbilden, haben dabei jedoch die Eigenart ärztlichen Wirkens berücksichtigt. So hat die Judikatur den größten Teil der modernen Arzthaftpflicht entwickelt, die als typisierte

Kasuistik der Zivilgerichte Gestalt gewann.[8] Die vornehmlich durch den Bundesgerichtshof vollzogenen „Wandlungen des Deliktsrechts"[9] tragen – etwa im Hinblick auf das Maß der Sorgfaltspflichten und die Beweislast im Schadensprozeß – für die Medizin durchaus eigentümliche Züge.

Die **Einheit des Arztrechts,** dessen Sätze teils aus dem allgemeinen Recht, 8
teils aus Spezialgesetzen fließen, ergibt sich aus der Eigenart des ärztlichen Dienstes, aus der Idee des Arztes als Helfer des Kranken: Medizinische Erfahrenheit und berufliches Ethos konstituieren das Arzttum. Die Würde des Menschen verlangt nach dem Grundgesetz als oberster Wert absoluten Schutz. Bei der Tätigkeit des Arztes geht es um die mit ihr verbundenen wichtigsten Rechtsgüter des Menschen. Sie sind dem Urteil und der Hand des Arztes anheimgegeben: Leben, Gesundheit, Autonomie. Das Recht als das allgemeine Gesetz der Freiheit aller kann sich vor dem ärztlichen Dienst nicht zurückziehen, kann die Lösung von Interessenkollisionen nicht dem Berufsstand allein überlassen. Die erwünschte **Selbstkontrolle** des ärztlichen Standes oder der bloße Verweis auf das Gewissen – so bestimmend es für den Arzt sein soll – reichen nicht aus. Die Fragen gehen elementar auch Nichtärzte an; sie sind Angelegenheit der Allgemeinheit und damit des Rechts.[10]

Die notwendige **rechtliche Kontrolle** der Medizin darf indessen nicht zu 9
einer vollständigen juristischen Organisation des Verhältnisses zwischen Arzt und Patient führen. Für den angemessenen Umfang der Rechtskontrolle gibt es keine Zauberformel. „Vielmehr bleibt nur der steinige Weg der Klärung der Gegensätze, der Kenntnis der unterschiedlichen Ausgangspunkte und Methoden von Medizin und Recht sowie des Versuchs einer jedenfalls teilweisen Einigung im Interesse der gemeinsamen Aufgaben beider im Ansatz sich so fremden Disziplinen."[11]

Ein mittlerweile bewährtes Mittel der Selbstkontrolle auf dem Felde der 10
Neulandmedizin bilden die **Ethik-Kommissionen.**[12] Die interdisziplinär besetzte Ethik-Kommission wirkt präventiv. Sie nimmt „in einer Stellvertreterfunktion die schutzwürdigen Interessen der Probanden und Patienten wahr. Daneben bezweckt sie den Schutz der Forschungsinstitution und des For-

---

[8] D. Giesen, Wandlungen des Arzthaftungsrechts, 1983.

[9] E. v. Caemmerer, 1964.

[10] H.-L. Schreiber, Notwendigkeit und Grenzen einer rechtlichen Regelung ärztlicher Tätigkeit, Der Chirurg 1980, 411–413. Vgl. auch E. Steindorff, JZ 1963, 371.

[11] H.-L. Schreiber, Notwendigkeit und Grenzen rechtlicher Kontrolle der Medizin, 1984 (Göttinger Universitätsrede), 48. Zur Verrechtlichung der Medizin aus ärztlicher Sicht E. Buchborn, MedR 1984, 126–129.

[12] „Der Arzt soll", so § 1 Abs. 4 der Berufsordnung, „vor der Durchführung klinischer Versuche am Menschen oder der Forschung mit vitalen menschlichen Gameten und lebendem embryonalen Gewebe oder der epidemiologischen Forschung mit personenbezogenen Daten eine bei der Ärztekammer oder einer medizinischen Fakultät gebildete Ethikkommission anrufen, um sich über die mit seinem Vorhaben verbundenen berufsethischen und berufsrechtlichen Fragen beraten zu lassen. Bei der durchzuführenden Beratung des Arztes ist die Deklaration des Weltärztebundes von 1964 (Helsinki) in der revidierten Fassung von 1975 (Tokio) zugrunde zu legen."

schers vor Regreßansprüchen. Zur Erfüllung dieser Aufgabe ist die Mitwirkung eines Juristen unerläßlich."[13] Die Inanspruchnahme des Prüferkollegiums hängt von dem freien Entschluß des Forschers und Arztes ab. Weil die Gremien bei geeigneter Zusammensetzung ein Instrument der Verkehrssicherung bilden, besteht für Forschung betreibende Institutionen eine haftpflichtrechtlich erhebliche Sorgfaltspflicht, Ethik-Kommissionen einzurichten, für die Wissenschaftler, schwierige Vorhaben prüfen zu lassen. Auf den positiven Bescheid einer geeignet organisierten Kommission darf der Forscher grundsätzlich vertrauen, auch wenn er stets für sein Tun und Lassen selbst verantwortlich bleibt. Die Stellungnahmen der Kommission tragen den Charakter von Gutachten und bleiben ihrer Unverbindlichkeit wegen unanfechtbar. Die Bildung und Inanspruchnahme von Ethik-Kommissionen empfiehlt sich nicht nur bei ärztlichen Heilversuchen und medizinischen Experimenten, sondern zunehmend auch bei den oft schwierigen Grenzfragen des Krankenhausalltags.

11 Der Einfluß des Rechts und damit auch der Juristen auf den ärztlichen Beruf hat sich in den letzten Jahrzehnten erheblich gesteigert, und er nimmt noch weiter zu. Die lebhafte **Konjunktur der Haftpflichtansprüche** gegen Ärzte hält an. Die Prozeßbereitschaft vergrößerte sich aus verschiedenen Gründen. Der oft von populären Erfolgsberichten erwartungsvoll gestimmte Patient zeigt sich vielfach nicht bereit, seine Krankheit als Schicksal zu tragen. „Der Arzt muß für die Operation die Garantie übernehmen", heißt es in den „Forderungen der Vereinigung medizinisch-chirurgisch Geschädigter Deutschlands". Dabei haben die Gefahren der modernen Medizin gewiß zugenommen, wie die Therapie des Krebses zeigt. Mit einem notwendigen medizinischen Risiko oder Opfer wollen sich indessen immer weniger Patienten abfinden. Als Ausweg erscheint vielen der vertragliche oder – wegen des Schmerzensgeldes noch interessanter – der deliktische Schadensersatzanspruch. Diese Entwicklung illustrieren die auf ärztliche Initiative seit 1975/76 gegründeten **Schlichtungs- und Gutachterstellen,** deren Sprengel das Bundesgebiet inzwischen überdecken. Die Arbeitsberichte vermelden eine rege Inanspruchnahme dieser neuen, den Rechtsweg nicht abschneidenden, doch ihn oft entbehrlich machenden Instanzen, die vornehmlich dem Patienten die Rechtsverfolgung erleichtern, ihm Beweisschwierigkeiten, Kosten und Zeit ersparen wollen.[14]

12 Ärzte beginnen im Zeichen der Verrechtlichung ihrer Kunst neben den Risiken, die der Patient mitbringt und die ihm bei diagnostischen oder therapeutischen Eingriffen drohen, auch die eigenen forensischen Faktoren in

[13] R. Bork, Das Verfahren vor den Ethikkommissionen der medizinischen Fachbereiche, 1984, 168, auch zum Folgenden. Siehe ferner J. Czwalinna, Ethik-Kommissionen, Forschungslegitimation durch Verfahren, 1987.

[14] V. Henschel, Aufgabe und Tätigkeit der Schlichtungs- und Gutachterstellen für Arzthaftpflichtstreitigkeiten, 1980; K.-H. Matthies, Schiedsinstanzen im Bereich der Arzthaftung: Soll und Haben, 1983.

Rechnung zu stellen. Aus der verrechtlichten droht eine **defensive Medizin** zu werden, die aus juristischer Vorsicht etwa bei der Diagnose zu viel tut oder therapeutisch zu wenig wagt.

Mit den Fortschritten der Medizin steigen auch die Ansprüche an Sorgfalt 13
und Kunst des Arztes. Andererseits schwindet die Bereitschaft des Patienten, einen Mißerfolg als schicksalhaft hinzunehmen, sobald Risikoeingriffe zu den Standardmaßnahmen gehören. Jeden Fortschritt begleiten neue, spezifische Risiken. Auch wachsen Arbeitslast und Personalbedarf im Zuge der fortschreitenden Medizintechnik nicht selten schneller als die finanziellen Mittel, die der Krankenhausträger zu Gebote stellt. Nicht zuletzt verlangt das verfassungsrechtlich begründete Selbstbestimmungsrecht des Patienten dem Arzt viel ab, denn er hat den Kranken an den oft schwer zu vermittelnden medizinischen Entscheidungsprozessen zu beteiligen.

Die angedeuteten Umstände liegen dem **Spannungsverhältnis** zwischen 14
Medizin und Recht zugrunde. Soll es sich lösen, muß sich der Dialog zwischen Ärzten und Juristen weiter verdichten; beide sind Sachwalter berechtigter Patienteninteressen, die sich freilich nicht immer voll zur Dekkung bringen lassen. Der Jurist muß dem Arzt die Freiheit der Entscheidung nach Gewissen und Berufsethos auf dem Boden des Rechts belassen, wenn die Gesundheitspflege gedeihen soll.

Der Arzt befindet sich prinzipiell im Einklang mit dem Recht, wenn sein 15
Eingriff indiziertermaßen geschieht, mit dem Einverständnis des aufgeklärten Patienten erfolgt und den Regeln des Faches entspricht[15]. Unter diesen **drei Legitimationselementen** wirft die Indikation, der ärztliche Heilauftrag, die schwersten Fragen auf. Die medizinisch-technischen Möglichkeiten reichen weiter als die Gebote und Verbote der Berufsregel. Die Perfektion der Technik[16] schafft fortwährend weitere Alternativen, erlegt damit dem Arzt immer problematischere Konflikte wie Entschlüsse auf und erhöht so die Verantwortlichkeit. Die Fragen nach dem Inhalt der ärztlichen Pflichten erfordern normative Antworten, welche die Medizin aus sich selbst heraus nicht liefern kann. Die Fortschritte der Naturwissenschaften verunsichern und zersetzen geradezu herkömmliche berufliche Grenzen und überlieferte, einsichtige Kriterien. Gewachsene technische Macht verlangt nach erneuertem Maß, das letztlich die Rechtsordnung setzen muß, wobei sie professionelle Vorgaben aufnehmen und festigen, aber auch verwerfen kann.

Nach dem Gesetz, der Bundesärzteordnung,[17] ist der ärztliche Beruf ein 16

---

[15] A. Laufs, MedR 1986, 163ff.; ders., Festschr. f. W. Weißauer, 1986, 88ff. Zu den rechtlichen Bindungen des Arztes auch J. Taupitz, NJW 1986, 2851ff. Vgl. allgemein auch F. Anschütz, Ärztliches Handeln. Grundlagen, Möglichkeiten, Grenzen, Widersprüche, 1987.

[16] F. G. Jünger, 1968. Instruktiv J. H. J. v. d. Pot, Die Bewertung des technischen Fortschritts. Eine systematische Übersicht der Theorien, 2 Bde, 1985.

[17] Neufassung 1977, BGBl. I, 1885; mit den späteren Änderungen bei W. Thürk (Hg.), Recht im Gesundheitswesen, u. bei P. Schiwy u. a., Deutsches Arztrecht.

seiner Natur nach **freier Beruf;** das bedeutet, seinem inneren Wesen, seinem eigentlichen Sinn gemäß.[18] Auf die wirtschaftliche Selbständigkeit kommt es dabei nicht an. Die besondere Freiheit ergibt sich aus dem ärztlichen Standesrecht. Das Standesrecht regelt die Berufspflichten und -rechte, ohne nach selbständigen, angestellten oder beamteten Ärzten zu unterscheiden.

Nach den Gesetzesmaterialien will die Bundesärzteordnung klarstellen, „daß grundsätzlich die Freiheit ärztlichen Tuns gewährleistet sein muß, unabhängig davon, in welcher Form der Beruf ausgeübt wird". Die verantwortliche Freiheit des Entscheidens als Voraussetzung jedes ärztlichen Handelns bleibt verbindliches Berufsprinzip, gleichviel in welcher Position der Arzt seinen Dienst tut. So hat der Krankenhausträger gegenüber dem bei ihm angestellten Arzt grundsätzlich keine Weisungsbefugnis im Hinblick auf die ärztliche Tätigkeit im eigentlichen Sinne und abgesehen vom allgemeinen Direktionsrecht des Arbeitgebers.

17 Das Verhältnis zwischen dem Arzt und seinem Patienten lebt von der vertrauensvollen und uneingeschränkten **Zuwendung** beider Partner. Eine solche Zuwendung setzt auf der einen Seite die Freiheit der Arztwahl voraus, auf der anderen Seite die ärztliche Unabhängigkeit. Der leidende Mensch muß grundsätzlich mit seinen ureigenen, innersten Sorgen den Arzt seines Vertrauens wählen können. Dieser wiederum kann – wie der Richter – nur dann verantwortlich und nach seinem Gewissen handeln, wenn er sich allein an das Recht und die Berufsethik, nicht aber an die Weisungen anderer Instanzen gebunden sieht.

18 Nach der Berufsordnung[19] und den ihr folgenden Kammersatzungen gilt das vom altgriechischen hippokratischen Eid abgeleitete Gelöbnis für jeden Arzt: „Der ärztliche Beruf verlangt", so heißt es in der Ordnung, „daß der Arzt seine Aufgabe nach seinem **Gewissen** und nach den Geboten der ärztlichen Sitte erfüllt." Der Arzt muß nicht nur medizinische Technik beherrschen, sondern auch moralische Kompetenz besitzen.[20] Recht und Ethik[21] treten in den Berufsregeln zusammen, über die zu wachen Aufgabe vornehmlich der Berufsgerichte ist. Eine umfang- und inhaltsreiche, sorgfältig bearbeitete Edition der berufsgerichtlichen Spruchpraxis in neuerdings

---

[18] F. Etmer, P.V. Lundt u. P. Schiwy, BÄO-Kommentar, 1981, Ziffer 4 zu § 1.

[19] Musterberufsordnung für die deutschen Ärzte; aufgrund der Beschlüsse des 75. Deutschen Ärztetages 1976 und gemäß der vom 89. Deutschen Ärztetag beschlossenen Änderung, in: Deutsches ÄrzteBl. 1985, 3371–3375; die derzeit (1987) gültige Fassung bei H. Narr, Ärztliches Berufsrecht, ^{2}1987, 776.3ff. Zur Berufsordnung für die deutschen Zahnärzte vgl. R. Luyken u. a. (Hg.), Sammlung von Entscheidungen der Berufsgerichte für die Heilberufe, 1987 (Anhang).

[20] Aus der neueren internationalen Literatur: A. Carmi, S. Schneider u. A. Hefez (Hg.), Psychiatry – Law and Ethics, 1986; Centre d'Etudes des Systèmes et des Technologies Avancées – CESTA – (Hg.), International Conference on Bioethics, 1986.

[21] Zur Herausforderung durch das naturwissenschaftlich und medizinisch Machbare nüchtern und instruktiv K. Hartmann, Philos. Jb. 93, 1986, 1. Halbbd., 1–18.

drei Ordnern[22] dokumentiert die Wachsamkeit, mit der diese Justiz und die Ärztekammern die professionellen Ansprüche im Zusammenhang mit den sich wandelnden allgemeinen Wertmaßstäben unserer Zeit wahren, wobei auch das Verhältnis zur Strafgerichtsbarkeit, die heikle Frage nach dem durch das Strafurteil nicht gesühnten **„berufsrechtlichen Überhang"**, hervortritt.

Ethik bedeutet Lehre vom sittlichen Handeln des Menschen. „Sittliches Handeln ist das aus dem Gewissensanspruch erwachsende und vor diesem Anspruch auch verantwortete menschliche Verhalten in Gesinnung und Tat."[23] Die Ethik bedarf eines Gesamtentwurfes des menschlichen Lebens und seines Sinnes. Das Moralische ist keineswegs ein Aspekt neben anderen, sondern eine bestimmte Weise, die verschiedenen Gesichtspunkte eines Themas zur Kenntnis zu nehmen, sie zu ordnen und sie für die Praxis wirksam werden zu lassen. Sittlich handelt, wer sich in umfassendem Sinne sachgerecht verhält. „Sittliches Verhalten ist also dasjenige Verhalten, das die Gesamtheit der Aspekte einer Sache nach dem ihnen eigenen Gewicht im Handeln zur Geltung kommen läßt" (Robert Spaemann). **19**

Auch der Arzt kann sittlich nur entscheiden, wenn er die menschliche Existenz in ihren Grundbedürfnissen und mit ihren Grundrechten umfassend zu sehen gelernt hat. „**Sittliche Entscheidungen** sind praktisch immer das Produkt einer **Güterabwägung.** Und ein solch abwägendes Entscheiden ist nur möglich auf dem Hintergrund einer langen reflektierten Erfahrung im Umgang mit den dem Menschen notwendig zustehenden Rechten."[24] **20**

Beim ärztlichen Dienst, so urteilte das Bundesverwaltungsgericht, stehe „die Gewissensentscheidung des einzelnen Berufsangehörigen im Zentrum der Arbeit". „In den entscheidenden Augenblicken seiner Tätigkeit" befinde sich der Arzt „in einer unvertretbaren Einsamkeit, in der er – gestützt auf sein fachliches Können – allein auf sein Gewissen gestellt ist". Die Freiheit der Gewissensentscheidung bilde „als ein Kernstück der ärztlichen Ethik eine immanente und wesenseigene Beschränkung jeder berufsständischen Rechtsetzungsgewalt".[25] Mit diesen Gründen gab das Gericht dem Begehren eines Psychiaters statt, der sich aus Gewissensgründen nicht zum allgemeinen Notfalldienst heranziehen lassen wollte. Der Bundesgerichtshof hat erkannt, „daß das Verhältnis zwischen Arzt und Patient ein starkes Vertrauen voraussetzt, daß es in starkem Maße in der menschlichen Beziehung wurzelt, in die der Arzt zu dem Kranken tritt, und daß es daher weit mehr als eine juristische Vertragsbeziehung ist".[26] Auch das Bundesverfassungsgericht hat sich im **21**

---

[22] R. Luyken u. a. (Hg.), Sammlung von Entscheidungen der Berufsgerichte für die Heilberufe, 3 Ordner, Stand 1985.

[23] F. Böckle, in: H. Müller u. H. Olbing (Hg.), Ethische Probleme in der Pädiatrie und ihren Grenzgebieten, 1982, 19–32 (19). Vgl. ferner R. Spaemann, in: W. Heintzeler u. H.-J. Werhahn (Hg.), Energie und Gewissen, 1981, 31–45 (34).

[24] Böckle, 21.

[25] BVerwGE 27, 303.

[26] BGHZ 29, 46 = NJW 1959, 811.

tragenden Teil seines Beschlusses zur Wirkung der Grundrechte und allgemeinen Verfassungsgrundsätze im Arzthaftpflichtprozeß auf den Heidelberger Altmeister des Arztrechts Eberhard Schmidt berufen: „Die **Standesethik** steht nicht isoliert neben dem Recht, sie wirkt allenthalben und ständig in die rechtlichen Beziehungen des Arztes zum Patienten hinein. Was die Standesethik vom Arzte fordert, übernimmt das Recht weithin zugleich als rechtliche Pflicht. Weit mehr als sonst in den sozialen Beziehungen des Menschen fließt im ärztlichen Berufsbereich das Ethische mit dem Rechtlichen zusammen." Dies gelte, so das höchste deutsche Gericht, heute ebenso wie ehedem.[27] Die Standespflicht, so entschied das Oberverwaltungsgericht Lüneburg, durchdringe das öffentliche Dienstrecht: So unterliegt auch der beamtete Arzt der Schweigepflicht. Die Stadt als Dienstherr des Chefanästhesisten einer kommunalen Anstalt darf von dem Arzt ohne Zustimmung der behandelnden Personen nicht die Herausgabe von Anästhesieprotokollen verlangen, um aufgrund der darin enthaltenen Angaben mit den Kostenträgern abzurechnen.[28]

22 Das Recht nimmt, wie sich zeigt, arztethische Prinzipien auf oder gründet auf ihnen und findet andererseits an der Berufsethik und ihrem Organ, dem Gewissen des Arztes, eine Grenze: Dann stehen Recht und Gewissen in einem Spannungsverhältnis. Das Recht wie die Ethik des Arztes unterliegen im Zeichen des technischen Fortschritts tiefgreifenden Zweifeln und Anfechtungen, die der Klärung bedürfen. Der Jurist soll und kann dazu beitragen, das rechte Verhältnis von Wissen und Gewissen, von Können und Dürfen, von Erkenntnis und Bekenntnis aufzufinden.[29]

23 Der Charakter des Arztrechts, dessen Sätze teils aus dem allgemeinen Recht, teils aus Spezialgesetzen fließen, folgt aus dem Begriff des ärztlichen Auftrags, der einen Liebesdienst beinhaltet.[30]

---

[27] BVerfG, NJW 1979, 1925, 1930; Eberhard Schmidt, Der Arzt im Strafrecht, in: A. Ponsold, Lehrbuch der gerichtlichen Medizin, ²1957, 2. – Auch der BGH hat dem ärztlichen Gewissen Raum gegeben, vgl. etwa NJW 1983, 2629 (Offenlegen von Unterlagen).

[28] OVG Lüneburg, NJW 1975, 2263.

[29] E. Seidler, Gegenwärtige Probleme der medizinischen Ethik – ein Überblick, Renovatio 1979, 18–28; R. Gross, H. H. Hilger, W. Kaufmann u. P. G. Scheurlen (Hg.), Ärztliche Ethik, 1978; W. Böhme (Hg.), Das Bild des Menschen in der Medizin, 1979; B. Häring, Heilender Dienst. Ethische Probleme der modernen Medizin, 1972; F. Hartmann, Der ärztliche Auftrag, 1956; P. Krauss, Medizinischer Fortschritt und ärztliche Ethik, 1974; P. Sporken, Die Sorge um den kranken Menschen. Grundlagen einer neuen medizinischen Ethik, ³1986; G. Scorer u. A. Wing (Hg.), Decision Making in Medicine: the practice of its ethics, 1979; G. Struck (Hg.), Festschrift f. Stanis-Edmund Szydzik, 1980 (vgl. insbes. die Beiträge von J. Korth, H. Hepp u. A. Wimmer). Vgl. auch A. Kaufmanns rechtsphilosophische Reflexionen über Biotechnologie und Bioethik, JZ 1987, 837–847.

[30] G. Küchenhoff, Staatslexikon Bd. 1, ⁶1957, Sp. 601 (Liebesrecht); vgl. neuerdings auch den Artikel „Arzt" von E. Seidler u. D. Giesen, Staatslexikon Bd. 1, ⁷1985, Sp. 364–374.

Der Arzt hat die Pflicht, seinen Patienten nicht nur den angezeigten naturwissenschaftlich-technischen und medikamentösen Heilverfahren zu unterziehen, sondern ihn auch als Individuum mit seinen Besonderheiten persönlich anzunehmen und zu führen. Unzulängliche Anteilnahme und zeitknappe, flüchtige Gespräche begünstigen **Außenseiter und Alternativmediziner,** deren Praxis vielfach Gefahren heraufbeschwört[31]. Die Therapiefreiheit hat ihre Grenzen[32], sie bleibt stets eingebunden in umfassende Fürsorge-, Sorgfalts- und Informationspflichten.

Dieser Ausgangspunkt behält seine Gültigkeit auch im Zeichen des weitgehend arbeitsteiligen, apparativen und öffentlich organisierten Gesundheitsdienstes, innerhalb dessen der alte Hausarzt sich zurückzieht, der angestellte Arzt aber vordringt. Er gilt fort auch unter einem System, in dem Krankenhaustherapie und Kassenarzt ebenso das Bild bestimmen wie die überall durchgeführte Verkammerung der Ärzte mit Berufsgerichtsbarkeit und Versorgungswerken.

Das Medizinwesen befindet sich im Wandel, den das Recht mitbewirkt. **24**
Das rechtliche Regelwerk verdichtet sich auch über dem Ärztestand. „Heute greift der Staat – in einer freilich in sich verzahnten und verwickelten Willensbildung – nicht nur kontrollierend in die ärztlichen Tätigkeiten in Praxis und Klinik, in der Lehre und bald auch in der Forschung ein, sondern er schreibt jetzt der Medizin, ihren alten und neuen Berufen nachdrücklich die Entwicklung selbst vor.“[33] Die reglementierenden Maßgaben des ausgreifenden **Sozialstaats** schwächen nicht nur die Selbstverantwortlichkeit des einzelnen, der Versichertengemeinschaft und ihrer Selbstverwaltungsorgane,[34] sondern sie drohen auch das ärztliche Berufsbild tiefgreifend zu verändern. Will der Ärztestand die Eigenart seines Dienstes bewahren, so hat er allen Anlaß, an einer alten Aufgabe festzuhalten, nämlich selbst Berufsregeln aus- und fortzubilden, damit das Recht sie aufnehme. Den ärztlichen Standesorganisationen und Fachgesellschaften obliegt es, über die beruflichen Standards zu wachen, sie zu entwickeln, zu verteidigen und zu kontrollieren. Je

---

[31] W.F. Jungi u. H.J. Senn (Hg.), Krebs und Alternativmedizin, 1986; J. Oepen u. O. Prokop (Hg.), Außenseitermethoden in der Medizin, 1986; jeweils mit juristischem Beitrag v. H. Wimmer. – Zur Naturheilbewegung als Protest gegen die naturwiss. Universitätsmedizin im 19. Jh. C. Huerkamp, VSWG 1986, 158–182. – Zum Heilpraktikerrecht K. F. Arndt, 1985.

[32] Mit Grund streng zu den Grenzen der Therapiefreiheit H. Schmid, NJW 1986, 2339–2343.

[33] H. Baier, Medizin, Mensch, Gesellschaft, 1981, 141.

[34] I. Metze, Gesundheitspolitik, 1982, 10: „Infolge der Ausweitung des Krankheitsbegriffes wandelt sich die gesetzliche Krankenversicherung von einer Versicherung, deren Aufgabe es ist, ihre Mitglieder gegen die finanziellen Risiken bei Eintreten von Krankheit zu sichern, in eine parafiskalische Institution zur Befriedigung eines aus dem Gesundheitsbegriff abgeleiteten Anspruchs auf allgemeine Daseinsvorsorge.“ – Die WHO definiert die Gesundheit als den „Zustand eines vollkommenen biologischen, sozialen und psychischen Wohlbefindens eines Menschen“.

mehr die Ärzteschaft dabei leistet, um so nachhaltiger wird sie ihre Berufsfreiheit wahren können.

25 Ohne den Beitrag des Standes lassen sich die **juristischen Grenzfragen,** die Aporien und Paradoxien nicht lösen. Die Berufsfreiheit des Arztes und die Persönlichkeitsrechte des hilfsbedürftigen Menschen stehen nicht durchweg in ausgewogenem Verhältnis. Die sozialmedizinische Abruptio und die artifizielle Reproduktionspraxis zeigen den Arzt in einer Rolle, die ihm nach dem überlieferten Berufsbild nicht zukommt, nämlich in der eines Herrn über Leben und Tod. Dieses Ausgreifen der Medizin überfordert den Arzt, der das Leben, also auch das ungeborene, beschützen soll. Auf anderen Feldern hingegen erweist sich die Medizin als über Gebühr eingeengt. Das Sektionsrecht und einzelne Regeln des Datenschutzes übersteigern den Vorrang der Individualsphäre und behindern notwendige Fortschritte der Medizin. Die Dokumentationspflichten des Arztes wie die Einsichtsrechte des Patienten dürfen das rechte Maß nicht verfehlen. Beim ärztlichen Heileingriff folgt aus dem Selbstbestimmungsrecht des Patienten die Aufklärungspflicht des Arztes. Die Gerichte dürfen sie nicht überspannen, wenn den Leidenden eine defensive Medizin erspart bleiben soll. Die ärztliche Fürsorge benötigt einen rechtsstaatlich beschränkten Spielraum pflichtgemäßen Beurteilens und Ermessens. Beim Neulandschritt verlangt das Recht vom Arzt eine gesteigerte Bedachtnahme auf die Entschlüsse des Kranken. Dessen persönliche Autonomie beschränkt den Wagemut und das Erkenntnisstreben des Arztes. Mit gutem Grund setzt der Persönlichkeitsschutz den biostatistischen Verfahren Grenzen. Den Ärztestand trifft die Aufgabe, die Mittel einer perfektionierten und nahezu unerschwinglich kostspieligen Medizin maßvoll zu nutzen und bei knapper werdenden Etats nach sorgfältiger Wahl zu handeln. Beschränkte Kapazitäten und sehr hohe Kosten stellen den Arzt immer häufiger vor die schwierige Frage der Vertretbarkeit des Aufwandes im Einzelfall und der präzisen Indikation für eine erfolgversprechende Intensivtherapie.

26 Das forensische Risiko trägt zur Expansion der **Kosten** des Gesundheitswesens bei. Dabei gilt es, sie zu begrenzen. Das Mißverhältnis zwischen dem klinisch Machbaren und dem öffentlich Finanzierbaren vertieft sich. Schwierige Verteilungsprobleme stellen sich auch dem Arzt[35]. Hoher Aufwand bei zweifelhafter Indikation vermag den Verzicht auf Eingriffe nahezulegen. Ein spektakulärer und vorzeigbarer Erfolg in der Transplantationsmedizin kann mit einem Versäumnis an anderer Stelle erkauft sein[36]. „Die Erfüllung eines individuellen Kinderwunsches durch eine extrakorporale Befruchtung bindet in den medizinischen Einrichtungen erhebliche finanzielle Mittel. Diese Mittel stehen zur Behebung von anderer Not nicht mehr zur Verfügung."[37]

---

[35] Anregend, nicht nur in diesem Punkt, D. Birnbacher, Medizin-Ethik, 1986, 59ff.

[36] Bedenkenswert die gewichtigen Einwände von J. Dahl, Scheidewege 16, 1986/87, 168–186, 174.

[37] EKD Texte 11, bei M. Lanz-Zumstein (Hg.), Embryonenschutz und Befruchtungstechnik, 1986, 217; noch kritischer O. Höffe, Sittlich-politische Diskurse, 1981,

Mit Grund sucht die europäische Charta für Krankenhausärzte[38] deren verantwortliche Position zu stärken. Zur Verantwortlichkeit gehört die Selbstbeschränkung dort, wo Anlaß besteht[39]. Sollen die Berufsfreiheit des Arztes wie die Autonomie des Patienten erhalten bleiben, müssen beide der Verführung durch das Machbare widerstehen[40] und bei allen Fortschritten das rechte Maß einhalten. „Der endgültig entfesselte Prometheus, dem die Wissenschaft nie gekannte Kräfte und die Wirtschaft den rastlosen Antrieb gibt, ruft nach einer Ethik, die durch freiwillige Zügel seine Macht davor zurückhält, dem Menschen zum Unheil zu werden.“[41] Zu allen diesen Themen gilt es für die Ärzte, im Zusammenwirken mit Juristen Kriterien und Standards aufzustellen.

Richtlinien für ihr Handeln gewinnt die Ärzteschaft aus der kritisch geprüften und rational fortentwickelten Tradition des Standes. Der **Eid des Hippokrates** ist die Quelle geblieben, aus der sich im Wandel der Zeiten je und je die Maximen zur Ausbildung und Schärfung des ärztlichen Gewissens ziehen ließen. Das Bild des hippokratischen Arztes trägt noch immer markante Züge. Sie lassen sich in fünf Sätzen zusammenfassen,[42] die in ihrer Allgemeinheit als weithin anerkannt und auch rechtlich begründet gelten können. 1. Den Zweck des ärztlichen Handelns bildet der Heilerfolg, die Wirksamkeit der medizinischen Praxis. 2. Der Arzt dient mit seinem ganzen Tun und Unterlassen ausschließlich dem Leben; er darf weder vergiften noch sonst irgendwie schaden. 3. Der Arzt widmet sein gesamtes Leben der Heilkunst, macht es zu einem Beruf, der zu einem eigenen Stand führt. 4. Der pflichtgerecht handelnde Arzt leistet jedem seiner Patienten einen persönlichen, individuellen Dienst, übt darum auch Diskretion und läßt dem Kranken die Freiheit des Entschlusses. 5. Der Bedürftigkeit des Kranken soll sachgerechtes Handeln des Helfers entsprechen, der als Mediziner der Wissenschaft und als Arzt den Normen des Rechts wie der Sittlichkeit verpflichtet bleibt. **27**

Die Konkretisierung dieser Sätze fällt nicht leicht in einer pluralistischen Gesellschaft, bei der die weltanschaulichen Gegensätze in alle Felder des Lebens und Denkens hineinreichen. Die Zusammenarbeit von Ärzten, Juristen und Theologen im Dienst einer humanen, das heißt freiheitlichen und **28**

239ff. Vgl. aber auch BGH, MedR 1987, 182, mit kritischer Anmerkung von M. Pap (Kostenersatz nach In-vitro-Fertilisation).

[38] Beschl. d. ständigen Ausschusses der Ärzte der EG, Arzt und Krankenhaus 1986, 44f.

[39] An den Ansatz BGH, VersR 1975, 44, sei erinnert. – Über Chirurgie zwischen Kostendruck und Humanität informativ K. Vilmar, MedR 1986, 283–288.

[40] P. Koslowski, Ph. Kreuzer u. R. Löw (Hg.), Die Verführung durch das Machbare. Ethische Konflikte in der modernen Medizin und Biologie, 1983.

[41] H. Jonas, Das Prinzip Verantwortung, 1984, 7. – „Ein Report des Machbaren“: E. Dietrich (Hg.), Organspende, Organtransplantation, 1985.

[42] H. Schipperges, Wandlungen im Ethos des Arztes, in: P. Koslowski u. a. (Hg.), Die Verführung durch das Machbare, 1983, 101–119 (105).

verantwortlichen Gesundheitspflege hat indessen Fortschritte erzielt. Im Zeichen der technischen Erfolge geht es darum, die medizinisch-apparativen Möglichkeiten zum Schutz der Menschenwürde an ärztlichen Kriterien zu messen, berufsethisch wie rechtlich zu begrenzen. So arbeiten in der ausgreifenden Neulandmedizin im Gefolge der Revidierten **Deklaration von Helsinki**[43] überall **Ethik-Kommissionen** für Versuche an Menschen.[44] In den Kommissionen wachen Ärzte und Juristen gemeinsam als Kritiker und Ratgeber über die Rechte des Individuums, etwa bei den randomisierten klinischen Studien. Auch an anderen Brennpunkten des medizinischen Fortschritts, in der Gentechnik, der pränatalen Diagnostik, der Neugeborenenchirurgie, der Intensivmedizin erweisen sich interdisziplinäre Konsilien als hilfreich und geboten. Besondere Anstrengungen verlangt der Schutz des vielfach bedrohten ungeborenen Lebens.[45] Auch das im Zeichen der Datenverarbeitung und der epidemiologischen Forschung gefährdete Patientengeheimnis fordert die Fürsorge heraus. Salus et voluntas aegroti suprema lex: Der Arzt diene dem einzelnen Kranken. Aber wenn der Aufwand ins Unverhältnismäßige geht, wie etwa bei der Herztransplantation, stellt sich die Frage, ob er die Allgemeinversorgung verkürzen darf: „ein ganz neuartiger Verantwortungshorizont, der sich gerade aus dem Fortschritt medizinischer Technik und ihrer steigend anspruchsvollen Apparate auftut".[46]

29 Recht und Ethik des Arztes kommen konkret und faßlich zusammen in der Spruchpraxis der **Berufsgerichte**. Sie erweist die Standesregeln als einen Teil der allgemeinen sittlichen Ordnung, deren Wandel auch die Berufspflichten berührt. In der genannten Sammlung von Entscheidungen der Berufsgerichte für die Heilberufe[47] spiegeln sich nicht nur berufliche Ansprüche, sondern die Wertmaßstäbe unserer Zeit und ihre Veränderungen. Die berufsgerichtlichen Erkenntnisse haben zum Gegenstand insbesondere die Besuchspflicht, die Pflichten des Notfallarztes, Untersuchungs- und Behandlungspflichten, Behandlungsfehler, die unstatthafte Vertretung des Arztes, Zahnarztes und Apothekers durch Hilfspersonen, unzulässige Verordnungen (etwa ohne

[43] Der Text und andere berufsethische Maßgaben bei E. Deutsch, Arztrecht und Arzneimittelrecht, 1983, 331–342, ferner bei D. Giesen, Arzthaftungsrecht, 1981, 423–455. – Die 34. Generalversammlung des Weltärztebundes verabschiedete einstimmig zwei arztethische Deklarationen: knapp gefaßte, allgemeine Leitsätze über „Die Rechte des Patienten", denen der Schutz des Arztes gelten soll, und umfänglichere „Grundsätze für die Gesundheitsfürsorge in der Sportmedizin": Deutsches ÄrzteBl. 1981, 2064ff. (offizielle deutsche Fassungen der Bundesärztekammer).

[44] Vgl. etwa E. Deutsch, Der Chirurg 1983, 623–625; R. Bork, NJW 1983, 2056–2058 (für die USA); außerdem die Nachweise bei A. Laufs, NJW 1983, 1346; NJW 1984, 1389; NJW 1987, 1455.

[45] W. Waldstein, Das Menschenrecht zum Leben, 1982.

[46] H. Jonas, Ärztliche Kunst und menschliche Verantwortung, Renovatio 1983, 229–237 (236).

[47] R. Luyken u. a. (Hg.), Sammlung von Entscheidungen der Berufsgerichte für die Heilberufe, Stand 1985.

Untersuchung des Patienten), sittlich anstößiges Verhalten (sexuelles Fehlverhalten) und Verstöße gegen die Regeln des Straßenverkehrs. Weiter geht es etwa um Drogensucht, um Verletzungen des Vertrauensverhältnisses, Fehlverhalten gegenüber Standesvertretungen und Mitarbeitern, Kollegialität und berufliche Zusammenarbeit, um das Ausstellen von Gutachten und Zeugnissen, ferner um Fragen der Vergütung. Breiten Raum beansprucht das die Volksgesundheit schützende ärztliche Werbeverbot, für das die Gerichte angesichts sich ausbreitenden Geschäftssinnes und **wachsender Konkurrenz** die traditionell strenge Linie verteidigen.[48]

30 Der freien Selbstverantwortlichkeit entspricht eine **ungemessene Dienstpflicht,** die dem Arzt den Einsatz seiner ganzen Arbeitskraft abverlangt. Er muß jedem Notleidenden unabhängig von seiner Sympathie, von Geschlecht, Aussehen, Volks- oder Rassenzugehörigkeit auf Verlangen Hilfe gewähren und sich selbst menschlich und fachlich dazu fähig erhalten. Der Streik bleibt dem Arzt prinzipiell verwehrt;[49] weder der in die Kassenorganisation einbezogene noch der arbeitsvertraglich angestellte Arzt haben das Recht, die Arbeit zur Verbesserung ihrer beruflichen Position, insbesondere der Bezüge, niederzulegen. In besonderen Situationen können ernsthafte Gewissensbedenken den Arzt dazu berechtigen, einen abverlangten Dienst zu verweigern.[50]

31 Die ungemessene Leistungspflicht, die auch den einfachen Krankenhausarzt mit geregelter Arbeitszeit nicht nur in außergewöhnlichen Fällen belastet, verdient ein **adäquates Entgelt.** Wer Dienst bis zur Grenze seiner Arbeitskraft leisten muß, hat das Recht auf ein dem Einsatz angemessenes, hohes Honorar im Rahmen des dem anderen Teil noch Zumutbaren – ein Aspekt, der bei allen Gebühren- und Gehaltsfragen beachtlich bleibt.

32 Die beschriebenen Grundlinien des Berufsbildes und der Standesethik machen sich im allgemeinen Recht geltend, unter dem der Arzt wie jeder Bürger steht. Die meisten juristischen Arztprobleme haben ihren Ort im bürgerlichen Recht und im Strafrecht und sind dort mit den Methoden jener Fächer unter Rücksichtnahme auf die Eigenart des Heilberufs zu lösen. Neben diesem wesentlichen Teil des Arztrechts steht das Berufsrecht im engeren Sinne mit seinen Regeln zur Aus-, Fort- und Weiterbildung wie zur

---

[48] Zum zivilrechtlichen Unterlassungsanspruch bei standeswidriger Werbung LG Nürnberg–Fürth, MedR 1986, 82; zur Verfassungsmäßigkeit des ärztlichen Werbeverbots und zur Sanatoriumswerbung BVerfG, NJW 1986, 1533 = MedR 1986, 128; vgl. ferner BVerfG, NJW 1986, 1536; zur verbotenen Werbung durch Führung des Hinweises „Computertomographie“ VGH Bad.-Württ., MedR 1986, 215; zur Umgehung des Werbeverbots durch Institutswerbung KG, NJW 1986, 2381.

[49] Vgl. die oben aufgeführten Arbeiten von W. Uhlenbruck u. E. M. Burkardt mit differenzierenden Auskünften und zahlreichen literarischen Nachweisen.

[50] VG Neustadt, NJW 1970, 534: Befreiung für Fachärzte, „die sich so lange Zeit nicht mehr mit der Allgemeinmedizin befaßt haben, daß sie den Notfalldienst wegen der Gefahr von Fehldiagnosen nicht mehr ohne Gewissensbedenken leisten können“. – A. Laufs, Recht und Gewissen des Arztes, Heidelberger Jb. 1980, 1–15.

Berufsausübung,[51] zum Kammer- und Kassensystem sowie zur Berufsgerichtsbarkeit.[52] Die Sätze dieses Normenbestands, zu dem der bemessene Umfang der vorliegenden Schrift nur eine knappe Übersicht erlaubt, können auch im Rahmen zivil- oder strafrechtlicher Fragen Bedeutung gewinnen.

33 Das moderne ärztliche Berufsrecht schufen seit der Mitte des vorigen Jahrhunderts teils die Gesetzgeber, teils die Standesorganisationen.[53] Am Beginn forderten die Reformer die „Einheit und Gleichheit im ärztlichen Stande", ferner die körperschaftliche Selbstorganisation der Ärzteschaft. Die Gewerbeordnung von 1869 brachte den ersten wesentlichen Fortschritt: Sie verlangte für „diejenigen Personen, welche sich als Ärzte (Wundärzte, Augenärzte, Geburtshelfer, Zahnärzte und Thierärzte) oder mit gleichbedeutenden Titeln bezeichnen oder Seitens des Staates oder einer Gemeinde als solche anerkannt oder mit amtlichen Funktionen betraut werden sollen", allgemein die Approbation aufgrund eines Befähigungsnachweises. Die Reichsärzteordnung von 1935 ersetzte die Approbation durch die „Bestallung als Arzt". Nach der **Bundesärzteordnung** des Jahres 1961 in der Neufassung von 1977[54] bedarf der „Approbation als Arzt", wer „den ärztlichen Beruf" ausüben will. Die Ausübung des ärztlichen Berufs bedeutet die Pflege der Heilkunde unter der Berufsbezeichnung Arzt oder Ärztin. So darf sich nur nennen, wer die Approbation besitzt oder unter besonderen Voraussetzungen erlaubterweise vorübergehend den ärztlichen Beruf ausübt. Nach dem Herkommen gelten Zahnärzte und Tierärzte als besondere Heilberufe, für die eigene Gesetze bestehen.[55]

---

[51] Dazu das Werk von H. Narr, Ärztliches Berufsrecht, ^{2}1987.

[52] Vgl. die vorstehenden Literaturangaben und diejenigen in dem Artikel von G. Küchenhoff, Sp. 612.

[53] Prägnant der Überblick im Facharzt-Beschluß des Bundesverfassungsgerichts (BVerfGE 33, 125 = NJW 1972, 1504). Lehrreich auch C. Huerkamp, Der Aufstieg der Ärzte im 19. Jahrhundert, 1985.

[54] Mit den Änderungen von 1983, 1985, 1986 u. 1987, vgl. die im Literaturverzeichnis genannte Textsammlung v. P. Schiwy, ferner diejenige von W. Thürk auch zum Folgenden. Über die Novelle 1977 mit ihrer europäischen Lösung der Zulassung zum Arztberuf J. W. Bösche, NJW 1978, 575. Das Ausbildungs- und Prüfungsrecht hat die Zweite VO zur Änderung der Approbationsordnung für Ärzte in zahlreichen Punkten modifiziert, BGBl. I 1978, 312; ferner sei noch die Fünfte VO genannt, die der Praxisphase und dem Prüfungssystem gilt, BGBl. I 1986, 2457 u. I 1987, 150. Die mehrfach geänderte Approbationsordnung gilt derzeit in der Bekanntmachung der Neufassung von 1979, BGBl. I 425, mit den Änderungen von 1981, 1983, 1986 u. 1987, bei W. Thürk.

[55] Gesetz über die Ausübung der Zahnheilkunde 1952/1987; Bundes-Tierärzteordnung 1965/80; vgl. auch die Bundes-Apothekerordnung 1968/86. Die vier das Recht der Heilberufe ordnenden Gesetze beschränken sich im wesentlichen darauf, die Zulassung zum Beruf sowie Rücknahme und Widerruf erteilter Approbationen zu regeln. Wesentliche Fragen aus dem Zivil- und Strafrecht stellen sich für Ärzte wie Zahnärzte in gleicher Weise; vgl. H. Günther, Zahnarzt – Recht und Medizin, 1982. Zum Recht der Heilbehandlung durch Psychologen vgl. H.-H. Kühne u. H. Schwaiger (Hg.), 1976. Für die berufsmäßige Ausübung der Heilkunde ohne Bestallung gilt das Heilpraktiker-

Die Bundesärzteordnung gehört zum Berufszulassungsrecht, auf das sich nach Art. 74 Nr. 19 des Grundgesetzes die Kompetenz des Bundesgesetzgebers beschränkt. Die Berufsausübung zu regeln, liegt außerhalb seiner Zuständigkeit. Diese Aufgabe nehmen die Standesorganisationen durch ihre Berufsordnungen wahr. Die einzelnen, nicht immer einheitlichen **Kammergesetze** der Bundesländer ermächtigen die Ärztekammern als Körperschaften des öffentlichen Rechts zum Erlaß beruflicher Vorschriften, die durchweg der Genehmigung der nach Landesrecht zuständigen staatlichen Aufsichtsbehörden bedürfen. Sie erlangen dadurch als Satzungsrecht Wirksamkeit und verpflichten die Kammermitglieder. Ein allgemeinpolitisches Mandat steht den berufsständischen Kammern nicht zu. Ein solches nimmt die Kammer unzulässigerweise aber dann wahr, wenn sie in den von ihr herausgegebenen Verbandszeitschriften Beiträge allgemeinpolitischen Inhalts veröffentlicht.[56] **34**

Die Kammern legen nicht nur die Berufspflichten im einzelnen fest; sie üben auch die Standesaufsicht. Ihren Zusammenschluß fanden sie in der **Bundesärztekammer**, die als nichtrechtsfähiger Verein den Zweck verfolgt, „den ständigen Erfahrungsaustausch unter den Ärztekammern und die gegenseitige Abstimmung ihrer Ziele und Tätigkeiten zu sichern". Sie erstrebt insbesondere die Einheitlichkeit der ärztlichen Berufspflichten und Standesregeln. Ihre Hauptversammlung, ein Delegiertenkongreß der einzelnen Kammern mit dem Namen „Deutscher Ärztetag", beschloß eine Musterberufsordnung als einheitliche Richtlinie und paßte sie laufend neuen Erfordernissen an. Diese „Berufsordnung für die deutschen Ärzte" hat also keinen Rechtssatzcharakter. Wenn trotz ihrer Maßgaben die Berufsordnungen der Kammern hier und dort Unterschiede aufweisen, so erklärt sich diese Uneinheitlichkeit weitgehend aus der Praxis der Aufsichtsbehörden, die ihre Genehmigung in den einzelnen Ländern von mannigfachen Modifikationen abhängig machen. **35**

Weil der Gesetzgeber sich seiner Rechtsetzungsbefugnis nicht völlig entäußern und seinen Einfluß auf den Inhalt der durch Körperschaften erlassenen Normen nicht gänzlich preisgeben darf, reicht die autonome Satzungsgewalt der **Kammern** nicht so weit, daß sie den fachärztlichen Dienst ausschließlich selbst ordnen könnten. Das Bundesverfassungsgericht entschied vielmehr,[57] „daß im Bereich des Facharztwesens jedenfalls die ‚statusbildenden' Normen, d. h. etwa diejenigen Regeln, welche die Voraussetzung der Facharztanerkennung, die zugelassenen Facharztrichtungen, die Mindestdauer der Ausbildung, das Verfahren der Anerkennung, die Gründe für eine Zurücknahme der Anerkennung sowie endlich auch die allgemeine Stellung der Fachärzte **36**

---

gesetz von 1939/1941, geändert durch Art. 53 EG-StGB 1974 (BGBl. I, 469); dazu wichtig P. Bockelmann, NJW 1966, 1145–1152; vgl. ferner K. F. Arndt, Heilpraktikerrecht, 1985.

[56] BVerwG, NJW 1982, 1300; dazu M. Borchmann, MedR 1983, 18–20.

[57] BVerfGE 33, 125 = NJW 1972, 1504; dazu C. Starck, NJW 1972, 1489. Zur Weiterbildungsordnung als Teil der Berufsordnung vgl. im einzelnen H. Narr, 205 ff.

innerhalb des gesamten Gesundheitswesens betreffen, in den Grundzügen durch ein förmliches Gesetz festgelegt werden müssen". Ergänzende Regeln können nach dem Ermessen des Landesgesetzgebers dem Satzungsrecht der Ärztekammern überlassen bleiben.

37 Das **Kassenarztrecht** bildet das Ergebnis eines langjährigen Ringens der Krankenkassen und der Ärzte um einen Ausgleich ihrer Interessen und ihrer Konzeptionen vom besten Dienst an den Sozialversicherten, zu denen gut vier von fünf Bürgern gehören. Es besitzt nunmehr seine Grundlage im Gesetz über das Kassenarztrecht von 1955.[58] Das Verhältnis zwischen Kassenarzt und Kassenpatient folgt zwar dem privaten oder bürgerlichen Recht,[59] bleibt aber eingebettet in ein „subtil organisiertes öffentlich-rechtliches System"[60] von Ansprüchen und Pflichten nach der Reichsversicherungsordnung. Diese geht aus vom Natural- oder Sachleistungsprinzip, nach dem die gesetzlichen Kassen sich nicht damit begnügen dürfen, ihren Versicherten das finanzielle Risiko von Leiden abzunehmen, sondern selbst Krankenpflege zu gewähren haben. Die Kassen genügen dieser Auflage, indem sie eine ausreichende Zahl von Ärzten bereithalten und aus den Beiträgen ihrer Mitglieder bezahlen. Anstelle der einstigen bürgerlichrechtlichen Einzeldienstverträge zwischen Kassen und Ärzten besteht heute ein kompliziertes öffentlichrechtliches Vertragssystem zwischen den Krankenkassen und ihren Bundesverbänden einerseits, den Kassenärztlichen Vereinigungen und deren Bundesvereinigung andererseits.[61] Den einzelnen Kassenarzt verbindet also kein Kontrakt mehr mit der Krankenkasse, von der er nichts zu fordern hat, sowenig diese ihn umgekehrt zum Dienst an den Sozialversicherten anhalten kann. Notfalls muß die Kassenärztliche Vereinigung die ihr zu Gebote stehenden Disziplinarbefugnisse einsetzen, um ihre ärztlichen Mitglieder zu dem Dienst an den Versicherten aufzurufen, den sie mit der Zulassung als Kassenärzte übernommen haben. Der Kassenärztlichen Vereinigung obliegt freilich weder die Fürsorgepflicht eines öffentlichen Dienstherrn, der dem Kassenarzt die Sorge um Existenz und Altersvorsorge abnehmen würde, noch haftet sie wie ein Dienstherr für Verschulden des Arztes, der das ganze wirtschaftliche Risiko seines Berufs selbst tragen muß.

38 Die der Legislative der Bundesländer unterliegende und darum nicht einheitlich aufgebaute ärztliche **Berufsgerichtsbarkeit** ahndet hoheitlich Verstöße gegen die Berufspflichten und entspricht damit der Dienststrafgerichts-

---

[58] Vgl. die im Literaturverzeichnis vorab und in den Literaturübersichten des ersten wie zweiten Kapitels genannten Titel: S. Häußler, R. Liebold u. H. Narr; G. Lüke; G. Schneider; B. u. S. Tiemann; D. Eberhardt; F. Haueisen; D. Krauskopf u. J. Siewert; R. Schlögell.

[59] § 368d Abs. 4 RVO.

[60] BVerfGE 11, 30 = NJW 1960, 715.

[61] § 368f RVO. Die Verträge regeln die Versorgung der Kranken und die Vergütung der kassenärztlichen Leistungen.

barkeit für Beamte.[62] Es handelt sich um eine auf Gesetz beruhende,[63] mit dem Staat auch personell verbundene und deswegen staatliche Gerichtsbarkeit.[64] Das Erfordernis richterlicher Neutralität verbietet einen zu engen personellen Zusammenhang der den Berufsgerichten anvertrauten rechtsprechenden Gewalt mit der Tätigkeit von Kammerorganen; so dürfen Angehörige der körperschaftlichen Beschlußgremien nicht als Richter mitwirken. In erster Instanz entscheiden die Berufsgerichte regelmäßig mit einem Berufsrichter und zwei Ärzten, in der zweiten Instanz[65] mit einem Berufsrichter, mitunter auch mit deren zwei, und drei oder vier Ärzten als fachkundigen Beisitzern. Die Berufsgerichte haben das Recht, Warnungen, Verweise und die Aberkennung der Mitgliedschaft in den Kammerorganen und des Wahlrechts auszusprechen, auch Geldbußen zu verhängen, die als besondere Mißbilligungen zur strafverfahrensrechtlichen Sanktion hinzutreten können. Zur Kompetenz der Berufsgerichte gehört nicht das Verbot der Berufspraxis, denn für zusätzliche und selbständige Regelungen der Berufszulassung bleibt dem Landesgesetzgeber kein Raum, nachdem der Bundesgesetzgeber von seiner vorrangigen Zuständigkeit durch den Erlaß der Bundesärzteordnung Gebrauch gemacht hat.[66]

Das Arztrecht mit seinem Schwerpunkt im BGB und StGB umfaßt also **39**
darüber hinaus eine Vielzahl gesetzlicher und statutarischer Berufsregeln, die weit in das öffentliche Recht hineinreichen. Wenn etliche dieser Vorschriften der ärztlichen Ethik betont Ausdruck geben, so läßt die Perfektion anderer sie eher vergessen. Bürokratische Geschäftsmäßigkeit im technisierten Massenverkehr droht das Eigenartige der ärztlichen Tätigkeit gelegentlich zu verdunkeln. Desto entschlossener müssen das Recht und die Juristen den Arztberuf begreifen als einen Liebesdienst mit besonderer Verantwortlichkeit, notwendigen Wagnissen und unausweichlichen Konfliktsituationen. Viele Fragen, vor denen der Arzt und dann – oft erst hintennach – der Jurist steht, führen an die Grenzen des Rechts oder darüber hinaus. Sie verlangen nach der Freiheit des Gewissensentscheids. Im Streit der wissenschaftlichen Lehren darf das Recht nicht Partei nehmen. Der Arzt braucht die Freiheit begründeter Methodenwahl im Einzelfall, also die Kompetenz auch zur wissenschaftlich nicht erwiesenen oder geklärten, doch nach der empirischen Erkenntnis durchaus erfolgversprechenden Therapie.

---

[62] BVerfGE 18, 241 = NJW 1965, 343, auch zum Folgenden grundlegend.

[63] Art. 101 Abs. 2 GG. Vgl. auch BVerwG, NJW 1960, 2262 (Leitsatz).

[64] Die Berufsgerichte sind teilweise eigene Gerichte der Ärztekammern, teilweise anderen Gerichten angeschlossen. Näheres bei H. Narr, 424.4 ff. Vgl. auch J. Schmidt, Berufsgerichtliche Verfahren gegen Ärzte in Bayern 1961–1970, med. Diss. München, 1975.

[65] Von der es keinen Rechtsweg zur ordentlichen oder verwaltungsrechtlichen Gerichtsbarkeit gibt; vgl. etwa § 60 Abs. 2 bad.-württ. Kammergesetz, ferner BVerfGE 22, 39.

[66] Art. 74 Nr. 19 GG. H. Narr, 431. Vgl. zur Berufsgerichtsbarkeit und Berufszulassung der Ärzte K. A. Bettermann u. H.-H. Walter, NJW 1963, 1649–1655.

40 Die Dynamik der medizinischen Wissenschaft und Technik stellt unablässig neue Heilverfahren und -mittel zu Gebote. Andererseits wendet sich eine wachsende Zahl Leidender von der vorherrschenden medizinischen Praxis ab, um Hilfe bei „Naturheilverfahren“ und „alternativen Methoden“ zu suchen. Vor diesem Hintergrund gewinnt die Frage nach der **ärztlichen Therapiefreiheit**[67], nach dem Spielraum der Methodenwahl zunehmendes Gewicht. Die Wahl des medizinischen Verfahrens erfordert einen ärztlichen Entschluß, der eine Vielzahl prognostisch einzuschätzender physischer, psychischer und sozialer Bewandtnisse berücksichtigt und die Chancen gegen die Risiken abwägt. Der auf medizinische Erfahrung und Berufsethos gegründete ärztliche Entschluß bedarf einer zusätzlichen Legitimation, nämlich des Einverständnisses des aufgeklärten Kranken. Dabei reicht die Aufklärungspflicht grundsätzlich um so weiter, je weniger sich der Arzt eingeführter und fachlich weithin anerkannter Methoden bedient.

41 Die staatliche Gewalt, auch die judikative, kann und darf sich nicht zum Richter im medizinischen Methodenstreit aufwerfen. „Der Staat darf die Vorstellungen von Arzt und Patient über den richtigen therapeutischen Weg nicht durch eigene therapeutische Vorstellungen verdrängen.“[68] Indessen kann der Gesetzgeber, verfassungsrechtlich bedenkenfrei, unter dem Gesichtspunkt der Gefahrenabwehr das therapeutische Angebot begrenzen und Zonen gesteigerter Risiken ausweisen, um sie dem Bestimmungsrecht von Ärzten und Patienten zu entziehen. Aber er darf die Gesundheitspflege nicht auf solche Heilverfahren beschränken, deren Wirksamkeit zuvor staatlich bestätigt worden ist. Die höchstrichterliche Spruchpraxis anerkennt den Grundsatz der ärztlichen Therapiefreiheit, verlangt aber vom Außenseiter einen sachlichen Grund für die von ihm mit Überzeugung praktizierte Methode, die er bei erkennbarer Erfolglosigkeit abzubrechen hat. Auch hat der von der Schulmedizin abweichende Arzt die Methoden zu vergleichen und bei weitaus überwiegender Wirksamkeit eines Verfahrens dieses anzuwenden. Doch die Schwierigkeiten beginnen bereits bei der Definition der Begriffe „Schulmedizin“, „anerkannte Methode“ und „Stand der Wissenschaft“.[69] Der Arzt ist jedenfalls von Rechts wegen nicht auf die wie immer bestimmte schulmedizinische oder anerkannte oder den Stand der medizinischen Wissenschaft repräsentierende Methode verpflichtet. Wäre er es, so dürfte er keinen Schritt in Neuland tun, keinen Heilversuch unternehmen. Auch kämen die Besonderheiten des Kranken, vornehmlich dessen Wille zu kurz.

42 Zur Freiheit der Methodenwahl gehört als unausweichliches Korrelat die Verbindlichkeit von Sorgfaltspflichten, welche die Verfahrensqualität ge-

---

[67] Instruktiv A. Siebert, Strafrechtliche Grenzen ärztlicher Therapiefreiheit, 1983 (Zusammenfassung: MedR 1983, 216–220). Vgl. auch G. A. Neuhaus (Hg.), Pluralität in der Medizin, 1980; ferner H. Schmid, NJW 1986, 2339–2343.

[68] H.-U. Gallwas, NJW 1976, 1134f.

[69] Aufschlußreich M. Kriele, NJW 1976, 355–358.

währleisten.[70] Die hilfreichen Fortschritte der Medizin[71] erweitern das Feld der Diagnose wie der Therapie und schränken deren Gefahren ein. Indessen bleiben dem Arzt die forensischen Risiken, die eher noch zu wachsen scheinen[72]. Denn ein **dynamischer Sorgfaltsmaßstab,** der den steigenden Leistungsstandards streng folgt, verlangt der Umsicht und Tatkraft des Arztes immer mehr ab. Gesteigerte Erwartungen des Publikums begleiten die medizinischen Fortschritte oder übertreffen sie. Das Mißlingen eines Routineeingriffs können sich viele Beobachter kaum mehr ohne menschliches Versagen vorstellen. Übersteigerte Erwartungen dürfen aber keinen Maßstab bilden.

Recht und Ethik des Arztes müssen den Fortschritten **beim technisch** 43
Möglichen die Grenzen ziehen, die das Persönlichkeitsrecht des Leidenden gebietet.[73] „Die große Transformation"[74] eröffnet auch der ärztlichen Kunst Perspektiven, die aussichtsreich, doch zugleich bedrohlich sind. „Denn die biologische Forschung scheint in Verbindung mit medizinischer Technik den Menschen manipulieren und umfunktionalisieren zu können – das vielleicht auch zu wollen. Sie droht ihn zum Objekt von Konstruktionen zu machen und tastet damit die Substanz humaner Existenz an. Sie stellt nichts Geringeres als den Menschen selbst in Frage. Im Triumphgesang über das, was uns möglich ist, sind die Untertöne der Angst nicht zu überhören. Wir fragen uns besorgt, ob wir dem, was wir können, auch gewachsen seien."[75] Die Ambivalenz des Fortschritts bringen nicht erst Zukunftsbilder wie die Embryogenesis in vitro zum Bewußtsein. Die schon gegebenen und genutzten Möglichkeiten künstlicher Lebenserhaltung etwa belegen das dialektische Verhältnis zwischen Progression und Regression, zwischen biologisch-medizinischen Effekten und den auf ihnen lastenden Hypotheken.

Das Arztrecht steht im Dienst der Humanität. Es hat die Aufgabe, das 44
Vertrauensverhältnis zwischen dem Arzt und seinem Patienten zu gewährleisten und damit die verantwortliche Freiheit beider Partner und ihre Menschenwürde. Erst damit dient es ganz dem gesundheitlichen Wohl des Kranken.

---

[70] E. Deutsch, H. Kleinsorge u. F. Scheler (Hg.), Verbindlichkeit der medizinisch-diagnostischen und therapeutischen Aussage, 1983.

[71] Wie sie dem Laien eindrucksvoll in den Erinnerungen bedeutender Mediziner entgegentreten, vgl. etwa H. Schaefer, Erkenntnisse und Bekenntnisse eines Wissenschaftlers, 1986; F. Linder, Langenbecks ArchChir 1986, 81–96.

[72] W. Weißauer, in: Festschr. W. Spann, 1986, 511–517 (Recht und Risiko in der Medizin).

[73] A. Laufs, Schutz der Persönlichkeitssphäre und ärztliche Heilbehandlung, VersR 1972, 1–9; E. Bucher, Die Ausübung der Persönlichkeitsrechte, insbesondere die Persönlichkeitsrechte des Patienten als Schranken der ärztlichen Tätigkeit, iur. Diss. Zürich, 1956; H. Mattern, Schutz der Persönlichkeitssphäre und Heilbehandlung, Zeitschr. f. Allgemeinmedizin 1977, 2224–2229.

[74] A. Buchholz, 1968.

[75] H. Thielicke im Vorwort seiner Schrift: Wer darf leben? Vgl. auch H. Trockel, Menschenwürde und medizinisch-biologische Forschung, NJW 1971, 217–220.

45 Der rechtlichen Umschreibung ärztlicher Verantwortlichkeit kommt „die Doppelfunktion des Schutzes sowohl des Patienten wie auch des dem Gesundheitswesen Angehörenden zu“ (H. Hausheer). Der Deutsche Juristentag entsprach diesem Gedanken, wenn er seiner Wiesbadener Versammlung 1978 das Thema setzte: „Empfiehlt es sich, im Interesse der Patienten und Ärzte ergänzende Regelungen für das ärztliche Vertrags-(Standes-) und Haftungsrecht einzuführen?“[76]

46 Eine **behutsame Rechtspolitik** wird nicht alle Lebensbereiche gleichermaßen mit juristischem Regelwerk überziehen. Gewiß steht der Arzt unter dem Recht, muß sein Tun und Lassen rechtlichen Geboten und Verboten genügen. Doch in bemessenem Raum soll das Recht den Arzt durchaus seinem pflichtgemäßen Ermessen und einem wachen Gewissen überlassen. Eine Überzahl spezialgesetzlicher Vorschriften könnte die verantwortliche Freiheit des Arztes zerstören. Die Grenzfragen mag der Gesetzgeber getrost den Gerichten vorbehalten, deren arztrechtliche Spruchpraxis sich bisher im ganzen bewährt hat.

---

[76] Gutachter H.-L. Weyers, Referenten E. Steffen u. W. Weissauer.

In den Thesen des 124seitigen Gutachtens (Verh. d. 52. DJT, Bd. 1, Teil A 1978) empfiehlt H.-L. Weyers eine umfassende empirische Untersuchung der Schwierigkeiten von Patienten, Haftpflichtansprüche geltend zu machen. Dann lasse sich über umfassende Reformmaßnahmen diskutieren. Die Bearbeitung von Arzthaftpflichtansprüchen dauere gegenwärtig überdurchschnittlich lange und sei ebenso aufwendig. Verbessert werden könne der Schadensausgleich durch punktuelle Herabsetzung der Anforderungen an die Geltendmachung von Ansprüchen, „vor allem in beweisrechtlicher Hinsicht“, und Annahme einer vertraglichen Nebenpflicht des Arztes, „Aufzeichnungen über seine Feststellungen und Maßnahmen zu treffen und diese unter gewissen Voraussetzungen dem Patienten verfügbar zu machen“. Gesetzgeberische Maßnahmen auf dem Gebiete des Haftpflichtrechts empfiehlt der Gutachter allerdings nicht (dem die Rechtsentwicklung in manchem Recht gab).

Sollten Reformen sich als notwendig erweisen, so komme „die Einführung einer obligatorischen Versicherung der Patienten durch die Träger des Heilwesens gegen das Behandlungsfehlerrisiko in Frage“. Der geringere institutionelle Aufwand spreche für den Abschluß von privaten Versicherungsverträgen anstelle von oder neben Haftpflichtversicherungen. (Zur Diskussion über die Patientenversicherung etwa H. Baumann, JZ 1983, 167–175). Die Beschlüsse d. 52. DJT in NJW 1978, 2193f. Literatur dazu bei A. Laufs, NJW 1979, 1230.

Medizin – Recht – Ethik

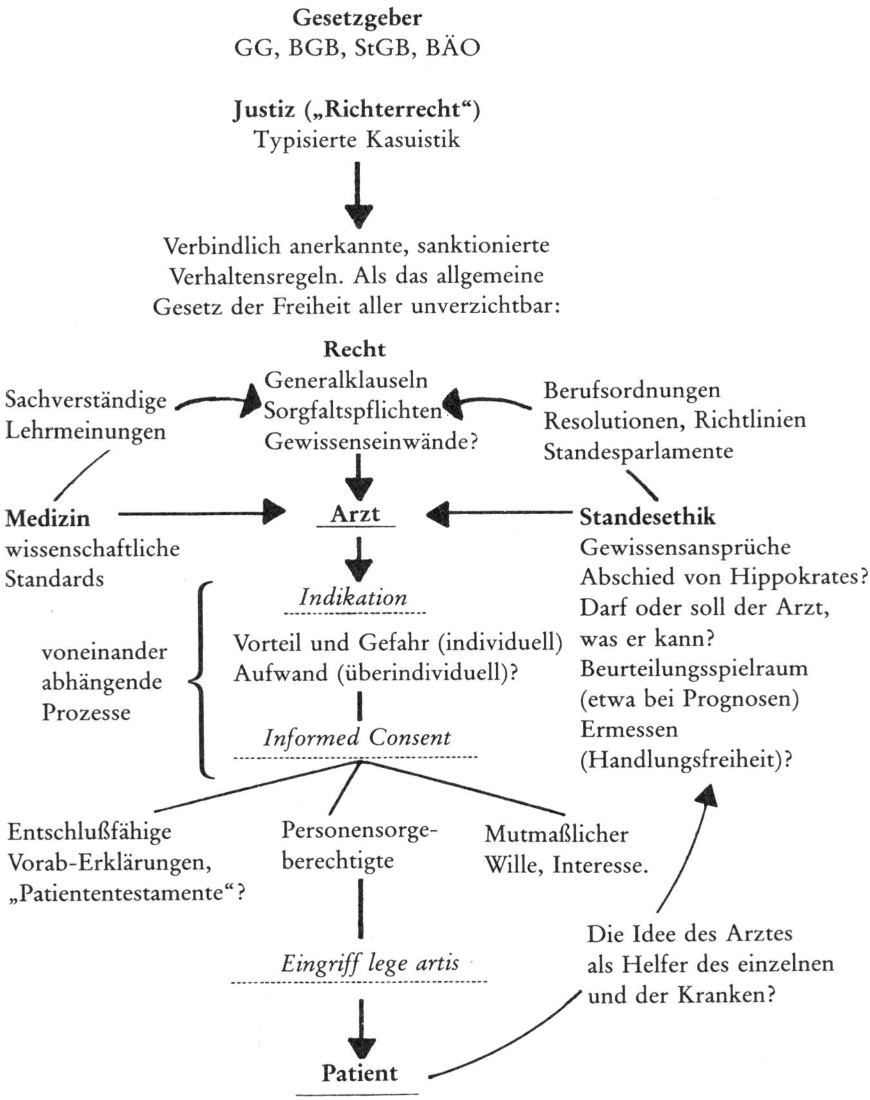

II. Der Arztvertrag

M. Andreas u. G. Siegmund-Schultze, Abgrenzung von Konsilium und Mitbehandlung, Arztrecht 1977, 243–245; M. Andreas u. G. Siegmund-Schultze, Leistung und Vergütung von Bereitschaftsdienst und Rufbereitschaft durch Chefärzte, Krankenhausarzt 1980, 945–948; W. Barnikel, Zur Rechtsnatur des Arztvertrages, Krankenhausarzt 1978, 440–443; U. Baur, Chefarzt-System oder Kollegial-System? Eine Antwort aus juristischer Sicht, Arzt und Krankenhaus 1978, 373–380; H. Berg, Notgeschäftsführung und Vertretungsmacht bei ärztlicher Behandlung eines Kindes, NJW 1972, 1117–1119; G. Bölke u. J. Robbers, Die stationäre Krankenhausbehandlung. Handbuch für Rechts- und Vertragsfragen, 1987; M. Borchmann, Die neue Gebührenordnung für Ärzte, NJW 1983, 315–317; H.-J. Bunte, Gedanken zum Krankenhausvertrag – de lege lata – de lege ferenda, JZ 1982, 279–283; H.-J. Bunte, Die neue Konditionenempfehlung „Allgemeine Vertragsbedingungen für Krankenhaus-Behandlungs-Verträge", NJW 1986, 2351–2355; J. Daniels, Probleme des Haftungssystems bei stationärer Krankenbehandlung, NJW 1972, 305–309; E. Deutsch, Der medizinische Behandlungsvertrag als konkretes Schuldverhältnis des Zivilrechts, Jb. 1979 der Berliner Wiss. Ges., 129–134; E. Deutsch u. M. Geiger, Medizinischer Behandlungsvertrag. Empfiehlt sich eine besondere Regelung der zivilrechtlichen Beziehung zwischen dem Patienten und dem Arzt im BGB?, Gutachten und Vorschläge zur Überarbeitung des Schuldrechts, hg. v. Bundesminister d. Justiz, Bd. II 1981, 1049–1113; E. Deutsch, Eine Gesetzeslücke. Der Vertrag des Patienten mit dem Arzt. Ergänzungen des BGB erforderlich, Niedersächs. ÄrzteBl. 1981, 161–165; U. Diederichsen, Die Vergütung ärztlicher Leistungen im Krankenhaus, 1979; H. Dörner, Keine ärztlichen Honorarvereinbarungen in AGB, NJW 1987, 699–700; D. Eberhardt, Zivilrecht und Sozialrecht in der Beziehung von Kassenarzt und Kassenpatient, Archiv f. d. civilistische Praxis 1971, 289–327; W. Eichholz, Die Entwicklung des Arztvertragsrechts in den Krankenhäusern seit 1945, Das Krankenhaus 1975, 163–173; Forschungsinstitut für die zahnärztliche Versorgung (Hg.), 100 Jahre Krankenversicherung, 1984; W. Gitter, Zum Privatliquidationsrecht der leitenden Krankenhausärzte, 1975; F. Haueisen, Die Rechtsgrundlage der Beziehungen zwischen Kassenarzt und Kassenpatient, NJW 1956, 1745–1746; R. Hess, Zur ärztlichen Liquidation, ZRP 1987, 274–277; G. Hirsch u. W. Weissauer, Privatliquidation und persönliche Leistungspflicht, Bay. ÄrzteBl. 1977, 978–986; H. Hoffmann, U. Baur u. H. Aus der Fünten, GOÄ, Kommentar mit praktischen Hinweisen für die Abrechnung, 1984; W. Hoffmann u.a., Ärztliches Gebühren- und Vertragsrecht, 2 Bde., [15]1984; H.H. Jakobs, Die zahnärztliche Heilbehandlung als Werkleistung, NJW 1975, 1437–1440; H. Kleinewefers, Zum Rechtsverhältnis zwischen Arzt und Patient, VersR 1963, 297–304; H. Kleinewefers u. W. Wilts, Die vertragliche Haftung bei gespaltenem Arzt-Krankenhaus-Vertrag, NJW 1965, 332–334; K. Kniestädt, Honorarkürzungen durch die Kassenärztlichen Vereinigungen, NJW 1961, 2052–2055; D. Krauskopf u. M. Feuerstein, Krankenhausfinanzierungsgesetz (KHG) mit Nebenbestimmungen. Kommentar, 2 Teile, [3]1985; D. Krauskopf u. J. Siewert, Das Kassenarztrecht, [3]1980; I. Löhe, W. Buschmann u. H. Wilken, Handbuch für Krankenkassen und Ärzte, Lexikalische Übersicht, 3 Teile, [5]1986; H. Mösbauer, Arzt und Steuerrecht, 1976; H.-W. Müller, Kostenentwicklung im Gesundheitswesen. Bewährungsprobe für die Sozialpolitik, Das Krankenhaus 1982, 39–42; H. Narr, Vergütung von Laborleistungen aufgrund einer Überweisung, Laboratoriumsmedizin 1981, A+B 252–A+B 254; H.

Narr, Der Arzt als Arbeitgeber, [7]1983; H. Narr, Der allgemeine Teil der neuen amtlichen Gebührenordnung, BadWürtt. ÄrzteBl. 1983, Heft 2; H. Narr, Gebührenordnung für Ärzte mit Gebührenverzeichnis für ärztliche Leistungen und Bundesärzteordnung. Textausgabe mit ausführlichem Sachverzeichnis und einer Einführung, 1985 (Beck-Texte im dtv); H. Narr, Die Verordnung einer Brille durch den Augenarzt begründet keinen Werk-, sondern einen Dienstvertrag, MedR 1986, 170–172; E. Natter, Der Annahmeverzug des Privatpatienten, MedR 1985, 258–262; M. Neufelder u. M. Wollenschläger, Eigenliquidationsrecht der Chefärzte (Klinikdirektoren), NJW 1974, 1415–1419; J. Niebling, Krankenhausaufnahmebedingungen, Honorarvereinbarungen und AGB-Gesetz, MedR 1985, 262–267; M. Sauerzapf, Das Krankenhauswesen in der Bundesrepublik Deutschland, 1980; R. Schimmelpfeng-Schütte, Rechtsweg und kassenzahnärztlicher Honoraranspruch für Zahnersatz, NJW 1981, 2505–2506; R. Schlögell, 1981: Hundert Jahre deutsche soziale Krankenversicherung – auch fünfzig Jahre Kassenarztrecht, Deutsches ÄrzteBl. 1981, 2139–2152; H. Schmatz, E. Goetz u. H. Matzke, Gebührenordnung für Ärzte, Kommentar, [2]1983; M. J. Schmid, Medizinisch notwendige Heilbehandlung und private Krankenversicherung, NJW 1981, 2504–2505; G. Schulz, Der Arztvertrag, Med. Klin. 1975, 1609–1614; J. Schwabe, Zur ärztlichen Privatliquidation, ZRP 1987, 270–274; G. Siegmund-Schultze u. M. Andreas, Liquidationsrecht und persönliche Leistung des leitenden Arztes, Krankenhausarzt 1978, 53–57; C. Sommer, Die Steuern des Arztes, [4]1985; K. Sponer, Das leistungsgerechte Arzthonorar. Hinweise zur richtigen Abrechnung nach den verschiedenen Gebührenordnungen, begr. v. T. Hütten, [6]1986; W. Uhlenbruck, Typische Formen des Krankenhaus-Aufnahmevertrages, NJW 1964, 431–434; W. Uhlenbruck, Die vertragliche Haftung von Krankenhaus und Arzt für fremdes Verschulden, NJW 1964, 2187–2191; W. Uhlenbruck, Der fehlerhafte ärztliche Behandlungsvertrag, DMW 1965, 40–46; W. Uhlenbruck, Der ärztliche Honoraranspruch und seine Durchsetzung, DMW 1965, 1883–1886; W. Uhlenbruck, Unentgeltliche Heilbehandlung und ärztliche Haftung, DMW 1968, 1777–1778; W. Uhlenbruck, Die rechtlichen Auswirkungen der neuen Bundespflegesatzverordnung auf den Krankenhausaufnahmevertrag, NJW 1973, 1399–1402; W. Uhlenbruck, Assistenzgebühren bei der Behandlung von Privatpatienten nach Nr. 13 GOÄ, DMW 1976, 870–871; G. Wannagat, 100 Jahre Sozialversicherung in Deutschland – Beständigkeit und Wandel, SGB 1981, 373–378; W. Weimar, Arzt – Krankenhaus – Patient, [2]1976; W. Weissauer, Liquidationsrecht des Krankenhauses für ärztliche Wahlleistungen, Bay. ÄrzteBl. 1975, 320–332; W. Weissauer, Die neue Gebührenordnung für Ärzte – Tendenzen, Kompetenzen, Interpretationen, MedR 1983, 2–5.

In den vor einigen Jahren vom Bundesminister der Justiz herausgegebenen 47
Gutachten und Vorschlägen zur Überarbeitung des Schuldrechts findet sich auch ein ebenso umfassender wie gediegener Beitrag über den medizinischen Behandlungsvertrag von Deutsch und Geiger.[1] Das rechtsvergleichende Hinweise bietende Gutachten mündet – anders als die Beschlüsse des 52. Deutschen Juristentages 1978 – in einen durch zwölf Paragraphen gegliederten, alle Hauptthemen des Arztrechts aufgreifenden Gesetzesvorschlag. „Besteht schon kein besonderes Reformbedürfnis, so ist doch die Notwendigkeit der Aufnahme des Arztvertrages in die Kodifikation anzuerkennen."[2] Gewiß hat das Arzt-Patienten-Verhältnis seinen eigentlichen Sinn im Vertragsrecht.

---

[1] E. Deutsch u. M. Geiger, Bd. II, 1981, 1049–1113.

[2] Zu den Vorschlägen vgl. ferner E. Deutsch, Jb. 1979 der Berliner Wiss. Ges., 129–134; ders. Nds. ÄrzteBl. 1981, 161–165.

Auch verdient der medizinische Behandlungsvertrag nach seiner juristischen Eigenart wie nach seinem praktischen Gewicht durchaus einen Platz im Plan zu einer großen BGB-Novelle, deren Ziel indessen noch nicht überzeugend klar zutage trat.

48 Das Rechtsverhältnis[3] zwischen dem Patienten auf der einen und dem Arzt oder Krankenhaus auf der anderen Seite ist in aller Regel **privatrechtlicher Natur.**[4] Das gilt nicht nur für das trotz seiner geringeren statistischen Relevanz noch immer modellhafte Verhältnis zwischen Privatpatient und niedergelassenem Arzt, sondern auch für die Beziehung zwischen Arzt und **Kassenpatient** sowie bei der Aufnahme des Privat- oder Kassenpatienten in ein Krankenhaus. Aus § 368d Abs. 4 RVO, wonach die Übernahme der Behandlung eines Kassenpatienten den Kassenarzt zur Sorgfalt nach den Vorschriften des bürgerlichen Vertragsrechts verpflichtet, schließt die vorherrschende Lehre auf ein bürgerlichrechtliches Vertragsverhältnis unmittelbar zwischen Kassenpatient und Kassenarzt.[5] Auch das Benutzungsverhältnis der Krankenanstalten mit öffentlichrechtlicher Trägerschaft, insbesondere der Universitätskliniken, folgt in aller Regel dem Privatrecht.[6] Der Kassenpatient erhält dabei eigene vertragliche Ansprüche gegen die Krankenanstalt aus einem zwischen dieser und der Kasse geschlossenen echten Vertrag zugunsten Dritter nach § 328 BGB.[7]

49 Seit Inkrafttreten des **Krankenhausfinanzierungsgesetzes (KHG)**[8] und der **Bundespflegesatzverordnung (BPflVO)**[9] ist regelmäßig der Krankenhausträger allein Vertragspartner des Patienten. Es handelt sich also um den Abschluß eines **totalen Krankenhausvertrages.** Auch der Selbstzahler kann die umfassende Leistung zum Großen Pflegesatz verlangen. In Belegkrankenhäusern kann der **Belegarzt** seine Dienste eigens berechnen[10]: Das Beleg-

---

[3] Im rechtlichen Bereich befindet sich das Verhältnis Arzt–Patient auch bei unentgeltlicher Behandlung. Das Wesen der Arzt-Patient-Beziehung schließt andere Beurteilungen in der Regel aus, vgl. W. Uhlenbruck, DMW 1968, 1777f. Behandelt ein Arzt einen Kollegen honorarfrei, so geschieht dies gleichwohl in der Regel auf vertraglicher Grundlage, BGH, NJW 1977, 2120.

[4] Anders etwa bei Zwangseinweisungen nach Unterbringungsvorschriften. Nicht in Ausübung eines öffentlichen Amtes handelt dagegen ein von einer Berufsgenossenschaft bestellter Durchgangsarzt bei der ärztlichen Erstversorgung eines Unfallverletzten, BGH, NJW 1975, 589.

[5] Zum Streitstand und von der herrschenden Ansicht abweichend D. Eberhardt, 292ff.; vgl. ferner F. Haueisen, NJW 1956, 1745f. Siehe ferner E. Steffen, Neue Entwicklungslinien der BGH-Rechtsprechung zum Arzthaftungsrecht, [2]1986 = RWS-Skript 137, auch zum Nachstehenden.

[6] BGHZ 9, 145 = NJW 1953, 778; BGHZ 89, 250 = NJW 1984, 1820.

[7] BGHZ 1, 383 = NJW 1951, 798 im Anschluß an das Reichsgericht und seither ständig; vgl. die Nachweise bei D. Eberhardt, 296 Note 25 und 298 Note 29.

[8] Vom 29. 6. 1972, BGBl. I, 1009, nun in der wesentlich veränderten Neufassung v. 23. 12. 1985, BGBl. I 1986, 33.

[9] Vom 25. 4. 1973, BGBl. I, 333, nun in wesentlich veränderter Neufassung v. 21. 8. 1985, BGBl. I, 1666.

[10] § 2 Abs. 1 S. 2 u. Abs. 3, § 8 BPflVO n. F.

krankenhaus schuldet zum Kleinen Pflegesatz die pflegerischen und medizinischen Dienste außerhalb der ärztlichen Leistungen des Belegarztes und der nachgeordneten Ärzte seines Fachs, für die dieser grundsätzlich allein dem Patienten als Vertragspartner gegenübertritt **(gespaltener Krankenhausvertrag).** Sofern das Krankenhaus dies anbietet, kann der Selbstzahler ärztliche Leistungen durch selbstliquidierungsberechtigte leitende Ärzte wählen. Dann rücken nach § 7 Abs. 3 BPflVO n. F. alle selbstliquidierenden, mit der Behandlung befaßten Ärzte in die Position von honorarberechtigten wie verpflichteten Vertragspartnern ein[11].

Ob der selbstliquidierende Arzt allein Vertragspartner des Patienten wird oder ob er neben dem zur Verschaffung auch seiner Leistung verpflichteten Krankenhausträger dem Krankenhausvertrag nur hinzutritt **(Arztzusatzvertrag),** richtet sich nach der Vereinbarung. Der *BGH* erkennt im Arztzusatzvertrag das Regelmodell: Nimmt der Patient das Angebot des Krankenhausträgers auf die Wahlleistung „gesondert berechenbare ärztliche Leistungen" (§ 6 S. 4 BPflVO a. F., § 7 Abs. 1 n. F.) an, schuldet mangels ausdrücklicher anderweitiger Abreden auch der Krankenhausträger diese Leistungen und hat vertraglich und deliktisch für Fehler auf diesem Felde einzustehen[12].

Sollen die Rechtspflichten allein den selbstliquidierenden Arzt treffen, 50
bedarf es nachdrücklicher Hinweise des Patienten darauf. **Formularklauseln** müssen den strengen Regeln des AGB-Gesetzes genügen[13]. Klauseln, welche die Haftpflicht ausschließen, „widersprechen grundsätzlich dem Leitbild des gerade auf den Schutz der Gesundheit des Patienten angelegten Behandlungsvertrages und verschieben die Risikolasten unzulässig (§ 9 Abs. 2 AGB-Gesetz)"[14]. Haftungsmodifizierende Formularregeln erscheinen zulässig, sofern sie sich am Modell des gespaltenen Krankenhausvertrages ausrichten und der Patient eindeutige Aufschlüsse zu deren Tragweite empfing[15].

Gültige Abreden dieser Art machen den selbstliquidierenden Leitenden Abteilungsarzt für die eigene Aufgabe nach dem Modell des gespaltenen Vertrages zum alleinigen Vertragspartner, also nicht zum Organ oder Gehilfen des Krankenhausträgers[16].

Die **Gespaltenheit** kann zu Schwierigkeiten vor allem bei der Frage führen, 51
ob sich eine im Krankenhaus tätige Hilfsperson im konkreten Fall bei der Erfüllung von Verbindlichkeiten des Arztes oder der Anstalt betätigte und ob somit bei einer aus dieser Arbeit entstandenen schuldhaften Schädigung der Arzt oder der Träger des Krankenhauses für die Hilfsperson nach § 278 oder § 831 BGB einstehen muß.[17]

---

[11] BGH, NJW 1981, 2002.

[12] BGHZ 95, 63 = NJW 1985, 2189.

[13] Vgl. generell J. Niebling, MedR 1985, 262–267. Zu den AVB vgl. H.-J. Bunte, NJW 1986, 2351–2355.

[14] E. Steffen, vorst. Note 5, 6.

[15] E. Steffen, 6f.

[16] BGHZ 85, 393 = NJW 1983, 1374; BGHZ 89, 263 = NJW 1984, 1400.

[17] Vgl. BGHZ 5, 321 = NJW 1952, 658; BGH, NJW 1962, 1763; W. Uhlenbruck,

Ohne ausdrückliche andere Abrede haben die **nachgeordneten Mediziner** bei stationärer Behandlung nicht nur als Erfüllungs- oder Verrichtungsgehilfen des selbstliquidierenden Arztes[18], sondern wegen der Verbundenheit ihrer Aufgaben mit den übrigen Pflichten im Klinikbetrieb auch als Gehilfen des Krankenhausträgers zu gelten. Dieser hat darum auch für deren Fehler gesamtschuldnerisch neben dem selbstliquidierenden Arzt einzustehen.

Der nichtärztliche **pflegerische Dienst** hingegen gehört grundsätzlich auch für das Regelmodell des Arztzusatzvertrages nicht mehr zum Kreis der Verantwortlichkeiten des selbstliquidierenden Arztes. Dieser hat freilich die notwendigen Anweisungen zu geben. Für Pflegefehler, die auf ein Versäumnis dieser Art zurückgehen, haftet er als Gesamtschuldner neben dem Krankenhausträger[19].

52 Das Recht, selbst zu liquidieren, verleiht dem Krankenhausmediziner nicht den Status eines Privatarztes. Er bleibt vielmehr dienstrechtlich in das Krankenhaus und dessen Aufgaben eingebunden[20].

53 Betreiben mehrere Mediziner der gleichen oder verwandter Fachgebiete eine echte **Gemeinschaftspraxis**, die nach außen als Einheit auftritt, sich gemeinsamer Räume, Einrichtung und Abrechnung bedient, wobei die einzelnen Dienste für den Patienten während der Behandlung von einem wie von dem anderen Partner erbracht werden können, dann haften alle Ärzte des Zusammenschlusses dem Kranken aus dem Arztvertrag gesamtschuldnerisch auf dessen Erfüllung[21].

54 Grundsätzlich verbindet der Arztvertrag die Partner persönlich. Beim **gespaltenen** Krankenhausaufnahmevertrag gewinnt der Patient einen Anspruch auf medizinische Dienste gegen den Chefarzt der Abteilung persönlich. Beim **totalen Krankenhausaufnahmevertrag** ohne Zusatzabrede hingegen hat der Patient regelmäßig keinen Anspruch darauf, von einem **bestimmten Arzt,** insbesondere vom Chefarzt selbst, behandelt und operiert zu werden. Darum hängt die Wirksamkeit der Einwilligung des Patienten in die Operation nicht davon ab, ob er über die Person seines Operateurs aufgeklärt ist.[22] Dem Krankenhausträger als dem Vertragspartner des Patienten bleibt es überlassen, die Organisationspläne aufzustellen. Erklärt der Patient, er wolle sich nur von einem bestimmten Arzt operieren lassen, so darf ein anderer den Eingriff nicht vornehmen. Ein Anspruch auf den gewünschten Operateur steht dem Kranken aber nicht zu. Erfordert die

---

NJW 1964, 2187; H. Kleinewefers u. W. Wilts, NJW 1963, 2345ff., u. NJW 1965, 332ff., wo gesamtschuldnerische Haftung vorgeschlagen wird. Kritisch hierzu J. Daniels, NJW 1972, 305ff. Zur Abgrenzung BGH, NJW 1975, 1463 (1465), und LG Aachen, NJW 1976, 1155ff. Vgl. Kap. IX.

[18] BGHZ 85, 393 = NJW 1983, 1374.

[19] BGHZ 89, 263 = NJW 1984, 1400.

[20] BGHZ 85, 393 = NJW 1983, 1374.

[21] BGHZ 97, 273 = NJW 1986, 2364 = MedR 1986, 321.

[22] OLG Celle, NJW 1982, 706 = VersR 1982, 46.

Schwierigkeit des Eingriffs einen besonders qualifizierten Operateur, so trifft den Krankenhausträger die Pflicht, diesen einzusetzen.

Der Krankenhauspatient, der nach § 7 BundespflegesatzVO den ärztlichen 55
Dienst als gesondert berechenbare Wahlleistung in Anspruch nimmt, erwirbt dadurch grundsätzlich ein Recht auf **persönliche Behandlung** durch die liquidationsberechtigten leitenden Ärzte (§ 613 BGB). Dabei stellt sich die Frage, wann und inwieweit der zu persönlichem Dienst Verpflichtete ärztliche Mitarbeiter heranziehen darf, ohne seinen Honoraranspruch zu verlieren. Der Chef verletzt jedenfalls dann seine Vertragspflicht, wenn er sich durch einen ärztlichen Mitarbeiter vertreten läßt, ohne daß dafür besondere Gründe wie Urlaub oder Krankheit vorliegen.[23]

Bei der Inanspruchnahme eines Laborarztes durch den behandelnden Arzt 56
wird dieser regelmäßig als Stellvertreter des Patienten tätig und schließt in dessen Namen mit dem Laborarzt einen zusätzlichen Vertrag, der den Kranken unmittelbar berechtigt und verpflichtet.[24]

Hat der behandelnde Arzt im Einverständnis mit dem Kranken einen 57
Konsiliarius beigezogen, dann kommt zwischen diesem und dem Patienten ein eigenes Vertragsverhältnis zustande. Hat der Kranke nicht ausdrücklich zugestimmt, so entsteht eine vertragsähnliche Beziehung nach den Grundsätzen der Geschäftsführung ohne Auftrag, wenn die Zuziehung des Konsiliararztes dem wirklichen oder mutmaßlichen Willen des Patienten entspricht. Die konsiliarische Tätigkeit umfaßt im Unterschied zur Mitbehandlung lediglich Diagnose und Beratschlagung über diese. Zieht der Arzt einen Kollegen anderer Fachrichtung zu, so wird in der Regel eine Mitbehandlung gegeben sein. Der Unterschied ist insbesondere haftpflichtrechtlich von Bedeutung.[25]

Für das Entstehen und die Fälligkeit des Vergütungsanspruchs und die 58
Auflösung des Vertrages ist es von Belang, welchem Schuldtypus des BGB das Rechtsverhältnis zwischen Arzt und Patient unterliegt. In Frage kommen die Regeln über den Dienst- oder den Werkvertrag (§§ 611 ff. oder 631 ff. BGB). Die Distinktion zwischen beiden Vertragsarten fällt nicht leicht, weil beide im weiteren Sinne auf eine Arbeitsleistung gerichtet sind und das dogmatische Kriterium, wonach das BGB beim Werkvertrag einen Arbeitserfolg, beim **Dienstvertrag** nur eine Arbeitsleistung fordert, in der Praxis gerade auch beim Arztvertrag wegen der Mehrdeutigkeit der Begriffe „Erfolg" und „Werk" häufig Zweifel offenläßt.[26] Das vom Chirurgen geschuldete Werk läßt sich etwa in der Wegnahme des Blinddarms oder der Amputation eines Körperteils unter Rücksicht auf die neuesten Erkenntnisse der ärztli-

---

[23] Vgl. OLG Celle, NJW 1982, 2129; DMW 1982, 1156, mit zust. Anm. von H.-J. Rieger. Siehe ferner OLG Karlsruhe, NJW 1987, 1489: kein Honoraranspruch des Chefarztes bei Verhinderung.

[24] H. Narr, Laboratoriumsmedizin 1981, A+B 252–254.

[25] Vgl. M. Andreas u. G. Siegmund-Schultze, mit weiteren Hinweisen.

[26] Vgl. J. Esser u. H.-L. Weyers, Schuldrecht II, [6]1984, 210 ff.

chen Wissenschaft sehen. Der Operateur will und kann aber keinen Heilerfolg schulden; so hat er denn vertraglich prinzipiell nicht dafür einzustehen, daß der Patient aufgrund des kunstgerecht durchgeführten Eingriffs auch genest. Dem Arzt dieses Risiko aufzubürden, entspräche weder dem erklärten Patientenwillen noch der Funktion des Arztvertrages in der sozialen Wirklichkeit. Dementsprechend gelten für die ärztliche Operation nach allgemeiner Ansicht die Regeln über den Dienstvertrag, [27] wie überhaupt die §§ 611 ff. BGB die den beiderseitigen Interessen am besten entsprechenden Rechtssätze enthalten.

59 Den Gegenstand des Arztvertrages bilden demnach höhere Dienste, die der Arzt kraft des besonderen Vertrauens übertragen erhielt, das der Patient in ihn setzte. Die Vorschriften über den **Werkvertrag** können aber dann gelten, wenn der Arzt hauptsächlich die Herstellung und Lieferung von Gegenständen schuldet, wie etwa bei der Verordnung loser Schuheinlagen durch einen Orthopäden[28] oder beim Herstellen und Anpassen von Zahnprothesen. Für den letzten Fall fehlt es bisher noch an einer festen Spruchpraxis.[29] Nach einem Erkenntnis des Bundesgerichtshofs ist der auf zahnprothetische Behandlung gerichtete Abschluß grundsätzlich Dienstvertrag. Jedoch gilt das Gewährleistungsrecht des Werkvertrags, soweit eine spezielle zahnärztliche Heilbehandlung nicht vorliegt, wenn es vielmehr nur um das technische Anfertigen der Prothese geht.[30] Die Verordnung einer Brille durch den Augenarzt begründet keinen Werk-, sondern einen Dienstvertrag.[31] Den Parteien steht es aber auch stets frei, durch Abreden ihr Rechtsverhältnis ohne Rücksicht auf dessen eigentliches Wesen pauschal den Vorschriften zum Dienst- oder Werkvertrag zu unterstellen.

60 Der Patient kann den Arzt, von dem er sich behandeln lassen will, **frei wählen.** Das gilt grundsätzlich auch für den Kassenpatienten. Dieser soll jedoch innerhalb des Kalendervierteljahres den Arzt nicht ohne triftigen Grund wechseln und überhaupt nicht zugelassene Ärzte nur in Notfällen in Anspruch nehmen (§ 368 d Abs. 1 u. 3 RVO). Auch im Arztrecht besteht grundsätzlich die **Vertragsautonomie**[32]. Dem Recht des Patienten auf freie Arztwahl entspricht die Freiheit des Arztes, sich nur der Patienten anzunehmen, die er nach pflichtgemäßem Ermessen behandeln will. „Der Arzt", so die Berufsordnung[33], „ist in der Ausübung seines Berufes frei. Er kann die

---

[27] So für die Sterilisation OLG Düsseldorf, NJW 1975, 595.

[28] AG Krefeld, NJW 1967, 1512.

[29] Vgl. LG Wuppertal, NJW 1965, 349; LG Bremen, NJW 1965, 2015; OLG Karlsruhe, NJW 1967, 1512, u. OLG Köln, VersR 1986, 300 (Abgrenzungen im Hinblick auf die unterschiedlichen Verjährungsregeln).

[30] BGH, NJW 1975, 305, 592, mit. Anm. v. W. Barnikel; dagegen H. H. Jakobs, NJW 1975, 1437–1440.

[31] H. Narr, MedR 1986, 170–172.

[32] E. Deutsch, Arztrecht und Arzneimittelrecht, 1983, 21.

[33] § 1 Abs. 7 (Deutsches ÄrzteBl 1985, 3371). Ähnlich die BO für die deutschen Zahnärzte, § 1 Abs. 4.

ärztliche Behandlung ablehnen, insbesondere dann, wenn er der Überzeugung ist, daß das notwendige Vertrauensverhältnis zwischen ihm und dem Patienten nicht besteht. Seine Verpflichtung, in Notfällen zu helfen, bleibt hiervon unberührt." Nach der Berufsregel darf der Arzt bei der Annahme Kranker also keineswegs unsachlich und willkürlich verfahren. Es gilt vielmehr „eine **allgemeine Berufspflicht zur Übernahme erbetener Behandlungen**"[34]. Für den Kassenarzt ergibt sich dies aus dem Gesetz. Seine Zulassung bewirkt nach § 368 a Abs. 4 RVO das Recht und die Pflicht, an der kassenärztlichen Versorgung teilzunehmen. Der Kassenarzt hat darum kraft seiner Zulassung alle Kassenpatienten im Rahmen der gesetzlichen und vertraglichen Vorschriften in Erfüllung einer öffentlich-rechtlichen Pflicht zu behandeln. Er darf seine Hilfe nicht verweigern, will er sich nicht Disziplinarmaßnahmen zuziehen[35].

Nur ein triftiger Grund erlaubte es dem Kassenarzt, einen **HIV-positiven (AIDS-)Patienten** zurückzuweisen oder zu verabschieden. Die berufsbedingte Infektionsgefahr wiegt keineswegs so schwer, daß sie die Behandlung des Virusträgers unzumutbar machte. Durch Schutzhandschuhe, durch gesteigerte Vorsicht bei serologischen Laborarbeiten und beim Umgang mit Nadeln läßt sich die geringe Infektionsgefahr regelmäßig weithin beherrschen. Anders kann sich die Rechtslage nach dem Prinzip der Güter- und Gefahrenabwägung darstellen bei großen, für den Arzt verletzungsträchtigen Operationen etwa der Knochenchirurgie ohne vitale Indikation.

Der Arzt kann sich auch nicht von Rechts wegen darauf berufen, andere Patienten blieben seiner Praxis fern, wenn er einen Virusträger behandelte. Denn nur solche wichtigen Gründe berechtigen zur Absage, die das Verhältnis zwischen dem Arzt und dem Kranken betreffen, nicht aber Motive, die – etwa aus wirtschaftlichen Gründen – Vorbehalten oder gar Vorurteilen des Publikums nachgeben[36].

Läßt sich ein **Vertrauensverhältnis** nicht begründen oder fortsetzen, trägt der um Zuwendung Gebetene bereits eine Überlast oder verlangt der Patient nicht angezeigte Dienste oder Ungebührliches, so darf sich der Arzt verschließen. Auch der Privatarzt bedarf solcher sachlichen Gründe, wenn er von Rechts wegen erlaubtermaßen einen Kranken abweisen will.

Zwar begrenzen und ordnen seit der Errungenschaft der Kurierfreiheit, seit dem Wandel des Mediziners vom bestallten Offizianten zum freien Arzt, nicht mehr staatliche Medizinalordnungen die Rechte und Pflichten des Standes im einzelnen, doch hat staatliche Billigung dessen eigenen, selbst ausgebildeten Standards und berufsethischen Maßgaben in ihren wesentlichen Zügen auch rechtlich verpflichtende Wirkung verschafft. Deshalb bin-

---

[34] K. Luig, Der Arztvertrag, Vertragsschuldverhältnisse, 1974, 230. Vgl. auch A. Lukowsky, Philosophie des Arzttums, 1966, 220.

[35] H. Narr, Ärztliches Berufsrecht, ^{2}1987, 446.6, Rdnr. 727.

[36] Zutreffend W. Eberbach, AIDS-Forschung 1987, 283, unter Hinweis auf die Kasuistik bei Narr (vorstehende Note).

det die Berufsregel, die dem Arzt allgemein die Annahme Hilfsbedürftiger gebietet, ihn nicht nur, wie von alters her[37], sittlich[38], sondern auch rechtlich: Wesentliche berufsethische Maßgaben konstituieren zugleich Rechtspflichten des Arztes[39].

61 Wie andere zweiseitige Rechtsgeschäfte, so kommt auch der Arztvertrag durch erklärte **Willensübereinstimmung** der Parteien zustande. Einer besonderen Form bedarf es nicht. Meistens wird der Arztvertrag **konkludent** dadurch geschlossen, daß sich der Patient zum Arzt begibt und dieser mit der Behandlung beginnt.

In der Regel, doch keineswegs notwendig, ist der Privatpatient auch Vertragspartner des Arztes und damit dessen **Honorarschuldner**. Besonderheiten können sich insbesondere ergeben, wenn der Patient die Volljährigkeit noch nicht erreicht hat oder wenn sich ein Ehegatte in ärztliche Behandlung begibt.

62 **Minderjährige** sind geschäftsunfähig oder in der Geschäftsfähigkeit beschränkt, vermögen also allein grundsätzlich keine wirksamen Willenserklärungen abzugeben und somit auch keine Verträge zu schließen. Ausnahmen können sich nur im Rahmen der partiellen Geschäftsfähigkeit nach den §§ 112, 113 BGB ergeben. Im übrigen sind Willenserklärungen von Kindern bis zum vollendeten 7. Lebensjahr unwirksam, Willenserklärungen von älteren Minderjährigen nur bei (vorheriger) Einwilligung oder (nachträglicher) Genehmigung des oder der gesetzlichen Vertreter wirksam.[40] Kommt der Minderjährige also allein zum Arzt und gibt er eine eigene auf Abschluß eines Behandlungsvertrages gerichtete Willenserklärung ab, so kommen vertragliche Beziehungen, wenn es sich um einen Geschäftsunfähigen handelt, überhaupt nicht und, wenn es sich um einen beschränkt Geschäftsfähigen handelt, nur mit diesem selbst und nur bei wirksamer Zustimmung des gesetzlichen Vertreters zustande. Möglich erscheint auch, daß der Minderjährige nur als Bote des gesetzlichen Vertreters dessen Willenserklärung übermittelt und der Vertrag durch Annahme seitens des Arztes zwischen diesem und dem Vertreter des Patienten mit dem Minderjährigen als berechtigtem Dritten im Sinne

---

[37] Zu den sittlichen Verpflichtungen des Arztes allgemein P. Diepgen, Die Theologie und der ärztliche Stand, 1922, bes. S. 43; sowie in der älteren Literatur eingehend H. Lampe, De honore, privilegiis et juribus singularibus medicorum, 1736 (Groningen), 144f. Der Arzt darf angesichts der Pest den Kranken nicht entfliehen.

[38] Wie W. Eberbach, AIDS-Forschung 1987, 283, hier zu zurückhaltend, meint.

[39] Die Standesethik wirkt allenthalben und ständig in das Rechtsverhältnis zwischen Arzt und Patient hinein; BVerfG, NJW 1979, 1925, 1930, unter Berufung auf Eberhard Schmidt.

[40] Vgl. dazu ausführlich W. Uhlenbruck, Arzt- und Arzneimittelrecht 1976, 341ff. Der Minderjährige kann allerdings, sofern er die Bedeutung eines Eingriffs schon zu erkennen vermag, in eine Operation wirksam einwilligen und damit die nach herrschender Spruchpraxis auch bei einem ärztlichen Heileingriff vorliegende tatbestandsmäßige Körperverletzung rechtfertigen. BGH LM § 839 (Fc) Nr. 15; BGH, NJW 1959, 811; BGH, VersR 1972, 153. Das hat Konsequenzen für das Straf- und Deliktsrecht; die Frage der Geschäftsfähigkeit ist davon zu trennen.

des § 328 BGB zustande kommt. Gleiches gilt im Zweifel dann, wenn die Eltern selbst das Kind zum Arzt in die Sprechstunde mitbringen.[41] Nur unter ganz besonderen Umständen wird man dann davon ausgehen können, daß die gesetzlichen Vertreter als solche den Vertrag im Namen des Kindes erklärtermaßen schließen wollten.[42] Im Zweifel ergibt sich die Antwort auf die Frage nach dem Vertragspartner des Arztes bei der Behandlung Minderjähriger aus allen Umständen des Einzelfalles. Dabei sind vor allem das Alter und die Art der Einlassung des Patienten, Ort und Zeit der Erklärung sowie das frühere Verhalten der Beteiligten und die erkennbaren Interessenlagen zu beachten.[43] Entsprechendes gilt, wenn Bekannte oder ein Hotelier den Arzt zum Patienten rufen.[44]

Die vertragliche Haftpflicht des Arztes erweitert sich ihrem Umfang nach 63
nicht dadurch, daß **dritte Personen** den **Behandlungsvertrag** im eigenen Namen zugunsten des Patienten schließen. In einem solchen Falle können indessen die Eltern eines durch medizinische Maßnahmen verletzten Kindes berechtigt sein, in den durch dessen Schaden gezogenen Grenzen den Mehraufwand für Pflege und Versorgung als eigenen Schaden geltend zu machen, soweit sich dieser Aufwand für sie als vermehrte Unterhaltslast niederschlägt. Zu einem solchen Ergebnis kann die ergänzende Vertragsauslegung führen.[45]

Der neue § 1357 BGB berechtigt jeden Ehegatten dazu, Geschäfte zur 64
angemessenen Deckung des Lebensbedarfs der Familie mit Wirkung auch für den anderen Ehegatten zu besorgen. Solche Geschäfte berechtigen und verpflichten beide Ehegatten, es sei denn, aus den Umständen ergäbe sich etwas anderes. Die Hinzuziehung eines Arztes für ein Familienmitglied, das sich zu Hause befindet, bei Unfällen oder Erkrankungen gehört unstreitig zu den Geschäften des täglichen Lebensbedarfes. Zweifelhaft erscheint, ob der Abschluß eines Krankenhausvertrages und eines Behandlungsvertrages mit den liquidationsberechtigten Ärzten eines Krankenhauses noch zu den Geschäften des täglichen Lebens und des täglichen Lebensbedarfes gehört, gerade wenn es sich um notwendige und lebenswichtige Operationen handelt. Die Frage ist zu bejahen. Auch der *BGH* hat sich dafür entschieden, „ärztliche Behandlungen zu den persönlichen Bedürfnissen der Ehegatten und deshalb zum Lebensbedarf (angemessenen Unterhalt) der Familie zu rechnen. Sie dienen der Gesundheit als dem ‚primären und ursprünglichen Lebensbedarf'".[46] § 1357 BGB knüpft beim unterhaltsrechtlichen Lebensbedarf der §§ 1360, 1360a BGB an. Die Unterhaltspflicht erfaßt in Notfällen auch den Sonderbedarf (§ 1360a Abs. 3, § 1613 Abs. 2 BGB). Daraus folgt, daß auch Arzt- und

[41] LG Berlin, JW 1929, 2297. Vgl. wegen weiterer Beispiele H. Schultze-von Lasaulx im BGB-Kommentar Soergel-Siebert, [11]1978, Rdnr. 15 zu § 164.

[42] Vgl. schon RGZ 85, 183 und 152, 175.

[43] Vgl. dazu W. Uhlenbruck, DMW, 1965, 1883.

[44] Dazu W. Weimar, 33 ff.

[45] BGHZ 89, 263 = NJW 1984, 1400.

[46] BGHZ 94, 1 = NJW 1985, 1394.

Krankenhausverträge unter die „Schlüsselgewalt" des § 1357 BGB fallen. „Auch sie decken den existentiellen Lebensbedarf eines jeden Familienmitgliedes, nicht nur der Kinder (das war immer unstreitig), sondern auch des haushaltführenden Ehegatten, ja sogar seines berufstätigen Partners."[47]

65 Wenn die Ehe geschieden ist oder die Eheleute getrennt leben, gilt § 1357 BGB sowohl nach der alten als auch nach der neuen Version nicht. In diesem Fall ist also grundsätzlich nur der Elternteil aus dem Arztvertrag berechtigt und verpflichtet, der das Kind in Behandlung gab.[48]

66 Als Vertragspartner des Kranken schuldet der Arzt die zum Wohl seines Patienten erforderlichen medizinischen Maßnahmen nach den **Regeln der ärztlichen Kunst.** Er hat also nach dem Stande der wissenschaftlichen Erfahrung zu diagnostizieren, den Patienten zu beraten und aufzuklären und auf die angemessen einfachste, schnellste und schonendste Weise zu therapieren mit dem Ziel, die Krankheit zu heilen oder das Leiden zu lindern. Im einzelnen richten sich die Pflichten des Arztes nach den getroffenen Abreden sowie nach der Art der Erkrankung. Stets gehört es zu den Aufgaben des Arztes, sich vom Leiden des Patienten selbst ein Bild zu machen, Angaben Dritter nicht ungeprüft zu übernehmen und wichtige Befunde selbst zu erheben.[49] Aus dem Arztvertrag kann sich für den Arzt auch die Pflicht zu Hausbesuchen ergeben.[50] Der **Privatpatient schuldet** aus dem Arztvertrag seinem Helfer das Honorar. Daneben trifft den Patienten die Pflicht, die ärztlichen Maßnahmen zu unterstützen, ärztliche Hinweise zu befolgen und im Hinblick auf die Krankheit alle vom Arzt untersagten Handlungen zu unterlassen. Die Verletzung der genannten Pflichten kann unter Umständen schadensersatzpflichtig machen oder zur fristlosen Kündigung des Arztvertrages berechtigen.

67 Außer im Falle eines Kur- oder Sanatoriumsaufenthaltes schließen Arzt und Patient ihr Rechtsverhältnis wohl kaum je von vornherein für einen bestimmten Zeitraum ab. Aus dem Zweck des Arztvertrages, nämlich der Heilung des Kranken, ergibt sich jedoch, daß das **Vertragsverhältnis** dann

---

[47] A. Wacke, Streitfragen um die neugeregelte „Schlüsselgewalt", NJW 1979, 2585–2592 (2588); ders. in: Münchener Kommentar zum BGB, Bd. 5, 1978, Rdnr. 24 zu § 1357 BGB. Im Ergebnis ebenso P. Schlechtriem im BGB-Kommentar v. O. Jauernig, ^{4}1987, Rdnr. 2a zu § 1357 BGB. A. A. OLG Köln, VersR 1980, 1077–1078; OLG Köln, NJW 1981, 637–638.

[48] Vgl. aber LG Saarbrücken, NJW 1971, 1894: „Leben die Eltern eines Kindes getrennt, dann ist die Mutter berechtigt, bei akuter Behandlungsnotwendigkeit des Kindes in Vollmacht des Vaters für diesen einen Vertrag mit dem Arzt über die Behandlung abzuschließen." Kritisch dazu B.-D. Olschewski, NJW 1972, 346, u. H. Berg, NJW 1972, 1117–1119.

[49] Vgl. LG Essen, NJW 1966, 402, mit Anm. v. L. Menard. (Berechtigte fristlose Kündigung eines Behandlungsvertrages durch den Patienten nach schuldhaftem Verhalten des Arztes: Dieser hatte sich bei der Auszählung von Blutkörperchen auf die Tätigkeit seiner Sprechstundenhilfe verlassen.)

[50] Auch den Facharzt kann die Besuchspflicht treffen: BGH, NJW 1961, 2068.

endigt, wenn der Patient genesen und damit der Zweck des Dienstverhältnisses erreicht ist.[51] Daraus folgt, daß die Kündigungsvorschriften der §§ 621, 622 BGB auf den Arztvertrag nicht anwendbar sind (§ 620 Abs. 2 BGB). Indessen gestattet § 627 BGB die **Kündigung** eines Rechtsverhältnisses, das Dienste höherer Art kraft besonderen Vertrauens beinhaltet, also gerade auch des Arztvertrages, jederzeit und ohne wichtigen Grund. Für den Patienten besteht diese Kündigungsmöglichkeit unbeschränkt; sie entspricht allein dem Selbstbestimmungsrecht des Patienten und dem ganz auf Vertrauen gegründeten Wesen des Arztvertrages.[52] Der Arzt darf seine Dienste dagegen grundsätzlich nur dann aufkündigen, wenn sich der Patient diese ohne Schaden rechtzeitig von anderer Seite beschaffen kann (§ 627 Abs. 2 BGB). Kündigt der Arzt zur Unzeit, etwa unmittelbar vor einem dringlichen Eingriff, kann er sich schadensersatzpflichtig machen.[53] Das gilt nur dann nicht, wenn für die unzeitige Kündigung ein wichtiger Grund im Sinne des § 626 BGB vorliegt, der die Fortsetzung des Vertragsverhältnisses für den Arzt unzumutbar werden läßt.[54] Entsprechend der Berufsaufgabe des Arztes gilt jedoch dafür ein strenger Maßstab. Geringe Pflichtversäumnisse des Patienten reichen in der Regel nicht aus. Andererseits braucht den Patienten kein Schuldvorwurf zu treffen.

Der Arzt, der eine Bestellpraxis führt, kann einem Patienten dann **68**
schadensersatzpflichtig werden, wenn er den **vereinbarten Termin** nicht einhält. Auch wenn noch kein endgültiger Behandlungsvertrag zustande gekommen ist, hat der Arzt den Patienten über Verzögerungen zu unterrichten, wenn diese etwa eine halbe Stunde überschreiten. Unterläßt der Arzt diese Information, stellt dies grundsätzlich ein Organisationsverschulden dar, für das er einzustehen hat, wenn er sich nicht entsprechend § 282 BGB entlasten kann.[55] Umgekehrt können dem Arzt Ersatzansprüche zustehen, wenn der Patient dem mit der Bestellpraxis vereinbarten Termin fernbleibt.[56]

---

[51] Das gilt auch für den Vertrag mit dem Hausarzt. Hier kommt es also gleichfalls bei jeder neuerlichen Inanspruchnahme zum Abschluß eines weiteren Arztvertrages, nicht etwa lebt ein auf unbestimmte Dauer abgeschlossener Kontrakt nur von Fall zu Fall wieder auf.

[52] Eingeschränkt ist das Kündigungsrecht des Kassenpatienten durch die schon erwähnte Regel des § 368d Abs. 3 RVO, nach welcher der Patient den Arzt im Kalendervierteljahr nur aus triftigem Grund wechseln darf.

[53] Die Kündigung bleibt aber wirksam, sofern sie nach den besonderen arztethischen wie – rechtlichen Regeln nicht willkürlich erfolgte.

[54] So die vorherrschende Ansicht; vgl. z. B. G. Küchenhoff im BGB-Kommentar Erman, [7]1981, Rdnr. 8 zu § 627, u. A. Kraft im BGB-Kommentar Soergel-Siebert, [11]1980, Rdnr. 4 zu § 627; anders H. Putzo im BGB-Kommentar v. O. Palandt, [46]1987, Anm. 2b zu § 627: Unzumutbarkeit hier nicht erforderlich.

[55] AG Burgdorf, MedR 1985, 129.

[56] Wohl zu eng LG München, NJW 1984, 671; vgl. E. Natter, MedR 1985, 258–262. Die Freiheit zur Kündigung des Behandlungsvertrages gibt dem Patienten nicht das Recht, über die Zeit des Arztes zu verfügen.

69 Auch wenn, wie üblich, die Partner über das Honorar bei Abschluß des Vertrages nichts ausdrücklich vereinbaren, kann der Arzt eine **angemessene Vergütung** für seinen Einsatz verlangen. Das gilt sowohl für den Regelfall der Leistung von Diensten als auch für die Ausnahme, daß der Arzt die Herstellung eines Werkes schuldet (§ 612, § 632 BGB). Die Höhe des Honorars bemißt sich in erster Linie nach der zwischen den Beteiligten getroffenen Abrede. Da in den meisten Fällen Arzt und Patient über diese Frage nichts ausdrücklich verabreden, richtet sich das Honorar nach den Gebührenordnungen für Ärzte und Zahnärzte („Taxen" im Sinne der §§ 612 Abs. 2 und 632 Abs. 2 BGB).[57] Nach den §§ 315, 316 BGB unterliegt die Festsetzung des Honorars der Kontrolle durch die Gerichte.

70 Die von der Bundesregierung mit Zustimmung des Bundesrates erlassene neue **Gebührenordnung für Ärzte (GOÄ)** trat am 1. 1. 1983 in Kraft.[58] Die neue Gebührenordnung für Ärzte löste diejenige aus dem Jahre 1965[59] ab; sie verändert das Vertragsrecht einschneidend. Das neue Recht verfolgt das Ziel, die Vergütung privatärztlicher Leistungen den seither eingetretenen medizinischen, technischen und wirtschaftlichen Entwicklungen anzupassen sowie den Schutz des Zahlungspflichtigen zu verbessern. Die Gebührenordnung für Ärzte 1983 stieß auf herbe Kritik der organisierten Ärzteschaft.[60] Es läßt sich durchaus fragen, ob der Verordnung eine ausreichende Rechtsetzungsermächtigung zugrunde liegt und ob ihre deutlich härtere Reglementierung das Grundrecht der Berufsfreiheit nach Art. 12 GG zu Lasten der Ärzte verletzt.[61]

71 Die neue Gebührenordnung für Ärzte mit ihrem anliegenden Verzeichnis erweitert die Gebührenpositionen beträchtlich, verkürzt aber den Gebührenrahmen deutlich. Die Verordnung hat außerdem die alten allgemeinen Gebührenregeln teilweise tiefgreifend verändert, wobei sie sich in manchen Stücken dem Kassenarztrecht, auch dem für Anwälte und Steuerberater geltenden Gebührenrecht annäherte. Die neue GOÄ bricht mit der herkömmlichen vollen Abdingbarkeit: Arzt und Zahlungspflichtiger können in ihrer Honorarabrede nur noch von der Höhe der Vergütung abweichen. Damit hat der Verordnungsgeber sein Werk vom dispositiven zum weithin zwingenden Recht umgewandelt (§ 2 Abs. 1). Die neue Gebührenordnung für Ärzte beschränkt das Honorar auf Leistungen, die der Arzt selbst erbrachte oder durch Personen erbringen ließ, die seiner Aufsicht und

---

[57] Gebührenordnung für Ärzte (GOÄ) in der Fassung vom 1. 1. 1983, vgl. W. Hoffmann, [15]1984, außerdem H. Narr, Gebührenordnung für Ärzte, 1985 (instruktiv die Einführung).

[58] BGBl. I 1982, 1522, geändert durch VO v. 20. Dez. 1983 (BGBl. I, 1500) u. durch VO v. 20. Dez. 1984 (BGBl. I, 1680). Dazu M. Borchmann, NJW 1983, 315–317; H. Narr, BadWürtt. ÄrzteBl. 1983, Heft 2; W. Weissauer, MedR 1983, 2–5.

[59] BGBl. I, 89.

[60] Nachw. bei M. Borchmann, NJW 1983, 317.

[61] W. Weissauer, MedR 1983, 3 f. – Kritik an der ärztlichen Privatliquidation übt J. Schwabe, ZRP 1987, 270–274; dagegen R. Hess, ebenda, 274–277.

Weisung unterstehen; dabei muß es sich um Leistungen handeln, für die der Arzt eine volle haftpflichtrechtliche Verantwortung trägt (§ 1 Abs. 2). Außerdem darf der Arzt nur Leistungen berechnen, die für „eine medizinisch notwendige ärztliche Versorgung erforderlich sind" (§ 1 Abs. 3). Eine gültige Abrede über die Gebührenhöhe bedarf eines Schriftstückes, das keine anderen Erklärungen enthalten darf (§ 2 Abs. 2). Ärztliche Honorarabsprachen können nur in Individualabreden getroffen werden.

Wenn die neue GOÄ insgesamt kostenneutral bleibt, so werden sich durch 72
ihre Maßgaben die Einkommen jedenfalls verschieben. Wirtschaftlich wird sie die leitenden Krankenhausärzte, deren Liquidation überwiegend oder ganz aus Privathonoraren besteht, stärker berühren als die niedergelassenen Kassenärzte. Noch deutlicher werden sich Unterschiede zwischen den einzelnen Fachgebieten zeigen, besonders zwischen solchen, die vorwiegend persönliche und solchen, die überwiegend oder nahezu ausschließlich technische Leistungen erbringen.[62]

Unklarheiten der Gebührenordnung für Ärzte[63] können zu Lasten der 73
Ärzte gehen, weil sie die Fälligkeit der Honorare in Frage stellen. Denn nach § 12 Abs. 1 wird die Vergütung fällig, „wenn dem Zahlungspflichtigen eine dieser Verordnung entsprechende Rechnung erteilt worden ist"; die Fälligkeit erfordert also eine den formalen Maßgaben dieser Norm genügende Liquidation.[64]

Ein Honoraranspruch entsprechend seinen schon erbrachten Diensten 74
steht dem Arzt auch dann zu, wenn der Vertrag durch Kündigung eines der beiden Beteiligten sein Ende fand, bevor der erstrebte Erfolg eintrat. Das gilt selbst dann, wenn der Arzt die vom Patienten ausschließlich gewünschte Untersuchung nicht vorgenommen, sondern ihn nur nach Anhörung der Krankengeschichte beraten hat.[65] Da die GOÄ die einzelnen Leistungen detailliert aufschlüsselt, wird es über den Umfang der Vergütung für so entstandene **Teilleistungen** kaum je Streit geben. Dem Arzt steht aber kein Honoraranspruch zu, wenn und soweit er durch vertragswidriges Verhalten die Kündigung durch den Patienten veranlaßt hat oder selbst kündigt, ohne dazu durch vertragswidriges Verhalten des Patienten veranlaßt zu sein und jeweils die Teilleistung für den Patienten kein Interesse hat (§ 628 Abs. 1 S. 2 BGB).[66]

---

[62] Bei letzteren gesteigerte Einkommensverluste durch den stark gekürzten Steigerungssatz (§ 5 Abs. 3) und zufolge der ohnedies niedrigeren Bewertung der Leistungen in dem von der neuen GOÄ übernommenen „einheitlichen Bewertungsmaßstab für ärztliche Leistungen" (EBM).

[63] Etwa im Blick auf § 14 Abs. 2 S. 2; dazu W. Weissauer, MedR 1983, 5.

[64] § 12 GOÄ widerspricht nicht dem Grundgesetz, wie der Vorprüfungsausschuß des BVerfG entschied; vgl. Rhein. ÄrzteBl. 1985, 850f. – Zur Verfassungsmäßigkeit der GOÄ siehe ferner BVerfG, MedR 1985, 123.

[65] AG Mannheim, NJW 1971, 1902.

[66] LG Essen, NJW 1966, 402.

75 Der Arzt kann die Vergütung für seine **Leistung sofort** nach Rechnungsstellung verlangen. Bei länger andauernden Behandlungen liquidieren der Arzt oder die ärztliche Verrechnungsstelle üblicherweise in größeren Zeitabständen die inzwischen für die einzelnen Konsultationen angefallenen Beträge. Ist die Rechnung hinreichend spezifiziert,[67] verpflichtet sie den Patienten zur alsbaldigen Zahlung. Nachfolgende Mahnung setzt den Patienten in Verzug. Folgt der Arztvertrag ausnahmsweise den Regeln des BGB zum Werkvertrag, so wird die Vergütung dann fällig, wenn der Patient das vertragsmäßig hergestellte Werk, etwa die Zahnprothese, abgenommen hat (§ 641 BGB). Ein mangelhaftes Werk braucht der Patient nicht abzunehmen, und dementsprechend verliert der Arzt in solchen Fällen auch seinen Honoraranspruch.[68]

76 Da die Krankenkassen ihren Versicherten nicht Kostenersatz, sondern unmittelbar die Heilmaßnahmen schulden, und da zur Erfüllung dieser Pflicht die Kassen zugunsten ihrer Mitglieder Verträge mit der Kassenärztlichen Vereinigung geschlossen haben, ist der **Kassenpatient** selbst in der Regel nicht Schuldner des ärztlichen Vergütungsanspruches. Bei der Behandlung eines Kassenpatienten erwirbt der Arzt einen Anspruch gegen die Kassenärztliche Vereinigung, welche die ihr von der Sozialversicherung bezahlte Gesamtvergütung nach den erbrachten Leistungen an die Ärzte weiterleitet. Dieser Anspruch gehört dem öffentlichen Recht an, für Streitigkeiten sind die Sozialgerichte, nicht die ordentlichen Gerichte zuständig.[69]

77 Die Vorschriften des BGB zur **Geschäftsführung ohne Auftrag** gelten, wenn der Arzt einen Bewußtlosen versorgt oder Geschäftsunfähige oder beschränkt Geschäftsfähige ohne die erforderliche Zustimmung der gesetzlichen Vertreter behandelt und vertragliche Beziehungen deshalb nicht entstehen.[70] Anspruchsgegner des Arztes ist dann derjenige, in dessen Interesse sein Handeln lag. Das kann neben dem Patienten auch derjenige sein, der dem Patienten Unterhalt schuldet oder dem die Personensorge zusteht.[71] Wie bemißt sich in solchen Fällen das Honorar? Nach § 683 BGB kann der Arzt

---

[67] Wozu der Arzt nach Abschluß der Behandlung verpflichtet ist; vgl. etwa AG Garmisch-Partenkirchen, NJW 1971, 244.

[68] Vgl. AG Krefeld, NJW 1967, 1512. – Zur Verjährung von Arzthonoraransprüchen H. Narr, MedR 1986, 74–75.

[69] Zum Anspruch auf zweckmäßige ausreichende ärztliche Versorgung und zur Wirtschaftlichkeit vgl. den reichhaltigen Kommentar zu § 368 e RVO von G. Dalichau, in: P. Schiwy (Hg.), Deutsches Arztrecht, 1987, Nr. 500. 1. Vgl. auch E. Baader, Honorarkürzung und Schadensersatz wegen unwirtschaftlicher Behandlungs- und Verordnungsweise im Kassenarztrecht, 1983.

[70] Die Nichtigkeit des Arztvertrages wegen Anfechtung ist kaum praktisch, weil das Anfechtungsrecht hier wie bei anderen Dauerschuldverhältnissen ausgeschlossen und durch das Kündigungsrecht ersetzt ist, sobald der Arzt mit der Behandlung begonnen hat. Vgl. dazu u. zum Einigungsmangel beim Arztvertrag W. Uhlenbruck, DMW 1965, 40.

[71] OLG Köln, NJW 1965, 350 (Geschäftsführung für Sorgepflichtigen eines unfallverletzten Kindes).

als Geschäftsführer ohne Auftrag zwar Ersatz seiner Aufwendungen verlangen, hätte aber grundsätzlich keinen Anspruch auf Vergütung seiner Dienste. Nach vorherrschender Ansicht kann jedoch der Geschäftsführer für Tätigkeiten, die zu seinem Beruf oder Gewerbe gehören, die übliche Vergütung und, wenn ihm wegen der Geschäftsbesorgung berufliche Einnahmen entgangen sind, für diese Ersatz verlangen.[72] Das bedeutet für den Arzt, daß ihm auch dann, wenn er ohne vertragliche Grundlage tätig wird, ein Anspruch auf das sonst übliche Honorar zusteht. Dann erscheint es aber angemessen, den Arzt hinsichtlich seiner Einstandspflicht nicht zu bevorzugen, also den § 680 BGB nicht anzuwenden, der die Haftung des Geschäftsführers auf Vorsatz und grobe Fahrlässigkeit beschränkt, wenn, was bei Unglücksfällen häufig der Fall sein wird, die Geschäftsführung eine dem Geschäftsherrn drohende dringende Gefahr abwenden will.[73]

Die aus den Vorschriften zur Geschäftsführung ohne Auftrag sich ergeben- **78**
den Schwierigkeiten lassen sich durch nachträgliches Bestätigen nichtiger Verträge oder dadurch vermeiden, daß Arzt und Patient den Vertragsschluß nachholen. Die allgemeine Vorschrift des § 141 Abs. 2 BGB gibt dem Arzt bei Bestätigung eines nichtigen Vertrages regelmäßig den Honoraranspruch für alle geleisteten Dienste. Ein nachträglicher Vertragsabschluß kann in der Fortsetzung der Behandlung, auch in der Entgegennahme der Rechnung liegen.[74] Einzelne Autoren bemühen auch das fragwürdige Institut des faktischen Vertragsverhältnisses.[75]

Selbst wenn der Arzt vertraglich begründete Honoraransprüche hat, kön- **79**
nen ihm nach der Judikatur daneben gegen Dritte Ansprüche aus Geschäftsführung ohne Auftrag zustehen, weil der Fremdgeschäftsführungswille nicht dadurch ausgeschlossen wird, daß der Arzt in erster Linie seine eigenen Verpflichtungen erfüllen will. Demgemäß kann der geschiedene oder von seiner Frau getrennt lebende Mann, obwohl für ihn § 1357 BGB nicht gilt, zu den Arztkosten für seine Ehefrau jedenfalls insoweit herangezogen werden, als er ihr Unterhalt schuldet.[76]

Ausnahmsweise können geschlossene Verträge auch nach den §§ 134, 138 **80**
Abs. 1 BGB wegen Gesetzesverstoßes oder Sittenwidrigkeit nichtig sein, z. B. wenn der Arzt durch seine Tätigkeit einen Versicherungsbetrug unterstützt und damit Beihilfe zu einer Straftat leistet, oder wenn er erhebliche Verstöße gegen ärztliche Standespflichten begeht.[77] In diesen Fällen verliert der Arzt seinen Honoraranspruch. Auch Ansprüche aus ungerechtfertigter

---

[72] H. Thomas im BGB-Kommentar v. O. Palandt, [46]1987, Anm. 4 zu § 683, und F. Hauß im BGB-Kommentar Erman, [7]1981, Rdnr. 6 zu § 683.

[73] K. Luig, 227; W. Uhlenbruck, DMW 1965, 45.

[74] Nach OLG Düsseldorf, NJW 1975, 596, entsteht ein Vertrag auch bei der Notfall-Einweisung nachträglich durch Kostenübernahme seitens der Krankenkasse.

[75] K. Luig, 228.

[76] LG Berlin, NJW 1960, 1390.

[77] Vgl. H. Heinrichs bei O. Palandt, [46]1987, Anm. 5r zu § 138.

Bereicherung (§§ 812 ff. BGB) stehen ihm dann wegen § 817 S. 2 BGB nicht zu.

81 Mit dem ärztlichen **Arbeits- und Vertragsrecht** haben sich je und je die Gerichte zu befassen. Nach einem Urteil des *BAG*[78] kann der leitende Arzt einer Fachabteilung vom Krankenhausträger neben der vereinbarten nicht ohne weiteres eine zusätzliche Vergütung nach § 612 Abs. 1 BGB beanspruchen, wenn er in erheblichem Umfang Rufbereitschaft leisten muß, weil ein Oberarzt fehlt: „Bei leitenden Angestellten ebenso wie bei Chefärzten wird eine Vergütung unabhängig von der üblichen Arbeitszeit vereinbart. Mehrarbeit, die sich aus der ordnungsgemäßen Erledigung der einem leitenden Arzt verantwortlich übertragenen Aufgabe ergibt, ist daher grundsätzlich mit der vereinbarten Vergütung abgegolten. Das gilt insbesondere dann, wenn ... neben dem Gehalt noch ein Liquidationsrecht ausgeübt werden darf."

---

[78] BAG, VersR 1982, 987.

III. Die ärztliche Hilfspflicht

F. W. Ahnefeld u. H.-D. Lippert, Notarzt- und Rettungsdienst – medizinische, organisatorische und juristische Fragen, in: Festschr. f. W. Weißauer, 1986, 1–11; U. Baronin v. Dellingshausen, Sterbehilfe und Grenzen der Lebenserhaltungspflicht des Arztes, 1981; Bezirksärztekammer Südwürttemberg (Hg.), Katastrophenmedizin, 1981; J. Baumann, Zwangsweise Lebenserhaltung im Strafvollzug, ZRP 1978, 35–36; P. Bringewat, Selbstmord, Suizidpatient und Arztpflichten im Strafrecht, NJW 1973, 540–544; V. Eid u. R. Frey (Hg.), Sterbehilfe oder Wie weit reicht die ärztliche Behandlungspflicht, 1978; K. Engisch, Die rechtliche Beurteilung des ärztlichen Eingriffs unter besonderer Berücksichtigung des Suicidpatienten, Heidelberger Jahrbücher 1960, 47–70; A. Eser (Hg.), Suizid und Euthanasie als human- und sozialwissenschaftliches Problem, 1976; H. Fischer, Recht und Rechtsmedizin in kriegerischen Konflikten, in: Festschr. H. Leithoff, 1985, 269–277; W. Heim, Zwangsernährung und Zwangsbehandlung von Gefangenen, 1983; K. Geppert, Die gegenwärtige gesetzliche Regelung der Zwangsernährung von Gefangenen (§ 101 Strafvollzugsgesetz), Jura 1982, 177–191; J.-H. Husen, Hungerstreik im Justizvollzug, ZRP 1977, 289–292; D. Kienapfel, Die Hilfeleistungspflicht des Arztes nach deutschem und österreichischem Strafrecht, in: Festschrift f. Paul Bockelmann, 1979, 591–601; A. Kreuzer, Ärztliche Hilfeleistungspflicht bei Unglücksfällen im Rahmen des § 330c StGB, 1965; A. Kreuzer, Ärztliche Hilfeleistungspflicht in der Sicht des Strafrechts, in: A. Mergen (Hg.) II, 217–254; H.-H. Kühne, Strafrechtliche Aspekte der Suicid-Abwendung in Strafanstalten, NJW 1975, 671–676; J. Linck, Zwangsernährung von Untersuchungsgefangenen, NJW 1975, 18–21; H.-D. Lippert, Die Stellung des Notarztes bei der Durchführung von Rettungs- und Notarztdienst, MedR 1984, 41–46; H.-D. Lippert u. W. Weissauer, Das Rettungswesen, 1984; H.-H. Martens, Zum ärztlichen Notfalldienst, NJW 1970, 494–499; W. Michale, Recht und Pflicht zur Zwangsernährung bei Nahrungsverweigerungen in Justizvollzugsanstalten, iur. Diss. Augsburg, 1983; M. Mikorey, Die chirurgische Operation als strafrechtlicher Tatbestand der Körperverletzung, Med. Klinik 1956, 1779–1782; H. W. Opderbecke, Die Organisation des Notarzteinsatzes von Krankenhausärzten, Anästhesiologie u. Intensivmedizin 1980, 33–35; K. Peter, G. Heberer, E. Rebentisch, H.-J. Linde u. R. Kirchoff (Hg.), Katastrophenmedizin, 1984; E. Rebentisch, Die Verantwortung des Arztes bei der Katastrophenhilfe, in: Festschr. f. H. Leithoff, 1985, 279–287; H. Rüping, Therapie und Zwang bei untergebrachten Patienten, JZ 1982, 744–749; F. Schleyer, Gedanken zur Hilfeleistungspflicht des Arztes bei Unfällen nach strafrechtlichen Normen, Ärztl. Wochenschr. 1958, 137–140; E. Schmidt, Die Besuchspflicht des Arztes unter strafrechtlichen Gesichtspunkten, 1949; G. Siegmund-Schultze, Die Rechtspflicht des Arztes zur Zwangsbehandlung eines Patienten, Arztrecht 1976, 37–46; G. Simson, Die Suizidtat. Eine vergleichende Betrachtung, 1976; W. Spann, E. Liebhardt u. W. Braun, Ärztliche Hilfeleistungspflicht und Willensfreiheit des Patienten, in: Festschrift f. Paul Bockelmann, 1979, 487–495; W. Uhlenbruck, Die ärztliche Überweisungspflicht, Arztrecht 1972, 69–76; E. Ungeheuer (Hg.), Katastrophenmedizin. Probleme des Massenanfalls Kranker und Verletzter, 1986; J. Wagner, Selbstmord und Selbstmordverhinderung. Zugleich ein Beitrag zur Verfassungsmäßigkeit der Zwangsernährung, 1975; S. Weichbrodt, Die Pflichten beamteter Ärzte bei der Abwendung eines Hungerstreiks, NJW 1983, 311–315; W. Weissauer, Der Notarzteinsatz – eine Dienstaufgabe des Krankenhausarztes?, Informationen des Berufsverbandes der Deutschen Chirurgen e. V. 1976, 149–154; W. Weissauer, Rechtliche Grundlagen des Notarztdienstes, Anästhesiologie u. Intensivmedizin 1980, 29–32; W. Weissauer, Rettungswesen: juristische Aspekte, Intensivmedizin 1980, 144–147; W. Weissauer u. G. Hirsch, Verweigerung der Bluttransfusion aus religiösen Motiven, Anästhesiologie u. Intensivmedizin 1979, 273–277.

82 Die **Berufsordnung** für die deutschen Ärzte gibt nicht mehr als knappe Leitsätze an, hinter denen sich gewichtige praktische Rechtsfragen auftun, wenn sie postuliert:[1] „Der Arzt ist in der Ausübung seines Berufes frei. Er kann die ärztliche Behandlung ablehnen, insbesondere dann, wenn er der Überzeugung ist, daß das notwendige Vertrauensverhältnis zwischen ihm und dem Patienten nicht besteht. Seine Verpflichtung, in Notfällen zu helfen, bleibt hiervon unberührt." Gewiß setzt das partnerschaftliche Vertrauensverhältnis zwischen Arzt und Patient prinzipiell die freiwillige Zuwendung beider Seiten voraus. In bestimmten, keineswegs seltenen Lagen trifft den Arzt indessen auch außerhalb besonderer Bindungen etwa des öffentlichen Dienstes die Rechtspflicht, medizinische Hilfe zu leisten. Verletzt er sie, so kann er sich schadensersatzpflichtig und strafbar machen.

83 Der Arzt kann durch die **Nichtvornahme** einer gebotenen Hilfsmaßnahme den Tatbestand eines Begehungsdelikts erfüllen, sich also eine Körperverletzung oder gar Tötung zuschulden kommen lassen: Bei den unechten Unterlassungsdelikten[2] verwirklicht der Täter durch sein Unterlassen den tatbestandsmäßigen Erfolg eines Strafgesetzes, wenn er von Rechts wegen als **Garant** dafür einzustehen hat, daß dieser Erfolg nicht eintritt. Wann, so heißt in unserem Zusammenhang die Hauptfrage, besteht eine ärztliche Garantenschaft?

84 Sie existiert zunächst gewiß kraft freiwilliger **Übernahme.** Auf deren Rechtsgrund kommt es nicht an; der Arztvertrag kann also mangelhaft sein oder fehlen. „Die Übernahme des Pflichtenkreises muß, damit aus ihr eine Garantenstellung erwächst, zu einer sozialethischen Gebundenheit führen. Diese kann auf verschiedenen Gründen, vornehmlich der Schaffung einer Vertrauenslage, beruhen und hat zur Folge, daß die Rechtsordnung der in dem Lebensbereich eingenommenen Stellung eine Schutzfunktion zuzuweisen vermag."[3] Die Übernahme bedeutet den Eintritt in eine Schutzfunktion; er ist vollzogen, wenn der Arzt den Patienten faktisch in seine Obhut genommen hat.[4] Dem Kranken steht nun eine andere Hilfe als die eben dieses Arztes jedenfalls zunächst praktisch nicht zu Gebote. Damit fällt dem Arzt eine Garantenschaft zu, kraft deren er die Gefahr des Todes, des Kränkerwerdens oder des Krankbleibens von dem ihm vertrauenden Leidenden abzuwenden

---

[1] § 1 Abs. 7 Berufsordnung 1985, Deutsches ÄrzteBl. 1985, 3371.

[2] Deren – teils streitige – Dogmatik sich hier nicht entwickeln läßt; vgl. die weiterführenden Hinweise zu § 13 StGB bei K. Lackner, Strafgesetzbuch mit Erläuterungen, [17]1987.

[3] So allgemein und zutreffend OLG Celle, NJW 1961, 1939.

[4] P. Bockelmann, 19.

hat. Eine erstmalige[5] telefonische Konsultation wird die Garantenpflicht des Arztes regelmäßig begründen,[6] denn mit jedem fernmündlichen Ratschlag übernimmt der Angerufene eine Schutzfunktion. Wie lange die **Garantenpflicht** kraft Übernahme währt und welche Dienste sie einschließt, bemißt sich nach den Umständen des Einzelfalles und den Gepflogenheiten des ärztlichen Berufs. Der Arzt kann die Fürsorge für den Patienten und damit seine Garantenschaft jederzeit einseitig beenden, soweit er dem Kranken damit nicht eine aktuell nötige und keinen Aufschub duldende Hilfe versagt. Strafrechtlich bleibt es dabei belanglos, ob der Arzt durch die Aufgabe weiterer Fürsorge seine bürgerlich- oder sozialrechtlichen Pflichten verletzte. „Denn nicht die Zulassung zur Kassenpraxis und nicht der mit dem Patienten geschlossene Vertrag begründen die Garantenstellung des Arztes, aus der seine strafrechtlich sanktionierte Behandlungspflicht folgt, sondern die tatsächliche Übernahme der Fürsorge für den Patienten",[7] der auf die gesuchte Hilfsbereitschaft vertraut.

Hat der Arzt seine Garantenpflicht verletzt und läuft dennoch der Fall **85** ohne Nachteil für den Kranken ab, so greift weder eine zivil- noch eine strafrechtliche Sanktion ein. Ist es zum Tode oder zu einer Körperverletzung gekommen, wofür das pflichtwidrige Aufrechterhalten erheblicher Schmerzen ausreichen kann, so hängen Ersatzpflicht und Strafbarkeit des Arztes noch davon ab, ob die Vornahme der unterlassenen Fürsorge den Kranken auch wirklich gerettet oder seinen Gesundheitszustand gebessert hätte oder ob nicht jede ärztliche Mühe ohne Nutzen geblieben wäre. Außerdem müßte den Arzt ein Schuldvorwurf treffen, wenn er haftbar sein sollte.

Beim **Notarztdienst** geht es darum, Rechts- und Organisationsformen zu **86** finden, „die den notfallmedizinisch geschulten Arzt so in die Rettungskette einbinden, daß er rund um die Uhr einsatzbereit ist, mit dem geringstmöglichen Zeitverzug den Notfallort erreicht und dort über alle für die Lebensrettung erforderlichen personellen und sachlichen Hilfsmittel verfügt" (Walther Weissauer). Neben dem ärztlichen Notfalldienst hat sich ein spezifischer, eigens qualifizierter rettungsärztlicher Dienst als erforderlich erwiesen. Den Gebietskörperschaften, die einen **Rettungsdienst** einrichten und unterhalten, obliegt es, das Personal, die Geräte und Fahrzeuge nach den hierfür geltenden Normen und Vorschriften zu Gebote zu stellen und für die unerläßliche Koordination zu sorgen.

---

[5] Für ein schon bestehendes Behandlungsverhältnis entschied der BGH (NJW 1961, 2068): „Ein Arzt hat auf Grund des Dienstleistungsvertrages mit seinem Patienten die Rechtspflicht, sich auf fernmündlichen Anruf des Patienten in dessen Wohnung zu begeben, um durch eine dort durchzuführende Untersuchung ein, soweit möglich, zutreffendes Bild von dem Zustand des Patienten zu erhalten und die danach erforderlichen ärztlichen Maßnahmen zu treffen."

[6] Streng BGHSt 7, 211 = NJW 1955, 718; kritisch und einschränkend dazu A. Kreuzer, in: A. Mergen (Hg.) II, 223.

[7] P. Bockelmann, 27.

87 Eine Garantenpflicht zur Übernahme medizinischer Hilfe trifft den Arzt, dem der Notfall-, der Bereitschafts- oder der Rettungsdienst obliegt. Der niedergelassene Arzt ist verpflichtet, am Notfalldienst teilzunehmen.[8] Dieser hat die Aufgabe, Krankheits- und Unglücksfälle aus vitaler Indikation zu versorgen und lebenserhaltende Maßnahmen zu veranlassen. Der Notfallarzt soll Erste Hilfe und Sofortmaßnahmen leisten, die im gesundheitlichen Interesse des Patienten keinen Aufschub vertragen. Für diese Funktion geeignet ist jeder Arzt, der „mit praxisbezogener Sachkunde den typischen Notfallsituationen des Bereitschaftsdienstes in der Regel wenigstens mit Sofortmaßnahmen bis zum Einsetzen der normalen ärztlichen Versorgung gerecht zu werden vermag".[9] Nicht nur im Notfalldienst stößt der Arzt immer wieder an die Grenzen seiner Kenntnisse und Fähigkeiten mit der Folge, einen Kollegen zuziehen oder den Patienten ins Krankenhaus einweisen zu müssen, dem überhaupt die Auffangfunktion für Notfälle zukommt. Die Übernahme des **Bereitschaftsdienstes** schränkt die Pflichten anderer Ärzte gegenüber ihren Patienten für dessen Dauer mindestens erheblich ein. Daraus ergibt sich die **Garantenschaft** des Notfallarztes, vermöge deren er für pflichtwidriges Unterlassen ebenso einzustehen hat wie für tätiges Handeln.[10] Ausdrücklich durch Abrede und öffentliche Anzeige für zuständig erklärt, muß der Bereitschaftsarzt jedem Notruf folgen und sich für alle Patienten im Bezirk einsatzbereit halten. Auf subjektive Angaben anrufender, unbekannter Personen darf sich der Arzt im Bereitschaftsdienst noch weniger verlassen als sonst. Telefonische Ferndiagnosen vor allem bei hohem Fieber und Schmerzen wird er mit größter Vorsicht aufnehmen und mindestens dafür sorgen, daß der Kontakt zwischen ihm und dem Patienten erhalten bleibe. Einen geforderten Hausbesuch wird der Notarzt nur bei offensichtlich unbegründetem oder mißbräuchlichem Begehren ablehnen dürfen; in allen Zweifelsfällen muß er sich zum Patienten begeben.

88 Die Erforderlichkeit eines **Hausbesuchs** durch den Arzt, der die Behandlung übernommen hat, bemißt sich generell nach strengem Maßstab: „Es gehört zu den Aufgaben des Arztes, sich von den Leiden des Patienten ein eigenes Bild zu machen, dabei die Angaben Dritter ... nicht ungeprüft zu übernehmen und wichtige Befunde selbst zu erheben: Dazu ist, wenn der Patient nicht selbst in die Sprechstunde kommen kann, ein Hausbesuch jedenfalls dann erforderlich, wenn es sich offensichtlich um eine schwere

---

[8] § 20 der Berufsordnung für die deutschen Ärzte; vgl. als Rechtsgrundlagen die einschlägigen Vorschriften der Berufsordnungen. Zum Ganzen H. Narr, 716ff.; M. Kohlhaas, 63ff.; P. Bockelmann, 23; W. Weissauer. Zur Bereitschaftsdienst- und Rufbereitschaftsvergütung für angestellte Ärzte A. Hollmann, DMW 1977, 1135.

[9] BSG, NJW 1972, 357, mit Anm. v. H.-H. Martens. BSG, NJW 1978, 1213: „Ein Arzt, der die Voraussetzungen für die Zulassung als Kassenarzt erfüllt, ist in aller Regel auch geeignet, am kassenärztlichen Not- und Bereitschaftsdienst teilzunehmen; das gilt auch für Fachärzte." Vgl. auch BSG,NJW 1978, 1215.

[10] BGHSt 7, 211 = NJW 1955, 718; OLG Hamm, NJW 1975, 604.

Erkrankung handelt. Ferndiagnosen aufgrund mündlicher Berichte von Angehörigen können in den seltensten Fällen ausreichen, und viel anders ist es auch nicht, wenn der Arzt den Patienten selbst sprechen kann."[11]

Trifft darüber hinaus jeden praktischen Arzt mit Allgemeinpraxis eine **Garantenpflicht zur Fallübernahme** in Notfällen? Eberhard Schmidt hat die Frage innerhalb vernünftiger Grenzen bejaht.[12] Der Arzt übe kein Gewerbe aus, sein Beruf bedeute weit mehr als eine beliebig ausnutzbare Gelegenheit zum Gelderwerb. Lasse der Arzt sich nieder, so stelle er sich in den Dienst der leidenden Menschheit, womit er die Pflicht zum Einsatz bei allen erheblichen und gefährlichen Nöten übernehme. „Für den praktischen Arzt, der Allgemeinpraxis treibt, gilt die Regel, daß er im Notfall jedem Ruf folgen muß, soweit nicht andere ärztliche Pflichten vorgehen, und soweit ihm die Befolgung des Rufes zugemutet werden kann." Indessen: den praktischen Arzt nach unterlassenem Einsatz in jedem schweren und unglücklich verlaufenen Fall wegen Tötung oder Körperverletzung haften zu lassen, hieße das Berufsrisiko übersteigern.[13] Eine solche Garantenschaft liefe auf die Pflicht des niedergelassenen Arztes hinaus, sich Tag und Nacht bereit sowie einsatzfähig zu halten und sich bei allen Abhaltungen um einen Vertreter zu kümmern. Ein solches Verlangen von Rechts wegen schösse über das Ziel hinaus, zumal die Bedürfnisse der Praxis im allgemeinen nicht so weit reichen. 89

Der Ansatz Eberhard Schmidts führt aber in den besonderen Fällen zum richtigen Ergebnis, in denen der Arzt durch die Art seiner Niederlassung einen Dienst übernommen hat, der ein gesteigertes Maß an Bereitschaft fordert. So wird der Allgemeinmediziner auf dem flachen Land ohne einen Kollegen oder ein Krankenhaus in seinem Sprengel die Rolle des Notarztes, soweit seinen Kräften zumutbar, übernehmen müssen.[14] Ähnliches gilt für Ärzte, die sich aus besonderem Anlaß oder für bestimmte Begebenheiten einem beschränkten Personenkreis gegenüber zu erhöhter gesundheitlicher Obhut verpflichten: So können Bade-, Schiffs- oder Werksärzte eine Garantenposition einnehmen. Dem Facharzt kann die Garantenschaft den sonst unüblichen Hausbesuch zur Pflicht machen, wenn der Patient einen solchen im besonderen Notfall oder wegen des durch die bisherige Fürsorge begründeten Vertrauens erwarten darf.[15] Für Kliniker besteht in ihrem Verhältnis zum externen Publikum keine Garantenschaft. Der Aufnahmearzt freilich 90

---

[11] BGH, NJW 1979, 1248. Vgl. auch E. Schmidt, Der Arzt im Strafrecht, 7f.; Die Besuchspflicht des Arztes, 17ff.

[12] Der Arzt im Strafrecht, 5ff.

[13] P. Bockelmann, 23, 29, mit weiteren Nachweisen; kritisch auch A. Kreuzer, in: A. Mergen (Hg.) II, 220f. Ablehnend ferner W. Stree, in: A. Schönke u. H. Schröder, StGB Kommentar, [22]1985, § 13 Rdnr. 28 a. E.

[14] Zweifelnd P. Bockelmann, 29; ablehnend A. Kreuzer, in: A. Mergen (Hg.) II, 221f., der mit dem Begriff einer „Garantenschaft aus Hilfe-Monopol" zu Rate geht.

[15] BGH, NJW 1961, 2068 (s. oben Note 5).

übt eine Garantiefunktion aus, etwa wenn der Krankenwagen im Notfall einen Patienten zur Anstalt bringt.

91 Wegen unterlassener Hilfe kann sich der Arzt auch strafbar machen, wenn ihn keine Garantenpflicht traf oder sich nicht nachweisen läßt, daß die unterbliebene Maßnahme den eingetretenen negativen Erfolg verhindert hätte; es kann nämlich der subsidiäre **Straftatbestand des § 323 c (identisch mit dem alten 330 c) StGB** eingreifen. Den Strafgrund dieser Vorschrift bildet das Allgemeininteresse an solidarischer Schadensabwehr in akuten Notlagen. Der Tatbestand dieses echten Unterlassungsdeliktes begründet keine Garantenstellung und darum auch keine Rechtspflicht zum Handeln mit der Folge einer Haftung nach § 823 Abs. 1 BGB. Er ist auch kein Schutzgesetz im Sinne des § 823 Abs. 2 BGB.[16] Obwohl § 323 c StGB nicht auf das ärztliche Wirken abzielt, haben zahlreiche Judikate Arztfälle zum Gegenstand.[17]

92 Für den Arzt von höchstem Interesse ist bereits der Begriff des **Unglücksfalls.** Nach der Definition des Reichsgerichts sind Unglücksfälle plötzlich eintretende Ereignisse, die erhebliche Gefahren für Menschen oder Sachen hervorrufen oder zu bringen drohen. Krankheiten, auch schwerer Art, stellen sich damit nicht ohne weiteres als Unglücksfall dar. Etwas anderes gilt nach der Judikatur indessen, wenn eine ernstzunehmende Krankheit sich plötzlich verschlimmert.[18] Danach sind beispielsweise sich steigernde und nahezu unerträglich gewordene Schmerzen in der Bauchhöhle in der Regel als Unglücksfall anzusehen.[19] Wilhelm Gallas hat früh auf die unbefriedigende Konsequenz hingewiesen, „daß die ärztliche Hilfeleistungspflicht nicht von der Schwere der dem Erkrankten drohenden Gefahr, vielmehr von dem Zufall abhängt, ob die Krankheit eine plötzliche Wendung in dem angegebenen Sinne nimmt".[20] Arthur Kreuzer will unter Hinweis auf Ungereimtheiten der Judikatur mit gutem Grund in den Begriff des Unglücksfalls „jede Krankheit einbeziehen, wenn sie – unabhängig von ihrem bisherigen Verlauf – ein Stadium erreicht, in dem akut mit erheblicher Verschlechterung des Zustandes des Patienten zu rechnen ist".[21]

93 Der Bundesgerichtshof hat das **Merkmal der Plötzlichkeit** zurücktreten lassen und bei der Annahme eines Unglücksfalls weit gegriffen in einem

---

[16] W. Dütz, NJW 1970, 1822.

[17] Gegen die „Ausweitung" der Nothilfevorschrift gerade im Arztrecht A. Kreuzer, NJW 1967, 278. – Das Urteil des BGH, NJW 1983, 350 = MedR 1983, 29, zu den Pflichten eines beratenden Arztes bei akut lebensgefährlicher Erkrankung des Patienten stützte sich wohl zu Unrecht auf § 323 c; es handelte sich vielmehr um verletzte Garantenpflicht, vgl. H. Lilie, NStZ 1983, 314 f.; zur Wirkung eines überwindbaren entgegenstehenden Schweigegebotes vgl. M. Geiger, JZ 1983, 152 f.

[18] P. Cramer, in: A. Schönke u. H. Schröder, StGB Kommentar, [22]1985, § 323 c, Rdnr. 6, und BGHSt 6, 152 = NJW 1954, 1049.

[19] OLG Hamm, NJW 1975, 604.

[20] JZ 1952, 398.

[21] Bei A. Mergen (Hg.) II, 229, mit weiteren Nachweisen.

Urteil, dem folgender Sachverhalt zugrunde lag:[22] Eine Patientin mit Schenkelhalsfraktur außerhalb aller Lebensgefahr sah sich durch den praktischen Arzt ins Krankenhaus eingewiesen und dort auf Anweisung des abwesenden, telefonisch konsultierten Chefs fachgerecht gebettet und mit schmerzlindernden Mitteln versehen, aber wegen dessen Nachlässigkeit röntgenologisch nur verzögert, chirurgisch überhaupt nicht betreut, woraus ihr – zufällig und für § 323c unerheblich – kein erweislicher Nachteil entstand. Der praktische Arzt hatte, so das Gericht, seiner Nothilfepflicht genügt, ohne den Unglücksfall zu beheben. Die erforderliche sachgemäße Hilfe schuldete der Chirurg in fortdauernder Notlage. Er durfte nicht irgend etwas tun, sondern er mußte die ihm zumutbaren bestmöglichen Maßnahmen treffen. Indem er die Patientin – von pflegerischen Mitteln abgesehen – ihrem ungewissen Schicksal überließ, verstieß er gegen das Nothilfegebot. Der Unglücksfall währte, „bis die gebotene und zumutbare Hilfe geleistet war, d. h. bis zur Vornahme der Röntgenuntersuchung am übernächsten Tag. Solange bestand die Hilfepflicht des Angeklagten fort, dauerte demgemäß sein strafbares Verhalten an“.

Mit diesem gewiß weit in den ärztlichen Krankenhausdienst hineinreichen- **94**
den, doch wohlbegründeten Urteil hat das Gericht bei seinen früheren Erkenntnissen angeknüpft. Danach ist – wie der Bundesgerichtshof schon 1952 erkannte – **hilfspflichtig gemäß § 323c** jeder, „der nach seinen Fähigkeiten und Hilfsmitteln ohne eigene Gefahr oder anderweite Pflichtverletzung wirksamer und rascher helfen kann – wenn auch nur vorläufig – als ein anderer“. Die Vorschrift begründe zwar keine besondere Arztpflicht. Komme es für die Erste Hilfe aber auf ärztliche Sachkunde an, so falle „diese nicht nur für Art und Umfang der Hilfeleistung, sondern unter Umständen schon für die Frage der Hilfspflicht überhaupt ins Gewicht“.[23] In Notfällen muß der Arzt also seine medizinische Kompetenz voll nutzen, die ihm verfügbaren Hilfsmittel ganz einsetzen, soweit die Umstände es erfordern und zumutbar erscheinen lassen. Insofern – nach seinen beruflichen Fähigkeiten – hat er bei Unglücksfällen mit gesundheitlicher Unbill regelmäßig mehr zu leisten als der Nichtmediziner. Die aus dem Strafgesetz folgende Rechtspflicht deckt sich in ihrer durch die Spruchpraxis ausgeformten Gestalt durchaus mit dem berufsethischen Gebot der Nächstenhilfe. Hier erscheint die sonst problematische „Legalisierung der Nächstenliebe“ angemessen.

Besonderes Gewicht für die Ärzteschaft hat die vielerörterte Frage nach **95**
dem erforderlichen **räumlichen und zeitlichen Verhältnis** des Pflichtigen **zum Unglücksgeschehen.**[24] Will das Recht seine Ansprüche nicht überspan-

---

[22] BGHSt 21, 50 = NJW 1966, 1172.

[23] BGHSt 2, 296 = NJW 1952, 713 (Der Leiter eines Krankenhauses, der – als Arzt unerkannt – privat beim Fischen war, hatte es abgelehnt, einen verunglückten Jungen mit seinem Kraftwagen zur Klinik zu fahren).

[24] Vgl. dazu insbes. P. Bockelmann, 21; M. Kohlhaas, 60; A. Kreuzer, in: A. Mergen (Hg.) II, 230ff.

nen, wird es im allgemeinen nur denjenigen verpflichten, bei der Schadensabwehr mit Hand anzulegen, „den das Schicksal in den Bannkreis des Unheils hat geraten lassen".[25] Die räumliche Nähe allein entscheidet nicht. Die nachrichten- und verkehrstechnischen Möglichkeiten haben dieses lokale Kriterium relativiert. Daß die Hilfspflicht auch einen Abwesenden, insbesondere einen um Hilfe Angerufenen treffen kann, haben bereits das Reichsgericht und nach ihm der Bundesgerichtshof angenommen. „Erforderlich ist nur eine räumliche und zeitliche Beziehung des Hilfepflichtigen zu dem betreffenden Geschehen, die sein ihm mögliches Tätigwerden erforderlich macht."[26] Die Pflichtigkeit ergibt sich nach dem Zumutbarkeitsprinzip unter Berücksichtigung aller Umstände des Einzelfalls. Die Distanz zum Unglücksort bildet dabei zwar keinen unwichtigen, aber doch nur einen Umstand unter mehreren, mit abzuwägenden Gegebenheiten. Dabei spielt wiederum die fachliche **Qualifikation des Arztes** eine maßgebende Rolle.

96 Freilich braucht sich nicht jeder beliebige Arzt aus dem Telefonbuch heraussuchen und als Hilfspflichtiger heranziehen zu lassen. Der aus der Sprechstunde gerufene Arzt wird vielfach auf den Unfalldienst verweisen dürfen, schon weil dieser nicht selten schneller und hilfreicher am Ort der Not eingreifen kann. Auch der Hinweis auf den mit den Verhältnissen des Patienten vertrauten, vielleicht aber entfernteren Hausarzt mag im Einzelfall zulässig sein. Wo der Einsatz aber keinen Aufschub verträgt, muß der gerufene Arzt **das ihm Mögliche** tun. Seine eigenen dringlichen Fälle, auch seine beruflichen und persönlichen Bewandtnisse wie Krankheit, Übermüdung, Ruhebedürftigkeit im Hinblick auf eine anstehende Operation, kann er berücksichtigen. Der zur Ersten Hilfe angeforderte Facharzt darf sich nicht mit dem Bemerken entziehen, er übernehme als Spezialist keine Fälle allgemeiner Natur. Schwierige oder riskante Eingriffe des anderen Faches sind indes nicht von ihm zu verlangen. Der Kliniker darf das Krankenhaus zu einem Noteinsatz nur verlassen, wenn er seine Patienten versorgt weiß und durch seine Abwesenheit keine Gefahr für sie verursacht. In zweifelhaften Fällen wird der gewissenhafte Arzt dem Ruf zu genügen suchen, auch wenn er sich immer wieder voreilig bemüht sieht; auch wird jedenfalls der Praktiker Klingel und Telefon nicht abstellen, schon um den späteren Vorwurf zu vermeiden, er habe sich bewußt der Hilfspflicht entzogen.[27]

97 Verlangt der Patient einen **nicht indizierten Heileingriff** vom Arzt, so muß dieser sich zurückhalten. Der *BGH* hat das auf unsinniger Selbstdiagnose beruhende Patientenverlangen nach umfassender Zahnextraktion nicht als wirksame Einwilligung zu dieser Maßnahme anerkannt.[28] Doch im Grunde

---

[25] W. Gallas, JZ 1952, 398.

[26] BGHSt 21, 50 = NJW 1966, 1172.

[27] Anders G. Siegmund-Schultze, Arztrecht 1966, 103f.

[28] NJW 1978, 1206; kritisch dazu K. Rogall, NJW 1978, 2344 („Die Wirksamkeit der Einwilligung wird nicht durch die medizinische Vernunft, sondern durch § 226a

ist therapeutisch sinnloses Vorgehen kein Heileingriff,[29] sondern unärztliches, rechtswidriges Tun. Bei durch **psychische Fehleinstellung** motivierten und medizinisch nicht vertretbaren Korrekturwünschen „muß sich der Chirurg, wenn er meint, der Patientin gleichwohl mit einem operativen Eingriff (an den Symptomen) helfen zu können, Gewißheit darüber verschaffen, daß der Eingriff keinen Schaden auslöst. Das macht ... die Zuziehung eines Psychologen oder Psychiaters regelmäßig erforderlich."[29a]

Die Hilfspflicht des Arztes, ja sein Recht zum diagnostischen und therapeutischen Eingriff finden ihre Grenzen am **entgegenstehenden Willen des Kranken.** Auch hinter diesem unstreitigen Grundsatz verbergen sich schwierige Rechtsfragen von aktuellem Interesse. Der Ausgangspunkt läßt sich mit dem Stichwort bezeichnen: voluntas aegroti. Der Arzt darf und soll nur eingreifen, wenn er das Einverständnis des Patienten hat, das sein Tun rechtfertigt. „Zwar ist es sein vornehmstes Recht und seine wesentlichste Pflicht", so hat der Bundesgerichtshof erkannt,[30] „den kranken Menschen nach Möglichkeit von seinem Leiden zu heilen. Dieses Recht und diese Pflicht finden aber in dem grundsätzlichen freien Selbstbestimmungsrecht des Menschen über seinen Körper ihre Grenze. Es wäre ein rechtswidriger Eingriff in die Freiheit und Würde der menschlichen Persönlichkeit, wenn ein Arzt – und sei es auch aus medizinisch berechtigten Gründen – eigenmächtig und selbstherrlich eine folgenschwere Operation bei einem Kranken, dessen Meinung rechtzeitig eingeholt werden kann, ohne dessen vorherige Billigung vornähme. Denn selbst ein lebensgefährlich Kranker kann triftige und sowohl menschlich wie sittlich achtenswerte Gründe haben, eine Operation abzulehnen, auch wenn er durch sie und nur durch sie von seinem Leiden befreit werden könnte." 98

Für den durch eine Einwilligung des Kranken nicht gedeckten Arzt steht viel auf dem Spiel. Nach dem durch die Gerichte festgehaltenen Leitbild vom **Heileingriff als Körperverletzung** erfüllt selbst die gebotene und kunstgerecht ausgeführte Operation durchaus den Tatbestand des § 223 StGB. Der eigenmächtige Arzt haftet darum wie der fehlerhaft diagnostizierende oder therapierende. Die Einwände vieler Autoren, von denen der Mediziner Max Mikorey und die Juristen Eberhard Schmidt und Karl Engisch besonders genannt seien, gegen diese Doktrin haben die Spruchpraxis im Grunde nicht verändert, und auch der Gesetzgeber hat die ärztliche Eigenmacht trotz einiger Anläufe bisher nicht in einen eigenständigen Tatbestand gefaßt.[31] 99

StGB begrenzt"). Vgl. auch OLG Köln, VersR 1978, 551, ferner OLG Düsseldorf, VersR 1985, 456.

[29] So E. Horn, JuS 1979, 29, in seiner Kritik an dem genannten Urteil.

[29a] OLG Düsseldorf, NJW 1985, 684 = VersR 1986, 63.

[30] BGHSt 11, 111 = NJW 1958, 267 (Myom-Fall).

[31] Vgl. dazu A. Laufs, NJW 1974, 2025, mit weiteren Nachweisen. – Das Aufsuchen eines Kassenarztes zur Früherkennung von Krankheiten darf auch nicht mittelbar erzwungen werden, BSGE 36, 146.

100 Der Kranke kann medizinische Hilfsmaßnahmen zurückweisen, und der Arzt muß das Veto des Patienten selbst bei grober Unvernunft respektieren, nachdem er vergeblich versucht hat, Einsicht in das Notwendige zu wecken.

101 Vor Gewissensfragen stellt den Arzt das begrenzte Einverständnis des Patienten, der in eine Operation einwilligt, aus religiösen Gründen aber eine **Bluttransfusion ablehnt:** „Ist ein Eingriff trotz der durch die limitierte Einwilligung deutlich erhöhten Risiken indiziert, so kann eine Verpflichtung des Arztes zur Operation gleichwohl grundsätzlich nicht bejaht werden.“[32]

102 Kann der Kranke sich etwa nach einem schweren Unfall nicht erklären, so hat der Arzt nach den bereits gekennzeichneten Grundsätzen Nothilfe zu leisten, zu der ihn die Regeln der **Geschäftsführung ohne Auftrag** (§§ 677, 680, 683 BGB) auch berechtigen. Bei noch einwilligungsunfähigen Minderjährigen muß der Arzt vor dem Eingriff das Einverständnis der Eltern einholen, soweit das zeitlich möglich ist. Versagen sich diese trotz dringender Indikation, so kann und soll sich der Arzt das Personensorgerecht insoweit gerichtlich übertragen lassen, um darauf die medizinisch gebotenen Maßnahmen zu ergreifen.[33]

103 **Zwangsweise Heileingriffe** bilden nach deutschem Recht die gesetzlich nur eingeschränkt und einzeln zugelassenen Ausnahmen.[34] Nicht eigentlich dazu gehören die versorgungsrechtlich indizierten Zwangsheilungen: Es geht im Sozialversicherungs-, Versorgungs- und Fürsorgerecht lediglich darum, ob der Antragsteller Ansprüche verliert, wenn er nicht in therapeutische Maßnahmen einwilligt, die der Leistungspflichtige von ihm erwartet.[35] Zwangsweise ärztliche Maßnahmen, die unmittelbar in die Grundrechte nach Art. 1 und 2 des Grundgesetzes eingreifen, hat der Gesetzgeber im Interesse der Volksgesundheit verschiedentlich zugelassen,[36] wobei er medizinische Vorbehalte berücksichtigen muß. Zwangseingriffe kennen ferner das Strafprozeß- und Polizeirecht. So können nach § 81 a StPO der Richter, die Staatsanwaltschaft und ihre Hilfsbeamten die Entnahme einer Blutprobe beim Beschuldigten anordnen. Das bedeutet, daß der etwa dafür herangezogene freipraktizierende Arzt die Blutprobe auch gegen den Widerstand des Betroffenen entnehmen darf, nicht aber, daß er sie entnehmen muß, sofern sie nur polizeilich angeordnet ist.[37]

---

[32] W. Weissauer u. G. Hirsch, Anästhesiologie u. Intensivmedizin 1979, 273–277 (275).

[33] Anschaulich OLG Hamm, NJW 1968, 212.

[34] Vgl. zum Folgenden Dürig (1958) in Maunz-Dürig, Komm. z. GG, 1987, Art. 2 Abs. 2 Rdnr. 36 ff.

[35] § 66 SGB; § 17 Abs. 4 S. 4 SoldatenG.

[36] Präventive oder repressive Maßnahmen zur Bekämpfung von Seuchen und übertragbaren Krankheiten.

[37] Über Recht und Pflicht des Arztes zur Entnahme von Blutproben H.-J. Rudolphi, Der deutsche Arzt 1979, 5, 12–18. Vgl. ferner K. Händel, Blutalkohol 1977, 193–204.

Besondere Probleme wirft der **Suizidpatient** für den Arzt auf.[38] Die vorherrschende Lehre hält die Selbsttötung weder für grundrechtlich garantiert, noch umgekehrt für rechtlich verboten. Sie erfüllt als gesetzlich unverbotenes Verhalten keinen Straftatbestand; Versuch, Anstiftung und Beihilfe hierzu sind folglich nicht tatbestandsmäßig. Der Bundesgerichtshof sieht – unter dem verschieden weit reichenden Widerspruch einer großen Zahl von Autoren – im Selbstmordversuch einen Unglücksfall nach § 323c StGB: „Da niemand selbstherrlich über sein eigenes Leben verfügen und sich den Tod geben darf, kann das Recht nicht anerkennen, daß die Hilfepflicht des Dritten hinter dem sittlich mißbilligten Willen des Selbstmörders zu seinem eigenen Tode zurückzustehen habe."[39] Dieser den Arzt verpflichtende Bescheid hat den Vorzug der Eindeutigkeit: es kommt nicht darauf an, ob der Suizident einem freien, unbeeinflußten Willensakt folgte oder ob er einem krankhaften Kurzschluß erlag, was der Außenstehende und Hilfsbereite oft gar nicht schnell genug erkennen kann. Das bundesgerichtliche Erkenntnis führt freilich in einen Widerspruch: Der Arzt macht sich wegen unterlassener Hilfe strafbar, wenn er den Willen des Lebensmüden respektiert und ihn den Tod finden läßt; er macht sich aber auch strafbar, wenn er den gegen jede Hilfe gerichteten Willen des Schwerkranken nicht achtet und ihn nicht sterben läßt. Diese Antinomie mäßigt sich durch die Lehre, nach der ein Unglücksfall mit der Folge einer Hilfspflicht erst dann anzunehmen ist, wenn der Suizident die Herrschaft über den von ihm veranlaßten Geschehensablauf verloren hat.[40] Der Widerspruch mildert sich aber entscheidend im Blick auf den Unterschied der Lagen. Der Lebensmüde will seinen unzeitigen Tod, der trotz hoher Gefahr den Eingriff verweigernde Patient wird meist noch immer auf ein Genesen hoffen. Auch fehlt zwischen dem Suizidenten und seinem Retter das besondere Vertrauensverhältnis, das Arzt und Patient verbindet, das indessen auch nur so lange bestehen kann, als sich der Patient nicht dem eigenmächtigen Willen des Mediziners ausgesetzt weiß.[41] 104

Der Zwangseingriff als Ausnahme von der Regel rechtfertigt sich letztlich durch die Geeignetheit der ärtzlichen Maßnahme, „einen durch seine Handlungsweise in höchste Leibes- und Lebensgefahr geratenen Menschen zu retten und damit gleichsam vom Abgrund zurückzureißen, in dem er vernichtet zu werden drohte" – und dies mit vielfach relativ harmlosen, probaten Mitteln.[42] Verdient die Ansicht des Bundesgerichtshofs den Vorzug, so bedeutet das nicht, daß der Arzt nach § 323c in jedem Falle zwangsweise eingreifen müßte. Das Recht wird ihm nicht zumuten können, den Wider- 105

---

[38] Vgl. außer der obengenannten Literatur auch die Hinweise in den bereits zitierten Kommentaren von K. Lackner und A. Schönke u. H. Schröder jeweils bei den §§ 323c und 211 StGB.

[39] BGHSt 6, 147 = NJW 1954, 1049; BGHSt 13, 162 = NJW 1959, 1738.

[40] Vgl. W. Gallas, JZ 1954, 641; 1960, 649, 686.

[41] G. Erdsiek, NJW 1959, 809.

[42] K. Engisch, Die rechtliche Beurteilung des ärztlichen Eingriffs, 55.

stand eines selbstverantwortlichen Suizidenten gegen Hilfsmaßnahmen unter allen Umständen mit Brachialgewalt zu brechen.

106 Den Gerichten gilt auch bloßes Geschehenlassen einer Selbsttötung durch einen zur Lebensrettung Verpflichteten, namentlich einen Ehegatten oder den Arzt, als täterschaftliche Tötung durch Unterlassen, sobald der andere – etwa infolge Bewußtlosigkeit – die Herrschaft über das Geschehen verloren hat.[43] Das Bayerische Oberste Landesgericht verurteilte einen Arzt wegen fahrlässiger Tötung, der, zu einem Schlafmittelvergifteten gerufen, diesen zwar behandelt, aber fehlsam zu spät ins Krankenhaus eingewiesen hatte. „Auch der **Suizidpatient** darf nicht ohne die Fürsorge des Arztes bleiben. Selbst die in das Stadium des Gelingens getretene Selbsttötungshandlung entbindet den Arzt nicht, nach den Regeln der ärztlichen Kunst zu verfahren. Der dem Tod geweihte Mensch steht, solange er lebt, gleich ob er selbst eine Ursache für seinen Tod gesetzt hat oder nicht, unter dem Schutz des Gesetzes."[44] Der Verurteilte hatte seine Garantenschaft kraft Fallübernahme verletzt; § 323c trat darum zurück.

Zu der Frage, unter welchen Voraussetzungen ein behandelnder Arzt, der seinen Patienten nach einem Selbstmordversuch bewußtlos antrifft, sich wegen eines Tötungsdelikts oder wegen unterlassener Hilfeleistung strafbar machen kann, wenn er nichts zur Rettung seines Patienten unternimmt, hat der *BGH* im **Fall Dr. Wittig** Antworten gegeben, die der Verantwortlichkeit des Arztes Raum lassen, ohne das strenge Gebot des Lebensschutzes preiszugeben.[45]

107 Weniger den frei praktizierenden als den beamteten Arzt kann die weder rechtspolitisch noch rechtswissenschaftlich voll ausgetragene Frage betreffen, ob die wegen eines laufenden oder abgeschlossenen Strafverfahrens in staatlichem Gewahrsam befindlichen nicht geistesgestörten Gefangenen daran gehindert werden dürfen oder gar müssen, Selbstmord zu begehen, insbesondere den Hungertod zu erleiden. Das 1985 novellierte **Strafvollzugsgesetz** des Bundes versucht zwischen den äußersten Ansprüchen des Selbstbestimmungsrechts und der sozialstaatlichen Fürsorgepflicht zu vermitteln, wobei es der ärztlichen Verantwortlichkeit Raum läßt.[46] Es erlaubt diagnostische und therapeutische Eingriffe sowie die **Ernährung „zwangsweise** nur bei Lebensgefahr, bei schwerwiegender Gefahr für die Gesundheit des Gefangenen oder bei Gefahr für die Gesundheit anderer Personen". Die „nur auf Anordnung und unter Leitung eines Arztes" zulässigen Maßnahmen „müssen für die Beteiligten zumutbar und dürfen nicht mit erheblicher Gefahr für Leben oder Gesundheit des Gefangenen verbunden sein". Die Vollzugsbe-

---

43 BGH, NJW 1960, 1821.

44 BayObLG, NJW 1973, 565.

45 BGH, NJW 1984, 2639 = MedR 1985, 40. Näheres dazu in Kapitel V.

46 § 101. Vgl. dazu den Kommentar von R.-P. Calliess u. H. Müller-Dietz, Strafvollzugsgesetz, [4]1986, und die im Literaturverzeichnis angeführten Titel. Die einschlägige Novelle vom 27. Febr. 1985 in: BGBl. I, 461.

hörde ist zur Durchführung der Maßnahmen „nicht verpflichtet, solange von einer freien Willensbestimmung des Gefangenen ausgegangen werden kann".

Die Hilfspflicht des Arztes endet im allgemeinen nicht, wenn er bei der Diagnose oder während der Therapie erkennbar an die Grenzen seiner Möglichkeiten gelangt. Er hat dann vielmehr weiter für das Wohl seines Patienten zu sorgen, indem er den Kranken an einen Facharzt oder in eine Klinik überweist oder auch einen Kollegen zur Konsultation hinzuzieht. Diesen Weg wird der Arzt bereits in dubio einschlagen, ohne sich freilich vorschnell bescheiden zu dürfen, in der Diagnostik etwa nur mit einigen technisch-apparativ ermittelten Daten. Die **Abgabe des Kranken** kann sich auch aus psychologischen Gründen empfehlen, so wenn das Vertrauensverhältnis zwischen dem Arzt und seinem Patienten nicht zustande kommt oder zerbricht. **108**

Besondere Sorgfalt muß der Arzt walten lassen, der eine Methode praktiziert, die nicht zu den gebräuchlichen zählt: „Auch ein Arzt, der im Gegensatz zur sog. ‚**Schulmedizin**' steht, darf sich ... über deren Erfahrungen nicht hinwegsetzen. Das gilt insbesondere dann, wenn es sich um lebensgefährliche Erkrankungen handelt. Erkennt der Arzt in einem solchen Falle oder muß er erkennen,[47] daß seine Heilmethode nicht ausreicht oder keinen Erfolg zeitigt, so muß er, wenn für die Behandlung der Krankheit ein anderes weit verbreitetes und erprobtes Verfahren in Frage kommt, entweder dieses anwenden oder die Behandlung aufgeben und damit sein Möglichstes tun, daß der Kranke einer Behandlung mit diesem Verfahren zugeführt wird."[48] **109**

Die Überweisung des Kranken durch den behandelnden Arzt an den Fachkollegen oder die Klinik erfordert einen Bericht, den **Arztbrief.**[49] Er enthält die anamnestischen Daten, die Befunde, diagnostische wie therapeutische Angaben, Epikrise und Prognose, die in die Arbeit des nachbehandelnden Arztes eingehen. Versäumt der überweisende Arzt hier das Erforderliche, unterläßt er es etwa, auf die Unverträglichkeit von Medikamenten aufmerksam zu machen, so kann ihn eine Schadensersatzpflicht treffen. **110**

Nur der Arzt wird seiner Hilfspflicht auf die Dauer voll genügen können, der sich über neue und gesicherte Erkenntnisse im eigenen Fachgebiet fortlaufend informiert. Die **Fortbildung** ist nicht nur eine Standesobliegenheit, sondern eine Rechtspflicht.[50] Die Gerichte verurteilen jedenfalls den Arzt, der aus „Bequemlichkeit, Eigensinn oder Hochmut" zum Schaden des Patienten in Diagnostik und Therapie sich fortzubilden unterließ. Viele **111**

---

[47] D. h.: erkennt er infolge Fahrlässigkeit nicht; vgl. § 122 Abs. 2 BGB.

[48] BGH, NJW 1960, 2253.

[49] P. Neumann-Mangoldt, Der Arztbrief, ^{2}1970; R. W. Heckl, Der Arztbrief, 1983. BGH, NJW 1987, 2927.

[50] Vgl. § 7 der Berufsordnung für die deutschen Ärzte. H. Narr, 520 ff.; M. Kohlhaas, 66 ff. Die KV kann einen Arzt zum Zweck seiner Mitwirkung am allgemeinen Notfalldienst zu Fortbildungsmaßnahmen heranziehen, BSG, NJW 1978, 1215.

Fehler und Versäumnisse im ärztlichen Berufsleben gehen darauf zurück, daß die Fortbildung Not litt oder unterblieb. Der Arzt muß zivil- und strafrechtlich für sie einstehen, wenn ihm im Einzelfall gesicherte Erkenntnisse der medizinischen Wissenschaft schuldhaft unbekannt blieben und dem Patienten daraus ein Schaden entstand. Die Judikatur hat die Ansprüche an Inhalt und Umfang der ärztlichen Fortbildung nicht überspannt; standardisierte Verhaltensregeln ließen sich freilich bisher forensisch nicht gewinnen.

112 Von der Fortbildung unterscheidet sich die **Weiterbildung.** Sie bezweckt, „Ärzten nach Abschluß ihrer Berufsausbildung im Rahmen einer mehrjährigen Berufstätigkeit unter Anleitung dazu ermächtigter Ärzte eingehende Kenntnisse und Erfahrungen in den Gebieten, Teilgebieten und Bereichen zu vermitteln, für die zur Ankündigung einer speziellen ärztlichen Tätigkeit besondere Arztbezeichnungen geführt werden dürfen“.[51]

113 Die Erfordernisse des **Katastrophenschutzes** nehmen auch den Arzt in die Pflicht. Mögliche Geschehnisse, die Leben oder Gesundheit zahlreicher Menschen in ungewöhnlichem Maß gefährden oder schädigen können, fordern die ärztliche Vorsorge und damit auch die Fortbildung heraus.[52] So bestimmt etwa das Landeskatastrophenschutzgesetz Baden-Württembergs: „Die in ihrem Beruf tätigen niedergelassenen Ärzte bilden sich auf der Grundlage ihrer beruflichen Fortbildungspflicht nach dem Kammergesetz auch für die besonderen Anforderungen einer Hilfeleistung bei der Bekämpfung von Katastrophen und der unmittelbar anschließenden vorläufigen Beseitigung erheblicher Katastrophenschäden fort. Sie können verpflichtet werden, an von der Katastrophenschutzbehörde angeordneten Übungen teilzunehmen. Die Auswahl der geeigneten Ärzte erfolgt im Benehmen mit der Landesärztekammer.“[53] Indessen droht „die standespolitische Auseinandersetzung um Katastrophenmedizin und Kriegstriage“[54] die notwendigen medizinischen Vorkehrungen zu schwächen. Rechtsstaatlichen Geboten des Gesetzgebers und der Kammer darf sich der Arzt mit politischen Argumenten keineswegs entziehen.

---

[51] § 1 der Weiterbildungsordnung nach den Beschlüssen des 79. und 81. Deutschen Ärztetages, Deutsches ÄrzteBl. 1976, 1562; 1979, 2688, ferner 1985, 1018, 1101. Ausführlich zum Thema H. Narr, 205 ff. Vgl. auch V. Nunius, Die ärztliche Weiterbildung im Krankenhaus, 1983.

[52] Vgl. die im vorangestellten Literaturverzeichnis genannten Titel von H. Fischer, E. Rebentisch, E. Ungeheuer sowie von K. Peter, G. Heberer, E. Rebentisch, H.-J. Linde u. R. Kirchhoff. Vgl. auch S. Dönicke, Strafrechtliche Aspekte der Katastrophenmedizin, 1987.

[53] GesBl. Bad.-Württ. Nr. 10, 1987, 213–223. Hier zitiert § 26 Abs. 1.

[54] R. Jogschies, betrifft: Ärzte gegen den Atomkrieg. Ein Porträt des Friedensnobelpreisträgers, 1986, 87–101. – Vgl. auch den Kritischen Sammelbd. J. Mayer (Red.), Katastrophenmedizin oder: Die Lehre vom ethisch bitteren Handeln, 1987.

IV. Aufklärungspflicht und Einwilligung

K. Amelung, Die Einwilligung in die Beeinträchtigung eines Grundrechtsgutes, 1981; K. Amelung, Die Einwilligung des Unfreien, ZStW 1983, 1–31; E. Ansohn, Die Wahrheit am Krankenbett. Grundfragen einer ärztlichen Sterbehilfe, ³1978; J. Baltzer, Die Pflicht des Apothekers zur Aufklärung und Beratung über Arzneimittelwirkungen, in: Marburger Arbeitskreis für Sozialrecht und Sozialpolitik (Hg.), Arzneimittel in der modernen Gesellschaft, 1985, 87–116; W. Barnikel, Die Aufklärungspflicht des Arztes über die Diagnose des Patienten, VersR 1986, 1058–1059; K. H. Bauer, Aufklärung und Sterbehilfe bei Krebs in medizinischer Sicht, in: Festschrift f. Paul Bockelmann, 1979, 497–517; G. Carstensen u. H.-L. Schreiber, Die Offenbarungspflicht des Arztes, Mitteilungen der Deutschen Gesellschaft für Chirurgie, 1986, 121–123; E. Deutsch, Neue Aufklärungsprobleme im Arztrecht, NJW 1982, 2585–2588; E. Deutsch, Die Aufklärungspflicht bei neuro-radiologischen Untersuchungen, MedR 1987, 73–76; E. Deutsch, M. Hartl u. Th. Carstensen (Hg.), Aufklärung und Einwilligung im Arztrecht (ESA), Entscheidungssammlung–Deutsche Urteile seit 1894, 1987; G. Diercksen, Der „Beipackzettel" in medizinischen Präparatepackungen, Fortschritt oder Rückschritt in der Medizin?, MedR 1984, 137–139; A. Drees, E. Gebhard u. B. Luban-Plozza, Sprache des Kranken – Sprache des Arztes. Die therapeutische Übersetzung, 1982; W. Eberbach, Grundsätze zur Aufklärungspflicht bei nicht voll Geschäftsfähigen, MedR 1986, 14–18; W. Eberbach, Juristische Aspekte des Schmerzes, Anaesthesist 1986, 403–407; W. Eberbach, Die ärztliche Aufklärung unheilbar Kranker, MedR 1986, 180–186; W. Eberbach, Die Aufklärung des Patienten vor dem Hintergrund der Einstellung zum Tod, MedR 1984, 201–207; D. Eberhardt, Selbstbestimmungsrecht des Patienten und ärztliche Aufklärungspflicht im Zivilrecht Frankreichs und Deutschlands, 1968; K. Engisch, Aufklärung und Sterbehilfe bei Krebs in rechtlicher Sicht, in: Festschr. f. P. Bockelmann, 1979, 519–537; K. Engisch u. W. Hallermann, Die ärztliche Aufklärungspflicht aus rechtlicher und ärztlicher Sicht, 1970; J. Falck, Aufklärung in der Geriatrie bei sehr alten Menschen, MedR 1985, 110–111; M. Fehse, Der Behandlungsvertrag und die wirtschaftliche Aufklärung, MedR 1986, 115–117; U. Fiebig, Freiheit für Patient und Arzt. Das Selbstbestimmungsrecht als Postulat der Menschenwürde, 1985; B. Fischer u. S. Lehrl (Hg.), Patienten-Compliance, 1982; N. S. Fotakis, Die Aufklärung des Patienten, MedR 1986, 121–122; R. Francke u. D. Hart, Ärztliche Verantwortung und Patienteninformation, 1987; D. Giesen, Arzthaftungsrecht im Umbruch (II). Die ärztliche Aufklärungspflicht in der Rechtsprechung seit 1974, JZ 1982, 391–403; D. Giesen, Ärztliche Aufklärungspflicht in der Rechtsprechung des Bundesgerichtshofes, Unfallchirurgie 1986, 34–38; B. Gramberg-Danielsen (Hg.), Rechtsophthalmologie, 1985; O. Guillod, Le consentement éclairé du patient. Autodétermination ou paternalisme?, 1986; W. Heim (Hg.), Ärztliche Aufklärungspflicht, 1984; R. Jungbecker, Zivilrechtliche Probleme der klinischen formularmäßigen „Einverständniserklärung", 1985; B.-R. Kern u. A. Laufs, Die ärztliche Aufklärungspflicht unter besonderer Berücksichtigung der richterlichen Spruchpraxis, 1983 (mit ausführlicher Bibliographie); B.-R. Kern, Die Selbstbestimmungsaufklärung unter Einbeziehung des nichtärztlichen Pflegepersonals, in: Festschr. f. W. Weißauer, 1986, 71–87; B.-R. Kern, Aufklärungspflicht und wissender Patient, MedR 1986, 176–180; J. Kloppenburg, Ärztliche Aufklärungspflicht beim alten Menschen, MedR 1986, 18–21; A. Laufs, Die Verletzung der ärztlichen Aufklärungspflicht und ihre deliktische Rechtsfolge, NJW 1974, 2025–2030; A. Laufs, Grundlagen und

Reichweite der ärztlichen Aufklärungspflicht, in: H. Jung u. H. W. Schreiber (Hg.), Arzt und Patient zwischen Therapie und Recht, 1981, 71–89; E. Liebhardt u. R. Penning, Der Beweis der ärztlichen Aufklärung, in: Festschr. f. W. Spann, 1986, 434–439; H. Lilie, Aufklärung und Fehler bei der Diagnose, MedR 1987, 28–30; M. Linzbach, Informed Consent. Die Aufklärungspflicht des Arztes im amerikanischen und im deutschen Recht, 1980; Marburger Arbeitskreis für Sozialrecht u. Sozialpolitik (Hg.), Selbstbestimmung und Selbstverantwortung des Patienten: interdisziplinäre Fachtagung, 1986; H. Roemer, Die ärztliche Aufklärungspflicht vom Standpunkt und aus der Erfahrung des Arztes, bei: G. Schwalm, Grenzen der ärztlichen Aufklärungspflicht aus der Sicht des Juristen, Schriftenreihe der Juristischen Studiengesellschaft Karlsruhe, 1961, Heft 50/51; S. Schlosshauer-Selbach, Zurechnungszusammenhang und Selbstbestimmung bei ärztlicher Aufklärung, NJW 1985, 660–663; H. Schmid, Die Grundlagen der ärztlichen Aufklärungspflicht, NJW 1984, 2601–2606; E. Schmidt, Empfiehlt es sich, daß der Gesetzgeber die Fragen der ärztlichen Aufklärungspflicht regelt? Gutachten für den 44. DJT, 1962; O. Tempel, Inhalt, Grenzen und Durchführung der ärztlichen Aufklärungspflicht unter Zugrundelegung der höchstrichterlichen Rechtsprechung, NJW 1980, 609–617; H. Trockel, Die Einwilligung Minderjähriger in den ärztlichen Heileingriff, NJW 1972, 1493–1497; H. Tröndle, Selbstbestimmungsrecht des Patienten – Wohltat und Plage?, MDR 1983, 881–887; W. Uhlenbruck, Rechtsfragen bei der ärztlichen Behandlung von minderjährigen Patienten, Arzt- u. Arzneimittelrecht 1976, 301–311; W. Uhlenbruck, Ärztliche Haftung bei Erweiterung oder Abänderung des Operationsplanes, VersR 1968, 1101–1110; W. Wachsmuth u. H.-L. Schreiber, Grenzen der ärztlichen Aufklärungspflicht im westeuropäischen Vergleich, DMW 1984, 153–155; W. Wachsmuth u. H.-L. Schreiber, Die Stufenaufklärung – ein ärztlich und rechtlich verfehltes Modell, Der Chirurg 1982, 594–596 (vgl. auch ebenda 1983, 60–61); W. Weißauer, Erwiderung zur Veröffentlichung von W. Wachsmuth u. H.-L. Schreiber: Die Stufenaufklärung – ein ärztlich und rechtlich verfehltes Modell, Der Chirurg 1982, 597–598; W. Weißauer, Muß der Anästhesist über das Risiko des Herzstillstandes aufklären?, Anästhesiologie und Intensivmedizin 1984, 358–360; R. Wiethölter, Arzt und Patient als Rechtsgenossen, in: Die Aufklärungspflicht des Arztes, hg. von der Stiftung zur Förderung der wiss. Forschung über Wesen und Bedeutung der freien Berufe, 1962, 71–111.

114 Mitmenschliche **Zuwendung und Gemeinschaft** braucht das Wort. Arzt und Patient müssen einander zuhören und sich wechselseitig mitteilen. Der Kranke benötigt Ratschlag, Zuspruch und förderliche Hinweise. Der Arzt sieht sich angewiesen auf die Bereitschaft des Patienten, ihm zu folgen und den medizinischen Eingriff zu ertragen. Die beiderseitige Bereitwilligkeit wahrt Freiheit und Würde des Arztes wie des Patienten. Die Freiwilligkeit erfordert persönliche Aufschlüsse und Kenntnisse, die erst das Gespräch vermittelt.

115 Der moderne Medizinbetrieb gefährdet und verkürzt das notwendige Gespräch zwischen Arzt und Patient. Die Unumgänglichkeit des Kassenwesens, der gewaltige Umfang der Kliniken mit ihren arbeitsteiligen, apparativen Verfahren und „die Perfektion der Technik" (Friedrich Georg Jünger) schwächen den persönlichen Austausch zwischen dem einzelnen Arzt und dem einzelnen Kranken. Gewiß muß, wer in der schwer durchschaubaren Industriegesellschaft zurecht kommen will, auch Vertrauen aufbringen und nutzen: den „Mechanismus der Reduktion sozialer Komplexität" (Niklas Luhmann). Aber blind soll das Vertrauen nicht sein.

Das Bedürfnis nach ärztlicher Aufklärung und die Fähigkeit, sie intellektuell aufzunehmen, gefaßt zu tragen und praktisch zu nutzen, finden sich in mannigfach abgestuften Graden. Auch der gute Arzt tut sich schwer, überall das richtige Wort zu treffen. Wie der Eingriff, so kann auch die Aufklärung mehr oder weniger gefährlich sein. Ein Zuviel bedeutet oft ebenso Unheil wie ein Zuwenig. Nicht selten bleibt auch der wohlbedachte ärztliche Entschluß ein Wagnis, das im Dienste des Leidenden aber eingegangen sein will. Im Rückblick mag sich dieser oder jener Umstand und damit das medizinische Kalkül anders darstellen. Die Ansicht ex post – etwa des Richters – unterscheidet sich mitunter von der ärztlichen Perspektive ex ante. Der Unterschied deutet keineswegs zwingend auf einen Fehler des Arztes. Wir dürfen die Ansprüche an sein Tun oder Unterlassen nicht vernachlässigen, aber auch nicht überspannen. Der Arzt braucht einen begrenzten Spielraum gewissenhaften Ermessens, wenn er seinem Dienst tatkräftig genügen soll. Auch gibt es Lagen, in denen er geirrt und doch zugleich seine Pflicht erfüllt haben kann. **116**

Der Arzt ist im Rahmen seiner Fürsorgepflicht gehalten, den Kranken möglichst rechtzeitig und vollständig aufzuklären, soweit **therapeutische Gründe** dies gebieten. Die ärztliche Information soll das medizinisch Notwendige vorbereiten oder unterstützen und steht darum in vollem Einklang mit dem höchsten Standesgrundsatz: salus aegroti suprema lex. So wird der Arzt seinem Patienten häufig dessen Krankheit oder Anfälligkeit erläutern müssen, um ihn zu schonender Lebensweise, zu Diät oder Enthaltsamkeit zu bestimmen. Hier erscheint die Aufklärung als erforderliches Mittel der Therapie und Gesundheitspflege, auf das der Arzt nicht verzichten darf, als eine dem medizinischen Zweck unterworfene Maßnahme. Sie gewinnt im Zuge des Aufbaus der Präventivmedizin zunehmend an Gewicht. Die Aufklärungspflicht besteht besonders dringend in den Fällen, in denen der Kranke sich einem gebotenen diagnostischen oder therapeutischen Eingriff nicht unterziehen will: „Gerade weil ein Arzt grundsätzlich gegen den erklärten Willen des Patienten zu Eingriffen in dessen körperliche Integrität nicht berechtigt ist, gehört es zu den besonders bedeutungsvollen Berufspflichten jedes Arztes, wenn er erkennt, daß bestimmte ärztliche Maßnahmen erforderlich sind, um drohende Gesundheitsschäden von dem Patienten abzuwenden, diesen mit aller Eindringlichkeit auf die Notwendigkeit der Behandlung hinzuweisen und alles nach der Sachlage Gebotene zu unternehmen, damit der Patient seine Weigerung aufgibt und seine Einwilligung zu den notwendigen ärztlichen Eingriffen erteilt.“[1] **117**

---

[1] BGH, VersR 1954, 98. – Zur Aufklärungspflicht des Arztes bei Verschreibung nicht ungefährlicher Arzneimittel vgl. BGH, NJW 1970, 511. Vgl. auch §§ 40f. Arzneimittelges. 1976, BGBl. I, 2461f. (Schutz des Menschen bei der klinischen Prüfung), ferner § 41 Strahlenschutzverordnung 1976, BGBl. I, 2919f. (Anwendung radioaktiver Stoffe in der medizinischen Forschung).

Der Arzt muß versuchen, „das **Widerstreben des Patienten** gegen eine Operation zu überwinden. Weigert sich der Patient und bringt er diese Weigerung durch Verlassen des Krankenhauses zum Ausdruck, so hat der Arzt ihn auf die Gefahr dieser Weigerung aufmerksam zu machen und ihm die Folgen nicht rechtzeitiger Operation vor Augen zu führen. Unterläßt er diesen Hinweis oder diese Warnung, so handelt er einer vertraglichen Verpflichtung zur Fürsorge für den Patienten zuwider und macht sich schadensersatzpflichtig."[2]

118 Von der therapeutischen ist die der **Selbstbestimmung** des Patienten dienende Aufklärung zu unterscheiden. Grundsätzlich muß der ärztliche Heileingriff von einer durch Aufklärung motivierten Einwilligung des Patienten gedeckt sein, um als rechtmäßig zu gelten. „Eine wirksame Einwilligung des Patienten setzt voraus, daß dieser das Wesen, die Bedeutung und die Tragweite des ärztlichen Eingriffs in seinen Grundzügen erkannt hat."[3] Einigkeit besteht darüber, daß das Persönlichkeitsrecht, nämlich die Freiheit, über das eigene körperliche Geschick zu bestimmen, auch im Bereich der Gesundheitspflege Respekt verlangt und Schutz verdient. Doch – und hier beginnen die Zweifel – ertragen manche Patienten nicht ohne Schaden die schreckensvolle Wahrheit, die sie doch kennen müssen, wenn sie die Notwendigkeit der Operation einsehen und ihre Risiken bewußt auf sich nehmen sollen. Eberhard Schmidt hat vielen Ärzten aus dem Herzen gesprochen, als er seinem Juristentagsgutachten als Motto Sätze aus dem West-östlichen Diwan, Hikmet Nameh, Buch der Sprüche, voranstellte: „Wofür ich Allah höchlich danke? Daß er Leiden und Wissen getrennt. Verzweifeln müßte jeder Kranke, das Übel kennend, wie der Arzt es kennt."

119 Die anfänglich strenge und starre Judikatur des Bundesgerichtshofs zur Aufklärungspflicht stieß bei der Ärzteschaft auf Unverständnis und krasse Ablehnung.[4] Selbst um Ausgleich bemühte Mediziner haben an der „juristischen Aufklärungspflicht" ernste Kritik geübt: „An einem Punkt nun entzündet sich der **Widerspruch der Ärzte** gegen die rechtliche Auffassung, und dieser Punkt betrifft gerade das Zentrum des ärztlichen Tuns: Die Möglichkeit, durch eine Aufklärung dem Patienten zu schaden, seinen Gesundheitswillen zu schwächen, Angst und Sorge hervorzurufen, ja unter Umständen ihn zur Verzweiflung zu bringen."[5] Voluntas aut salus aegroti suprema lex?

---

[2] OLG Stuttgart, MedR 1985, 175; im wesentlichen bestätigt durch den BGH, NJW 1987, 705 = MedR 1987, 42.

[3] BGH, NJW 1956, 1106. Besitzt der Patient die erforderliche Urteilskraft nicht, so bleibt seine Einwilligung unwirksam. BGH, NJW 1978, 1206: „Ein Patient, der in laienhaftem Unverstand aufgrund einer unsinnigen selbstgestellten Diagnose von einem Zahnarzt eine umfassende Extraktion seiner Zähne wünscht, erteilt damit keine wirksame Einwilligung zu dieser Maßnahme." Vgl. dazu Kap. III Anm. 28 und 29.

[4] Ein neuerliches ärztliches Zeugnis der Ablehnung lieferte K. Lange, Die Klinik. Was Patienten nicht wissen, 1987, 68–71.

[5] W. Hallermann, in: A. Mergen (Hg.) II, 55.

„So sehr die Rechtsprechung dazu verpflichtet ist, dem Patienten die Ausübung seines verfassungsrechtlich gewährleisteten Selbstbestimmungsrechts zu sichern, so sehr muß sie sich andererseits doch davor hüten, die Anforderungen an die Aufklärungspflicht der Ärzte zu übertreiben.“[6] Zu einfach das Postulat: der Patient solle entscheiden. Je bedrohlicher das Krankheitsbild und je komplexer die vorgeschlagene Therapie, desto mehr sieht sich der Patient – wenn er nicht dem Gleichgewicht der Schrecken vor der Prognose seiner Krankheit und den Risiken ihrer Behandlung überlassen bleiben soll – darauf angewiesen, daß der der salus aegroti verpflichtete Arzt ihn intellektuell und psychologisch zu dem aus medizinischer Sicht richtigen Entschluß führt.[7] Der Patient darf vom Arzt Aufklärung wie Orientierung erwarten, Information wie Rat und Hilfe. 120

Auch wenn sich bisher noch kein volles Einverständnis zwischen Rechtspflege und Heilpraxis über die Grenzen der Aufklärungspflicht erzielen ließ, so haben sich die **Gegensätze** im Zuge einer ausführlichen wissenschaftlichen Diskussion und einer verfeinerten, differenzierenden Gerichtspraxis doch **entspannt.** Indessen bleibt die Verletzung der ärztlichen Aufklärungspflicht für den Haftpflichtversicherer ein Hauptproblem. Denn forensisch haben sich die Gewichte verlagert: immer stärker tritt neben den Vorwurf eines Behandlungsfehlers, der zunächst weit im Vordergrund stand, die Geltendmachung einer unterlassenen oder unvollständigen Aufklärung. Die bei Gericht geltende **Beweislastregel** macht die Aufklärungspflichtverletzung geradezu zum Auffangtatbestand:[8] Hat der Patient grundsätzlich einen Behandlungsfehler zur Überzeugung des Gerichts zu führen, so muß umgekehrt der Arzt die Einwilligung des Patienten und damit dessen hinreichende Aufklärung beweisen, will er den Prozeß nicht verlieren. Die Beweislast trifft ihn auch dann, wenn er behauptet, der Patient habe einer Aufklärung durch ihn nicht bedurft, weil er von einem vorbehandelnden Arzt bereits ausreichende Informationen erhalten habe.[9] 121

Klagt der Patient auf Schadenersatz wegen Verletzung der ärztlichen Aufklärungspflicht, so obliegt ihm der Beweis dafür, daß seine Gesundheitseinbuße auf dem Eingriff beruht, über den er mangelhaft informiert worden ist.[10] In einem begrüßenswerten Urteil hat der *BGH* Grundsätze entwickelt für die Anforderungen an den vom Arzt zu führenden Beweis, er habe seiner Aufklärungspflicht genügt.[11] Das Gericht wiederholt, an den **Beweis ord-** 122

---

[6] OLG Celle, VersR 1981, 1184.

[7] W. Weissauer, Mitt. d. LVA Oberfranken u. Mittelfranken 1981, 487.

[8] BGH, NJW 1978, 588: Der Vorwurf versäumter Aufklärung werde „oft vom Patienten mißbräuchlich dann erhoben“, „wenn er nach einem Mißerfolg den Nachweis eines ärztlichen Behandlungsfehlers nicht hat führen können.“

[9] BGH, NJW 1984, 1807 = JZ 1985, 236 mit Anm. von D. Giesen; dazu auch E. Deutsch, NJW 1984, 1803.

[10] BGH, VersR 1986, 183.

[11] BGH, NJW 1985, 1399 = JZ 1986, 241 m. Anm. von D. Giesen.

nungsmäßiger Aufklärung dürfe der Richter „keine unbilligen und übertriebenen Anforderungen" stellen. In jedem Fall bedürfe es „einer verständnisvollen und sorgfältigen Abwägung der tatsächlichen Umstände, für die der Tatrichter einen erheblichen Freiraum hat". Schriftliche Aufzeichnungen im **Krankenblatt** über das Aufklärungsgespräch mit seinem wesentlichen Inhalt seien „nützlich und dringend zu empfehlen". Ihr Fehlen dürfe „aber nicht dazu führen, daß der Arzt regelmäßig beweisfällig für die behauptete Aufklärung bleibt. Ein Rückzug des Arztes auf Formulare und Merkblätter, die er vom Patienten hat unterzeichnen lassen, kann andererseits nicht ausreichen und könnte zudem zu Wesen und Sinn der Patientenaufklärung geradezu in Widerspruch geraten."

123 Der **Vorwurf unzulänglicher Aufklärung** bringt den Antragsteller also leichter ans Ziel, ohne ihm weniger einzutragen. Denn nach dem gerichtlich festgehaltenen – in der Wissenschaft aber überwiegend abgelehnten – Leitbild vom Heileingriff als Körperverletzung erfüllt der eigenmächtige – also nicht durch Einwilligung gerechtfertigte – Arzt eben jenen Tatbestand, auch wenn er seinen Eingriff gebotenermaßen und lege artis durchführt. Der von der Strafrechtsreform seit Jahrzehnten abgelehnte, gesetzlich allerdings noch nicht überholte dogmatische Ansatz, nach dem der Heileingriff prinzipiell als Körperverletzung gilt, hat die Verschiebungen im Arzthaftpflichtprozeß jedenfalls begünstigt mit erheblichen Konsequenzen für die klinische Praxis, die mehr und mehr formularmäßige Absicherung gegen den Vorwurf der Aufklärungspflichtverletzung sucht.

124 Im Hintergrund dieser Entwicklung steht die Schwierigkeit der Feststellung eines Arztfehlers. Das Risiko der Verschlechterung des Gesundheitszustandes läßt sich von der Gefahr einer Fehlbehandlung nur schwer abgrenzen. Der Arzt hat im Dienst der Medizin als einer angewandten Wissenschaft und unter dem Gebot des „nil nocere" vor seinem Eingriff abzuwägen zwischen der Wahrscheinlichkeit des therapeutischen Nutzens und der Möglichkeit von Schäden infolge der Medikation[12] oder der Operation. Die spätere Frage nach dem ärztlichen Fehlurteil, dem Behandlungsfehler, ist konkret, also unter Berücksichtigung aller individuellen, ex ante bekannten und erkennbaren Umstände des Falles zu beantworten. Der üble Ausgang allein besagt dafür regelmäßig noch nichts. Wenn sich der Zustand des Patienten verschlimmert oder wenn therapeutische Begleitschäden auftreten, wird dies im allgemeinen – nicht immer – in der Krankheit selbst oder darin begründet liegen, daß sich eine gebotenerweise – um der Heilchance willen – in Kauf genommene Gefahr verwirklichte. Enttäuschte Hoffnungen bedeuten noch keinen Behandlungsfehler. Der Arzt kann den Krankheitsverlauf nicht exakt naturwissenschaftlich-mathematisch vorausberechnen; er bleibt

---

[12] Vgl. H. Oelkers, Grundlagen und Umfang der ärztlichen Aufklärungspflicht, insbesondere bei der Anwendung neuartiger Medikamente, iur. Diss. Hamburg, 1969; ferner §§ 40f. AMG.

vielmehr auf Erfahrungswerte und Erfolgschancen angewiesen. Darum zögert auch mancher gewissenhafte medizinische Sachverständige, der die Schwere ärztlichen Urteilens in der eigenen Praxis selbst erfährt, mit entschiedenen Auskünften ex post.

Die ärztliche Aufklärungspflicht soll die **Entscheidungsfreiheit** des Pa- 125
tienten gewährleisten.[13] Der Arzt verletzt dessen Persönlichkeitssphäre, wenn er ohne Einwilligung die Gefahr des natürlichen Krankheitsverlaufs gegen das statistisch günstigere Eingriffsrisiko fachgerecht gleichsam austauscht. Die Gerichte lassen den eigenmächtigen Arzt auf Schadensersatz haften, wenn dessen Therapie trotz ihrer medizinischen Gebotenheit im Einzelfall zum Nachteil des Patienten ausschlug. Den **Rechtswidrigkeitszusammenhang** zwischen der Verletzung des Selbstbestimmungsrechts und der im Zuge der Therapie gesetzten körperlichen Unbill kann indessen nur bejahen, wer durch die Entscheidungsfreiheit des Patienten auch dessen körperliches Wohl als geschützt erkennt.[14] Doch darin läge letztlich ein Rückfall in die theoretisch seit langem überwundene Gleichsetzung von Körperverletzung und Freiheitsdelikt. Der Gefährdungsgedanke läßt sich nicht nutzen, um dem eigenmächtig, doch sonst lege artis handelnden Arzt lästige Nebenfolgen zuzurechnen, denn es hat sich „bei sachgerechter Wertung kein neues, etwa aus der Sphäre des Arztes erst hervorgegangenes Risiko verwirklicht".[15]

Der konsequente Übergang zur **Persönlichkeitsrechtsverletzung** mit der 126
Schmerzensgeldsanktion bei ärztlichen Aufklärungsfehlern empföhle sich auch im Hinblick auf die Beweislast.[16] Die bisherige gerichtliche Praxis drängt Kliniken und Ärzte zu beweissichernden Maßnahmen, die das Verhältnis zum Patienten durchaus belasten können. Während das Formular im allgemeinen zivilrechtlichen Publikumsverkehr auf wachsende Bedenken stößt, breitet es sich in der klinischen Praxis aus. Die Ansichten der Ärzte scheinen geteilt, die Möglichkeiten formularmäßiger Aufklärung und Einwilligung von Fach zu Fach unterschiedlich. Positive klinische Erfahrungen fehlen keineswegs; es gibt solche etwa für Standardoperationen in verschiedenen Fächern.

Formulare können Mißtrauen wecken, den Patienten schockieren, „wenn 127
er gewissermaßen pauschaliter alles auf sich allein nehmen soll" (K. H. Bauer). Auch wenn sie individuellen handschriftlichen Zusätzen Raum bieten

---

[13] BGHZ 29, 46 = NJW 1959, 811; BGH, NJW 1976, 365. H. Hubmann, Das Persönlichkeitsrecht, ^{2}1967, 226ff.

[14] Verneinend R. Wiethölter, G. Grünwald; ferner A. Laufs, NJW 1969, 529; VersR 1972, 1; NJW 1974, 2025. Bejahend E. Deutsch, NJW 1965, 1985; J. Baumann, NJW 1958, 2092.

[15] W. Dunz, Zur Praxis der zivilrechtlichen Arzthaftung, 1974, 25, im Zusammenhang der Nebenfolgen ärztlicher Eingriffe.

[16] Vgl. G. Grünwald, 140; K. Luig, 252. Zweifel am Schematismus der Beweislast im heutigen Arztprozeß äußerte auch E. Deutsch, Haftungsrecht, 1976, 209.

– was sie sollen –, behandeln Formulare vielfach Ungleiches gleich. Auch dürfen sich Klinikverwaltungen und Ärzte nicht zu viel von ihnen versprechen: Ein Formular nützt dann nichts, wenn es gerade diejenige Aufklärung nicht enthält, auf die es später ankommt. Die mannigfachen Möglichkeiten lassen sich oft nicht abschließend kasuistisch fassen, zumal nach der Judikatur der Arzt durchaus verpflichtet sein kann, auch äußerst seltene Risiken zu offenbaren.

Verwendet der Arzt vor dem Eingriff Formulare, so hat er diese eingehend zu erläutern. Die Einwilligung in eine Operation bedarf nicht der Schriftform. Bleibt ein Formular ohne Unterschrift des Patienten, so liegt darin „kein Indiz dafür, daß eine Einwilligung nicht oder nicht wirksam gegeben worden ist."[17]

128 Gleichwohl kann die schriftliche Einwilligungserklärung als vielfach geeignetes Schutzmittel gegen die unzutreffende Behauptung des Patienten gelten, er habe dem Eingriff nicht zugestimmt. „Sie ist aber weder für jeden (kleinen) Eingriff erforderlich, noch ist ein Routineformular für alle Eingriffe genügend. Angezeigt ist die Entwicklung differenzierter und spezialisierter Einwilligungserklärungen für bestimmte Eingriffe oder für Gruppen von Eingriffen. Auch spezialisierte Formulare bedürfen – je nach den Umständen des Einzelfalles – der individuellen Ergänzung, so bei gesteigerter Gefahrenlage, beim gegebenen Eingriff und bei vorhersehbaren Erweiterungen des Eingriffs" (Weissauer).

129 Lebhaften Widerhall fand die Kontroverse um das Modell der **Stufenaufklärung** zwischen Wachsmuth und Schreiber, die es angriffen, und seinem Urheber und Verfechter Weissauer.[18] Dieses millionenfach gebrauchte System sucht durch auf bestimmte Eingriffe spezialisierte Merkblätter dem Arzt das Vermitteln von Informationen zu erleichtern und ihn bei der beweisrechtlichen Vorsorge von Schreibarbeit zu entlasten. Die den Mediziner absichernden Formulare sollen das Gespräch zwischen Arzt und Patient nicht ersetzen, vielmehr dessen abschließende und entscheidende Phase vorbereiten. Die Kritiker sehen durch die im Merkblatt direkt oder mittelbar enthaltenen Angaben den Patienten einer Vielzahl von Risiken und Komplikationen gegenübergestellt, die einen darauf nicht vorbereiteten Kranken belasten und aus dem Gleichgewicht bringen können. Der Grundfehler des bürokratischen Systems liege darin, daß es zunächst und letztlich allein zu Beweiszwecken dem Patienten eine Fülle schriftlicher Informationen aufdränge, die verklausuliert alle bei einem Eingriff theoretisch möglichen Risiken enthalten müßten, um zu der gewünschten Entlastung des Arztes zu führen. Die Stufenaufklärung gilt ihren Kritikern als bedauerliches Element einer durch die Judikatur mitverschuldeten Defensivmedizin, von der die Ärzte notgedrungen meinten, Gebrauch machen zu müssen. Allerdings erreichen die von

[17] OLG Düsseldorf, VersR 1987, 161.
[18] Der Chirurg 1982, 594ff., 597f.; 1983, 60f.

Medizinern mitverfaßten **Merkblätter und Dokumentationsbogen** ihr Ziel: sie dämmen die Schadensersatzklagen ein. Die Autoren der Informationsbogen und die großen Haftpflichtversicherer kennen bisher kaum einen Fall, in dem nach Gebrauch der Blätter gerichtliche oder außergerichtliche Schadensersatzansprüche wegen unzulänglicher Aufklärung erhoben worden wären. Das Verfahren bringt den Ärzten Sicherheit, hat indessen seinen Preis: die Merkblätter können keine Rücksicht auf die ungleiche Belastbarkeit der Kranken nehmen. Die Stufenaufklärung wird um so erträglicher, je stärker die Ärzte ihre Merkblätter und Formulare in persönliche, sich fortsetzende Unterredungen einbetten.

In manchen Fällen verbieten sich Formulare. Gesteigerte Behutsamkeit 130
und viel Beistand erfordern Aufklärung und Begleitung des Krebspatienten. „Auch heute sollte gerade gegenüber dem **Schwerkranken** bei der Aufklärung das auf die jeweilige Situation abstellende, behutsame ärztliche Gespräch und die menschliche Zuwendung im Mittelpunkt stehen. Nur das wird den Ansprüchen einer humanen Arzt-Patienten-Beziehung gerecht."[19]

Neben dem fachspezifischen Formular für Standardoperationen,[20] das sich 131
übersetzt besonders auch für Ausländer empfiehlt, bieten sich als Beweismittel vornehmlich das keinesfalls zu vernachlässigende, in der gebotenen Form stets beweiskräftige Krankenblatt und in besonderen Fällen das Tonband an. Dabei obliegt es dem Arzt, zu entscheiden, ob er diese Mittel gebrauchen oder ob er im Interesse der **Schonung seines Patienten** auf sie verzichten soll.

Die **Aufklärungspflicht** des Arztes **reicht weit,** die gerichtlichen Maßstäbe 132
blieben, was auch für den Inhalt der Formulare wichtig ist, überaus streng. Freilich hat der Bundesgerichtshof die Kriterien fortentwickelt und verfeinert, dabei alle persönlichen und sachlichen Merkmale des Einzelfalls ins Kalkül ziehend. Der Patient muß prinzipiell in den Grundzügen wissen, worauf er sich einläßt, das heißt: wie es um ihn steht, was ohne und was mit dem Eingriff auf ihn zukäme. Der Rechtssatz bedeutet nicht, daß der Arzt dem Patienten ohne Rücksicht auf dessen psychische und körperliche Konstitution immer alle unberechenbaren Gefahren für Leib und Leben drastisch vor Augen zu führen hätte. Die ärztliche Aufklärung soll auch nicht medizinisches Wissen vermitteln, sondern den Kranken auf behutsame, seinem

---

[19] H.-L. Schreiber u. H. Lilie, in: Fischers Taschenbuch der Onkologie, 1983, 170; vgl. ferner V. Diehl u. A. Diehl, VersR 1982, 716–722.

[20] Die formularmäßige Einwilligungserklärung fällt nicht unter das AGB-Gesetz, weil sie nicht Inhalt eines schuldrechtlichen Vertrages werden soll und weil es hier keine Rechtsvorschriften gibt, von denen abgewichen werden kann (§ 8). Daß sie keine Erklärung ist, die im Sinne des § 1 Inhalt eines Vertrages werden kann, ergibt sich auch daraus, daß sie stets widerruflich ist und daß ihre Gültigkeit nicht von der Geschäftsfähigkeit abhängt; ebenso W. Weissauer, Der Chirurg 1982, 598, D. Giesen, JZ 1982, 400, gegen J. Niebling, MDR 1982, 193, u. MedR 1985, 263, auch gegen P. Ulmer, H. E. Brandner u. H.-D. Hensen, AGB-Gesetz, Kommentar, [5]1987, 71.

Verständnis wie seiner Verfassung angemessene Weise darüber unterrichten, daß es in Abwägung der mit dem Eingriff verbundenen Gesundungschancen und unvermeidbaren oder möglichen Folgen vernünftig erscheine, in die medizinische Maßnahme einzuwilligen.

133 Die Kriterien für **das rechte Maß** der Aufklärung hat der Bundesgerichtshof 1962 in einem Erkenntnis verdeutlicht,[21] das die 1959 veröffentlichten Elektroschock- und Strahlenurteile[22] modifizierte. Es ging in jenem Fall um die Ertaubung einer Nierenpatientin infolge einer stationären parenteralen Neomycintherapie. Die den ärztlichen Eingriff rechtfertigende Zustimmung des Patienten, so urteilte das Gericht, setze voraus, daß der Kranke im großen und ganzen wisse, worin er einwillige. Über gesundheitsschädliche Nebenwirkungen ärztlicher Heilmaßnahmen müsse er grundsätzlich ebenso ins Bild gesetzt werden wie über die drohende Möglichkeit gesundheitlicher Einbußen im Zuge der Behandlung. Indessen komme es sehr an auf die Art der möglicherweise eintretenden Folgen, die Größe der Gefahr ihres Eintritts im gegebenen Falle und auf das Gewicht des Risikos im Verhältnis zu den Konsequenzen, die für den Patienten im weiteren Verlauf seiner Krankheit zu erwarten wären, wenn der vorgesehene Eingriff oder die geplante Medikation unterbliebe. „Auf Gefahren, die sich so selten verwirklichen und deren Hervortreten auch in dem Falle des betreffenden Patienten so wenig wahrscheinlich ist, daß sie bei einem verständigen Menschen in seiner Lage für den Entschluß, in die Behandlung einzuwilligen, nicht ernsthaft ins Gewicht fallen, braucht der Patient nicht hingewiesen zu werden. Ebenso kann eine Aufklärung entbehrlich sein, wenn die möglicherweise eintretenden ungünstigen Nebenwirkungen der Behandlung so viel weniger gravierend sind als die Folgen eines Unterbleibens der Behandlung, daß sie ein vernünftiger Mensch in der Lage des Patienten für die Willensentschließung, sich der Behandlung zu unterziehen oder sie abzulehnen, nicht als bedeutsam ansähe."

134 Dem Patienten sind stets solche **Risiken von Gewicht** mitzuteilen, die speziell dem geplanten Eingriff anhaften, und von denen der Arzt nicht annehmen kann, der Patient rechne mit ihnen und könne sie bei seinem Entschluß berücksichtigen. Als aufklärungspflichtig gelten dann auch **mögliche Komplikationen,** die nur selten aufzutreten pflegen, indessen die körperliche Befindlichkeit des Patienten erheblich belasten können.

Um ein solches, der Bandscheibenoperation in der **„Häschenstellung"** spezifisch anhaftendes Risiko handelt es sich bei der Dauerschädigung wichtiger Nerven infolge der Lagerung während der Narkose.[23] Auch bei der **Medikation** schuldet der Arzt dem Kranken Aufschlüsse. Bei der Verordnung aggressiv wirkender Arzneimittel gehört zur Aufklärung des Patienten

---

[21] NJW 1963, 393.
[22] BGHZ 29, 46 u. 176 = NJW 1959, 811 u. 814.
[23] BGH, NJW 1985, 2192 = MedR 1985, 173.

über mögliche Nebenwirkungen als Mindestinformation der Inhalt des vom Hersteller mitgelieferten Beipackzettels.[24] Solche Begleitdrucksachen im bloßen Besitz des Patienten entlasten den Arzt grundsätzlich nicht. Über Gefahren, die nur durch eine fehlerhafte Behandlung entstehen können, braucht der Arzt den Patienten nicht aufzuklären.[25]

Der Arzt hat den Leidenden hinlänglich zu informieren, um ihm die **135**
Selbstbestimmung zu gewährleisten, aber ihn ebenso zum medizinisch Gebotenen hinzuführen und ihn zu stützen – eine oft heikle Aufgabe, die äußerste Umsicht und Behutsamkeit verlangt. Bei der Aufklärung über die Gefahren einer Strahlentherapie darf der Arzt, so entschied mit gutem Grund der *BGH*[26], die von ihm erwähnte Möglichkeit einer Kehlkopfkomplikation mit dem Hinweis darauf **„herunterspielen"**, daß eine solche in seinem Institut noch nicht vorgekommen sei, wenn er damit bezweckt, die tatsächlich bestehende geringe Wahrscheinlichkeit des Strahlenrisikos hervorzuheben, um den Kranken zu beruhigen und ihm die Furcht vor der Behandlung zu nehmen.

Von den zahlreichen Urteilen sei ein lehrreiches des *OLG Düsseldorf*[27] hervorgehoben, das bewährte Linien vertieft: Auch über seltene Risiken hat der Arzt aufzuklären, „wo sie, wenn sie sich verwirklichen, die Lebensführung schwer belasten und trotz ihrer Seltenheit für den Eingriff spezifisch, aber für den Patienten überraschend sind".[28] Bei **schwerwiegenden Eingriffen mit erheblichen Gefahren** „muß der Arzt dann über seinen konkreten Erfahrungsstand mit Operationen dieser Art aufklären, wenn für den Patienten die konkrete Möglichkeit besteht, den Eingriff deutlich risikoloser durch einen anderen Arzt oder in einer anderen Klinik vornehmen zu lassen". Eingeschränkt ist die Aufklärungspflicht freilich, wenn es um einen vital indizierten, dringenden Eingriff geht, bei welchem dem Rettung suchenden Patienten keine Wahl bleibt.

Diese höchstrichterlichen Sätze ermöglichen und gebieten ein Abwägen **136**
der **Umstände des Einzelfalls,**[29] das die Gefahren der diagnostischen oder

[24] OLG Oldenburg, VersR 1986, 69. Vgl. auch Marburger Arbeitskreis f. Sozialrecht u. Sozialpolitik (Hg.), Arzneimittel in der modernen Gesellschaft. Hilfe oder Risiko für den Patienten?, 1985.

[25] BGH, NJW 1985, 2193. Das allgemeine Embolierisiko nach größeren Operationen bedarf keiner Aufklärung, wenn der Patient sich der Gefährlichkeit des Eingriffs bewußt ist: BGH, NJW 1986, 780.

[26] VersR 1987, 200.

[27] VersR 1987, 161.

[28] Bei Siebbeinoperation danach aufklärungsbedürftig die Gefahr von Schädelbasis- und Orbitaverletzungen. – Zur Aufklärung über das Risiko einer Querschnittslähmung als Folge einer Bestrahlung des Rückgrats kann der Arzt auch dann verpflichtet sein, wenn die Therapie vital indiziert, das Risiko selten ist und es sich bei Nichtanwendung der Therapie krankheitsbedingt mit höherer Wahrscheinlichkeit verwirklichen kann: BGHZ 90, 103 = NJW 1984, 1397.

[29] Zur Maßgeblichkeit der konkreten Gegebenheiten BGH, NJW 1961, 2203 (Leitsatz): „Ob bei einem ärztlichen Eingriff (hier: Kropfoperation) die Aufklärung des

therapeutischen Maßnahme in Bezug zum Risiko der Krankheit setzt. Je dringender die Indikation, je notwendiger der Eingriff, desto leichter wiegt die Aufklärungspflicht. Es gilt der „Grundsatz, daß das Maß der Genauigkeit, mit der aufgeklärt werden muß, im umgekehrten Verhältnis zu dem Maß der Dringlichkeit steht, mit der die Operation indiziert ist".[30] Der Arzt hat, wenn gewichtige Stimmen in der medizinischen Literatur unwiderlegt darauf hinweisen, daß eine hergebrachte Operationsmethode zu schweren Schäden führen muß, den Patienten hierüber zu informieren, wenn er sich über die Bedenken hinwegsetzen will.[31] Eingriffe, die der Arzt nicht als unabweislich oder erforderlich, sondern nur als gegeben, als medizinisch durchaus vertretbar ansieht – etwa die Entfernung eines zur Zeit nicht entzündeten Wurmfortsatzes – verpflichten ihn zu besonders sorgfältiger Prüfung nicht nur etwaiger Gegengründe, sondern auch der Einwilligung des Patienten.[32] Ähnliches gilt bei Operationen, die nicht eine akute Gefahr für die Gesundheit des Patienten abwenden, sondern dessen Zustand nur bessern sollen: auch hier muß der aufklärende Arzt strengen Ansprüchen genügen.[33] Wenn die Pflicht des Arztes zur Aufklärung über die Möglichkeit schädlicher Folgen eines Eingriffs um so weiter reicht, je weniger er aus der Sicht eines vernünftigen Patienten vordringlich oder geboten erscheint, so kann sich nach den Umständen eine Aufklärungspflicht auch ergeben, wenn die Wahrscheinlichkeit **erheblicher Folgen** des Eingriffs zahlenmäßig sehr gering ist.[34] Eine besonders gründliche Information durch den Arzt verdient regelmäßig auch der Patient, bei dem die Risiken oder die unsicheren Aussichten einer Behandlung verständlicherweise den Grund dafür abgeben können, von der Therapie trotz ihrer Indiziertheit abzusehen und mit der Krankheit zu leben.

137 Die Formel vom reziproken **Zusammenhang zwischen Indikation und Aufklärungspflicht** hat die tiefsitzende Antinomie zwischen der medizinischen Position, der als höchstes Gut die Gesundheit des Leidenden gilt, und der juristischen, die das Persönlichkeitsrecht, die freie Selbstbestimmung

---

Patienten über mögliche Schadensfolgen erforderlich ist, richtet sich nicht so sehr nach allgemeinen Feststellungen über die Komplikationshäufigkeit; es kommt vielmehr auf den voraussichtlichen Verlauf gerade im einzelnen Falle an." Vgl. auch OLG Düsseldorf, NJW 1963, 1679; OLG Karlsruhe, NJW 1966, 399.

[30] P. Bockelmann, 59. Vgl. auch G. Geilen, in: A. Mergen (Hg.) II, 36.

[31] BGH, NJW 1978, 587.

[32] BGHSt 12, 379 = NJW 1959, 825.

[33] BGH, VersR 1968, 558 (Mangelhafte Aufklärung über mögliche Komplikationen einer Ohroperation). Mißverständlich der strenggefaßte Leitsatz BGH, NJW 1977, 337: „Der Arzt, der während der Operation auf ein erhöhtes Operationsrisiko stößt, muß den Eingriff abbrechen, wenn er für seine Fortsetzung nunmehr mangels Aufklärung darüber keine wirksame Einwilligung des Patienten hat und die Operation ohne dessen Gefährdung unterbrochen oder abgebrochen werden kann, um die Einwilligung einzuholen".

[34] BGH, NJW 1972, 335 (Entfernung gemeiner Warzen im Chaoul'schen Nahstrahlverfahren).

auch des kranken Menschen, geachtet wissen will, nicht aufheben können und das Gespräch mit dem Patienten nicht schlechthin erleichtert. Mancher erfahrene und pflichtbewußte Arzt neigt dazu, zwischen der medizinischen Indikation und dem Entschluß eines verständigen Patienten regelmäßig keinen wesentlichen Unterschied zu sehen, während der Jurist die Selbstverantwortung des Kranken unterstreicht und eben darum auch die Bedeutsamkeit der Aspekte eines jeden Eingriffs betont.

Für die schwierige **Güterabwägung** gewinnt der Umstand Gewicht, daß **138**
die Einwilligung des aufgeklärten Patienten für den Arzt nicht Rechtfertigungsgrund sondern Rechtfertigungsschranke ist.[35] Sie tritt zu Notwendigkeit und Heilzweck als einschränkendes Regulativ hinzu.[36] Von hier aus erklärt sich auch die Möglichkeit des **Aufklärungsverzichts** trotz der sonst grundsätzlich geforderten Höchstpersönlichkeit der Einwilligung. Der Kranke kann sich also ganz der führenden Hand des Arztes und dessen verantwortlichen Entschlüssen anvertrauen. Ein solcher Verzicht wird die Ausnahme bilden. Der Arzt darf von einem Verzicht nur ausgehen, wenn er ihm eindeutig und ernsthaft erklärt worden ist.

Der Grad der erforderlichen Aufklärung über mögliche **unerwünschte** **139**
Folgen hat sich „nicht zuletzt nach Intelligenz und Bildungsgrad des Patienten sowie vor allem nach dessen Erfahrungen aus der Kranken-Vorgeschichte" zu richten. Dabei kann dem Kranken seinerseits durchaus die Last zufallen, „durch Fragen selbst auf eine Vervollständigung der Belehrung hinzuwirken, falls sie ihm zu knapp und unvollständig erschien".[37] Damit tritt die Rolle des Patienten in seiner jeweiligen Eigenart deutlicher hervor, in der er sich auch vertrauensvoll mit bemessenen Aufschlüssen bescheiden kann.

Der Hinweis auf eine **infauste Prognose** läßt sich keineswegs regelmäßig **140**
vermeiden. Er kann dem Arzt obliegen, etwa bei der Voraussicht, daß der Kranke später in ein Stadium der Einwilligungsunfähigkeit geraten wird und es dafür Vorsorge zu treffen gilt. Hier wie in dem verwandten Fall möglicher **Weiterungen einer geplanten Operation** steht der Arzt vor schwerwiegenden Entscheidungen, die eine sorgsame Güterabwägung und gelegentlich sachverständigen Rechtsrat erfordern. Vermehrt melden sich auch Zweifel,

---

[35] So zutreffend G. Geilen, 29f., mit weiteren Hinweisen.

[36] Vgl. auch BGH, MDR 1971, 918: „Von Rechts wegen bleibt jedoch zu beachten, daß jedes dem Patienten zugemutete Eingriffsrisiko seiner Rechtfertigung durch die von dem Eingriff erhofften Vorteile bedarf."

[37] BGH, NJW 1976, 363 (Anforderungen an die ärztliche Aufklärung eines intelligenten und aufgeschlossenen Patienten, der wegen einschlägigen Leidens mehrere Fachärzte konsultiert hat). Siehe auch BGH, NJW 1973, 556 (Umfang der Aufklärungspflicht bei erhöhtem Operationsrisiko: Fragelast des in den Grundzügen informierten Patienten hinsichtlich möglicher Zwischenfälle im einzelnen). Vgl. auch Note 89. Freilich braucht die Aufklärung grundsätzlich nicht verlangt zu werden. Vgl. außerdem P. Schlechtriem, Vertragsordnung und außervertragliche Haftung, 1972, 431ff.; auch E. Deutsch, Haftungsrecht, 84.

die aus der klinischen **Arbeitsteilung** herrühren. Der Internist überweist beispielsweise seinen Patienten an den Spezialisten für Angiographie. Grundsätzlich bedarf jeder Eingriff besonderer Einwilligung und Aufklärung, was die Rückfrage von Arzt zu Arzt – so im Hinblick auf die Indikation – erfordern kann. Dabei darf sich der Anfragende prinzipiell auf seinen Kollegen vom anderen Fach verlassen, soweit kein besonderer Anlaß anderes gebietet. Auch die Vorteile klinischer Arbeitsteilung kosten ihren Preis: der Patient muß sich bereitfinden, auf die durchgehende Führung eines einzelnen Arztes zu verzichten.[38]

141 Die Frage nach **Kontraindikationen** der Aufklärungspflicht mag sich vor allem in den Fällen stellen, in denen die Bekanntgabe des Krebsbefundes sich nicht vermeiden läßt, wenn der Kranke in eine lebensnotwendige Therapie einwilligen soll. Die Gerichte anerkennen Kontraindikationen nur in begrenztem Maße. Anders als die meisten Vorschläge in der Literatur lassen sie eine Einschränkung der Aufklärungspflicht nur da zu, wo besondere, in der Persönlichkeit des einzelnen Kranken liegende, forensisch greifbare Umstände eine ernste und unbehebbare Gefahr für seine Gesundheit erwarten lassen.[39] Die Sorge insbesondere, die Auskunft werde den Patienten in Verzweiflung und Hoffnungslosigkeit stürzen, soll das Schweigen des Arztes grundsätzlich nicht rechtfertigen. Indessen sollte der Arzt schwerwiegende psychisch indizierte Bedenken berücksichtigen können. Auch sollten nicht allein irreversible Gesundheitsschäden den Arzt von der Aufklärungspflicht entbinden.

142 Die Problematik der ärztlichen Aufklärungspflicht widerstrebt in ihrer **Vielschichtigkeit** einer gesetzlichen Kasuistik, so sehr eine solche durch den ärztlichen Wunsch nach Rechtssicherheit geboten erscheint. Was der Gesetzgeber indes leisten kann und mag, ist der Erlaß einer Grundsatzregel. Der Vorschlag im **Alternativ-Entwurf eines Strafgesetzbuches**[40] empfiehlt sich dadurch, daß er einen Kompromiß zwischen den rechtlichen und den medizinischen Erfordernissen findet und dem richterlichen Streben nach Einzelfall-

---

[38] Über die zivilrechtliche Verantwortlichkeit bei ärztlicher Teamarbeit und den Vertrauensgrundsatz im Rahmen des Krankenhausrechts H. P. Westermann, NJW 1974, 577–584. Vgl. auch OLG Hamburg,NJW 1975, 603, zur Frage der Verantwortlichkeit des Klinikchefs und des ausführenden Operateurs für die ordnungsgemäße Aufklärung; ferner BGH, NJW 1961, 2203.

[39] BGHZ 29, 176 = NJW 1959, 814: „Nur in dem besonderen Falle, daß die mit der Aufklärung verbundene Eröffnung der Natur des Leidens zu einer ernsten und nicht behebbaren Gesundheitsschädigung des Patienten führen würde, könnte ein Absehen von der Aufklärung gerechtfertigt sein"; wobei es das Gericht offen läßt, „ob dann nicht – falls Zeit vorhanden – die Angehörigen befragt werden müssen, um den mutmaßlichen Willen des Patienten zu ermitteln (§ 683 BGB)." Vgl. auch BGHZ 29, 46 = NJW 1959, 811: Der Arzt solle nicht gezwungen sein, „durch eine zu weitgehende Aufklärung den Heilerfolg selbst zu beeinträchtigen". Es sei „seine Aufgabe darzutun, daß triftige Gründe für das Unterlassen der Aufklärung gegeben waren."

[40] Besonderer Teil. Straftaten gegen die Person, erster Halbbd. 1970, 11, 78 ff.

gerechtigkeit den Weg offen hält: „Die Einwilligung ist nur wirksam, wenn der Einwilligende über Art, Tragweite und solche möglichen Folgen der Behandlung aufgeklärt worden ist, die für die Entscheidung eines verständigen Menschen ins Gewicht fallen können. Die Aufklärung kann unterbleiben, soweit sie die ernste Gefahr einer erheblichen Beeinträchtigung der Gesundheit oder des seelischen Zustandes begründen würde."

Wenn der Arzt bei seinem Eingriff oder bei seiner Medikation gerechtfer- **143**
tigt sein will, bedarf er grundsätzlich der Einwilligung seines Patienten, wobei dieser – wie gezeigt – aufgeklärt und außerdem voll willensfähig sein muß. Die **Willensfähigkeit** fällt nicht zusammen mit der bürgerlich-rechtlichen Geschäftsfähigkeit oder der strafrechtlichen Zurechnungsfähigkeit; sie bedeutet vielmehr „die von Fall zu Fall vom Arzt zu prüfende Reife und Fähigkeit, die Tragweite des ärztlichen Eingriffs für Körper, Beruf und Lebensglück zu ermessen".[41] So ist die Einwilligung[42] eines Minderjährigen zu einer Operation rechtswirksam, wenn er nach seiner geistigen und sittlichen Reife Bedeutung und Tragweite des Eingriffs und seiner Gestattung abzuwägen vermag.[43] Bei einer einerseits nicht unwichtigen, andererseits nicht dringlichen Entscheidung, so urteilte der Bundesgerichtshof,[44] reicht in der Regel die Einwilligung einer sechzehnjährigen Patientin nicht aus. Nachdem der Gesetzgeber mit Wirkung ab 1. Januar 1975 das Volljährigkeitsalter von einundzwanzig Jahren auf achtzehn herabgesetzt hat, wird die Einwilligungsfähigkeit eines Minderjährigen im Hinblick auf Operationen die Ausnahme bilden. Wo sie einmal gegeben sein sollte – was sich auch nach Art und Anlaß des Eingriffs bemißt –, tritt die elterliche Sorge zurück.[45] In aller Regel und gerade auch in Zweifelsfällen wird sich der von Minderjährigen konsultierte Arzt an den Inhaber der elterlichen Sorge[46] wenden; das gilt auch für die Verordnung oraler Kontrazeptiva.[47] Adressaten der ärztlichen Selbstbestimmungsaufklärung sind die Inhaber der elterlichen Sorge, während sich die erforderlichen therapeutischen Hinweise vornehmlich an den Minderjährigen selbst richten.[48] Verweigern etwa die Eltern mißbräuchlich einen erfor-

---

[41] K. Engisch, 14, mit weiteren Nachweisen.

[42] Die also keinen rechtsgeschäftlichen Charakter trägt, wie die ältere Ansicht lehrte.

[43] BGHZ 29, 33 = NJW 1959, 811. Vgl. auch BGHSt 12, 379 = NJW 1959, 825. – Die Einwilligungsfähigkeit Minderjähriger läßt die Geschäftsfähigkeit im Hinblick auf den Abschluß von Verträgen mit dem Arzt oder Krankenhausträger unberührt.

[44] Entfernung gemeiner Warzen im Chaoul'schen Nahstrahlverfahren 1953; BGH, NJW 1972, 335.

[45] Zurückhaltend und nach Maßgabe des alten Volljährigkeitsrechts BGHZ 29, 33 = NJW 1959, 811: Das elterliche Personensorgerecht stehe dem Bestimmungsrecht des Minderjährigen „jedenfalls dann nicht entgegen, wenn ... die Einholung der elterlichen Zustimmung undurchführbar ist und der Minderjährige unmittelbar vor der Vollendung des 21. Lebensjahres steht".

[46] § 1626 BGB: die Eltern, § 1705 BGB: die Mutter des nichtehelichen Kindes.

[47] Dazu U. Grömig, NJW 1971, 233–235.

[48] Ein Leiturteil: BGH, NJW 1970, 511.

derlichen Eingriff, so muß sich der Arzt an das Vormundschaftsgericht wenden, das nach § 1666 BGB „die zur Abwendung der Gefahr erforderlichen Maßregeln" trifft. Ist dafür aber keine Zeit mehr, also Gefahr im Verzug, so kann der Chirurg den zweifelsfrei gebotenen Eingriff selbst verantworten.[49]

144 Auch dem volljährigen Kranken kann die Willensfähigkeit fehlen, womit das Erfordernis der Einwilligung keineswegs entfällt. „Sie ist vielmehr von demjenigen zu erteilen, der an Stelle des Kranken nach entsprechender Belehrung zu entscheiden hat, ob der Eingriff durchgeführt werden soll. Das sind entgegen der Meinung mancher Ärzte nicht ohne weiteres die nächsten Angehörigen des willensunfähigen Kranken."[50] Vielmehr kommt es auf die Erklärung des **gesetzlichen Vertreters** an. Fehlt es an einem solchen, so muß für den Patienten ein **Pfleger** bestellt werden, der dann zu entscheiden hat (§ 1910 BGB). Bei Gefahr im Verzug soll der Arzt die Angehörigen befragen, um den mutmaßlichen Willen des Kranken, etwa eines Unfallopfers, zu ermitteln. In diesen Notfällen, in denen der Arzt eine rechtlich beachtliche Einwilligung nicht beibringen kann und Gefahr für Leib und Leben des Patienten besteht, kann der Eingriff unter dem Gesichtspunkt der Geschäftsführung ohne Auftrag gerechtfertigt sein.[51] Eine rechtfertigende Geschäftsführung ohne Auftrag liegt dann vor, wenn die Übernahme „dem Interesse und dem wirklichen oder dem **mutmaßlichen Willen"** des Patienten entspricht (§ 683 BGB) und wenn sie weiter in ihrer Durchführung dem „Interesse des Geschäftsherrn mit Rücksicht auf dessen wirklichen oder mutmaßlichen Willen" gemäß ist (§ 677 BGB). Der Arzt muß den ihm bekannten Willen des Patienten respektieren, auch wenn er unvernünftig erscheint: so das religiös motivierte Nein zur Bluttransfusion. Fehlt ein wirklicher, geäußerter Wille, so gilt der mutmaßliche, nämlich der Wille, den der Patient bei objektiver Beurteilung aller Umstände geäußert hätte, wenn er sich hätte entschließen und mitteilen können.

145 Die **Entwicklung der Spruchpraxis** in den jüngst vergangenen Jahren mögen die nachstehenden Hinweise auf eine Folge neuerer Judikate anzeigen:[52]

Wenn gewichtige Stimmen in der medizinischen Literatur unwiderlegt auf die Schädlichkeit einer **hergebrachten Operationsmethode** hinweisen, muß

---

[49] Vgl. K. Engisch, 16. Dem Arzt steht in diesem Kollisionsfall der Rechtfertigungsgrund des § 34 StGB zur Seite.

[50] BGHZ 29, 46 = NJW 1959, 811, auch zum Folgenden. Vgl. auch H. Weitnauer, Der Betrieb 1961, Beilage Nr. 21, 3.

[51] Vgl. H. Weitnauer, 5. Da kein Kollisionsfall gegeben ist, scheidet § 34 StGB aus.

[52] Vgl. im übrigen aus der neueren Judikatur die folgenden Erkenntnisse: OLG Braunschweig, VersR 1986, 1214 (Behandlungsalternativen bei Schwangeren); OLG Hamm, VersR 1986, 897 (Risiken einer Verkürzungsosteotomie); OLG Hamm, VersR 1986, 477 (laparoskopische Tubenkoagulation); OLG Koblenz, NJW 1986, 1547 (Risiken eines Operationsverlaufs, Nierenstein); OLG Stuttgart, VersR 1986, 581

der Arzt den Patienten hierüber aufklären.[53] Auch auf schlechte hygienische Klinikverhältnisse mit erhöhter Infektionsgefahr ist bei nicht dringlicher Operation hinzuweisen.[54] Die Instruktion über mögliche Eingriffsfolgen kann unterbleiben, „wenn der Patient zur Behebung eines lebensbedrohenden Zustandes mit der Vornahme einer Operation einverstanden ist, da jeder vernünftige Mensch in einer derartigen Lage auch bei Kenntnis der Gefahr einer Schädigung seine Einwilligung erteilen würde".[55] Nach der Spruchpraxis hat der Arzt den Patienten über **die beiden Grundverfahren der Schmerzausschaltung** und ihre teils unterschiedlichen Risiken zu informieren. „Dieser Aufklärung bedarf es aber nicht, wenn ein verständiger Patient... an der Entscheidung zwischen Allgemeinnarkose und Leitungsanästhesie uninteressiert gewesen wäre."[56] Für Bedeutung und Umfang der Einwilligung des selbst sachverständigen Patienten gilt Besonderes.[57]

Der *BGH* hat erneut betont, der Patient sei unter Umständen auch über **146**
extrem seltene Risiken eines Eingriffs ins Bild zu setzen. Das Gericht hat dabei klargestellt, der Arzt brauche bei einem dem Patienten dem Wesen nach bekannten Eingriff nicht alle Gefahren aufzuzählen. Vielmehr seien Einzelhinweise gegenüber dem Kranken, der das allgemeine Risiko sieht, „nur erforderlich, soweit sich Komplikationen in eine Richtung entwickeln können, die für ihn als Laien überraschend sein muß, und auch da, wo sie zu Ausfällen führen können, die in dessen besonderen Lebensverhältnissen erkennbar besonders schwerwiegend wären. Daneben steht es dem Patienten frei, spezielle Fragen zu stellen, die der Arzt jedoch nie unrichtig oder irreführend beantworten darf".[58] Eine sachgemäße Aufklärung umfaßt „auch den Hinweis auf mit dem Eingriff nicht beabsichtigte, aber durch ärztliche Kunst nicht sicher vermeidbare **Folgeschäden,** für welche eine mehr oder weniger große, dem medizinischen Laien aber aus der Art des Eingriffs nicht schon ohne weiteres ersichtliche Möglichkeit besteht".[59] Die Aufklärung soll zu einem **Zeitpunkt** erfolgen, zu dem der Patient sich noch im vollen Besitz

---

(Coloskopie und Perforationsgefahr); OLG Stuttgart, VersR 1986, 1198 (Bedenken der Gesundheitsbehörden gegen Schutzimpfung); OLG Zweibrücken, VersR 1987, 108 (Risiko einer Armplexuslähmung nach Kobaltbestrahlung der Brust).

[53] BGH, NJW 1978, 587.

[54] OLG Köln, NJW 1978, 1690.

[55] OLG Karlsruhe, VersR 1978, 769.

[56] OLG Karlsruhe, VersR 1978, 549.

[57] OLG Karlsruhe, VersR 1979, 58; vgl. auch Noten 37 u. 89.

[58] BGH, NJW 1980, 633 (Appendektomie). Bei der Blinddarmoperation könne sich der Arzt im allgemeinen kurz fassen. „Es wird in der Regel genügen, wenn er sich davon überzeugt, daß der Patient nicht irrig davon ausgeht, daß dieser Eingriff wegen seiner Alltäglichkeit ganz ungefährlich sei." – Zur Aufklärung über die Gefährlichkeit der Nierenbiopsie BGH, NJW 1979, 1933.

[59] OLG Frankfurt, VersR 1979, 651 (Fingeroperation bei einem Kellner).

seiner Erkenntnis- und Entschlußfähigkeit befindet; auch soll ihm bis zum Eingriff eine angemessene Überlegungsfrist bleiben.[60]

147 Nach einem kammergerichtlichen Urteil[61] trifft den **Anstaltsträger** die Pflicht, die Ärzte des Krankenhauses vollständig und umfassend über den Inhalt der ihnen obliegenden Aufklärungspflicht zu unterrichten. Dieser Pflicht genüge er nicht durch allgemeine Hinweise an die Chefärzte über „die Aufklärungspflicht" und das Übersenden einschlägiger Urteile. Das LG hatte noch gemeint, die Ärzte sollten Unterricht durch Juristen erhalten. Das KG ließ dies dahingestellt, merkte aber immerhin an, die Judikatur zu Inhalt und Umfang der ärztlichen Aufklärungspflicht erweise sich als „so vielschichtig, daß die Annahme nicht gerechtfertigt erscheint, sie sei einem Nichtjuristen, also auch einem Mediziner, ohne weiteres verständlich". Liegt in dieser Aussage nicht das Eingeständnis, daß die Judikatur den Arzt gelegentlich überfordert, das rechte Maß noch nicht durchweg gefunden hat? Verliert die Aufklärung des Patienten nicht ihren Charakter als ärztlicher Dienst, wenn Juristen eigens Mediziner instruieren müssen oder wenn Krankenhausträger, etwa kommunale Behörden oder staatliche Verwaltungsstellen, das Klinikpersonal durch detaillierte Erlasse und kasuistische Regelwerke zu binden suchen? Die Reichweite der ärztlichen Aufklärungspflicht gehört zum Studium der Medizin, zum Programm der ärztlichen Weiter- und Fortbildung, aber grundsätzlich nicht zur Zuständigkeit von Verwaltungsbehörden.

148 Ein Urteil des *BGH* zur **Aufklärungspflicht des nicht operierenden Arztes** erregte Aufsehen, wohl vornehmlich des Leitsatzes wegen.[62] Der Arzt, der seinem Patienten zur Operation rät und ihn dabei über Art, Umfang und Risiken des Eingriffs[63] aufklärt, übernehme damit – so das Gericht – einen Teil der Behandlung. Dies begründe seine Garantenstellung: „War er es gewesen, der die ärztliche Aufklärung vor der Operation übernommen hatte, so ist er jetzt mitverantwortlich dafür, daß die Einwilligung des Patienten in die Operation wirksam ist; dafür sind nicht nur die Ärzte verantwortlich, die den Eingriff vorgenommen haben." Die Besonderheit des Falles bestand darin, daß der beklagte Arzt den Patienten zunächst in seiner Praxis behandelt und ihm zur Operation in seiner Klinik geraten hatte, wo er den Eingriff dann auch durch seine nachgeordneten Ärzte durchführen ließ. Meist wird der einweisende Arzt die Aufklärung im Hinblick auf den klinischen Eingriff nicht übernehmen, auch gar nicht übernehmen können.

149 In einem anderen Urteil hat der *BGH* die Grundsätze dargelegt, die für die

---

[60] OLG Stuttgart, VersR 1979, 1016; E. Deutsch, NJW 1979, 1905ff. (auch zur antezipierten Einwilligung). Vgl. auch OLG Celle, NJW 1979, 1251 m. krit. Anm. W. Wachsmuth.

[61] VersR 1979, 260 (im Rahmen des § 831 BGB).

[62] BGH, NJW 1980, 1905; krit. dazu R. Hess, Deutsches ÄrzteBl. 1980, 2592; H. Kleinewefers, VersR 1981, 103; H. Schünemann, NJW 1980, 2753f. Vgl. auch BGH, NJW 1980, 633 mit Anm. W. Weissauer, Bay.ÄrzteBl. 1980, 219f.

[63] Eine Tympanoplastik führte zur Schädigung des Nervus facialis.

Anforderungen an die Aufklärung eines Patienten bei zweifelhafter Operationsindikation mit hohem **Mißerfolgsrisiko** gelten.[64] Wenn wegen des bestehenden Risikos der Eingriff fragwürdig erscheint, „muß der Operationsentschluß im besonderen Maße dem Patienten anheimgegeben werden". Dabei komme das Wagnis der Operation ohne vorherige ausführliche Diskussion aller für den gemeinsamen Entschluß von Arzt und Patient erheblicher Umstände schon einem Arztfehler nahe: „Fragen ärztlicher Kunst und Anforderungen an die Aufklärung des Patienten berühren sich hier."

Die allgemeinen Grundsätze für die **Auslegung** rechtsgeschäftlicher Wil- 150
lenserklärungen gelten, so der *BGH,* für Äußerungen, die das Einverständnis des Patienten mit einem Eingriff betreffen, entsprechend:[65] „Wollte man... noch besondere, dem betroffenen Verkehr gar nicht geläufige rechtliche Formeln verlangen, dann würde dies nicht nur den klinischen Betrieb unangemessen erschweren, sondern vor allem auch die Versuchung begünstigen, von dem schwierigen Vorwurf eines Behandlungsfehlers auf das meist dem Kläger bequemer erscheinende Geleise der fehlenden Einwilligung auszuweichen."

Die Aufklärung eines Patienten über **Nebenwirkungen** bei Verordnung 151
eines aggressiv wirkenden Medikaments verlangt dem Arzt eine Sorgfalt ab, die auch auf Gefahrenhinweise des Beipackzettels Bedacht nimmt und gegenüber Verharmlosungen durch den Hersteller Vorsicht übt.[66] Vermöchte die Operation eine Gefahr abzuwenden, die sich zwar mit an Sicherheit grenzender Wahrscheinlichkeit irgendwann einmal verwirklicht hätte, deren zeitlicher Verlauf jedoch keineswegs abschätzbar erscheint, und aktualisierte gerade der Eingriff dieses Risiko in erheblicher Weise, so hat der Arzt den Patienten in aller Deutlichkeit auf eine solche Konstellation hinzuweisen.[67] Auch ohne akute vitale Indikation ist der Arzt im Recht, der den **Eingriff planwidrig erweitert,** wenn sich dies nach einem nicht schuldhaften präoperativen Diagnoseirrtum als geboten erweist, freilich nur unter folgenden weiteren Voraussetzungen: der neue Befund müßte ohne die beabsichtigte Ausweitung des Operationsplans zum Tode des Patienten in absehbarer Zeit führen; bei Abbruch des Eingriffs müßten weiter ernsthaft zusätzliche, gefährliche Komplikationen drohen, die eine ausgedehnt fortgesetzte chirurgische Maßnahme vermiede; und schließlich dürfte ein der Operationserweiterung entgegenstehender Wille des Kranken wegen der Lebensbedrohlichkeit des neuen Befundes nicht zu erwarten sein.[68]

---

[64] BGH, NJW 1981, 633 (Mißlungene Hautschiebeplastik über der Ferse).

[65] BGH, NJW 1980, 1903; auch „zur Frage, ob Versagung oder Widerruf der Einwilligung in einer Äußerung zu sehen sind, mit der der Patient Befürchtungen oder Bedenken gegenüber einem Heileingriff (hier: intramuskuläre Injektion durch eine Krankenpflegerin) zum Ausdruck bringt".

[66] BGH, VersR 1982, 147 = NJW 1982, 697.

[67] OLG Stuttgart, VersR 1981, 691.

[68] OLG Frankfurt, NJW 1981, 1322.

152 Vor einer Lymphknotenexstirpation ist der Patient über die Möglichkeit der Schädigung des nervus accessorius zu unterrichten und über die möglichen Folgen des Nervschadens zu belehren.[69] Den Zahnarzt trifft die Pflicht, seinen Patienten darüber aufzuklären, daß gegebenenfalls neben der Möglichkeit der Extraktion des Zahnes als alternative Methode eine Wurzelspitzenresektion in Frage kommt.[70]

153 Bei **diagnostischen Eingriffen** ohne therapeutischen Eigenwert gelten allgemein strengere Maßstäbe für die Aufklärung des Patienten über die mit dem Eingriff verbundenen Gefahren, sofern die medizinische Maßnahme nicht gerade dringend oder sogar vital indiziert ist; hier hat der Arzt dem Patienten selbst entfernt liegende Komplikationsmöglichkeiten in angemessener Weise darzutun.[71]

Der diagnostische Eingriff verlangt grundsätzlich eine umfassendere Aufklärung als der therapeutische. Dabei schuldet der Arzt seinem Patienten Aufschlüsse über die Gefahren, mit denen gerade unter seiner Hand und in seinem Krankenhaus zu rechnen ist. Der *BGH* rechnet das Risiko erheblicher **Schmerzen** grundsätzlich zu den mitzuteilenden Umständen, was Bedenken aufwirft. Der Schmerz und seine Intensität sind kaum meß- und beweisbar und darum schwer justitiabel. Die Gerichte sollten darum mit der Schmerzaufklärung zurückhaltend umgehen, wie dies der *BGH* in seinem Urteil andeutet.[72]

In einem anderen Sachverhalt hat der *BGH*[73] dem Arzt aus eindeutigem Anlaß die Schmerzaufklärung vor einem therapeutischen Eingriff zu Recht abverlangt: Vor einer varisierenden Osteotomie zur Linderung dauerhafter Beschwerden wegen einer Hüftluxation ist der Patient darüber aufzuklären, daß sich unter Umständen Schmerzfreiheit für längere Zeit nicht erreichen lasse, er vielmehr sogar größere Schmerzen haben könne.

154 Verständnisvoll beschied der *BGH* die Frage, in welchem Umfang der Chirurg einen Unfallpatienten über zur Wahl stehende therapeutische Möglichkeiten aufzuklären hat.[74] „Die **Wahl der Behandlungsmethode** ist primär Sache des Arztes. Er ist, sofern es mehrere, gleich erfolgversprechende und übliche Behandlungsmöglichkeiten gibt, nicht stets verpflichtet, dem Patienten alle medizinischen Möglichkeiten darzustellen und seine Wahl ihm gegenüber zu begründen. Das kann etwa dann geboten sein, wenn jeweils unterschiedliche Risiken für den Patienten entstehen. Ihm muß dann die Entschei-

---

[69] OLG Köln, Arztrecht 1982, 62; dazu BGH, unten Note 83. Vgl. auch OLG Schleswig, VersR 1982, 378 (Sudecksches Syndrom nach Handoperation).

[70] LG Hannover, NJW 1981, 1320.

[71] OLG Hamm, VersR 1981, 686.

[72] BGHZ 90, 96 = NJW 1984, 1395 (Diagnoseeingriff Rektoskopie) = JZ 1984, 629 mit Anm. A. Laufs u. B.-R. Kern; dazu auch E. Deutsch, NJW 1984, 1802. – Zur Reichweite der Einwilligung bei rektaler Untersuchung OLG Köln, VersR 1984, 1094.

[73] NJW 1987, 1481; vgl. auch W. Eberbach, Anaesthesist 1986, 403–407.

[74] BGH, NJW 1982, 2121 = MedR 1983, 23 = VersR 1982, 771.

dung überlassen bleiben, auf welches er sich einlassen will.“ – Ein gesetzlicher Vertreter wird sich bei seinem Entschluß für den nicht einwilligungsfähigen Kranken im wesentlichen nach der medizinischen Indikation richten sollen. Der gesetzliche Vertreter dürfte „nicht im gleichen Umfang wie ein handlungsfähiger Patient die Möglichkeit haben, sich auch für eine objektiv verfehlte Behandlungsmethode zu entscheiden und diese durchzusetzen“.[75] – **Schönheitsoperationen** erfordern umfassende Informationen. Ist bei einem kunstgerecht ausgeführten kosmetischen Eingriff mit dem Auftreten breiter und deutlich sichtbarer Narben zu rechnen, so gehört es zur Aufklärungspflicht des Chirurgen, dem Patienten mittels Fotografien zu verdeutlichen, mit welchem Ergebnis er zu rechnen hat.[76]

Kann ein beklagter Arzt vor Gericht anhand sorgfältig geführter Unterlagen nachweisen, „daß er die zutreffende Diagnose gestellt, schon früh die Operationsbedürftigkeit erkannt und den beabsichtigten Eingriff in seinen Einzelheiten im **Krankenblatt** verzeichnet hatte“, dann „gewinnt auch seine weitere Behauptung an Wahrscheinlichkeit, daß er sich nicht nur auf diese Eintragungen beschränkt, sondern ihren Inhalt auch“ dem Patienten, „eröffnet hat“.[77] Die bloße Behauptung eines über die Risiken des Eingriffs nicht hinreichend aufgeklärten Patienten, er hätte nach gehöriger Information eine ärztlich zwingend gebotene Therapie abgelehnt, braucht den beklagten Arzt nicht zu belasten. Der *BGH* hat diese Linie fortgesetzt.[78] Das Fehlen angemessener ärztlicher Aufschlüsse über die Gefährlichkeit intensiver Nachbestrahlung im Zuge einer schonend ausgeführten Mammaablation bleibt ohne Belang, wenn die durch die Röntgentherapie geschädigte Patientin nicht in nachvollziehbarer Weise darlegt, sie hätte bei richtiger Aufklärung die dringend gebotene Nachbestrahlung abgelehnt. **155**

Erscheint eine Therapie nicht nur als klinische, sondern auch als ambulante sinnvoll und praktikabel, hat der Arzt den Kranken „darüber wie über alle ernsthaft in Betracht kommenden Behandlungsalternativen, sofern diese den Patienten unterschiedlich belasten, aufzuklären“. Dabei fallen auch die **Kosten** ins Gewicht. Muß der Arzt, der dem Kranken eine stationäre Therapie vorschlägt, den Umständen nach begründete Zweifel haben, ob der private Krankenversicherer des Patienten die Behandlung in der Klinik als notwendig ansehen und die Kosten dafür übernehmen werde, so trifft ihn die vertragliche Pflicht, den Patienten darauf hinzuweisen.[79] **156**

Der Arzt soll also grundsätzlich seinen Patienten über alternative Methoden, die Kosten und deren Übernahme durch den Krankenversicherer bera- **157**

---

[75] BGH, MedR 1983, 25.

[76] OLG Hamburg, MDR 1982, 580.

[77] Parteivernehmung nach § 448 ZPO unter diesen Voraussetzungen; OLG Celle, VersR 1982, 500.

[78] BGH, NJW 1982, 700 = VersR 1982, 74; VersR 1982, 1142.

[79] BGH, NJW 1983, 2630 = MedR 1983, 109.

ten.[80] Das Recht beschränkt den Arzt grundsätzlich auf die notwendige und wirtschaftliche Behandlung.[81] Doch dieser Ausgangspunkt rechtfertigte es nicht, ihn schlechthin in die Rolle eines Sachwalters fremder **Vermögensinteressen** zu drängen. Bei gegebenem Anlaß wird der Arzt den Patienten jedenfalls dazu auffordern sollen, die Kostenübernahme mit dem Versicherer zu klären.

158 Der *BGH* hat in einem obiter dictum ein Operationsverfahren bedenklich gefunden, bei dem sich der Chirurg weder vor noch nach dem Eingriff mit dem Patienten persönlich besprach.[82] In der Tat soll grundsätzlich der Operateur auch selbst seinen Patienten vor dem Eingriff aufklären. Dies wird sich oft nicht einrichten lassen. Entscheidend bleibt stets, daß die Art der Arbeitsteilung und die Heranziehung des ärztlichen Nachwuchses das Risiko für den Kranken nicht erhöht.[83] Der Patient muß die Gefahren und Alternativen, nicht unbedingt den **Namen des Operateurs** erfahren. Die für eine wirksame Einwilligung erforderlichen Kenntnisse müssen regelmäßig vom Arzt kommen. Der Hinweis eines Mitpatienten auf mögliche Komplikationen kann die ärztliche Aufklärung nicht ersetzen.[84]

159 Die von der Deutschen Krankenhausgesellschaft und der Bundesärztekammer erarbeiteten „**Richtlinien** zur Aufklärung der **Krankenhauspatienten** über vorgesehene ärztliche Maßnahmen“ haben eine Neuauflage erfahren,[85] einige Spezialthemen ihre Erörterung in der Literatur: die Aufklärung bei[86]

---

[80] LG Düsseldorf, MedR 1986, 208 (Information über Leistungspflicht einer privaten Krankenkasse bei alternativer Therapie). Einschränkend M. Fehse, MedR 1986, 115–117.

[81] Das ergibt sich aus dem Vertrag, ferner aus § 368 e RVO. – Vgl. auch G. Carstensen u. H.-L. Schreiber, Mitt. Dt. Ges. f. Chir. 1986, 121–123: keine Behandlungsfehleranzeige durch nichtbeteiligte Ärzte u. Krankenhausträger kraft „wirtschaftlicher Aufklärungspflicht“.

[82] BGH, NJW 1983, 2075, mit insoweit kritischer Anm. v. H. J. Ahrens.

[83] BGH, NJW 1984, 655 = MedR 1984, 63: „Die Übertragung einer selbständig durchzuführenden Operation auf einen noch nicht ausreichend qualifizierten Assistenzarzt ist ein Behandlungsfehler. Unter dem rechtlichen Gesichtspunkt einer Verletzung der ärztlichen Aufklärungspflicht werden Ersatzansprüche dadurch grundsätzlich nicht begründet.“ Der dem Standard noch nicht gewachsene, angewiesene Assistenzarzt mag, so der BGH, „den Patienten über die Sachlage informieren, um diesem Gelegenheit zu geben, seine Einwilligung zu dem Eingriff zu verweigern (nur in diesem Rahmen kommt eine Pflicht zur Information des Patienten in Betracht)“. – „Das Verschweigen des Anfängerstatus des Behandelnden ist notwendig“, E. Deutsch, NJW 1984, 650.

[84] OLG München, NJW 1983, 2642; dazu bejahend S. Schlosshauer-Selbach, JuS 1983, 913 ff. – Ein unter schwersten Schmerzen Leidender kann einwilligungsunfähig sein, OLG Frankfurt, VersR 1984, 289.

[85] ^{2}1986 (Stand 1. 12. 1986).

[86] H. Lilie, MedR 1987, 28–30; E. Deutsch, MedR 1987, 73–76 (neuroradiologische Untersuchungsmethoden).

und über die Diagnose,[87] die Aufklärung unheilbar Kranker[88] und wissender Patienten.[89]

Kontroversen bestehen um das **Einwilligungserfordernis beim AIDS-Test.** 160

Die Blutentnahme zu diagnostischen Zwecken bedarf als Eingriff in die körperliche Integrität der Einwilligung des Patienten. Das Einverständnis des zu Untersuchenden mit der Venenpunktion ermächtigt den Arzt freilich nicht zu jeder beliebigen Blutdiagnose. Das grundgesetzlich gewährleistete allgemeine Persönlichkeitsrecht enthält die Freiheit des Patienten, darüber zu bestimmen, welche Untersuchungen der Arzt mit dem entnommenen Blut durchführen darf. Das „durch grundrechtliche Wertung geprägte Selbstbestimmungsrecht und die personale Würde des Patienten“[90], dessen „Recht auf informationelle Selbstbestimmung“[91] verbieten es dem Arzt, eigenmächtig Befunde zu erheben.

Grundsätzlich kann der Patient jederzeit von Rechts wegen medizinische Untersuchungen verweigern. Der Arzt soll den Widerstrebenden für das medizinisch Gebotene zu gewinnen suchen. Der sich versagende Kranke hat die Nachteile seines Neins zu tragen. Erscheint etwa nach verantwortlichem ärztlichen Urteil vor einer größeren Operation ein AIDS-Test zum Schutz des medizinischen Personals notwendig und verweigert der Kranke diesen, so muß er es sich gefallen lassen, jedenfalls dann abgewiesen zu werden, wenn keine vitale Indikation für den chirurgischen Eingriff vorliegt.

Erbittet der Patient eine umfassende gesundheitliche Untersuchung zum Zwecke der Vorsorge, so wird er den Arzt damit regelmäßig schlüssig auch dazu berechtigen und verpflichten, den AIDS-Test vorzunehmen. Dasselbe gilt, wenn sich ein Patient mit dem Wunsch nach Therapie und damit zugleich nach Abklärung von solchen Krankheitssymptomen zum Arzt begibt, die auch eine Untersuchung auf AIDS gebieten. Der Aufschluß, den der Arzt vertraglich schuldet, verlangt beim Verdacht einer schweren oder bedrohlichen Krankheit umfassende, differentialdiagnostische Untersuchungen.[92] Ergibt sich aus der Anamnese der Verdacht einer AIDS-Infektion, so trifft den Arzt die Pflicht, den Test durchzuführen. Durch die Inanspruchnahme des Arztes erklärt der Kranke konkludent sein Einverständnis mit den angezeigten diagnostischen Maßnahmen auch serologischer Art. Der Arzt braucht nicht auf den HIV-Verdacht hinzuweisen und eigens das Ja auch zum AIDS-Test einzufordern. Grundsätzlich darf der Arzt seinen Patienten nicht mit unsicheren, nicht erwiesenen oder unbestätigten Verdachtsdiagnosen be-

---

[87] W. Barnikel, VersR 1986, 1058.

[88] W. Eberbach, MedR 1986, 180–186.

[89] B.-R. Kern, MedR 1986, 176–180.

[90] So die Terminologie des BGH im Zusammenhang des Rechts auf Einsicht in die Krankenunterlagen, BGHZ 85, 327 = NJW 1983, 328.

[91] BVerfG, NJW 1984, 419 („Volkszählungsurteil“).

[92] Vgl. etwa BGH, VersR 1985, 886.

schweren und ängstigen. Bezeichnenderweise dürfen, ja müssen Verdachtsdiagnosen in den Krankenunterlagen der Einsicht des Patienten entzogen bleiben.[93]

Einigkeit über diese Frage besteht indessen nicht.[94] Die Verfechter einer stets erforderlichen, ausdrücklichen vorherigen Einwilligung[95] verweisen auf die Besonderheit des AIDS-Tests. Nicht nur die möglichen individuellen medizinischen Folgen belasteten und erschreckten den Betroffenen, sondern auch die mit dem Bekanntwerden der Infektion verbundenen gesellschaftlichen und beruflichen Konsequenzen. Das notwendige Vertrauen der Patienten in die Ärzteschaft erführe Einbußen, wenn der medizinisch gebotene AIDS-Test ohne das ausdrückliche Einverständnis erfolgte. Kranke könnten sich dazu veranlaßt sehen, aus Angst vor einem nicht konsentierten AIDS-Test jede Blutdiagnostik zu ihrem eigenen Schaden abzulehnen. Diese Einwände besitzen durchaus ihr Gewicht. Indessen gibt es Leiden von vergleichbarem Verhängnis wie manche Karzinom-Krankheiten oder die amyotrophe Lateralsklerose und andere. Besteht der Verdacht auf ihr Vorhandensein, so hat der Arzt pflichtgemäß Klarheit zu schaffen, ohne zuvor die Autonomie des Patienten hinsichtlich der möglichen Befunde eigens aufrufen zu müssen. Wenn der Arzt Vorbehalte gegen den Test erkennt oder erwarten muß, trifft ihn die Fragepflicht. Im Zweifel empfiehlt sich für den Arzt die Konsultation des Patienten.

161 Unzulässig ist die **Ausforschungsdiagnostik.** Sie liegt vor, wenn jeglicher Hinweis auf eine AIDS-Infektion fehlte oder wenn der Patient den HIV-Test ablehnte. Die ohne Verdachtsgründe oder gegen den Willen des Patienten erfolgende serologische Untersuchung verstieße gegen das Recht. Das ausdrückliche Einverständnis des Patienten mit dem Test benötigen Arzt und Krankenhaus, wenn der Schutz des klinischen Personals die Untersuchung nach medizinischem Urteil angezeigt erscheinen läßt, etwa vor kardiochirurgischen oder orthopädischen Eingriffen. Hier läßt sich eine schlüssige Einwilligung nicht annehmen; denn die Diagnostik ergibt sich nicht aus dem Begehren und der Symptomatik des Patienten, sondern aus dem Interesse Dritter. Ähnliches gilt für den Blutspender und die Milchspenderin.

Darf ein wissenschaftliches Institut die bei ihm eingegangenen und von ihm über die Jahre aufbewahrten Serumproben für epidemiologische HIV-Querschittsstudien nützen? Eine solche Absicht bleibt auf das Einverständnis der Untersuchten angewiesen, um das sich die Wissenschaftler über einen Rundbrief bemühen können. Ebensowenig wie beim Humanexperiment[96] vermö-

---

[93] BGHZ 85, 327 = NJW 1983, 328.

[94] Wie hier H.-J. Rieger, DMW 1987, 736–738; W. Eberbach, NJW 1987, 1470–1472; T. Brandes, VersR 1987, 747–749.

[95] H. Perels u. J. Teyssen, MMW 1987, 376–379; vgl. ferner M. Bruns, Labor-Medizin 1987, 9–10, und M. Teichner, DMW 1987, 113–114.

[96] Es dient dem Fortschritt der Wissenschaft, während der Heilversuch eine neuartige Heilbehandlung im Dienste zuerst bestimmter Kranker darstellt.

gen die Forschungsfreiheit des Art. 5 Abs. 3 GG[97] oder der hohe Wert erstrebter Erkenntnis den eigenmächtigen Eingriff in die körperliche Integrität oder die persönliche Autonomie zu rechtfertigen. Das Blut oder Serum eines Patienten stellt in der Hand des Arztes oder im Depot eines Labors einen wichtigen Informationsträger dar, der dem Selbstbestimmungsrecht des Gebers unterliegt. Wer im eigenen gesundheitlichen Interesse eine Blutdiagnostik veranlaßt, billigt damit nicht eine spätere, fremd- oder gemeinnützige Untersuchung seines Körpersaftes auf AIDS. Wollte sich der Laborarzt seines Probenvorrats im Dienst der Wissenschaft mittels eines anonymisierten Verfahrens bedienen, geriete er in ein anderes Dilemma. Kraft fortwirkender Nebenpflicht aus dem Vertrag mit dem Patienten oder zu dessen Gunsten hätte der Arzt bei einem positiven Befund den Träger des Virus zu entschlüsseln und auf geeignete Weise zu unterrichten: dem Patienten geschähe, was ihm ohne seinen ausdrücklich oder schlüssig erklärten Willen gerade nicht widerfahren durfte.[98]

Grundregeln zur Aufklärungspflicht des Arztes nach deutschem Recht
(Kern-Laufs, Die ärztliche Aufklärungspflicht, S. 193–196)

1. Das Recht auf körperliche Unversehrtheit und auf Selbstbestimmung **162**
schützt oberste Grundwerte mit Verfassungsrang. Diese bestimmen die Rechtslage bei ärztlichen Heileingriffen auf unmittelbare und praktische Weise. Jedermann hat die Befugnis, ärztliche Dienste in Anspruch zu nehmen oder einer Krankheit ihren schicksalhaften Lauf zu lassen. Von dieser Wahlfreiheit kann sinnvollen Gebrauch nur machen, wer die Tragweite seines Entschlusses erkennt. Das Selbstbestimmungsrecht des Patienten bildet zugleich den Rechtsgrund wie den Maßstab der ärztlichen Aufklärungspflicht.

2. Die ärztliche Aufklärungspflicht begleitet als juristische Konsequenz **163**
die moderne Medizin mit ihren invasiven Verfahren. So sehr die gerichtliche Spruchpraxis dem Patienten den Gebrauch seiner grundgesetzlich gewährleisteten persönlichen Autonomie sichern soll, so sehr hat sie sich davor zu hüten, die Informationspflicht des Arztes zu überspannen, sein Ermessen über Gebühr einzuengen.

3. Es gilt nicht: Salus aut voluntas suprema lex, sondern: Salus ex volunta- **164**
te, voluntas pro salute, salus et voluntas.

---

[97] Aus der Fülle der Literatur sei der Beitrag von P. Lerche genannt, in: R. Lukes u. R. Scholz (Hg.), Rechtsfragen der Gentechnologie, 1986, 88 ff.; dort weitere Fundstellen.

[98] Ein anonymisiertes Verfahren bei einer Querschnittsstudie, das die Identifizierung des Trägers bei positivem Befund ausschlösse, hätte wohl als unärztlich zu gelten: die Mediziner setzten sich selbst außerstande, möglicherweise Gebotenes zu leisten.

165 4. Es gehört zu den Berufspflichten des Arztes, den Genesungswillen des Kranken nicht zu lähmen, sondern zu stärken, und den Patienten nicht in schwächende Ängste zu versetzen. Je bedrohlicher das Krankheitsbild und je komplexer, auch gefährlicher die vorgeschlagene Therapie, desto mehr ist der Patient – wenn er nicht dem Gleichgewicht der Schrecken vor der Prognose seines Leidens und den Gefahren der medizinischen Mittel überlassen bleiben soll – darauf angewiesen, daß der dem Wohl des Kranken verpflichtete Arzt ihn intellektuell und psychologisch zu dem aus der Sicht des Helfers richtigen Entschluß führt.

166 5. Die Aufklärung des Patienten ist eine ärztliche Aufgabe. Sie obliegt grundsätzlich dem behandelnden Arzt. Ihre Delegation erfordert besonders strenge Umsicht. Wirken mehrere Ärzte zusammen, so hat jeder von ihnen vor seinem Eingriff aufzuklären.

167 6. Der Arzt soll grundsätzlich den Patienten aufklären. Fehlt diesem die Entschlußfähigkeit, so hat der Arzt sich an den Sorgeberechtigten zu wenden oder einen Pfleger bestellen zu lassen. Tut Eile not, so darf und soll sich der Arzt nach dem mutmaßlichen Willen des Hilfsbedürftigen richten. Auskünfte Angehöriger können Hinweise auf dessen mutmaßlichen Willen geben.

168 7. Der Arzt soll den Zeitpunkt der Aufklärung so wählen, daß dem Kranken genügend Zeit bleibt, seinen Entschluß abzuwägen und zu treffen. Auch hier geben die Bewandtnisse des Einzelfalls das Maß. Bei akuter Lebensgefahr müssen Minuten oder gar Sekunden genügen. Erscheint der Eingriff nicht dringend, soll der Arzt dem Kranken Tage einräumen. Unzulänglich bleibt eine Information regelmäßig, wenn der Arzt sie erst kurz vor dem Eingriff oder gar erst am Operationstisch dem sedierten und darum bewußtseinsgetrübten Patienten vermittelt.

169 8. Die Aufklärung des Patienten ist an keine bestimmte Form gebunden. Sie soll sich in verständnisvoller Unterredung, vor schweren Entschlüssen schrittweise vollziehen. Der Arzt hat sich dabei dem Patienten verständlich zu erklären und auf dessen intellektuelle Fähigkeit Bedacht zu nehmen. Informationsblätter und Broschüren können das Gespräch vorbereiten oder unterstützen, niemals aber ersetzen. Formulare, die der Patient unterschreibt, dienen als Beweismittel. Ihr Wert ist um so höher, je genauer und individueller sie den konkreten Einzelfall dokumentieren. Als geeignetstes Beweismittel hat das gut geführte Krankenblatt zu gelten.

170 9. In der Regel soll der Arzt seinen Patienten über die Krankheit, den Verlauf des vorgeschlagenen chirurgischen, strahlenmedizinischen oder medikamentösen Eingriffs sowie über die Gefahren sowohl der Therapie wie des unbehandelten Leidens unterrichten.

171 10. Der Patient muß erfahren, daß er krank ist und welche Krankheit ihn betroffen hat. Bei schwerer Krankheit und infauster Prognose darf der Arzt sich mit diagnostischen Aufschlüssen zurückhalten und den kritischen Befund behutsam umschreiben.

11. Die Information über den Vorgang des Eingriffs braucht nicht alle Einzelheiten zu umfassen. Der Kranke soll vielmehr im großen und ganzen oder in groben Zügen erfahren, was mit ihm geschehen werde. 172

12. Der Arzt hat den Patienten über die Gefahren des Eingriffs ins Bild zu setzen. Das Maß der Risikoaufklärung hängt von der Dringlichkeit des Eingriffs ab. Je dringender und unabweisbarer der Eingriff, desto geringer bleibt der Umfang der Aufklärung. Besteht Lebensgefahr, so braucht der Arzt auf solche Gefahren nicht hinzuweisen, die fern liegen, selten auftreten oder sich zwar verwirklichen werden, deren Folgen jedoch vom Kranken gegenüber dem Tod aller Voraussicht nach als geringfügig empfunden werden. Ist der Eingriff umgekehrt nicht vital notwendig, sondern nur vertretbar, soll er keine akute Gefahr abwenden, sondern den Zustand lediglich bessern, hat der Arzt einer entsprechend strengen, tiefergehenden Informationspflicht zu genügen, die bei kosmetischen Operationen am weitesten reicht. Bei durchschnittlicher sachlicher wie zeitlicher Dringlichkeit genügt eine Aufklärung über die Risiken im großen und ganzen. Der diagnostische Eingriff erfordert grundsätzlich eine umfassendere Aufklärung als der therapeutische. 173

13. Je fragwürdiger die Indikation erscheint, weil eine sinnvolle Alternative in Betracht kommt, desto strengeren Maßstäben soll die Instruktion des Patienten im Dienste des „informed consent" genügen. Das hohe Wagnis einer Operation ohne vorherige ausführliche Diskussion aller für den gemeinsamen Entschluß von Arzt und Patient erheblichen Fakten kann einem Behandlungsfehler nahekommen: Fragen ärztlicher Kunst und Anforderungen an die Aufklärung des Patienten berühren sich hier. 174

14. Beim Neulandschritt im Heilversuch bedarf der Arzt prinzipiell in stärkerem Maß als beim schulmedizinischen Standardeingriff zu seiner Legitimation des Einverständnisses seines Patienten. 175

15. Stets gilt: Je gefährlicher der geplante Eingriff, je gravierender das ihn begleitende Risiko, desto gewichtiger und umfangreicher ist die ärztliche Aufklärungspflicht. 176

16. Auf einschneidende mögliche Folgen des Eingriffs, etwa die Gefahr des Todes, des Erblindens oder einer Lähmung, hat der Arzt aufmerksam zu machen selbst bei geringer Komplikationsdichte, also wenn solche Konsequenzen nur sehr selten auftreten. Dabei soll der Arzt auf die konkrete psychische Situation seines Patienten durchaus Rücksicht nehmen. 177

17. Die Aufklärung soll je und je dem Einzelfall genügen und dessen Umstände berücksichtigen: sowohl die Bewandtnisse des Patienten wie die des Arztes und seiner Klinik. 178

18. Fragen des Patienten verpflichten den Arzt regelmäßig zu Antworten. 179

19. Der bereits informierte oder erfahrene Kranke verlangt dem Arzt entsprechend weniger an Informationen ab. Der Patient kann auf die Aufklärung ganz oder teilweise verzichten. Der Arzt darf von solchen ihn entlastenden Umständen nur nach sorgfältiger Prüfung ausgehen. 180

181 20. Umstritten blieben die Kontraindikationen. Der Arzt darf dem Kranken jedenfalls solche Aufschlüsse vorenthalten, deren Kenntnis eine schwere Gesundheitsgefahr für ihn bedeutete. Das Wort Krebs darf der Arzt vermeiden, wenn notwendig gar zurücknehmen.

182 21. Auch ohne akute vitale Indikation ist der Arzt im Recht, der den Eingriff planwidrig erweitert, wenn sich dies nach einem nicht schuldhaften präoperativen Diagnoseirrtum als geboten erweist, freilich nur unter folgenden weiteren Voraussetzungen: Der neue Befund müßte ohne die beabsichtigte Ausweitung des Operationsplans zum Tode des Patienten in absehbarer Zeit führen; bei Abbruch des Eingriffs müßten weiter ernsthafte zusätzliche, gefährliche Komplikationen drohen, die eine ausgedehnt fortgesetzte chirurgische Maßnahme vermiede; schließlich dürfte ein der Operationserweiterung entgegenstehender Wille des Kranken wegen der Lebensbedrohlichkeit des neuen Befundes nicht zu erwarten sein.

183 22. Die Frage nach dem rechten Maß der Aufklärung bleibt belastet durch das gerichtlich festgehaltene Leitbild vom Heileingriff als Körperverletzung. Dem verfehlten Leitbild zufolge bildet die ärztliche Eigenmacht bei schlechten Krankheitsverläufen als Auffangtatbestand wegen der Beweislast ein Hauptproblem für die Haftpflichtversicherer und im Schadensprozeß. Weil das auf hinreichender Aufklärung beruhende Einverständnis des Patienten nach der Spruchpraxis unserer Gerichte den Rechtfertigungsgrund für den Arzt darstellt, also derjenige Umstand ist, der dem Schadensersatzanspruch entgegenwirkt, trifft den beklagten Arzt oder Krankenhausträger die Beweislast dafür, daß der klagende Patient nach ausreichender Instruktion eingewilligt hatte.

184 23. Danach hat der Arzt die Gefahren und schädlichen Nebenfolgen seines Eingriffs zu tragen, soweit sie finanziell zu Buche schlagen, wenn er im Streitfall nicht den Nachweis führen kann, seinen Patienten im Rechtssinne voll aufgeklärt zu haben. Daraus ergibt sich das schwer auf den Ärzten lastende Gewicht der Aufklärungspflicht und ihr Bestreben, sich gegen die Prozeßgefahr durch schriftliche Dokumente abzusichern mit weitreichenden Folgen für die klinische Praxis. Gerichte und Sachverständige sollten die Aufklärungspflicht haftpflichtrechtlich entlasten. Die Arbeit der Schieds- und Gutachterkommissionen wirkt bereits in diesem Sinne.

185 24. Nach der Spruchpraxis entfällt die zivilrechtliche Verantwortlichkeit des Arztes, wenn dieser beweist, daß der unerwünschte Gesundheitszustand des Patienten auch ohne den Eingriff eingetreten wäre oder der Kranke auch nach erfolgter ausreichender Aufklärung in den Eingriff eingewilligt hätte.

186 25. Die Regeln zur Selbstbestimmungsaufklärung lassen sich grundsätzlich nicht auf andere Informationspflichten des Arztes anwenden. Die therapeutische Aufklärung dient dem gesundheitlichen Wohl des Kranken; Versäumnisse bedeuten hier einen Behandlungsfehler. Dem sich einer indizierten Heilmethode verschließenden Patienten soll der Arzt eindringlich zureden.

Einwilligung in ärztlichen Eingriff 187

Patient: ....

Aufklärender Arzt: Dr. med. ....

Vorgesehene Maßnahme: ....

Ich wurde in einem Gespräch darüber unterrichtet, daß die o. g. Maßnahme bei mir (meinem Kind/Mündel*) durchgeführt werden soll. Die Schwere meiner (seiner) Erkrankung und ihrer möglichen Folgen wurden mir erläutert. Über Art, Zweck und Hergang des Eingriffes sowie über seine wesentlichen Vor- und Nachteile und Risiken, auch im Vergleich zu anderen Methoden der Untersuchung/Behandlung/Operation* und zum Unterlassen des Eingriffs wurde ich mündlich und durch das Merkblatt * .... verständlich informiert. Insbesondere hat der Arzt mit mir folgende Gesichtspunkte erörtert:

....

....

....

Auf Frage erhielt ich im einzelnen Bescheid über ....

.... Zu weiteren Fragen hatte ich Gelegenheit.

Eine Aufklärung über weitere Einzelheiten wünsche ich nicht.

Mir ist bekannt, daß sich unter Umständen erst während des Eingriffs auf Grund eines unvorhergesehenen Befundes eine Erweiterung oder Änderung der geplanten Maßnahme als dringend notwendig herausstellen kann.

Auf mögliche Komplikationen (körperliche/seelische/berufliche) in der Zeit nach dem Eingriff bin ich hingewiesen und über das erforderliche Verhalten vor und nach dem Eingriff

mündlich und durch das Merkblatt* .... belehrt worden, insbesondere

darüber, daß ....

....

....

Ich erkläre mich mit der vorgesehenen Maßnahme und Methode sowie mit dringend notwendigen Erweiterungen und Änderungen einverstanden.

Ich versichere, daß ich in der Krankengeschichte alle mir bekannten Leiden und Erkrankungen genannt habe.

................................., den ....

....	....
Patient	Aufklärender Arzt, zugleich Beglaubigung der Pat.-Unterschrift

* nicht Zutreffendes streichen

V. Rechtsfragen der Transplantations- und der Intensivmedizin

W. Brendel, Organtransplantation: Sackgasse oder Ausweg, in: M. Steinhausen (Hg.), Grenzen der Medizin, 1978, 61–68; G. Brenner, Organtransplantation, in: A. Mergen (Hg.) I, 126–147; T. Carstens, Organtransplantation in Frankreich und der DDR – ein Kodifikationsvergleich, ZRP 1978, 146–149; T. Carstens, Das Recht der Organtransplantation. Stand und Tendenzen des deutschen Rechts im Vergleich zu ausländischen Gesetzen, 1978; J. Dahl, Hat der Schwarze Kutscher recht? Organtransplantation und die Folgen, in: Scheidewege 16, 1986/87, 168–186; E. Deutsch, Die rechtliche Seite der Transplantation, Nds. ÄrzteBl. 1982, 302–306; E. Dietrich (Hg.), Organspende, Organtransplantation. Indikation, Technik, Resultate. Ein Report des Machbaren, 1985; H. Forkel, Verfügungen über Teile des menschlichen Körpers, JZ 1974, 593–599; G. Geilen, Probleme der Organtransplantation, JZ 1971, 41–48; D. Giesen, Die zivilrechtliche Haftung des Arztes bei neuen Behandlungsmethoden und Experimenten, 1976; E. Gramer, Das Recht der Organtransplantation, iur. Diss. Würzburg, 1981; E.-W. Hanack, Rechtsprobleme bei Organtransplantationen, Studium Generale 1970, 428–443; F. Hilchenbach, Die Zulässigkeit von Transplantatentnahmen vom toten Spender aus zivilrechtlicher Sicht (Unter besonderer Berücksichtigung der Zustimmungsfragen), iur. Diss. Heidelberg, 1973; M. Honecker (Hg.), Aspekte und Probleme der Organverpflanzung, 1973; M. Kohlhaas, Rechtsfolgen von Transplantationseingriffen, NJW 1970, 1224–1226; H.-J. Kramer, Rechtsfragen der Organtransplantation, 1987; H. Freiherr von Kress u. E. Heinitz, Ärztliche Fragen der Organtransplantation. Rechtliche Fragen der Organtransplantation, Schriften d. Juristischen Gesellschaft e. V. Berlin, 1970, Heft 35; H. Kübler, Verfassungsrechtliche Aspekte der Organentnahme zu Transplantationszwecken, 1977; D. Küpper, Die arztrechtlichen Voraussetzungen in den EWG-Staaten zur Gewebs- und Organentnahme aus der Leiche, med. Diss. Kiel, 1970; H. Lilie, Zur Verbindlichkeit eines Organspenderausweises nach dem Tode des Organspenders, MedR 1983, 131–133; J. Linck, Gesetzliche Regelung von Sektionen und Transplantationen. Zu einer Initiative des Berliner Gesetzgebers, JZ 1973, 759–765; J. Linck, Vorschläge für ein Transplantationsgesetz, ZRP 1975, 249–252; H. Maurer, Die medizinische Organtransplantation in verfassungsrechtlicher Sicht, DÖV 1980, 7–15; H. Roesch, Transplantationsprobleme in haftpflichtrechtlicher Sicht, MMW 1970, 2278–2282; H. Rüping, Für ein Transplantationsgesetz, MMG 1982, 77–84; E. Samson, Legislatorische Erwägungen zur Rechtfertigung der Explantation von Leichenteilen, NJW 1974, 2030–2035; H.-L. Schreiber, Die rechtliche Zulässigkeit der Transplantatentnahme, Der Internist 1974, 551–556; H.-L. Schreiber, Kriterien des Hirntodes, JZ 1983, 593–596; H.-L. Schreiber, Vorüberlegungen für ein künftiges Transplantationsgesetz, in: Festschrift f. Ulrich Klug, 1983, 341–358; H.-W. Strätz, Zivilrechtliche Aspekte der Rechtsstellung des Toten unter besonderer Berücksichtigung der Transplantationen, 1971; R. Sturm, Zum Regierungsentwurf eines Transplantationsgesetzes (BT-Drucks. 8/2681), JZ 1979, 697–702; H. P. Westermann, Das allgemeine Persönlichkeitsrecht nach dem Tode seines Trägers, FamRZ 1969, 561–572; A. Wimmer, Zum Regierungsentwurf für ein Organtransplantationsgesetz, Renovatio 1978, 195–198; R. Zenker, Ethische und rechtliche Probleme der Organtransplantation, in: Festschrift f. Paul Bockelmann, 1979, 481–486; J. G. Ziegler (Hg.), Organverpflanzung. Medizinische, rechtliche und ethische Probleme, 1977.

F. Anschütz, Der unheilbar Kranke und der sterbende Patient, MedR 1985, 17–20;

A. Auer, H. Menzel u. A. Eser, Zwischen Heilauftrag und Sterbehilfe. Zum Behandlungsabbruch aus ethischer, medizinischer und rechtlicher Sicht, 1977; J. Baumann u. a., Alternativentwurf eines Gesetzes über Sterbehilfe (AE – Sterbehilfe). Entwurf eines Arbeitskreises von Professoren des Strafrechts und der Medizin sowie ihrer Mitarbeiter, 1986; P. Becker u. V. Eid (Hg.), Begleitung von Schwerkranken und Sterbenden, 1984; W. Böhme (Hg.), Der Arzt und das Sterben, 1981; H. Bünte, Grenzen der chirurgischen Indikation, MedR 1985, 20–22; F. Curtius, M. v. Lutterotti, J. E. Meyer, J. Regenbrecht, U. Venzlaff u. K. Wiemers, Wahrheit am Krankenbett und passive Euthanasie, Internist. Praxis 1975, 653–660; J. Detering, Forum: § 216 StGB und die aktuelle Diskussion um die Sterbehilfe, JuS 1983, 418–423; D. Dölling, Suizid und unterlassene Hilfeleistung, NJW 1986, 1011–1017; D. Dölling, Zulässigkeit und Grenzen der Sterbehilfe, MedR 1987, 6–12; H. Ehrhardt, Euthanasie, in: H. Göppinger (Hg.), 96–124; V. Eid (Hg.), Euthanasie oder Soll man auf Verlangen töten?, 2. erw. Aufl. 1985; V. Eid u. R. Frey (Hg.), Sterbehilfe oder Wie weit reicht die ärztliche Behandlungspflicht?, 1978; K. Engisch, Der Arzt an den Grenzen des Lebens. Strafrechtliche Probleme des Lebensschutzes, 1973; K. Engisch, Konflikte, Aporien und Paradoxien bei der rechtlichen Beurteilung der ärztlichen Sterbehilfe, in: Festschrift f. Eduard Dreher, 1977, 309–330; A. Eser (Hg.), Suizid und Euthanasie als human- und sozialwissenschaftliches Problem, 1976; A. Eser, Freiheit zum Sterben – Kein Recht auf Tötung, JZ 1986, 786–795; A. Eser, Sterbehilfe und ärztliche Verantwortung. Zugleich Stellungnahme zum Urteil des BGH im Fall Dr. Wittig, MedR 1985, 6–17; P. Fritsche, Grenzbereich zwischen Leben und Tod. Klinische, juristische und ethische Probleme, [2]1979; G. Geilen, Euthanasie und Selbstbestimmung. Juristische Betrachtungen zum „Recht auf den eigenen Tod", 1975; W. Gropp, Sterbehilfe aus strafrechtlicher Sicht, ÄRP 1986, 638–645; J. Gründel, Sterbehilfe aus ethischer Sicht, MedR 1985, 2–6; E.-W. Hanack, Euthanasie in strafrechtlicher Sicht, Gynäkologe 1982, 104–120; E.-W. Hanack, Grenzen ärztlicher Behandlungspflicht bei schwerstgeschädigten Neugeborenen aus juristischer Sicht, MedR 1985, 33–38; E.-W. Hanack, Strafrecht, Sterbehilfe und Nichtverhinderung fremder Selbsttötung, MedR 1987, 96–98; R. D. Herzberg, Der Fall Hackethal: Strafbare Tötung auf Verlangen?, NJW 1986, 1635–1644; R. D. Herzberg, Zum strafrechtlichen Schutz des Selbstmordgefährdeten, JZ 1986, 1021–1028; H.-D. Hiersche (Hg.), Euthanasie. Probleme der Sterbehilfe – eine interdisziplinäre Stellungnahme, 1975; H.-D. Hiersche, Das Recht des Menschen auf einen würdigen Tod. Der Arzt im Spannungsfeld zwischen seiner Behandlungspflicht und dem Selbstbestimmungsrecht seines Patienten, in: Festschr. f. W. Weißauer, 1986, 55–62; H.-D. Hiersche, Kaiserschnitt an der Toten und Sterbenden, MedR 1985, 45–51; H.-D. Hiersche, G. Hirsch u. T. Graf-Baumann (Hg.), Grenzen ärztlicher Behandlungspflicht bei schwerstgeschädigten Neugeborenen, 1987; N. Hoerster, Rechtsethische Überlegungen zur Freigabe der Sterbehilfe, NJW 1986, 1786–1792; D. Humphry u. A. Wickett, Das Recht auf den eigenen Tod und eine menschenwürdige Sterbehilfe, 1986; J. Imfeld, Sterbehilfe-Richtlinien für die Schweizerische Ärzteschaft, Rhein. ÄrzteBl. 1977, 805–806; A. Kaufmann, Euthanasie – Selbsttötung – Tötung auf Verlangen, MedR 1983, 121–125; T. Kruse u. H. Wagner (Hg.), Sterbende brauchen Solidarität. Überlegungen aus medizinischer, ethischer und juristischer Sicht, 1986; H. Kuhlendahl, Euthanasie – Sterbehilfe – Behandlungsabbruch, NJW 1974, 1419–1420; H. Kuhlendahl, Ärztlicher Entscheidungsspielraum – Handlungszwänge, in: Festschrift f. Paul Bockelmann, 1979, 465–471; A. Laufs, Juristische Probleme des Hirntodes, Der Nervenarzt 1985, 399–403; A. Laufs, Recht und Gewissen des Arztes, Heidelberger Jb. 1980, 1–15; P. Lawin u. H. Huth (Hg.), Grenzen der ärztlichen Aufklärungs- und Behandlungspflicht, 1982; H. Leonardy, Sterbehilfe, DRiZ 1986, 281–291; V. v. Loewenich, Grenzen der Behandlungspflicht bei schwerstgeschädigten Neugeborenen aus ärztlicher Sicht, MedR 1985, 30–33; M. v. Lutterotti, Menschenwürdiges Sterben: Kann sich die Gesellschaft auf das Gewissen des Arztes verlassen?, 1985; H. Menzel (Hg.), 5. Bielefelder Anaesthesiologisches

Colloquium zu Fragen der Intensiv-Medizin. Rechtsprobleme in der Intensivmedizin, 1975; J. Möllering, Schutz des Lebens – Recht auf Sterben. Zur rechtlichen Problematik der Euthanasie, 1977; S. Neu u. C. M. Kjellstrand, Stopping Long-Term Dialysis. An Empirical Study of Withdrawal of Life-Supporting Treatment, The New England Journal of Medicine 1986, 14–20; H. W. Opderbecke u. W. Weißauer, Ärztliche und rechtliche Aspekte der Sterbehilfe, Anästhesiologie und Intensivmedizin 1984, 209–213; H. W. Opderbecke, Grenzen der Intensivmedizin, MedR 1985, 23–29; H. Otto, Recht auf den eigenen Tod?, Strafrecht im Spannungsverhältnis zwischen Lebenserhaltungspflicht und Selbstbestimmung. Gutachten D für den 56. Deutschen Juristentag, 1986; H. Piechowiak, Die Euthanasieproblematik, Therapiewoche 1983, 1462–1480; J. Reiter, Begleitung unheilbar Kranker und Sterbender in der Praxis, MMW 1985, 1085–1089; S. Rickmann, Zur Wirksamkeit von Patiententestamenten im Bereich des Strafrechts, 1987; W. Sax, Zur rechtlichen Problematik der Sterbehilfe durch vorzeitigen Abbruch einer Intensivbehandlung, JZ 1975, 137–151; J. Schara, Die Grenzen der Behandlungspflicht in der Intensivmedizin, MMW 1975, 1429–1434; Ch. Schmeling, Ch. Jährig u. U. Koch, Sterben im Krankenhaus, MMG 1982, 140–149; R. Schmitt, Ärztliche Entscheidungen zwischen Leben und Tod in strafrechtlicher Sicht, JZ 1985, 365–370; H.-L. Schreiber, Das Recht auf den eigenen Tod – zur gesetzlichen Neuregelung der Sterbehilfe, NStZ 1986, 337–345; G. Schwalm, Juristische Aspekte der Sterbehilfe, Bay. ÄrzteBl. 1975, 565–568; D. Sternberg-Lieben, Strafbarkeit des Arztes bei Verstoß gegen ein Patiententestament, NJW 1985, 2734–2739; H. Trockel, Sterbehilfe im Wandel der Zeit, NJW 1975, 1440–1446; W. Uhlenbruck, Der Patientenbrief – die privatautonome Gestaltung des Rechtes auf einen menschenwürdigen Tod, NJW 1978, 566–570; W. Uhlenbruck, Die passive ärztliche Sterbehilfe als Problem des Selbstbestimmungsrechts des Patienten, Arztrecht 1985, 16–19; W. Uhlenbruck, Recht auf den eigenen Tod?, Strafrecht im Spannungsverhältnis zwischen Lebenserhaltungspflicht und Selbstbestimmung, ZRP 1986, 209–217; W. Uhlenbruck u. M. Rollin (Hg.), Sterbehilfe und Patiententestament, 1983; R. Wassermann, Das Recht auf den eigenen Tod, DRiZ 1986, 291–297; W. Weissauer u. H. W. Opderbecke, Tod, Todeszeitbestimmung und Grenzen der Behandlungspflicht, Bay. ÄrzteBl. 1973, 98–118.

188 Die **Transplantationsmedizin** hat ihre hilfreichen Möglichkeiten in den letzten Jahren zum Vorteil vieler Schwerkranker stark erweitern können. So bedeutet die Nierentransplantation für ein Drittel, wenn nicht sogar für rund die Hälfte aller Niereninsuffizienten eine weitere Lebenschance. Große Zentren etwa in Leiden (Eurotransplant) oder in Aarhus (Scandiatransplant) ermöglichen den Austausch von Transplantaten über die Staatsgrenzen hinweg und erhöhen die Erfolgsrate durch Auswahl der geeignetsten Empfänger unter dem Gesichtspunkt der Gewebeverträglichkeit. Nach dem Jahresbericht der Eurotransplant Foundation 1974 ließ sich für deren Bereich bereits in fast der Hälfte aller Fälle eine Überlebenszeit des verpflanzten Organs von drei und mehr Jahren annehmen.[1] Wenn die Zahl übertragender Operationen

---

[1] Weitere Daten bei D. Giesen, der auch zum Folgenden mit heranzuziehen ist, 29–34. Eindrucksvolle neuere Zahlen bei W. Brendel, 62, und bei H.-L. Schreiber, in: Festschrift f. Ulrich Klug, 1983, 342, 345. Vgl. auch H.-G. Grahlmann, Heilbehandlung und Heilversuch. Zur strafrechtlichen Problematik von Neulandoperationen und experimentellen Heilmethoden, 1977, 59ff. Siehe ferner die Hinweise von M. Borchmann, MedR 1987, 104 (BT-Dr.).

im notwendigen Maß ansteigen soll, wird sich das Angebot verfügbaren Transplantationsgutes erhöhen müssen. Nicht weniger bedürfen die durch die Transplantationsmedizin aufgeworfenen tiefgreifenden Rechtsfragen einer Antwort. Viele Mitgliedsländer des Europarats und andere Staaten haben bereits gesetzliche Vorschriften erlassen, die sich teils erheblich voneinander unterscheiden. Das Gütgemann-Urteil des Landgerichts Bonn von 1970[2] hat eine ergiebige juristische Diskussion entfacht, die den Boden auch für den deutschen Gesetzgeber bereitete, ohne daß dieser freilich schon zu einem Ziel gelangt wäre.

Der nach jahrelangen Vorarbeiten 1978 dem Bundesrat vorgelegte Regie- 189
rungsentwurf für ein Organtransplantationsgesetz rief mit seiner Widerspruchslösung zwar viele Gegner auf den Plan, weckte aber auch Einvernehmen über manchen Punkt. Die Befürworter eines Gesetzes schienen Boden zu gewinnen. Dennoch kam der Entwurf über die erste Lesung im Bundestag und den Beginn der Beratungen im Rechtsausschuß nicht hinaus. Der Bundesrat verfolgte mit seiner Zustimmungslösung ein grundsätzlich anderes Konzept. Mit dem Ablauf der 8. Legislaturperiode verfielen beide Entwürfe. Im Jahr 1981 empfahl die Bundesärztekammer, die Gesetzespläne vorerst zurückzustellen. Auch ohne Gesetz ließen sich Transplantate in wachsender Zahl gewinnen. Das Einverständnis der Angehörigen eines verstorbenen Spenders, auf das sich die Praxis ganz überwiegend angewiesen sieht, ließ sich nach den öffentlichen Diskussionen über die hilfreichen Möglichkeiten der Transplantationschirurgie inzwischen leichter gewinnen. Das Ausbleiben des Gesetzes beeinträchtigte die Transplantationsmedizin nicht; diese entwickelte sich vielmehr stetig aufwärts. Indessen können die ärztlichen Erfolge die fortbestehenden rechtlichen Zweifel und Unklarheiten nicht überdecken. Darum haben sich jüngst erneut gewichtige Stimmen mit guten Gründen erhoben, die den Erlaß eines Gesetzes fordern.[3] Bis dahin besteht zwar kein „Rechtsvakuum“,[4] aber doch in manchem Rechtsunsicherheit.

Wenn der Arzt aus therapeutischen Gründen Zellen und Gewebe[5] über- 190
trägt oder Organe verpflanzt, die nicht eigentlich das Wesen des Individuums ausmachen,[6] so unternimmt er keinen persönlichkeitsverändernden oder gar -zerstörenden Eingriff beim Empfänger und handelt insoweit rechtmäßig.[7]

---

[2] JZ 1971, 56.

[3] Vgl. etwa H.-L. Schreiber, in: Festschrift f. Ulrich Klug, 1983, 341–358 (mit vielen Nachweisen). Siehe auch H.-J. Vogel, NJW 1980, 625–629 („Zustimmung oder Widerspruch“).

[4] So das LG Bonn, JZ 1971, 56.

[5] Blut, Knochen, Hornhaut (in Deutschland ein- bis zweitausend Hornhauttransplantationen jährlich!). Vgl. auch das separat gedruckte Podiumsgespräch anläßlich des Symposiums 1973 der Deutschen Gesellschaft für Bluttransfusion: Rechtsfragen auf dem Gebiet des Bluttransfusionswesens, ferner W. Schneider u. R. Schorer (Hg.), Klinische Transfusionsmedizin, 1982.

[6] Niere, Lunge, Leber, auch das Herz.

[7] Persönlichkeitsrechtliche Probleme werfen etwa Keimdrüsenverpflanzungen auf.

Bei Transplantationen vom lebenden Spender muß der Chirurg nicht nur gebotenerweise und fachgerecht verfahren, sondern sich mit besonderer Sorgfalt der Einwilligung des Transplantatgebers versichern. Dessen Operation ist keine Heilmaßnahme,[8] ihr muß darum eine volle und eingehende Aufklärung vorausgehen. Der Arzt hat dabei die Gefahren der Operation für den Spender, den Grad der Dringlichkeit des vorgesehenen Heileingriffs beim Empfänger und die Erfolgsaussichten der Transplantation nach dem Stande der Wissenschaft und klinischen Erfahrung im einzelnen zu erklären.

191 Minderjährige und Geisteskranke kommen nicht als Spender in Betracht, weil sie selbst nicht wirksam einwilligen können und der gesetzliche Vertreter hier grundsätzlich keine Verfügungsmacht besitzt. Das Nein des lebenden vorgesehenen Spenders läßt sich nicht unter dem Gesichtspunkt des Notstandes überwinden: Der Eingriff gälte nicht als angemessenes Mittel, denn es kann „nicht Rechtens sein, einen anderen über seine Freiheitsrechte und seine verantwortliche sittliche Entscheidung hinweg zu zwingen, seinen Körper als bloßes Mittel zur Erreichung eines, wenn auch wünschenswerten Zweckes verwenden zu lassen".[9] Nicht nur den Spender, sondern auch den Empfänger, für den die Transplantation einen Heileingriff darstellt, muß der Arzt gewissenhaft aufklären, und zwar um so eindringlicher, je schwerer die Gefahren der Operation wiegen, wobei die Lebensnotwendigkeit des Eingriffs die Hinweispflicht mäßigen kann.

192 Bei der Transplantation vom toten Spender stellt sich zunächst die Frage nach dem **Zeitpunkt des Todes,** der als gradueller Prozeß im Bereich der Zellen verläuft. Noch der Gesetzgeber der Jahrhundertwende brauchte den Todesrealbegriff nicht zu bestimmen, die Todeszeit nicht an feste Merkmale zu binden. In seinem „System des heutigen Römischen Rechts" schrieb Friedrich Carl von Savigny 1840: „Der Tod, als die Gränze der natürlichen Rechtsfähigkeit, ist ein so einfaches Naturereignis, daß derselbe nicht, so wie die Geburt, eine genauere Feststellung seiner Elemente nöthig macht."[10] Der Gesetzgeber konnte sich auf die Medizin verlassen, die mit dem klinischen Tod, dem Herz- und Atemstillstand, ein augenfälliges und auch juristisch brauchbares Kriterium besaß. Heute stellen sich die Verhältnisse differenzier-

---

[8] Die Übertragung von körpereigenem Gewebe auf einen Dritten ist ein Teil der Krankenhilfe für den Organempfänger und belastet dessen Krankenkasse mit den Kosten für die ambulante oder stationäre Behandlung des Spenders; vgl. BSGE 35, 102.

[9] Vgl. Entwurf eines StGB – E 1962 – mit Begründung, 160; ferner Th. Lenckner, in: A. Schönke u. H. Schröder, StGB Kommentar, [22]1985, § 34 Rdnr. 47: Der immer wieder ins Feld geführte Fall der erzwungenen Blutentnahme zur Rettung eines Schwerverletzten lasse sich schon mittels S. 1 des § 34 StGB lösen: „Hier ist es nicht nur das Interesse an der Körperintegrität, das gegen das Lebensinteresse des Verletzten abzuwägen ist, vielmehr ist in diese Abwägung auch das Interesse der Rechtsgemeinschaft an der Wahrung der Personenautonomie als einem Grundprinzip unserer Rechtsordnung einzubeziehen."

[10] Bd. 2, 17.

ter dar. Die Zellen der menschlichen Organe bleiben nach Stillstand des Kreislaufs unterschiedlich lange lebensfähig. Transplantationen sind nur vor Ablauf der jeweiligen Ischämiezeit möglich. Durch Reanimationsmaßnahmen lassen sich Herz- und Kreislaufstillstände unterbrechen und damit auch Gewebe und Organe transplantationsfähig erhalten. Die moderne Intensivmedizin kann die natürlicherweise nur ganz kurze zeitliche Differenz zwischen Herz- und Gehirntod künstlich verlängern und ersteren trotz Ausfall des Gehirns wenigstens für eine gewisse Zeit hinausschieben. Eine neuere Ansicht von Theologen, Medizinern und Juristen, die sich in fast allen Ländern durchgesetzt hat, setzt den Individualtod mit dem irreversiblen Hirntod gleich:[11] Mit dem unumkehrbaren Absterben des Gehirns in seiner Gesamtheit endet die menschliche Persönlichkeit trotz noch aufrechterhaltener Kreislauffunktion im übrigen Körper. Über die Methoden zur Feststellung des Hirntods besteht noch keine volle Einigkeit.[12] Die Deutsche Gesellschaft für Chirurgie[13] versteht ihn als „die grobanatomische oder feinstrukturelle Zerstörung des Gehirns in seiner Gesamtheit", „die zur Auflösung der biologischen Funktionseinheit führt und nach einem kürzeren oder längeren Zeitintervall den definitiven Verfall peripherer Organfunktionen nach sich zieht". Schon vor dem Aussetzen der Herzaktion läßt sich der Gehirntod feststellen durch bestimmte, mindestens zwölfstündige Ausfälle des Zentralnervensystems, nachgewiesen durch Elektroenzephalogramme, außerdem durch einen angiographisch[14] bewiesenen intracraniellen Kreislaufstillstand, wobei die cerebrale Zirkulation mindestens dreißig Minuten unterbrochen gewesen sein muß. Als berechtigt hat das vielfach erhobene Postulat zu gelten, den Hirntod müsse ein mit den oder dem Transplantationschirurgen nicht identisches Ärzteteam schriftlich bezeugen, damit der Gefahr oder auch nur dem Verdacht einer durch das Transplantationsinteresse beschleunigten, übereilten Todesannahme vorgebeugt werde.

Der Wissenschaftliche Beirat der Bundesärztekammer hat die folgenden 193
Entscheidungshilfen zur Feststellung des Hirntodes gegeben:[15]

„Der Hirntod ist der vollständige und irreversible Zusammenbruch der 194
Gesamtfunktion des Gehirns bei noch aufrechterhaltener Kreislauffunktion im übrigen Körper. Dabei handelt es sich ausnahmslos um Patienten, die wegen Fehlens der Spontanatmung kontrolliert beatmet werden müssen.

Der Hirntod ist der Tod des Menschen. Der Tod kann daher – außer nach 195
Aufhören von Atmung und Herzschlag – auch dann festgestellt werden,

---

[11] A. Laufs, Der Nervenarzt 1985, 399–403.

[12] Vgl. die Nachweise bei D. Giesen, 32; H.-L. Schreiber, JZ 1983, 594.

[13] Wiedergegeben bei E. Heinitz, 22ff.

[14] Zu den Schwierigkeiten, die sich daraus ergeben, daß die Angiographie einen körperlichen Eingriff bedeutet, G. Geilen, JZ 1971, 42.

[15] Mit Anmerkungen im Deutschen ÄrzteBl. 1982, 35–41; dazu H.-L. Schreiber, JZ 1983, 593–596. Die hier mitgeteilte, geringfügig ergänzte Fassung mit Anmerkungen und Kommentar im Deutschen ÄrzteBl. 1986, 2940–2946.

wenn das Vorliegen der nachfolgend aufgeführten Kriterien des Hirntodes in klinischer Symptomatologie, während angemessener Beobachtungszeit und gegebenenfalls mit apparativer Zusatzdiagnostik nachgewiesen ist.

Dabei dienen folgende Feststellungen und Untersuchungsbefunde als Entscheidungshilfen:

196 **1. Voraussetzungen**

1.1 Vorliegen einer akuten schweren primären oder sekundären Hirnschädigung.

1.2 Ausschluß von Intoxikation, neuromuskulärer Blockade, primärer Unterkühlung, Kreislaufschock, endokrinem oder metabolischem Koma als mögliche Ursache oder wesentliche Mitursache des Ausfalls der Hirnfunktion im Untersuchungszeitraum.

197 **2. Maßgebliche Symptome des Ausfalls der Hirnfunktion**

Hirntod wird durch den irreversiblen Verlust der Großhirn- und der Hirnstammfunktion gekennzeichnet:

2.1 Bewußtlosigkeit (Koma);
2.2 Ausfall der Spontanatmung;
2.3 Lichtstarre beider wenigstens mittel-, meistens maximal weiten Pupillen, wobei keine Wirkung eines Mydriatikums vorliegen darf;
2.4 Fehlen des okulo-zephalen Reflexes;
2.5 Fehlen des Kornealreflexes;
2.6 Fehlen von Reaktionen auf Schmerzreize im Trigeminusbereich;
2.7 Fehlen des Pharyngeal-/Trachealreflexes.

Das Vorliegen aller dieser Befunde muß übereinstimmend von zwei Untersuchern festgestellt werden.

198 **3. Ergänzende Untersuchungen**

3.1 Wird bei Vorliegen dieser Symptome 2.1 bis 2.7 und der Voraussetzungen 1.1 und 1.2 zusätzlich eine EEG-Untersuchung nach den technischen Richtlinien der Deutschen EEG-Gesellschaft durchgeführt und ergibt sich während einer kontinuierlichen Registrierung über mindestens 30 Minuten eine hirnelektrische Stille (Null-Linien-EEG), so kann – außer bei Säuglingen und Kleinkindern – der Hirntod ohne weitere Beobachtungszeit festgestellt werden. Bei Säuglingen und Kleinkindern bis zum zweiten Lebensjahr muß wegen der physiologischen Unreife des Gehirns die EEG-Registrierung nach 24 Stunden wiederholt werden, bevor der Hirntod festgestellt werden kann.

3.2 Bei primärer supra-tentorieller Hirnschädigung kann das in mehrfachen Untersuchungen festgestellte schrittweise bilaterale Erlöschen der intrazerebralen Komponenten der frühen akustisch evozierten Potentiale (FAEP) – Welle III bis V – die Irreversibilität des Hirnstamm-Funktionsausfalles beweisen. Ein solcher Befund kann als ergänzende Untersuchung bewertet werden, die eine weitere Beobachtungszeit ersetzt. Dies gilt nicht bei Frühgeborenen.

3.3 Wurde bei einer zur Klärung der Art der Hirnschädigung durchgeführten beidseitigen Angiographie bei einem ausreichenden Systemblutdruck ein zerebraler Zirkulationsstillstand nachgewiesen, so kann – wenn die Symptome 2.1 bis 2.7 vorliegen – ebenfalls der Hirntod ohne weitere Beobachtungszeit festgestellt werden.

4. Zeitdauer der Beobachtung 199

Wenn auf das EEG verzichtet werden muß und wenn auch kein angiographischer Befund vorliegt, müssen die unter 2. aufgeführten Ausfallsymptome

▶ bei Erwachsenen und bei älteren Kindern

▷ nach primärer Hirnschädigung während mindestens 12 Stunden

▷ nach sekundärer Hirnschädigung während 3 Tagen

mehrmals übereinstimmend nachgewiesen werden, bis der Hirntod festgestellt werden kann.

▶ Bei Säuglingen und Kindern bis zum zweiten Lebensjahr soll in allen Fällen mit primärer Hirnschädigung die Beobachtungszeit 24 Stunden betragen.

Nachdem die Kriterien des Hirntodes gem. 2. mit 3. oder 4. von zwei 200
Untersuchern vollständig dokumentiert worden sind, ist damit der Tod festgestellt."

Am schwierigsten liegt die Hauptfrage, das **Rechtfertigungsproblem.** Der 201
Referentenentwurf 1975 aus dem Bundesjustizministerium übergeht die hinterbliebenen Angehörigen des Verstorbenen und bietet eine kaum praktikable Widerspruchslösung an: qui tacet, consentire videtur. Die Explantation soll zulässig sein, wenn der Personalausweis des Verstorbenen vorliegt und kein Nein enthält, dem entnehmenden Arzt, „auch nicht auf andere Weise ein der Entnahme entgegenstehender Wille des Verstorbenen bekanntgeworden ist". Unberührt läßt der Vorschlag immerhin den rechtfertigenden Notstand des § 34 StGB. Der Entwurf fand wenig Anklang und ließ die Vielfalt der juristischen Ansichten bestehen.[16]

Einverständnis herrscht noch am ehesten darüber, daß die Ärzte die 202
Explantation eines Organs bei dem Verstorbenen vornehmen dürfen, der zu seinen Lebzeiten einwilligte, wobei den **Angehörigen** dann kein Einspruchsrecht zusteht.[17] Dasselbe wird gelten für geringfügige, nicht eigentlich ver-

---

[16] Vgl. zum Folgenden auch die Nachweise bei A. Laufs, VersR 1972, 6ff.

[17] Zur Verbindlichkeit des Organspenderausweises H. Lilie, MedR 1983, 131–133.

stümmelnde und darum noch sozialadäquate Eingriffe, etwa die Entnahme einer kleinen Menge Knochensubstanz. Hat der Verstorbene die Entnahme verboten, dann vermögen die Angehörigen sie nicht zu gestatten. Das grundgesetzlich gewährleistete Selbstbestimmungsrecht trägt diesen Willen, der über den Tod hinauswirkt und Respekt fordert, sofern er nicht gegen Recht und Sittengesetz verstößt. Hat der Verstorbene sich zu seinen Lebzeiten nicht geäußert, dann gilt gleichfalls der Satz: „Auch auf den menschlichen Leichnam wirkt die Würde des Menschen zurück".[18] Das Rechtsgebot, die Integrität des Leichnams zu wahren, hängt zusammen mit dem Gebot, die Menschenwürde zu achten; und wie sich dieses in der Gewähr körperlicher Unversehrtheit konkretisiert, so enthält jenes das grundsätzliche Verbot, den Leichnam anzutasten. Der **Persönlichkeitsschutz** reicht also über das Lebensende hinaus, ein Grundsatz, den die höchstrichterliche Spruchpraxis anerkennt:[19] Die schutzwürdigen Werte der Persönlichkeit überdauern die Rechtsfähigkeit ihres Subjekts, die mit dem Tod erlischt. Als Treuhänder des postmortalen Persönlichkeitsrechts vermögen die Angehörigen[20] für dessen Schutz zu sorgen und Dispositionen zu treffen.

203 Fehlt es an der Einwilligung, weil der Verstorbene einer Explantation widersprach oder weil er sich nicht äußerte und in der Folge auch die Angehörigen nicht zustimmten, so kann der ärztliche Zugriff durch den **rechtfertigenden Notstand** nach § 34 StGB gedeckt sein.[21] Erfolgt die Explantation, um das Leben des Empfängers zu retten oder dessen gefährlichen Gesundheitszustand zu bessern, so handelt der Operateur rechtmäßig, weil er von den kollidierenden Rechtsgütern – Leben und Gesundheit einerseits, postmortales Persönlichkeitsrecht andererseits – das wesentlich überwiegende Interesse bevorzugte nach dem Prinzip: Der Lebende hat recht.

204 Geteilt blieben die Rechtsansichten zu der Frage, ob der Arzt das Einverständnis der **Angehörigen** im Rahmen des Möglichen gesucht haben muß, bevor er den rechtfertigenden Notstand für die Explantation in Anspruch nehmen kann.[22] Wer das verlangt, sieht sich dem Einwand ausgesetzt, was ein letztlich nicht verbindliches Ansuchen solle, zumal eine negativ verlaufene Konsultation die Konfliktlage verschärft; denn der Arzt kann sich über das Nein der Angehörigen am Ende doch hinwegsetzen. Gleichwohl empfiehlt

---

[18] Dürig (1958), in: Maunz-Dürig, Komm. z. GG, 1987, Art. 1 Rdnr. 26.

[19] Vgl. etwa BGHZ 50, 133 = NJW 1968, 1773; ferner H. Hubmann, Das Persönlichkeitsrecht, ²1967, 340 ff.

[20] Kreis und Reihenfolge der Angehörigen sollen nach verbreiteter Ansicht den Regeln des Feuerbestattungsgesetzes (RGBl. 1934 I, 380) folgen, H. W. Strätz, 58 ff.

[21] Vgl. auch OLG Frankfurt, NJW 1975, 271 (Gerechtfertigte Blutalkoholprobe aus dem Körper eines Toten).

[22] Nachweise bei K. Lackner, StGB mit Erläuterungen, ¹⁷1987, § 168 Anm. 2b, und bei Th. Lenckner, in: A. Schönke u. H. Schröder, StGB Kommentar, ²²1985, § 168 Rdnr. 8.

sich eine solche Auflage. Die Konsultation kann ergeben, daß der Verstorbene sich zur Organspende nach seinem Tode bereit erklärt hatte – die Kollision der Rechtsgüter träte dann gar nicht ein. Sie ergäbe sich auch dann nicht, wenn die Angehörigen zustimmten. Wenn der Arzt den Weg zu dem Totensorgeberechtigten suchen soll, dann bestärkt diese Pflicht das so notwendige Vertrauen der Patienten und ihrer Nächsten in die Klinik. Wenn die Angehörigen sich versagen, muß der Arzt entscheiden, und ziehen sie ihn später zur Rechenschaft, so wird er bestehen können, wenn er gewissenhaft entschied, und alle schädliche Heimlichkeit bleibt vermieden. Daß der Arzt vielfach selbst erst durch seine Nachfrage bei den Angehörigen die Kontrolle ermöglicht, spricht für die Annahme der Konsultationspflicht. Der verantwortlich und sorgfältig handelnde Arzt braucht die Rechenschaft vor Dritten nicht zu fürchten; gerade bei schwerwiegenden Entscheidungen soll er, wenn es gefordert, offen seine Position beziehen und jede Undurchsichtigkeit vermeiden.

Der rechtfertigende Notstand deckt den explantierenden Arzt nur, wenn **205**
der Eingriff dem Leben oder der Gesundheit eines anderen bestimmten Menschen helfen soll. Transplantatentnahmen im Dienst der Wissenschaft oder auch zum Nutzen des Vorrats einer Organbank, also zum Vorteil noch gar nicht feststehender Patienten, bedürfen des Einverständnisses des Spenders oder der mit dem Totensorgerecht Betrauten, also regelmäßig der Angehörigen. Denn hier fehlt es an einer „gegenwärtigen, nicht anders abwendbaren Gefahr".[23] Freilich braucht die Notlage nicht in derselben Klinik zu bestehen. Der Arzt darf eingreifen, wenn ein anderes Krankenhaus auch über eine vermittelnde Stelle das Transplantat für einen individuellen Todkranken dringend begründet anfordert.

Judikatur und Rechtswissenschaft haben das **Sanktionsproblem** nicht zu **206**
lösen vermocht, das sich stellt, wenn sich der Arzt rechtswidrig vorschnell oder eigenmächtig ein Transplantat verschafft. Hier jedenfalls wird erst der Gesetzgeber Rechtsklarheit schaffen können. Was die strafrechtliche Seite betrifft, so greift der das Pietätsempfinden schützende § 168 StGB wohl nicht; „denn unabhängig von der Frage, ob auch das Krankenhaus als Berechtigter anzusehen ist, entfällt der Tatbestand hier schon deshalb, weil Leichenteile nicht aus dem Gewahrsam der Angehörigen weggenommen worden sind".[24]

Zivilrechtlich können die **Hinterbliebenen** als Treuhänder des postmorta- **207**
len Persönlichkeitsrechts zwar für dessen Schutz sorgen, indessen einen rechtswidrig-schuldhaften Eingriff nicht in Geld liquidieren, was schon Abs. 1 S. 2 des analog heranzuziehenden § 847 BGB verbietet.[25] Einen

---

[23] § 34 StGB. Die Erforderlichkeit ist streng zu beurteilen.

[24] Th. Lenckner, in: A. Schönke u. H. Schröder, StGB Kommentar, [22]1985, § 168 Rdnr. 6, mit der wohl überwiegenden Ansicht.

[25] Hierzu und zum Folgenden Nachweise bei A. Laufs, VersR 1972, 8 f.

Schmerzensgeldanspruch könnten die Hinterbliebenen nur erheben, wenn ihre Position nicht als ausschließlich fremdnützige im Dienst einer die Rechtsfähigkeit überdauernden Fortexistenz bestimmter Persönlichkeitsrechte des Verstorbenen zu gelten hätte, die Dispositionsbefugnis vielmehr zugleich in ihrem eigenen Persönlichkeitsrecht begründet läge. Mit dem Hinweis auf die Gefahr einer Kommerzialisierung immaterieller Güter läßt sich die Frage nicht abtun. Denn es geht nicht darum, ob es wünschenswert ist, daß jemand seine höchstpersönlichen Güter gegen Geld feilbietet, sondern um den ganz anderen Gesichtspunkt, ob die gegen seinen Willen bereits vollzogene Verletzung der Persönlichkeitssphäre dort, wo die wiederherstellenden Rechtsbehelfe versagen, zivilrechtlich schon deshalb ohne jede Sanktion bleiben soll, weil Geld im Verhältnis zu ideellen Gütern kein Äquivalent darstellt. Das gewohnheitsrechtlich anerkannte Totensorgerecht läßt sich als persönlichkeitsrechtlich fundiert werten und als absolutes Recht qualifizieren. Gewiß bemessen sich die Fürsorgepflichten und -rechte zuerst nach dem Willen des Verstorbenen; dennoch gehört die so beschränkte Dispositionsbefugnis der Angehörigen zu deren eigener Persönlichkeitssphäre. Wer das allgemeine Persönlichkeitsrecht verletzt, muß Schmerzensgeld zahlen, weil das Recht ohne diese Sanktion auf das wirksamste und oft einzige Mittel zum Schutz des Personenwerts verzichtete; dieser Gedanke sollte dazu führen, § 847 BGB auf die Fälle eigenmächtiger Explantationen anzuwenden.[26]

208 Schwierige Rechtsfragen auf der unscharf gewordenen Grenze zwischen Leben und Tod entspringen den technischen Fortschritten der **Intensivmedizin,** der Spezialbehandlung von Schwerverletzten, auch Todkranken und Hochvergifteten mit lebensbedrohlichen Störungen vitaler Funktionen. „Hier geht es am dramatischsten, aber dennoch in täglicher Routine, um Tod und Abwendung von Tod, um Sterben und um Einflußnahme auf das Sterben.“[27] Mag die aktuelle Diskussion über das schillernde Schlagwort „Euthanasie“, den „leichten Tod“, sich gelegentlich übersteigern, so ist sie doch notwendig, denn viele Ärzte brauchen den Rat des Juristen auf einem Felde, das der Gesetzgeber im einzelnen wohl weder ausfüllen soll noch kann. Soll der Arzt, der Krankheit und Tod abzuwenden, also das Leben zu verlängern hat, auch das Sterben verlängern? Wo schlägt das Postulat unbegrenzten Lebensschutzes im Zeichen apparativer Praktiken um in Inhumanität?

209 Sollen die Ärzte, so lautet eine neue Frage aus der Intensivmedizin, den Kreislauf und die gebliebenen Vitalfunktionen einer **hirntoten Frau** auf-

---

[26] In diese Richtung weist das oben genannte Urteil des LG Bonn, JZ 1971, 56. Kritisch einschränkend P. Schwerdtner, Das Persönlichkeitsrecht in der deutschen Zivilrechtsordnung, 1976, 101 ff., mit Literaturbericht. Für eine Entschädigung auch bei rechtmäßiger Aufopferung E. Deutsch, VersR 1970, 720.

[27] H. Kuhlendahl, NJW 1974, 1419. Beispiele für die erstaunliche Leistungsfähigkeit der Intensivtherapie bei P. Fritsche, 3 f. Vgl. insbes. auch A. Eser (Hg.), Suizid und Euthanasie als human- und sozialwissenschaftliches Problem.

rechterhalten, bei der eine intakte **fortgeschrittene Schwangerschaft** besteht, um damit das Leben des Nasciturus bis zur angestrebten Schnittentbindung[28] zu bewahren? Der Hirntote ist im Rechtssinne tot.[29] Der Hirntod bildet die allgemein anerkannte, normativ, nicht medizinisch bestimmte Scheidelinie. Mit dem Hirntod enden definitiv die Pflicht wie das Recht des Arztes zu weiteren Intensivmaßnahmen. Der postmortale Persönlichkeitsschutz[30] verbietet grundsätzlich Eingriffe, die das organische Absterben hinhalten und verlängern. Anderes wird hier gelten, wo ein weiteres Menschenleben auf dem Spiele steht. Das werdende Leben ist im gegebenen Falle dem Arzt anheimgestellt. Die dem Arzt obliegende Lebenserhaltungspflicht besteht hier gegenüber dem Nasciturus. Die postmortalen Integritätsinteressen der Mutter wiegen ungleich geringer. Die Lebenserhaltungspflicht ergibt sich arztrechtlich aus der Fallübernahme. Die klinische Aufnahme einer Schwangeren schließt den Schutz für das noch ungeborene Leben mit ein, selbst wenn dessen Existenz sich erst in der Folge erweist. Soweit der intensivmedizinische künstliche Weg zur Geburt für den Nasciturus Gefahren heraufbeschwört, mit denen die Ärzte erfahrungsgemäß rechnen müssen oder die sich gar wegen der Unerprobtheit der Methode noch nicht voll absehen lassen, kompliziert sich die Rechtsfrage weiter. Was soll geschehen, wenn kindliche Gebrechen und Behinderungen drohen? Wenn das Recht grundsätzlich den Ärzten gebietet, ein durch kongenitale Schäden belastetes, überlebensfähiges Neugeborenes therapeutisch zu behandeln,[31] dann wird die Erhaltungs- und Hilfspflicht wohl prinzipiell auch zu Gunsten des möglicherweise oder voraussichtlich beeinträchtigten Nasciturus der hirntoten Mutter gelten, zumal die embryopathische Indikation zum Schwangerschaftsabbruch nicht den Vater oder das Vormundschaftsgericht dazu befugte, das ungeborene Leben preiszugeben. Schwierigkeiten der Prognose und der Abwägung können den Arzt an die Grenzen des Rechts und vor schwere Gewissensentschlüsse führen. Zu unerprobten Maßnahmen der Neulandmedizin ist der Arzt auch hier im allgemeinen nicht verpflichtet, allenfalls berechtigt.

Solange für den Arzt die Pflicht besteht, das Leben des Nasciturus über den Kreislauf der hirntoten Mutter aufrecht zu erhalten, darf er kein Organ der Schwangeren entnehmen, um damit das Leben eines anderen Patienten zu

---

[28] Zur Schnittentbindung an der Toten und Sterbenden zuletzt H.-D. Hiersche, MedR 1985, 45–52.

[29] A. Eser, in: A. Schönke u. H. Schröder, StGB Kommentar [22]1985, Vorb. zu §§ 211 ff., Rdnr. 22; ferner A. Laufs, vorstehende Note 11.

[30] P. Nikoletopoulos, Die zeitliche Begrenzung des Persönlichkeitsschutzes nach dem Tode, 1984.

[31] Über die Grenzen ärztlicher Behandlungspflicht bei schwerstgeschädigten Neugeborenen aus ärztlicher Sicht V. v. Loewenich, MedR 1985, 30–33, aus juristischer Sicht E.-W. Hanack, MedR 1985, 33–38; vgl. auch die Empfehlung der DGMR, im Anhang zu diesem Kapitel, u. das im Literaturverzeichnis genannte Buch von H.-D. Hiersche, G. Hirsch u. T. Graf-Baumann.

retten. Wäre die Organentnahme, wenn keine Schwangerschaft bestünde, nach dem rechtfertigenden Notstand des § 34 StGB auch gegen den Willen der Toten legitimiert, so gilt das hier nicht ebenso, weil die in Frage stehenden Güter – das Leben des potentiellen Organempfängers und das Leben des ungeborenen Kindes – in ihrem Verhältnis zueinander gleichen Rang einnehmen. Die Rettung des Dritten verlangte die Aufopferung des Embryos und der Rechte der Toten; darum ließe sich § 34 StGB nicht zur Rechtfertigung anführen.[32]

Während die Grenzen der Heilkunst, insbesondere der chirurgischen[33] und der intensivmedizinischen[34] Indikation sich weiter ausdehnen, verschärft sich die Problematik der Sterbehilfe[35] im Spannungsfeld zwischen dem Postulat eines menschenwürdigen Todes, dem absoluten Schutz des Lebens und dem Selbstbestimmungsrecht des Patienten.[36]

210 Bei den Klinikern herrscht die Einsicht vor, daß der ärztliche Auftrag über den Einsatz der Technik gebieten solle und nicht umgekehrt. „Dort also, wo nur noch vegetatives Existieren für kurze Zeit aufrechterhalten werden kann, oder aber dem Kranken eine zusätzliche Qual aufgebürdet wird, ist es arztethisch nicht vertretbar, sondern verwerflich, die Technik letztlich nur zu dem Zwecke einzusetzen, das Sterben zu manipulieren. Es versteht sich von selbst, daß im Zweifelsfalle die Entscheidung für den Einsatz aller zur Verfügung stehenden therapeutischen Möglichkeiten fällt, und im anderen das Gebot der fürsorglich-humanen Pflege und der Anwendung aller das Leiden lindernden Mittel bestehen bleibt."[37] Ein angesehener Chirurg hat gefordert, der Arzt müsse verantwortlich darüber entscheiden können, ob bei **Apallikern,** die allein noch der Respirator am Leben erhalte, die Reanimation zu beenden sei. Der Arzt dürfe dem mit dem Tode Ringenden nicht durch immer neue Eingriffe und Medikamente den Todeskampf ins Unerträgliche verlängern, „auch wenn er sich darüber im klaren ist, daß er vielleicht durch schmerzlindernde und das Bewußtsein dämpfende Mittel die Gefahr etwa einer das Leben verkürzenden Lungenentzündung auf sich nimmt". Apalliker mit erhaltener und ausreichender Spontanatmung freilich seien auch bei infauster Prognose als Pflegefälle zu behandeln.[38] Wozu ist der

---

[32] Wie skizziert, so riet die Ethikkommission bei der Ärztekammer Baden-Württemberg.

[33] H. Bünte, MedR 1985, 20–22.

[34] H. W. Opderbecke, MedR 1985, 23–29.

[35] J. Gründel, MedR 1985, 2–6; F. Anschütz, MedR 1985, 17–20; H. Piechowiak, Therapiewoche 1983, 1462–1480; H. W. Opderbecke u. W. Weißauer, Anästhesiologie und Intensivmedizin 1984, 209–213.

[36] A. Eser, in: P. Becker u. V. Eid (Hg.), Begleitung von Schwerkranken und Sterbenden, 1984, 188–207.

[37] U. Venzlaff, Internist. Praxis 1975, 659.

[38] W. Wachsmuth auf dem bayerischen Chirurgentag zu Erlangen 1976. Abdruck: „Chirurgie zwischen Gesetz und Gewissen", Der Chirurg 1976, 469–474.

Arzt im Grenzbereich zwischen Leben und Tod berechtigt, wozu verpflichtet? Was vordringlich Not tut, „ist nicht Hilfe zum Sterben, sondern eine **bessere Hilfe im Sterben**" (Albin Eser).

Außerhalb der juristischen Diskussion steht als prinzipieller Ausgangs- **211** punkt das **Recht auf den Tod,** das jedem Patienten zusteht. Nach deutschem Recht kann der Kranke therapeutische Maßnahmen ablehnen. Zwangsweise Heileingriffe erlaubt das Gesetz nur in wenigen Ausnahmen. Auch ein unvernünftig erscheinendes Veto des Patienten gegen Operation oder Medikation hat der Arzt zu respektieren, wenngleich ihn die Pflicht trifft, dem Kranken gut zuzureden und ihn von der Notwendigkeit der Therapie zu überzeugen. Auch wenn der Arzt bei grober Unvernunft des Patienten berechtigt sein sollte, den lebensrettenden Eingriff wider Willen vorzunehmen, so träfe ihn damit noch keine Therapiepflicht. Daraus folgt, daß der Arzt den Wunsch des Moribunden nach Abbruch einer qualvollen und aussichtslosen Behandlung wenn schon nicht berücksichtigen muß, so doch jedenfalls berücksichtigen kann. Im Unterschied zum lebensrettenden Eingriff wider Willen geht es dabei um das Danaergeschenk einer verlängerten Lebensspanne für den Todkranken. Um so mehr verdient hier der Wille des Patienten Respekt. „Wenn die herkömmliche Körperverletzungskonstruktion und der daraus abgeleitete Einwilligungsprimat innerhalb des Rechts der Heilbehandlung irgendwo eine schon der Sache nahekommende Daseinsberechtigung hat, dann sicherlich hier im Euthanasiebereich bei einer unnötig quälenden oder sonst unwürdigen Verlängerung des Sterbens."[39]

Freilich binden die Living Will-Erklärungen oder **Patienten-Testamente** **212** den Arzt nicht.[40] „Denn der praktisch und klinisch tätige und genügend erfahrene Arzt weiß aus zahlreichen Beispielen, daß die psychische Situation eines jeden Kranken im Vergleich zu seinem Normalzustand verändert ist, und daß schon viele in gesunden Tagen sehr willensstarke Menschen bei drohender Lebensgefahr oder im Angesicht des Todes sich an einen ‚Strohhalm' zur Rettung geklammert haben."[41] Immerhin geben solche Erklärungen wie die Aussagen von Angehörigen dem Arzt wertvolle Anhaltspunkte.

Die verbreiteten Patienten-Testamente zeigen vor dem Hintergrund der medizinisch-technischen Fortschritte, daß viele Menschen mehr als den Tod den künstlich-apparativ verlängerten Sterbevorgang fürchten. Sie besorgen, am äußersten Rand ihrer physischen Existenz nicht die notwendige persönliche Anteilnahme und den gebotenen Respekt vor ihrer Individualität zu erfahren. Manches inhumane Vorkommnis mag das Mißtrauen geweckt und genährt haben. Darüber darf indessen nicht in Vergessenheit geraten, daß sich

---

[39] G. Geilen, Euthanasie und Selbstbestimmung, 11.

[40] D. Sternberg-Lieben, NJW 1985, 2734–2739, m. vielen Nachw., hält Patiententestamente für grundsätzlich verbindlich und plädiert für ein nach § 223 StGB strafbewehrtes Veto-Recht des Patienten.

[41] P. Fritsche, Saarl. ÄrzteBl. 1980, 636.

die Ärzteschaft den Fragen längst geöffnet hat und sich um verantwortliche Auskünfte im Dienste des Todkranken und seiner Autonomie ernsthaft bemüht, wie ein umfangreicher schriftlicher Niederschlag zeigt. Die je und je mögliche **Spannung zwischen dem Selbstbestimmungsrecht des Kranken und der Hilfspflicht des Arztes** läßt sich mittels einfacher Formeln oder Gesetzesregeln kaum auflösen. Die Sachverhalte stellen sich in den medizinischen Fächern auch durchaus unterschiedlich dar. So muß der Intensivarzt das willensunfähige Unfallopfer regelmäßig zunächst behandeln, die Vitalfunktionen aufrechterhalten, um überhaupt Chancen zu wahren und Alternativen zu gewinnen; oft brauchen Prognosen Zeit. Der folgenschwere Entschluß hingegen, bei schweren Komplikationen die Dialyse abzubrechen, den Tod als Erlösung von der künstlichen Niere eintreten zu lassen, kann sich eher einvernehmlich zwischen bewußtseinsklaren Patienten und ihren Ärzten vorbereiten und ergeben.[42]

Nach ärztlicher Erfahrung bedeutet der **Wunsch eines Kranken** nach Beschleunigung des Sterbevorgangs in aller Regel das Begehren nach besserer und wirkungsvollerer Hilfe. „Fast nie ist es sittlich gerechtfertigt, den Wunsch wörtlich zu nehmen. Immer sollte zunächst nach besserer Hilfe gesucht werden", so urteilt ein kompetenter Arzt.[43] Weil die „Freiverantwortlichkeit" beim Suizid kaum je außer Zweifel stehe, lasse sich die Beihilfe „nur in seltensten Fällen sittlich rechtfertigen", und der Patient müsse nach dem Versuch der Selbsttötung in aller Regel therapeutische Hilfe erfahren. Derselbe Autor veranschlagt den Wert meist einige Zeit zurückliegender Patientenbriefe oder -testamente nicht hoch.[44] Solche Dokumente seien immer für einen bestimmten „Fall, daß" entworfen, die Realität aber entspreche nur selten dem, was man sich vorher darunter vorgestellt habe. So könnten Voraberklärungen „höchstens gewisse Hinweise auf den Patientenwillen geben, aber mehr nicht". Anders liegt der Fall, wenn ein Patient seinen Willen mündlich oder schriftlich aktuell äußert. „Wenn ein Patient in einem Endstadium oder einer unheilbaren Krankheit klar und deutlich zu verstehen gibt, er wolle im Falle eines Herzstillstandes nicht wiederbelebt werden, so wird man diesen Willen respektieren müssen."

213 Einen zweiten wichtigen Ausgangspunkt bezeichnet das **Verbot zu töten.** Das Recht verwehrt es dem Arzt, das Leben eines Todgeweihten durch aktives Eingreifen, etwa durch eine überdosierte Morphiuminjektion, zu verkürzen, wenn er dem Patienten dadurch schwere Leiden ersparen kann. Das gilt auch dann, wenn der Moribunde die erlösende Spritze ernsthaft

---

[42] Instruktiv S. Neu u. C. M. Kjellstrand, Stopping Long-Term Dialysis. An Empirical Study of Withdrawal of Life-Supporting Treatment, New England Journal of Medicine, 1986, 14ff.

[43] M. v. Lutterotti, Menschenwürdiges Sterben. Kann sich die Gesellschaft auf das Gewissen des Arztes verlassen?, 1985, 168.

[44] M. v. Lutterotti, Menschenwürdiges Sterben, 125ff.

erbittet.[45] Erlaubte das Recht dem Arzt auch nur für den äußersten Fall, seinen Patienten zu töten, so wäre das Vertrauen in die klinische Medizin zerstört. Das tiefe Mißtrauen, das die Anstaltsmorde in den Jahren der nationalsozialistischen Rechtsperversion hervorriefen, belebte sich wieder. „Denn nie mehr könnte ein Leidender, dessen Beschwerden ernstlich sind, den Arzt an sein Lager treten sehen, ohne die bange Frage in sich auftauchen zu fühlen, ob der Arzt als Helfer komme oder als Mörder. Deshalb ist die Gestattung der, wenn auch durch den Zweck der Sterbehilfe motivierten, ‚aktiv ins Werk gesetzten' Lebensverkürzung indiskutabel."[46]

In einem salomonischen Urteil hat der *BGH* die Frage entschieden, unter **214**
welchen Voraussetzungen ein behandelnder Arzt, der seinen Patienten nach einem **Selbstmordversuch** bewußtlos antrifft, sich wegen eines Tötungsdelikts oder wegen unterlassener Hilfeleistung strafbar machen kann, wenn er nichts zur Rettung seines Kranken unternimmt.[47] Das Gericht bekräftigte einerseits die herkömmliche höchstrichterliche Spruchpraxis, nach der strafbare Tötung auf Verlangen durch Unterlassen vorliegt, wenn ein Garant nichts zur Rettung eines Suizidenten unternimmt, der die Herrschaft über sein Tun und Lassen endgültig verlor. Andererseits suchte der *BGH* die Hilfspflicht des Arztes im Hinblick auf die besonderen Umstände des Einzelfalls einzuschränken.

Der Arzt stand in dem Konflikt zwischen dem Berufsauftrag, sich dem Todeswunsch der Suizidentin nicht zu beugen, sondern jede Chance zur Rettung des Lebens seiner Patientin zu nutzen einerseits, und dem Gebot, ihr Selbstbestimmungsrecht zu achten andererseits. Habe der Arzt die Vorrangigkeit des Lebensschutzes zu beachten, so dürfe er daneben berücksichtigen, daß „es keine Rechtsverpflichtung zur Erhaltung eines erlöschenden Lebens um jeden Preis gibt. Maßnahmen zur Lebensverlängerung sind nicht schon deswegen unerläßlich, weil sie technisch möglich sind. Angesichts des bisherige Grenzen überschreitenden Fortschritts medizinischer Technologie bestimmt nicht die Effizienz der Apparatur, sondern die an der Achtung des Lebens und der Menschenwürde ausgerichtete Einzelfallentscheidung die Grenze ärztlicher Behandlungspflicht". Äußerste Konfliktfälle muß der gewissenhafte ärztliche Entschluß lösen, dem das Gericht den notwendigen, eng begrenzten Raum zugesteht. „Jedenfalls dann, wenn der ohne ärztlichen Eingriff dem sicheren Tod preisgegebene Suizident schon bewußtlos ist, darf sich der behandelnde Arzt nicht allein nach dessen vor Eintritt der Bewußtlo-

---

[45] § 216 StGB. Instruktiv A. Kaufmann, MedR 1983, 121 ff.

[46] P. Bockelmann, 24.

[47] Fall „Dr. Wittig", BGHSt 32, 367 = NJW 1984, 2639 = MedR 1985, 40. Dazu instruktiv und durchaus kritisch: A. Eser, MedR 1985, 6–17; W. Uhlenbruck, Zeitschr. Arztrecht 1985, 16–19; ferner R. Herzberg, JZ 1987, 132–133; H.-D. Hiersche, in: Festschr. f. W. Weißauer, 1986, 55–62; E.-W. Hanack, MedR 1987, 98. Vgl. auch die Kritik von H. Tröndle, in: E. Dreher u. H. Tröndle, Kommentar zum StGB, [44]1987, vor § 211 Rdnr. 6 u. § 216 Rdnr. 2. – Sehr instruktiv LG Ravensburg, MedR 1987, 196.

sigkeit erklärtem Willen richten, sondern hat in eigener Verantwortung eine Entscheidung über die Vornahme oder Nichtvornahme auch des nur möglicherweise erfolgreichen Eingriffs zu treffen."

215 Die grundsätzliche Angewiesenheit des Arztes auf das **Einverständnis des Kranken** und seine unbedingte Gebundenheit an das **Verbot, Leben zu verkürzen,** bilden die beiden Pole, von denen aus die Grenzfragen anzugehen sind, ohne daß sich freilich stringente Ergebnisse erzielen ließen. Wie steht es mit dem Abbruch lebensverlängernder Techniken bei ausgeschlossener Erfolgsprognose, wenn der bei Bewußtsein befindliche Moribunde sich von selbst nicht erklärt? Nach der allgemeinen Regel vom reziproken Zusammenhang zwischen dem Maß der Aufklärung und der Dringlichkeit der Indikation müßte der Arzt hier – bei fragwürdiger Therapie – eindringlich aufklären. Aber der Arzt wird dem Todkranken ein solches Gespräch oft nicht zumuten können und die letzte Frage, ob er weitere, das Sterben verlängernde **Eingriffe unterlassen** soll, folglich allein entscheiden müssen. Ähnlich steht es, wenn der Patient bewußtlos ist. Kann der Arzt den Patienten nicht befragen, so hat er sich normalerweise an der mutmaßlichen Einwilligung zu orientieren. Aber beim Moribunden fehlt die Evidenz der medizinischen Indikation, und so läßt sich sein Einverständnis mit einem aussichtslosen Martyrium oder dem bewußtlosen Dahinvegetieren nicht einfach voraussetzen.

216 Kann der Arzt im Einzelfall vernünftigerweise einen auf unbedingte Lebensverlängerung gerichteten hypothetischen Willen nicht mehr annehmen, dann entzieht ihm ein solches Urteil streng genommen die für weitere Eingriffe erforderliche Legitimation:[48] Er müßte sie von Rechts wegen unterlassen. Doch das Institut der mutmaßlichen Einwilligung paßt – wie diese Deduktion zeigt – im Bereich der Intensivtherapie nur beschränkt. Der Arzt braucht an den Grenzen des Rechts die Freiheit der Gewissensentscheidung von Fall zu Fall bei der Frage, ob und wann er angesichts des Todes, insbesondere bei irreversibler Bewußtlosigkeit unter nur noch apparativer Aufrechterhaltung der Vitalfunktionen, weitere, das Leiden verlängernde Eingriffe unterlassen soll. Dazu gehört auch das Recht, eine aussichtslose Therapie noch nicht zu beenden.

217 Befindet sich der Arzt, so lautet eine **weitere Grenzfrage,** noch in einer Zone erlaubten Unterlassens oder schon im verbotenen Bereich aktiver Euthanasie, wenn er bei einem dem Tod entgegensiechenden, unheilbar Schwerstkranken oder -verletzten ohne Spontanatmung den Respirator oder die **eiserne Lunge abschaltet,** um dem Sterben seinen unbehinderten Lauf zu lassen? Unter Strafrechtswissenschaftlern wächst die behutsame Bereitschaft, der Einsicht vieler gewissenhafter Ärzte zu begegnen und juristisch zu entsprechen mit der Annahme der Erlaubtheit einer Aufgabe solcher unrettbar sterbender, gequälter Patienten durch Abschalten der protrahierenden

---

[48] So G. Geilen, 20f.

Techniken.[49] Es hat etwas Gekünsteltes, hierfür darauf hinzuweisen, es komme nicht auf die Tätigkeit des Abschaltens an, sondern auf den Effekt dieses Vorgangs: Es werde nicht weiterbehandelt und darum gehe es – wie bei einer abgebrochenen manuellen Maßnahme – um die Kategorie des bloßen Unterlassens.[50] Auch wenn dieses Argument die Annahme einer aktiven Euthanasie ausschlösse, bliebe die Frage nach der Erlaubtheit des Unterlassens wegen Wegfalls der ärztlichen Garantenpflicht.

Mit gutem Grund hat Walter Sax anstelle des „Unterlassens durch Tun" ein **218**
Kriterium eingeführt, das sich im Zivilrecht längst bewährt: den **Schutzzweck der Norm.** Dem Recht selbst wohne die Grenze inne, bis zu der die Pflicht reicht, menschliches Leben durch strafrechtliche Lebenserhaltungsgebote zu schützen. Der Arzt braucht nicht durch nutzlose Maßnahmen das bloße Sterben zu verlängern. „Obgleich sein Nichthandeln es bewirkt hat, daß der Tod des Sterbenden zufolge des natürlichen Verlaufs seiner Krankheit früher eintritt, als er bei einer möglichen mechanisch-künstlichen Aufrechterhaltung seiner Atmung und Herztätigkeit eingetreten wäre, obgleich er also seinen Tod im Rechtssinne verursacht hat, verletzt er das Rechtsgut Leben nicht. Denn da ein rechtliches Gebot, die verlöschenden Lebensfunktionen durch mechanische Vorkehrungen künstlich aufrecht zu erhalten, nicht mehr besteht, fehlt ein rechtlich geschütztes Interesse an der Lebenserhaltung durch Sterbensverlängerung, dem er hätte zuwiderhandeln können." Von diesem Ansatz her gewinnt auch der **Behandlungsabbruch durch Tun** seine rechtliche Qualität. Der Arzt bewirkt durch das Abschalten der Herz-Lungen-Maschine das gleiche, was er auch durch Unterlassen des Anschlusses des Sterbenden an den Apparat erreicht hätte. Anders als die tödliche Injektion verkürzt das Abschalten nicht „die dem Sterbenden trotz seiner Krankheit noch verbleibende Spanne seines natürlichen Lebens, sondern es beendet nur das wegen seiner Krankheit sonst längst durch den natürlichen Tod abgeschlossene, aber künstlich verlängerte Sterben".[51]

Die Zulässigkeit der **indirekten Euthanasie** kann gleichfalls nicht als **219**
unbestritten gelten.[52] Es geht dabei um das Risiko einer nicht beabsichtigten Lebensverkürzung, das mit dringend gebotenen Injektionen schmerzlindernder Mittel einhergeht. Gerade im **Endstadium protrahierten Sterbens** etwa des Krebskranken kann sich eine Phase ergeben, in der es offen bleibt, ob die nötige schmerzlindernde oder beruhigende Medikamentdosis den Kranken gefährdet oder sein Ende beschleunigt. „Ohne Schuldgefühle sind solche Situationen nicht zu bewältigen, wie sich der Arzt auch entscheidet."[53] Ein

---

49 Ablehnend indessen mit ernsthaften Gründen P. Bockelmann, 24f., 111ff.

50 G. Geilen, 22.

51 W. Sax, JZ 1975, 149.

52 Wie G. Geilen, 23, meint. Nach K. Engisch, Der Arzt an den Grenzen des Lebens, 44f., dürfen die letalen Gefahren von Schmerzmitteln in Kauf genommen werden, nach E. Schmidt, 12f., und M. Kohlhaas, 108f., nicht.

53 P. Krauß, Medizinischer Fortschritt und ärztliche Ethik, 1974, 126.

Schuldvorwurf im strafrechtlichen Sinne aber wird den gewissenhaften Arzt jedenfalls nicht treffen, wenn er die qualvollen Leiden eines Sterbenden nur mit einer Medikamentdosis zu lindern vermag, die das Ende um ein geringes beschleunigen kann.

220 Der **56. Deutsche Juristentag** hat das Verdienst, sich des arztrechtlichen Dauerthemas der Leidhilfe (Hiersche) für Sterbende und der Mitwirkung an fremder Selbsttötung durch Tun oder Unterlassen auf förderliche Weise angenommen zu haben.[54] Die behutsamen Beschlüsse der strafrechtlichen Abteilung fordern im allgemeinen keine Gesetzesnovellen, lassen sich leiten vom Vertrauen in die Ärzteschaft und deren Richtlinien und spiegeln das in langen Jahren rechtswissenschaftlich Erarbeitete wider. Der Arzt schuldet Hilfe im Sterben, zu der die Schmerzlinderung auch dann gehört, „wenn sie als unvermeidbare Nebenwirkung möglicherweise den Todeseintritt beschleunigt“ (indirekte Sterbehilfe). Der Abbruch medizinischer Maßnahmen, „die lediglich den natürlichen Ablauf des Sterbens verzögern“, ist erlaubt und in der Regel geboten (passive Sterbehilfe). Freilich: „Solange solche Maßnahmen darauf gerichtet sind, den Sterbeprozeß auszudehnen, um dem Betroffenen eine letzte – wenn auch kurze – Spanne des Selbstbewußtseins zu ermöglichen, dürfen sie dem Sterbenden nicht gegen seinen Willen verweigert werden.“ Die Bedeutung der „Patiententestamente“ bedarf nach dem vorläufigen Urteil des Juristentages „der kritischen Überprüfung“. Patientenanwälte, Vertreter im Persönlichkeitsrecht nach amerikanischem Vorbild, empfehlen sie nicht. Im Kern ging es darum, ob der Juristentag gesetzliche Regelungen empfehlen solle, wobei der aus einem intensiven Gedankenaustausch zwischen Juristen und Ärzten erwachsene, qualitativ hochstehende „Alternativentwurf eines Gesetzes über Sterbehilfe“ eine Rolle spielte. Doch ein Gesetzesvorhaben müßte wohl zu neuerlichen, auch parteipolitischen und vielleicht verschärfenden Diskussionen führen. Eine Novelle zum StGB zöge verwaltungsinterne Folgeregeln nach sich und damit einen Zuwachs an Bürokratie, was den Arzt in zusätzliche Bedrängnisse bringen könnte. Die Maßgaben für den Arzt sollen sich also besser im Rahmen der geltenden Gesetze kontinuierlich weiterentwickeln, wie sie es bisher hilfreich taten, zumal forensische Notstände nicht nach einer Novelle rufen.

Mit großer Mehrheit verschloß sich der Juristentag den Verfechtern der aktiven Sterbehilfe, also der gezielten Tötung Todkranker oder Sterbender. Er empfahl indessen, „bei der Tötung auf Verlangen (§ 216 StGB) gesetzlich die Möglichkeit vorzusehen, daß das Gericht von Strafe absehen kann, wenn die Tötung zur Beendigung eines unerträglichen Leidenszustandes vorgenommen worden ist“. Der Vorschlag bedeutet keine „Freigabe der Tötung“,

---

[54] Gutachten v. H. Otto, Recht auf den eigenen Tod? Strafrecht im Spannungsverhältnis zwischen Lebenserhaltungspflicht und Selbstbestimmung, 1986; Beschlüsse: NJW 1986, 3073f.; Bericht des Vorsitzenden E.-W. Hanack, MedR 1987, 96–98. Die übrige Literatur im vorstehenden Verzeichnis u. bei A. Laufs, NJW 1987, 1451–1452.

sondern – nach dem Vorbild des § 60 StGB – eine besondere, für Extremsituationen gedachte Form der Verurteilung. Der Juristentag trat der Judikatur entgegen, die selbst einen erkennbar wohlüberlegten und menschlich nachvollziehbaren Selbsttötungswillen in der Regel für unbeachtlich hält, wenn der freiverantwortlich handelnde Suicident in Ausführung seines Entschlusses das Bewußtsein verliert. Die Garantenpflicht des Arztes zur Lebenserhaltung finde „ihre Grenze in der entgegenstehenden freiverantwortlichen Entscheidung des Patienten". Bei der Anwendung des geltenden Rechts will die Abteilung die Garanten- wie die Hilfeleistungspflicht nach dem Kriterium der „frei verantwortlichen, ausdrücklich erklärten oder aus den Umständen erkennbaren ernstlichen Entscheidung" des Suicidenten bestimmt wissen. Solche Fälle werden in der ärztlichen und klinischen Praxis eher Ausnahmen bleiben, so daß im Zweifel ein Eingreifen zur Rettung geboten erscheint.

Ergänzend seien die von der Bundesärztekammer 1979 verabschiedeten **221**
„Richtlinien für die Sterbehilfe" mitgeteilt.[55] Sie folgen den von der Schweizerischen Akademie der Wissenschaften erarbeiteten Richtlinien.[56]

„I. Einleitung **222**

Zu den Pflichten des Arztes, das Leben zu erhalten, die Gesundheit zu schützen und wiederherzustellen sowie Leiden zu lindern, gehört auch, dem Sterbenden bis zu seinem Tode zu helfen. Die Hilfe besteht in Behandlung, Beistand und Pflege.

II. Behandlung

a) Bei der Behandlung ist nach angemessener Aufklärung der Wille des **223**
urteilsfähigen Patienten zu respektieren, auch wenn er sich nicht mit der von dem Arzt für geboten angesehenen Therapie deckt.

b) Beim *bewußtlosen* oder sonst *urteilsunfähigen* Patienten sind die im **224**
wohlverstandenen Interesse des Kranken medizinisch erforderlichen Behandlungsmaßnahmen unter dem Gesichtspunkt einer Geschäftsführung ohne Auftrag durchzuführen. Hinweise auf den mutmaßlichen Willen des Patienten sind dabei zu berücksichtigen. Dem Patienten nahestehende Personen müssen angehört werden; rechtlich aber liegt die letzte Entscheidung beim Arzt, es sei denn, daß nach den Vorschriften des Bürgerlichen Gesetzbuches ein Pfleger zu bestellen und dessen Einwilligung einzuholen ist. Ist der Patient unmündig oder entmündigt, so darf die Behandlung nicht gegen den Willen der Eltern oder des Vormundes eingeschränkt oder abgebrochen werden.

---

[55] Mit Kommentar im Deutschen ÄrzteBl. 1979, 957–960.

[56] Vom 5. November 1976. Mit Kommentar abgedr. etwa im Rhein. ÄrzteBl. 1977, 809.

225 c) Bestehen bei einem *dem Tode nahen Kranken oder Verletzten* Aussichten auf Besserung, setzt der Arzt diejenigen Behandlungsmaßnahmen ein, die der möglichen Heilung und Linderung des Leidens dienen.

226 d) *Beim Sterbenden, einem dem Tode nahe Erkrankten oder Verletzten*
▷ bei dem das Grundleiden mit infauster Prognose einen irreversiblen Verlauf genommen hat und
▷ der kein bewußtes und umweltbezogenes Leben mit eigener Persönlichkeitsgestaltung wird führen können, lindert der Arzt die Beschwerden. Er ist aber nicht verpflichtet, alle der Lebensverlängerung dienenden therapeutischen Möglichkeiten einzusetzen.

227 **III. Beistand**

Der Arzt steht einem dem Tode nahen Kranken, Verletzten oder sterbenden Patienten, mit dem ein Kontakt möglich ist, auch menschlich bei.

228 **IV. Pflege**

Der dem Tode nahe Kranke, Verletzte und der sterbende Patient haben einen Anspruch auf die ihren Umständen entsprechende und in der gegebenen Situation mögliche Pflege. Der Sterbende hat einen Anspruch auf eine menschenwürdige Unterbringung und Betreuung."

229 Ferner sei die Empfehlung der Deutschen Gesellschaft für Medizinrecht (DGMR) zu den **Grenzen der ärztlichen Behandlungspflicht bei schwerstgeschädigten Neugeborenen** aus dem Jahr 1986 mitgeteilt.[57]

230 **I.**

1. Das menschliche Leben ist ein Wert höchsten Ranges innerhalb unserer Rechts- und Sittenordnung.

Sein Schutz ist staatliche Pflicht (Art. 2 Abs. 2 Grundgesetz), seine Erhaltung vorrangige ärztliche Aufgabe.

2. Eine Abstufung des Schutzes des Lebens nach der sozialen Wertigkeit, der Nützlichkeit, dem körperlichen Zustand oder der geistigen Verfassung verstößt gegen Sittengesetz und Verfassung.

231 **II.**

Tod ist nach der übereinstimmenden medizinischen und rechtlichen Auffassung als irreversibler Funktionsausfall des Gehirns (Hirntod) zu definieren.

Eine Pflicht zur Behandlung endet mit der Feststellung des Todes des Neugeborenen.

---

[57] MedR 1986, 281–282, ferner in dem eingangs gen. Buch v. H.-D. Hiersche, G. Hirsch u. T. Graf-Baumann (Hg.), 1987, 183ff.

III. 232

Die gezielte Verkürzung des Lebens eines Neugeborenen durch aktive Eingriffe verstößt gegen die Rechts- und die ärztliche Berufsordnung.

IV. 233

1. Der Arzt ist verpflichtet, das Beste, das Wirksamste zu tun, um das Leben zu erhalten und bestehende Schädigungen zu mildern oder zu beheben.

2. Die ärztliche Behandlungspflicht wird nicht allein durch die Möglichkeiten der Medizin bestimmt.

Sie ist ebenso an human-ethischen Beurteilungskriterien und am Heilauftrag des Arztes auszurichten.

3. Es gibt daher Fälle, in denen der Arzt die medizinischen Behandlungsmöglichkeiten insbesondere

– zur Herstellung und Aufrechterhaltung der Vitalfunktionen
  und/oder
– der massiven operativen Intervention nicht ausschöpfen muß.

V. 234

Diese Voraussetzungen sind zu bejahen, wenn nach dem aktuellen Stand der medizinischen Erfahrungen

1. das Leben dadurch nicht auf Dauer erhalten werden kann, sondern nur der sichere Tod hinausgezögert wird,
   z. B. bei schwerem Dysrhaphie-Syndrom, inoperablem Herzfehler;
2. es trotz der Behandlung ausgeschlossen ist, daß das Neugeborene jemals die Fähigkeit zur Kommunikation mit der Umwelt erlangt,
   z. B. schwere Mikrozephalie, schwerste Hirnschädigungen;
3. die Vitalfunktionen des Neugeborenen auf Dauer nur durch intensivmedizinische Maßnahmen aufrechterhalten werden können,
   z. B. bei Ventilationsstörungen ohne Heilungsaussicht, Nierenfunktionsstörungen ohne Heilungsaussicht.

VI. 235

1. Für den Arzt besteht ein Beurteilungsrahmen, wenn eine Behandlung dem Neugeborenen nur ein Leben mit schwersten, nicht behebbaren Schäden ermöglichen würde, z. B. bei schwersten Hirnschädigungen, bei denen die Behandlungspflicht nicht schon nach V. entfällt, Potter-Syndrom, bei dem die Behandlungspflicht nicht schon nach V. entfällt.

Bei seiner Entscheidung über die Aufnahme oder Einstellung der Behandlung sollte sich der Arzt an der Behandlungspflicht bei Erwachsenen mit vergleichbaren Ausfallerscheinungen orientieren.

2. Das gleiche gilt bei multiplen Schäden, die in ihrer Summierung ebenso schwer wiegen, wie die unter 1. fallenden Einzelschäden.

Eine abschließende Aufzählung aller denkbaren Fallgestaltungen und ihrer rechtlichen Bewertung ist nicht möglich.

3. Das Erfordernis der Einwilligung der Eltern/Sorgeberechtigten bleibt unberührt.

236 **VII.**

Der Umstand, daß dem Neugeborenen ein Leben mit Behinderungen bevorsteht, die diesen Schweregraden nicht entsprechen, z. B. caudale Dysplasie, Mongolismus rechtfertigt nicht, lebenserhaltende Maßnahmen zu unterlassen oder abzubrechen.

237 **VIII.**

1. Auch wenn eine Verpflichtung zu lebenserhaltenden Maßnahmen nicht besteht, muß der Arzt die Basisversorgung des Neugeborenen aufrechterhalten.

2. Interventionen zur Minderung der Schäden müssen durchgeführt werden, wenn sie in angemessenem Verhältnis zu der zu erwartenden Leidensminderung stehen.

238 **IX.**

1. Die Eltern/Sorgeberechtigten sind über das Leiden und die Behandlungsmöglichkeiten aufzuklären.

Sie sollen darüber hinaus durch Beratung und Information in den Entscheidungsprozeß mit einbezogen werden.

2. Die Rechte und Pflichten der Eltern/Sorgeberechtigten, in ärztliche Maßnahmen einzuwilligen, richten sich nach den gesetzlichen Bestimmungen.

Dies bedeutet: Verweigern die Eltern/Sorgeberechtigten die Einwilligung in ärztlich gebotene Maßnahmen oder können sie sich nicht einigen, so ist die Entscheidung des Vormundschaftsgerichtes einzuholen. Ist dies nicht möglich, darf der Arzt eine medizinisch dringend indizierte Behandlung (Notmaßnahmen) durchführen.

239 **X.**

Die erhobenen Befunde, die ergriffenen Maßnahmen sowie die Gründe für den Verzicht auf eine lebenserhaltende Behandlung sind in beweiskräftiger Form zu dokumentieren.

240 Abschließend sei der Text des **Alternativentwurfs** eines Gesetzes über **Sterbehilfe** (AE-Sterbehilfe) von 1986 wiedergegeben.[58]

---

[58] Entwurf eines Arbeitskreises von Professoren des Strafrechts und der Medizin sowie ihrer Mitarbeiter, J. Baumann u. a., 1986, 11–12; Kritisch dazu H. W. Opderbecke u. W. Weißauer, Dt. ÄrzteBl. 1987, 2527–2529.

§ 214 Abbruch oder Unterlassung lebenserhaltender Maßnahmen 241

(1) Wer lebenserhaltende Maßnahmen abbricht oder unterläßt, handelt nicht rechtswidrig, wenn
1. der Betroffene dies ausdrücklich und ernstlich verlangt oder
2. der Betroffene nach ärztlicher Erkenntnis das Bewußtsein unwiederbringlich verloren hat oder im Falle eines schwerstgeschädigten Neugeborenen niemals erlangen wird oder
3. der Betroffene nach ärztlicher Erkenntnis sonst zu einer Erklärung über Aufnahme oder Fortführung der Behandlung dauernd außerstande ist und aufgrund verläßlicher Anhaltspunkte anzunehmen ist, daß er im Hinblick auf Dauer und Verlauf seines aussichtslosen Leidenszustandes, insbesondere seinen nahe bevorstehenden Tod, diese Behandlung ablehnen würde, oder
4. bei nahe bevorstehendem Tod im Hinblick auf den Leidenszustand des Betroffenen und die Aussichtslosigkeit einer Heilbehandlung die Aufnahme oder Fortführung lebenserhaltender Maßnahmen nach ärztlicher Erkenntnis nicht mehr angezeigt ist.

(2) Abs. 1 gilt auch für den Fall, daß der Zustand des Betroffenen auf einem Selbsttötungsversuch beruht.

§ 214a Leidensmindernde Maßnahmen 242

Wer als Arzt oder mit ärztlicher Ermächtigung bei einem tödlich Kranken mit dessen ausdrücklichem oder mutmaßlichem Einverständnis Maßnahmen zur Linderung schwerer, anders nicht zu behebender Leidenszustände trifft, handelt nicht rechtswidrig, auch wenn dadurch als nicht vermeidbare Nebenwirkung der Eintritt des Todes beschleunigt wird.

§ 215 Nichthinderung einer Selbsttötung 243

(1) Wer es unterläßt, die Selbsttötung eines anderen zu hindern, handelt nicht rechtswidrig, wenn die Selbsttötung auf einer frei verantwortlichen, ausdrücklich erklärten oder aus den Umständen erkennbaren ernstlichen Entscheidung beruht.

(2) Von einer solchen Entscheidung darf insbesondere nicht ausgegangen werden, wenn der andere noch nicht 18 Jahre alt ist oder wenn seine freie Willensbestimmung entsprechend §§ 20, 21 StGB beeinträchtigt ist.

§ 216 Tötung auf Verlangen 244

(1) Ist jemand durch das ausdrückliche und ernstliche Verlangen des

Getöteten zur Tötung bestimmt worden, so ist auf Freiheitsstrafe von sechs Monaten bis zu fünf Jahren zu erkennen.

(2) Das Gericht kann unter den Voraussetzungen des Abs. 1 von Strafe absehen, wenn die Tötung der Beendigung eines schwersten, vom Betroffenen nicht mehr zu ertragenden Leidenszustandes dient, der nicht durch andere Maßnahmen behoben oder gelindert werden kann.

(3) Der Versuch ist strafbar.

VI. Besondere ärztliche Eingriffe

M. Balz, Heterologe künstliche Samenübertragung beim Menschen, 1980; C. Belling, Ist die Rechtfertigungsthese zu § 218a StGB haltbar?, 1987; E. Bernat (Hg.), Lebensbeginn durch Menschenhand. Probleme künstlicher Befruchtungstechnologien aus medizinischer, ethischer und juristischer Sicht, 1985; F. Böckle, Ethische Aspekte der freiwilligen operativen Sterilisation, Stimmen der Zeit 1974, 755–760; F. Böckle (Hg.), Schwangerschaftsabbruch als individuelles und gesellschaftliches Problem, 1981; H. H. Bräutigam u. D. A. Grimes, Ärztliche Aspekte des legalen Schwangerschaftsabbruchs in der Bundesrepublik Deutschland und in den USA, 1984; C. M. Brugger u. H. Kühn, Sektion der menschlichen Leiche. Zur Entwicklung des Obduktionswesens aus medizinischer und rechtlicher Sicht, 1979; W. Brugger, Abtreibung – ein Grundrecht oder ein Verbrechen? Ein Vergleich der Urteile des United States Supreme Court und des BVerfG, NJW 1986, 896–901; F. Büchner, Der Mensch in der Sicht der modernen Medizin, 1985; D. Coester-Waltjen, Die künstliche Befruchtung beim Menschen – Zulässigkeit und zivilrechtliche Folgen. 2. Teilgutachten: Zivilrechtliche Probleme. Gutachten B für den 56. Deutschen Juristentag, 1986; W. van den Daele, Mensch nach Maß? Ethische Probleme der Genmanipulation und Gentherapie, 1985; Der Bundesminister für Forschung und Technologie (Hg.), In-Vitro-Fertilisation, Genomanalyse und Gentherapie. Bericht der gemeinsamen Arbeitsgruppe des Bundesministers für Forschung und Technologie und des Bundesministers der Justiz, 1985 = Gentechnologie: Chancen und Risiken Bd. 6; W. Deuchler, Die Haftung des Arztes für die unerwünschte Geburt eines Kindes („wrongful birth"). Eine rechtsvergleichende Darstellung des amerikanischen und deutschen Rechts, 1984; E. Dietrich-Reichart (Hg.), Insemination. In-vitro-Fertilisation, 1987; U. Eibach, Gentechnik – der Griff nach dem Leben. Eine ethische und theologische Beurteilung, 1986; W. Eicher, Transsexualismus. Möglichkeiten und Grenzen der Geschlechtsumwandlung, 1984; K. Engisch, Die Strafwürdigkeit der Unfruchtbarmachung mit Einwilligung, Festschrift f. Hellmuth Mayer, 1966, 399–417; A. Eser u. H. A. Hirsch (Hg.), Sterilisation und Schwangerschaftsabbruch. Eine Orientierungshilfe zu medizinischen, psychologischen und rechtlichen Fragen, 1980; A. Eser und H.-G. Koch, Aktuelle Rechtsprobleme der Sterilisation, Gynäkologe 1982, 62–71, u. MedR 1984, 6–13; W. Esser, Die Rechtswidrigkeit des Aborts, MedR 1983, 57–60; C. Flämig, Die genetische Manipulation des Menschen. Ein Beitrag zu den Grenzen des Forschungsobjekts, 1985; R. Flöhl (Hg.), Genforschung – Fluch oder Segen? Interdisziplinäre Stellungnahme, 1985 = Gentechnologie: Chancen und Risiken Bd. 3; H. Franzki, Die künstliche Befruchtung beim Menschen – Zulässigkeit und zivilrechtliche Folgen. Bericht über die Zivilrechtliche Abteilung des 56. Deutschen Juristentages, MedR 1987, 36–39; W. Geiger, Die Rechtswidrigkeit des Schwangerschaftsabbruches, FamRZ 1986, 1–6; D. Giesen, Die künstliche Insemination als ethisches und rechtliches Problem, 1962; D. Giesen, Heterologe Insemination – Ein neues legislatorisches Problem? Zu einer Gesetzgebungsinitiative des Europarats, FamRZ 1981, 413–418; D. Giesen, Zum Schadensersatzanspruch nach fehlgeschlagenem Schwangerschaftsabbruch. Anm. zu einem Urt. d. BGH, JZ 1985, 334–337; D. Giesen, Zur Entziehung und Übertragung der elterlichen Gewalt bei sog. Leihmutterschaft, Anm. zu Entscheidungen des KG und des High Court, JZ 1985, 1055–1058; D. Giesen, Probleme künstlicher Befruchtungsmethoden beim Menschen. Zum Argumentationsstand über das Machbare im Bereich moderner Fortpflanzungstechniken in Großbritannien und Australien, JZ 1985, 652–661; D. Giesen, Insemination, in: Staatslexikon, Bd. 3, ^{7}1987, Sp. 94–99; U. Gigon u. R. Haldemann, Heterologe Insemination, Med. Klinik 1979, 1375–1379; H.-L. Günther u. R. Keller (Hg.), Fortpflanzungsmedizin und Humangenetik – Strafrechtliche Schranken?, 1987; E.-W. Hanack, Künstliche Eingriffe in die Fruchtbarkeit, in: H. Göppinger (Hg.), 11–57; E.-W. Hanack, Die künstliche Insemination, in: A. Mergen (Hg.) III, 168–199; E.-W. Hanack u. H.-D. Hiersche, Der Schwangerschaftsabbruch: Rechtsfragen aus der Praxis, Archives of Gynecology 228, 1979, 331–343; E.-W. Hanack, Der Kaiserschnitt an der Toten und der Sterbenden aus rechtlicher Sicht, Gynäkologe 1982, 96–103; U. Helling, Zu den Problemen der künstlichen Insemination unter besonderer Berücksichtigung des § 203 E 1962, 1970; H. Hepp, Schwangerschaftsabbruch aus kindlicher Indikation. Aus der Sicht eines Frauenarztes, Stimmen der Zeit 1983, 3–17; H.-D. Hiersche, Rechtliche Positionen des Geburtshelfers gegenüber der werdenden Mutter, dem Vater und dem Kind, MedR 1983, 53–57; H.-D. Hiersche, Die hormonale Schwangerschaftsverhütung bei Jugendlichen aus medizin-rechtlicher Sicht, Der Frauenarzt 1985, 17–21; E. von Hippel, Besserer Schutz des Embryos vor Abtreibung?, JZ 1986, 53–60; G. Hirsch u. W. Weissauer, Die Auswirkungen der Neuregelung des Schwangerschaftsabbruchs auf die Ärzte, das nichtärztliche Hilfspersonal und die Krankenhausträger, Bay. ÄrzteBl. 1977, Hefte 3–6; G. Hirsch u. H.-D. Hiersche, Sterilisation geistig Behinderter, MedR 1987, 135–140; G. Hirsch, Die „Pille danach", MedR 1987, 12–16; N. Hoerster, Grundsätzliches zur Strafwürdigkeit der Gefälligkeitssterilisation, JZ 1971, 123–126; P. Hoffacker, B. Steinschulte u. P.-J. Fietz (Hg.), Auf Leben und Tod. Abtreibung in der Diskussion, 1985; F. J. Holzer, Obduktion, in: A. Mergen (Hg.) I, 62–92; H. Jung, Stereotaktik und Kastrationsgesetz, NJW 1973, 2241–2243; E. Horn, Strafbarkeit der Zwangssterilisation, ZRP 1983, 265–266; W. Janssen, Definition und Meldung des nichtnatürlichen Todes im ärztlichen Bereich, Beitr. z. gerichtl. Med. XXXVII, 1979, 105–108; H. Jonas, Das Prinzip Verantwortung. Versuch einer Ethik für die technologische Zivilisation, 1984; U. Jüdes (Hg.), In-vitro-Fertilisation und Embryotransfer (Retortenbaby). Grundlagen, Methoden, Probleme und Perspektiven, 1983; H. Jung u. H. Müller-Dietz (Hg.), § 218. Dimensionen einer Reform, 1983; G. Kaiser, Künstliche Insemination und Transplantation, in: H. Göppinger (Hg.), 58–95; G. Kaiser, Eugenik und Kriminalwissenschaft heute, NJW 1969, 538–544; E. Ketting u. Ph. v. Praag, Schwangerschaftsabbruch. Gesetz und Praxis im internationalen Vergleich, Tübinger Reihe 5, 1985; J. v. Karger, Probleme des Leichenrechts, Archiv f. Kriminologie 1968, 134–141; J. Klaiber, Problematik der ärztlichen Leichenschau nach Inkrafttreten der neuen Bestattungsgesetze Baden-Württembergs von 1971, med. Diss. Heidelberg, 1975; H.-G. Koch, Transsexualismus und Intersexualität: Rechtliche Aspekte, MedR 1986, 172–176; P. Koslowski, Ph. Kreuzer, R. Löw (Hg.), Die Verführung durch das Machbare, 1983; K.-L. Kunz, Die strafrechtliche Problematik der freiwilligen Sterilisation, JZ 1982, 788–793; K. Lackner, Die Neuregelung des Schwangerschaftsabbruchs, NJW 1976, 1233–1244; A. Laufs, Rechtliche Grenzen der Fortpflanzungsmedizin, 1987; H. Lecheler, Zur Frage, ob niedergelassene Gynäkologen in Baden-Württemberg einen Rechtsanspruch darauf haben, als Einrichtung für die Vornahme ambulanter Schwangerschaftsabbrüche zugelassen zu werden, MedR 1985, 214–217; Th. Lenckner, Sterilisation, in: Ev. Staatslexikon, ^{3}1987, Sp. 3503–3506; Th. Lenckner, Insemination, in: Ev. Staatslexikon, ^{3}1987, Sp. 1338–1342; J. Linck, Gesetzliche Regelung von Sektionen und Transplantationen, JZ 1973, 759–765; R. Löw, Leben aus dem Labor. Gentechnologie und Verantwortung – Biologie und Moral, 1985; O. Marquard u. H. Staudinger (Hg.), Anfang und Ende des menschlichen Lebens. Medizinethische Probleme, 1987; W. Naeve, Über ärztliche Bemühungen um gesetzliche Einführung von Verwaltungssektionen in Deutschland, Öff. Gesundh.-Wesen 42, 1980, 191–199; M. Pap, Extrakorporale Befruchtung und Embryotransfer aus arztrechtlicher Sicht. Insbesondere: der Schutz des werdenden Lebens „in vitro", 1987; P. Petersen (Hg.), Sterilisation. Beratung, Operation, Recht, 1981; P. Petersen, Schwangerschaftsabbruch – unser Bewußtsein vom Tod im Leben, tiefenpsychologische und anthropologische Aspekte der Verarbeitung, 1986; G. Püttner u. K. Brühl, Fortpflanzungsmedizin, Gentechnologie und Verfassung. Zum Gesichtspunkt der Einwilligung Betroffener, JZ 1987, 529–536; E. Quambusch, Rechtsfragen bei der Betreuung geistig Behinderter, 1981; M. Reif u. H. Baitsch, Genetische Beratung. Hilfestellung für eine selbstverantwortliche Entscheidung?, 1986; H. Reis, Das Lebensrecht des ungeborenen Kindes als Verfassungsproblem, 1984; J. Reiter u. U. Theile (Hg.), Genetik und Moral. Beiträge zu einer Ethik des Ungeborenen, 1985; C. Roxin, Entwicklung und gesetzliche Regelung des Schwangerschaftsabbruchs, JA 1981, 226–232; W. Sandritter, Pathologische Anatomie im „Abseits"?, Therapie der Gegenwart 1979, H. 7; G. Schirmer, Status und Schutz des frühen Embryos bei der „In-vitro"-Fertilisation. Rechtslage und Diskussionsstand in Deutschland im Vergleich zu den Ländern des anglo-amerikanischen Rechtskreises, 1987; E. Schmidt, Rechtsfragen zur inneren Leichenschau in den Pathologischen Instituten von Krankenanstalten, Der Krankenhausarzt 1952, 209–218; G. Schmidt, Rechtsfragen bei wissenschaftlichen Versuchen an Leichen, Beiträge z. ger. Med. 1974, 122–125; R. Schmitt, Eugenische Indikation vor und nach der Geburt, in: Festschrift f. Ulrich Klug, 1983, 329–339; A. Schneider, Rechtsprobleme der Transsexualität – unter besonderer Berücksichtigung personenstandsrechtlicher und eherechtlicher Probleme (de lege lata und de lege ferenda), 1977; A. Schneider, Zu den Voraussetzungen einer Feststellung der Geschlechtszugehörigkeit nach § 8 Abs. 1 Nr. 3 und 4 TSG (OLG Hamm, MedR 1984, 146), MedR 1984, 141–142; H.-L. Schreiber, Der Spielraum des Gesetzgebers bei der Neuregelung des Schwangerschaftsabbruches, FamRZ 1975, 669–675; G. Schwalm, Kastration, Sterilisation und Einwilligung in strafrechtlicher Sicht, in: A. Mergen (Hg.) III, 200–250; W. Selb, Rechtsordnung und künstliche Reproduktion des Menschen, 1987; P. Singer u. D. Wells, The reproduction revolution. New ways of making babies, Oxford University Press, 1984; G. Solbach, Rechtswirksamkeit von ‚Sektionsklauseln' in Krankenhausaufnahmeverträgen, DMW 1985, 691–694; R. Snowden, G. D. Mitchell u. E. M. Snowden, Artefizielle Reproduktion, 1985; C. Starck, Die künstliche Befruchtung beim Menschen – Zulässigkeit und zivilrechtliche Folgen. 1. Teilgutachten: Verfassungsrechtliche Probleme. Gutachten A für den 56. Deutschen Juristentag, 1986; R. Stürner, Schadensersatz für mißglückte Abtreibung – ein Problem der Schadenszurechnung?, JZ 1986, 122–126; J. Testart, L'œuf transparent, Flammarion 1986; H. Trockel, Die Rechtswidrigkeit klinischer Sektionen, 1957; H. Tröndle, „Soziale Indikation" – Rechtfertigungsgrund?, Jura 1987, 66–75; W. Uhlenbruck, Die Zulässigkeit klinischer Sektionen, Med. Klinik 1972, 1159–1161; W. Graf Vitzthum, Gentechnologie und Menschenwürde, MedR 1985, 249–257; K. Waibl, Kindesunterhalt als Schaden („wrongful birth"), NJW 1987, 1513–1521; W. Waldstein, Das Menschenrecht zum Leben. Beiträge zu Fragen des Schutzes menschlichen Lebens, 1982; M. Warnock, A Question of Life – The Warnock Report on Human Fertilisation and Embryology, 1985; R. Wille, Nachuntersuchungen an sterilisierten Frauen. „Der Fall Dr. Dohrn" zwölf Jahre danach, 1978; U. Wolff, Schwangerschaftsabbruch aus medizinischer Sicht, 1973; T. Wulfhorst, Wäre eine Strafbarkeit der freiwilligen Sterilisierung verfassungswidrig?, NJW 1967, 649–654; R. Zimmermann, Gesellschaft, Tod und medizinische Erkenntnis. Zur Zulässigkeit von klinischen Sektionen, NJW 1979, 569–576.

Die **Sterilisation** führt die Unfruchtbarkeit eines Menschen herbei und 245
zwar regelmäßig durch einen chirurgischen Eingriff, der die Samen- oder Eileiter unterbricht oder funktionsuntüchtig macht, wobei – im Unterschied zur Kastration – Libido und Fähigkeit zum Sexualverkehr erhalten bleiben. Weil sicherstes Mittel zur Empfängnisverhütung, erweist sich die Sterilisation auch nach dem Aufkommen der Kontrazeptiva, besonders der Ovulations-

hemmer, als ein vielfach beim Arzt verlangter Eingriff, der freilich in der Regel einen irreversiblen Zustand schafft und damit die Persönlichkeit in ihren Grundlagen betrifft. Die Berufsordnung für die deutschen Ärzte hält Sterilisationen für zulässig, wenn sie aus medizinischen, genetischen oder sozialen Gründen indiziert sind.[1]

246 Während die Zwangssterilisation nach Art. 1 und 2 des Grundgesetzes als eindeutig unzulässig und nach § 225 StGB als beabsichtigte schwere Körperverletzung gilt, blieb die **Zulässigkeit** des freiwilligen Eingriffs stark umstritten. Die Lehren der Kirchen lehnen ihn im Grundsatz ab. Eine Minderheit von Strafrechtlern verneint die sittliche Rechtfertigung[2] der Sterilisation bereits dann, wenn der Arzt sie nicht aus medizinischer, genetischer (eugenischer) oder kriminologischer Indikation, sondern aus sozialen Rücksichten vornimmt. Eine größere Zahl von Autoren zieht die **Gefälligkeitssterilisation** in Zweifel, nämlich die Fälle ohne soziale oder sonst vernünftige, ernstzunehmende Indikation. Eine andere, im Vordringen begriffene Ansicht will die freiwillige Sterilisation von diesen Indikationsregeln gelöst sehen.

247 Der **Bundesgerichtshof** hat sich wiederholt mit dem Problem befaßt. In einem Strafurteil hat er 1964 festgestellt, daß es keine deutsche Strafvorschrift mehr gebe, die freiwillige Sterilisation mit Strafe bedrohe. Diese Lücke könne nur der Gesetzgeber schließen.[3] Nach dem gleichfalls grundsätzlichen Zivilurteil von 1976 handelt ein Arzt nicht rechtswidrig, der eine 34jährige Mutter von drei Kindern unfruchtbar macht, wenn sie das wünscht, weil sie keinen weiteren Nachwuchs haben will.[4] Dieses Erkenntnis hat die Rechtsunsicherheit wesentlich gemildert. Es betont, „daß in unserer Gesellschaft eine gesicherte Grundlage für ein sittliches Verdikt über eine freiwillige Sterilisation, die nicht schon genetisch (eugenisch), kriminologisch oder medizinisch indiziert ist, nicht besteht". Das Grundgesetz lege der staatlichen Gemeinschaft gegenüber Entschlüssen aus dem innersten Bereich der Persönlichkeit Toleranz und Zurückhaltung auf. „Deshalb ist für die Beurteilung, inwieweit die Gesellschaftsordnung die mit der Sterilisation verbundene Verkürzung der Persönlichkeit des einzelnen hinzunehmen hat, der Entscheidungsfreiheit des Betroffenen, die auch das Risiko des ‚unrichtigen Gebrauchs' zum Nachteil der eigenen Interessen mit umfaßt, besonderes Gewicht einzuräumen. Sie muß abgewogen werden mit dem, was der Betroffene durch den irreversiblen Verzicht auf seine Fortpflanzungsfähigkeit an Persönlichkeit aufgibt; das Ergebnis solcher Abwägung kann nach Lebensalter und jeweiliger Lebensgestaltung verschieden ausfallen." Lasse sich nach diesen objekti-

---

[1] § 6 BO. Vordem mußten die sozialen Gründe „schwer wiegen".

[2] Nach § 226a StGB ist eine Körperverletzung mit Einwilligung des Verletzten nur dann rechtswidrig, „wenn die Tat trotz der Einwilligung gegen die guten Sitten verstößt".

[3] BGHSt 20, 81 = NJW 1965, 355.

[4] BGH, NJW 1976, 1790, mit umfassenden Belegen, auf die hingewiesen sei. Im entschiedenen Fall ging es um eine Schmerzensgeldklage.

ven Kriterien ein Verstoß gegen die guten Sitten nicht feststellen, dann könne auch das dem Sterilisationswunsch zugrundeliegende Motiv ein sittliches Verdikt nicht rechtfertigen. Dies gelte um so mehr, „als dem Arzt nicht zugemutet werden kann, den Gründen für den Entschluß im einzelnen nachzugehen und sie auf ihre Berechtigung zu überprüfen".

Der Arzt muß also nach diesem höchstrichterlichen Spruch die erkennbaren Umstände in jedem Einzelfall abwägen. Bei einem jüngeren, noch unverheirateten oder kinderlosen Menschen wird sich der Eingriff in aller Regel verbieten, wenn er nicht etwa medizinisch oder genetisch begründet erscheint. Vor jeder Sterilisation muß der Arzt seinen Patienten oder seine Patientin besonders sorgfältig, umfassend und eindringlich über die Eigenart des Eingriffs und seine Folgen aufklären. Bei Verheirateten braucht sich der Arzt zwar nicht der Einwilligung auch des Ehepartners zu versichern. Allerdings entspreche es, so der Bundesgerichtshof, „gutem ärztlichen Brauch, den Ehegatten zu befragen und sich bei dessen Weigerung – je nach den von ihm ins Feld geführten Gründen – zurückzuhalten". Unter Umständen kann sich der Arzt einem sittlichen Vorwurf aussetzen, wenn er etwa eine Tubenligatur vornimmt, obwohl er den Widerspruch des Ehemannes kannte und die daraus folgende zusätzliche Beschwer für das künftige Leben der Sterilisandin absah. **248**

Bei **Einwilligungsunfähigkeit** des Sterilisanden wird nur in Ausnahmefällen, etwa bei dringendem medizinischen Anlaß, der gesetzliche Vertreter – die Eltern, der Vormund oder Pfleger – zustimmend eingreifen können. Bei Minderjährigen bedarf es meist auch einer Einwilligung des gesetzlichen Vertreters, soweit der Eingriff überhaupt rechtlich in Frage kommt. **249**

Das Fehlen gesetzlicher Zulässigkeitsregeln und die Uneinheitlichkeit des einschlägigen Standesrechts verunsichern die Praxis bei der Sterilisation, wobei dieser Eingriff bei **geistig Behinderten** immer mehr in den Blickpunkt rückt.[5] Die Sterilisation des einwilligungsfähigen Minderjährigen bedarf nicht des Einverständnisses der Eltern, deren Konsultation freilich erst die Einsichtsfähigkeit des Sterilisanden anzeigt. Die ärztlich indizierte Sterilisation des einsichtsunfähigen Erwachsenen erfordert jedenfalls die angemessene Beteiligung des Betroffenen am Entscheidungsprozeß sowie die aufgeklärte, willensmängelfreie Einwilligung des zuständigen Vormunds oder Pflegers. Außerdem empfiehlt sich die Inanspruchnahme des Vormundschaftsgerichts. **250**

Indessen versagen sich manche Vormundschaftsgerichte, weil eine gesetzliche Grundlage fehle.[6] Jedoch läßt sich im Einklang mit dem geltenden Recht ein **Indikationenmodell** entwickeln, das vom objektiven Wohl der Behinderten ausgeht.[7] Danach muß in jedem Falle eine allgemeine Anzeige vorliegen: **251**

---

[5] A. Eser u. H.-G. Koch, MedR 1984, 6–13.

[6] OLG Hamm, NJW 1983, 2095; LG Düsseldorf, FamRZ 1981, 95; AG Kaiserslautern, MDR 1981, 229; a. A. LG Berlin, FamRZ 1971, 668; LG Zweibrücken, MDR 1979, 758.

[7] Vgl. dazu G. Hirsch u. H.-D. Hiersche, MedR 1987, 135–140.

die konkrete Gefahr sexueller Kontakte, die zu einer Schwangerschaft führen können, sowie das Fehlen einer weniger einschneidenden Vorsorge. Angesichts des hohen Werts der Fortpflanzungsfähigkeit muß zusätzlich eine medizinische, genetische oder soziale Indikation bestehen, wobei diese Gründe sich an das Recht des Schwangerschaftsabbruchs anlehnen. Der Eingriff darf keinesfalls gegen den erklärten Willen des Behinderten erfolgen, wenn dieser nach Aufklärung jedenfalls in den Grundzügen begreift, worum es geht.[8] Ein ermächtigendes Gesetz diente der Rechtssicherheit.

252 Der Bundesgerichtshof hat den **Unterhaltsaufwand für ein ungewolltes Kind** als Schaden anerkannt. Führt das Fehlschlagen eines Sterilisationseingriffs zur Geburt eines aus Gründen der Familienplanung unerwünschten gesunden ehelichen Kindes, dann kann die daraus der Mutter erwachsende Unterhaltslast zu einem Schadensersatzanspruch gegen den für die fehlerhafte Operation Verantwortlichen führen. Aus dem Arztfehler bei der Sterilisation können sich auch Ersatzansprüche des dadurch mit Unterhaltspflichten belasteten Ehemannes ohne Rücksicht darauf ergeben, ob er am Arztvertrag beteiligt war. Der Bundesgerichtshof hat indessen die grundsätzlich bejahte Ersatzfähigkeit auf den eigentlichen Planungsschaden eingeschränkt, „der sich in der wirtschaftlichen Belastung der Familiengemeinschaft durch das Kind ausdrückt“. Das Gericht hat die Ersatzfähigkeit begrenzt bereinigt „um solchen Unterhaltsaufwand, der weniger von den wirtschaftlichen Bedürfnissen des Kindes als vorrangig von seiner Teilhabe an der Familiengemeinschaft bestimmt wird“. Daher schien es dem Gericht angemessen, „die Ersatzpflicht des für die Geburt verantwortlichen Dritten, wenn und solange diese der wirtschaftlichen Familienplanung der Eltern widerspricht, auf einen Betrag zu beschränken, der nach durchschnittlichen Anforderungen für das Auskommen des Kindes erforderlich ist“.[9]

253 Mit Recht streng beurteilt der *BGH* die **Belehrungspflicht** des Arztes hinsichtlich der Erfolgssicherheit der von ihm angewandten Sterilisationsmethode. Denn dieser vertraglich geschuldeten Instruktion stehen, anders als bei der Aufklärung über die Risiken eines Eingriffs, therapeutische Rücksichten keineswegs entgegen, die sonst die Aufklärungspflicht einschränken oder die Art und Weise der Unterrichtung modifizieren können.

254 Im Prozeß nach fehlgeschlagener Sterilisation trifft den Arzt grundsätzlich die **Beweislast** dafür, daß er den vereinbarten operativen Eingriff überhaupt

---

[8] Strenger E. Horn, ZRP 1983, 265f.; F. J. Illhardt, Med. Ethik 24, 1987.

[9] BGHZ 76, 249 = BGH, NJW 1980, 1450; BGHZ 76, 259 = NJW 1980, 1452: Das Gericht erkannte als Grundlage für den Befreiungsanspruch hinsichtlich der Unterhaltslasten den verletzten Behandlungsvertrag, dessen Schutzbereich auch den Ehemann einbezieht. Bedenklich weit ging der BGH bei der Annahme einer Gesundheitsverletzung nach § 823 Abs. 1 BGB, für die bereits jeder unberechtigte Eingriff in die Integrität der körperlichen Befindlichkeit genüge; damit kommen auch Schmerzensgeldansprüche jedenfalls der Ehefrau in Betracht. Vgl. auch BGH, NJW 1981, 630.

vornahm. Weil der gebotene Hinweis auf die der Sterilisationsmethode innewohnenden Unvollkommenheiten nur eine vertragliche Nebenpflicht darstellt, hat der Patient, der Ansprüche aus deren Verletzung herleitet, das Fehlen der Unterrichtung zu beweisen, wobei der Richter keine unbillig scharfen Anforderungen stellen darf.[10]

Nachdem der *BGH* den Weg zum Ersatzanspruch eröffnet hat, vornehm- **255**
lich unter dem Aspekt der Berufshaftpflicht und des von den Parteien stillschweigend zugrunde gelegten Schadensbegriffs, scheint der Teufel nun im Detail zu stecken. Verwandte Fragen schließen sich an, etwa die nach der Haftpflicht des mit einer Krebsvorsorgeuntersuchung befaßten Arztes für die Unterhaltsfolgen eines ungewollten Kindes, nachdem er die Schwangerschaft der Patientin nicht sogleich erkannte. Indessen darf der Schwangerschaftsabbruch nicht als Mittel der Familienplanung dienen; es fehlt am Rechtswidrigkeitszusammenhang zwischen haftungsbegründendem Ereignis und Schaden.[11]

Durch ärztliche Fehler verursachte **Nachkommenschaftsschäden** stellen **256**
nicht nur deutsche Gerichte vor kaum lösbare Fragen.[12] In einem zivilistisch durchdachten, wohlbegründeten Urteil hat das *OLG Frankfurt*[13] der ständigen Spruchpraxis des *BGH* widersprochen: Auch im Zeitalter zugelassener Familienplanung bleibe die seit jeher geltende und auf der biologischen Ordnung beruhende Grundregel sachgerecht, nach der die Eltern ihre gewollten und ungewollten Kinder zu versorgen haben, ohne – von besonderen Ausnahmefällen abgesehen – diese Last auf Dritte abwälzen zu können. Das Kind, so der Ausgangspunkt des *OLG Frankfurt,* habe einen Anspruch darauf, „daß sein Lebensrecht von der Rechtsordnung uneingeschränkt anerkannt und auch nicht mittelbar in Frage gestellt wird“. Gegen dieses Gebot werde verstoßen, „wenn die Rechtsordnung zuläßt, daß als Vorwurf gegen Dritte geltend gemacht werden kann, das Leben dieses Kindes sei pflichtwidrig nicht verhindert worden, und daß daraus Sanktionen in Form von Schadensersatzansprüchen gegen Dritte verfolgt werden“.

Am Ende einer eindrucksvollen Argumentation deutet das Gericht die **257**
Möglichkeit eines anderen Ergebnisses an für den Fall der planwidrigen Geburt eines Kindes mit schweren Gebrechen. Der Spruch des *BGH* im Röteln-Fall[14] verneinte **Schadensersatzansprüche eines schwerstgeschädigt geborenen Kindes,** das die Mutter ausgetragen hatte, weil der Arzt die dem Nasciturus drohende und zum Abbruch der Schwangerschaft berechtigende Gefahr schuldhaft verkannt hatte: Der Mensch habe keinen Anspruch auf die

---

[10] BGH, NJW 1981, 2002.
[11] Zutreffend LG Aachen, VersR 1981, 443.
[12] W. Plum, VersR 1982, 722–728.
[13] NJW 1983, 341, mit den erforderlichen Nachweisen.
[14] BGHZ 86, 240 = NJW 1983, 1371 = MedR 1983, 101. Vgl. ferner BGHZ 89, 95 = NJW 1984, 658 (Mongolismus).

Verhütung oder Vernichtung seines Lebens durch andere, auch wenn es ein durch Krankheit belastetes sein sollte. Oder sollte Bert Brecht recht haben: „Am besten nicht geboren sein"? Eine gewichtige kritische Stimme hat dagegen den Ersatz des durch die angeborenen Gebrechen verursachten Mehrbedarfsschadens für rechtlich geboten erklärt.[15] Indessen bleibt der Einwand, daß der Arzt durch die größte Sorgfalt die Krankheit des Nasciturus nicht verhindern, sondern nur dessen Tod ermöglichen konnte. Ein Ersatzanspruch hätte weitreichende Folgen etwa für die Praxis der pränatalen Diagnostik, letztlich auch für das uneingeschränkte Lebensrecht Behinderter. Der *BGH* hat sich mit seinem Erkenntnis auf dem weiten Feld des medizinischen Schadensersatzrechts weise beschränkt.

258 Erhält die Frühschwangere falsche oder unvollständige Auskunft über die Möglichkeiten der Diagnose von Schäden der Leibesfrucht, die den Wunsch der Mutter nach einem Schwangerschaftsabbruch begründet hätten, so kann daraus ein Anspruch der Eltern gegen den Arzt auf Ersatz von **Unterhaltsaufwand für das mit** körperlichen oder geistigen **Gebrechen geborene Kind** folgen. Das Gericht hat die Haftpflicht des Arztes durch eine neue Beweislastregel auf bedenkliche Weise unter Berufung auf den Schutzzweck der Aufklärung verschärft: Der Arzt soll die **Beweislast** dafür tragen, daß die Mutter nach umfassender und richtiger Beratung sich nicht für eine pränatale Untersuchung der Leibesfrucht und nach einer ungünstigen Diagnose nicht für den Schwangerschaftsabbruch entschieden hätte. Die naheliegende Parallele zu den Fällen fehlerhafter Aufklärung über die Versagerquoten bei Sterilisationen zog der *BGH* nicht: Dort haben die durch die ungewollte Geburt belasteten Eltern den Nachweis zu führen, daß sie nach der gebotenen Information zusätzliche verhütende Vorsorge getroffen hätten.[16] Die im Röteln-Fall[17] noch offen gebliebene Frage nach dem Schadensumfang beantwortete das Gericht im umfassenden Sinne: Der Arzt hat nicht nur den Mehrbedarf, sondern den gesamten Unterhaltsaufwand für das geschädigte Kind zu ersetzen. Indessen bleibt der Schutzumfang des Vertrages zu beachten: Nur wenn sich die einen Abbruch zulassende embryopathische Gefahr „bei der Geburt des Kindes auch verwirklicht hat, weil der um Rat gebetene Arzt seine Vertragspflichten schuldhaft verletzt hat, kann er für den Schaden der Eltern haftbar gemacht werden. Für mehr einzustehen, hat er vertraglich nicht übernommen".

259 Das Gericht hat dem Ersatzanspruch in neueren Urteilen Kontur gegeben und ihn vom **Schutzzweck des Arztvertrages** her begrenzt. Der Anspruch

---

[15] E. Deutsch, JZ 1983, 451f.

[16] BGH, NJW 1981, 630, 632; BGH, NJW 1981, 2002.

[17] BGHZ 86, 240 = NJW 1983, 1371 = MedR 1983, 101 = JZ 1983, 447, m. krit. Anm. v. E. Deutsch. – Zur versehentlichen Röteln-Impfung in der Schwangerschaft nahm der wissenschaftliche Beirat der BÄK Stellung (Deutsches ÄrzteBl. 1985, 417f.): keine unbedingte Abbruch-Indikation.

setze voraus, „daß der Behandlungsvertrag zwischen dem Arzt und der Schwangeren auch den Schutz der Frau und gegebenenfalls ihres Ehemannes vor den Belastungen mit Unterhaltsaufwendungen für das werdende Kind nach dessen Geburt zum Gegenstand hat". Bei Mißlingen des nach § 218 a Abs. 1 StGB **medizinisch indizierten Eingriffs** falle der Unterhaltsschaden im allgemeinen nicht in den Schutzbereich des Behandlungsvertrages und sei darum vom Arzt nicht zu ersetzen.[18] Der *BGH* hat die Ersatzfähigkeit des Unterhaltsschadens ferner verneint im Falle des mißlungenen Schwangerschaftsabbruchs nach einer **Notlagenindikation** gem. § 218 a Abs. 2 Nr. 3 StGB, „wenn und sobald sich die sozialen und wirtschaftlichen Verhältnisse der Mutter so günstig entwickelt haben, daß aus nachträglicher Sicht die Annahme einer schwerwiegenden Notlage nicht gerechtfertigt erscheint".[19]

Indessen hat nach diesem Urteil der verklagte Arzt die fehlende Indikation darzutun und zu beweisen. Das Gericht geht also nicht von der Grundregel der Unwirksamkeit des auf die Tötung eines ungeborenen Menschen gerichteten Vertrages aus, die dahin führte, den Kläger die ausnahmsweise Wirksamkeit schlüssig behaupten und gegebenenfalls beweisen zu lassen.

Auch die jüngere Spruchpraxis des *BGH* hat die grundsätzlichen Einwände **260**
der Kritiker nicht auszuräumen vermocht.[20] Im Kern geht es um „das läßliche und großzügige Verhältnis zur Feststellung rechtfertigender Indikation". *Stürner* schlägt mit guten Gründen vor, „die vertragswidrige Geburt nicht in die Dogmatik des gängigen materiellen Schadensersatzrechtes einzuzwängen, sondern allenfalls in schweren Fällen den Eltern einmaligen billigen Ersatz nach den Regeln immateriellen Schadens zu gewähren".[21]

Die inzwischen gefestigte und vielgeübte Spruchpraxis zum Familienpla- **261**
nungsschaden[22] zeigt nicht nur dogmatische Brüche – der nachträgliche Kinderwunsch beseitigt die Ersatzpflicht; die Einbuße bemißt sich nicht nach dem Umfang der Unterhaltspflicht –; die Judikatur faßt die menschliche Geburt auch als schädigendes Ereignis, die ungewollte Schwangerschaft als Körperverletzung auf. Der *BGH* gelangt zur Vermutung der Rechtmäßigkeit praktizierten Abbruchs. Wer die Haftpflicht für versäumte Aufklärung über mögliche kindliche Schäden streng auffaßt, fördert ärztliches Handeln, das dem Spruch folgt: in dubio contra infantem. Die großzügig ausgenutzte

---

[18] BGH, NJW 1985, 2749.

[19] BGH, NJW 1985, 2752; zu diesem und dem vorstehenden Urteil W. Grunsky, JZ 1985, 171 f.

[20] R. Stürner, FamRZ 1985, 753–760; H. Tröndle, MedR 1986, 31–36; W. Geiger, FamRZ 1986, 1–6; D. Weber, Betr. Justiz 1985, 101–103; D. Weber, DMW 1986, 433–435.

[21] JZ 1986, 122–126. Rechtsvergleichend z. dt. u. amerikanischen Recht W. Deuchler, Die Haftung des Arztes für die unerwünschte Geburt eines Kindes („wrongful birth"), 1984.

[22] Übersichtlich und zustimmend W. Grunsky, Jura 1987, 82–86, u. K. Waibl, NJW 1987, 1513–1521. Zur Begrenzung des Schadensausgleichs OLG Saarbrücken, NJW 1986, 1549.

soziale Indikation ermöglicht im Zusammenspiel mit pränataler humangenetischer Diagnostik dem Arzt eine züchterische Auswahl.[23] Diese Umstände schwächen den Schutz des ungeborenen Lebens.

262 Ungleich stärker als die Sterilisation greift die **Kastration** in die Persönlichkeit ein. Dieser Eingriff entfernt oder zerstört die Geschlechtsdrüsen und führt so zur Unfruchtbarkeit. Das Grundgesetz verbietet seine zwangsweise Vornahme. Die freiwillige Kastration regelt ein **Bundesgesetz** von 1969.[24] Danach ist „eine gegen die Auswirkungen eines abnormen Geschlechtstriebes gerichtete Behandlung, durch welche die Keimdrüsen eines Mannes absichtlich entfernt oder dauernd funktionsunfähig gemacht werden" nicht als Körperverletzung strafbar, „wenn 1. der Betroffene einwilligt, 2. die Behandlung nach den Erkenntnissen der medizinischen Wissenschaft angezeigt ist, um bei dem Betroffenen schwerwiegende Krankheiten, seelische Störungen oder Leiden, die mit seinem abnormen Geschlechtstrieb zusammenhängen, zu verhüten, zu heilen oder zu lindern, 3. der Betroffene das fünfundzwanzigste Lebensjahr vollendet hat, 4. für ihn körperlich oder seelisch durch die Kastration keine Nachteile zu erwarten sind, die zu dem mit der Behandlung angestrebten Erfolg außer Verhältnis stehen, und 5. die Behandlung nach den Erkenntnissen der medizinischen Wissenschaft vorgenommen wird."[25] Nach den mustergültigen Regeln des Gesetzes wirkt die Einwilligung nur, wenn der Betroffene „vorher über Grund, Bedeutung und Nachwirkungen der Kastration, über andere in Betracht kommende Behandlungsmöglichkeiten sowie über sonstige Umstände aufgeklärt worden ist, denen er erkennbar eine Bedeutung für die Einwilligung beimißt".[26] Erweist sich der Betroffene nicht dazu fähig, Grund und Tragweite des Eingriffs voll einzusehen, so darf die Kastration nur stattfinden, wenn der seinem Zustand entsprechend instruierte und jedenfalls die unmittelbaren Folgen einsehende Betroffene zustimmt und außerdem ein voll aufgeklärter Vormund oder Pfleger einwilligt. Kann der Betroffene auch die unmittelbaren Folgen der Kastration nicht verstehen, so darf der Arzt den Eingriff nur vornehmen, um eine lebensbedrohende Krankheit zu verhüten, zu heilen oder zu lindern.[27] Die Kastration erfordert jeweils die vorherige Konsultation einer Gutachterstelle. Der Arzt, der sie übergeht, macht sich strafbar.[28]

263 Das Gesetz gilt auch für Eingriffe, die zwar die Keimdrüsen nicht dauernd funktionsunfähig machen wollen, die aber eine solche Folge haben können, etwa hormonelle Therapien. Für sie gelten ähnliche Voraussetzungen wie bei

---

[23] R. Stürner, Jura 1987, 75–81; R. Stürner, Schriftenr. d. Jur.-Vereinigung Lebensrecht e. V. Nr. 3, 1986, 39–59.

[24] Gesetz über die freiwillige Kastration und andere Behandlungsmethoden, BGBl. I, 1143, geändert 1973, BGBl. I 1725.

[25] § 2 Abs. 1.

[26] § 3.

[27] Vgl. zu den weiteren Voraussetzungen § 3 Abs. 4.

[28] Vgl. im einzelnen §§ 5 u. 7.

der eigentlichen Kastration, wobei der Arzt freilich auch einige rechtliche Besonderheiten zu beachten hat.[29]

Der persönlichen Nöte transsexueller Menschen hat sich der Bundesgesetzgeber angenommen mit dem Gesetz über die Änderung der Vornamen und die Feststellung der Geschlechtszugehörigkeit in besonderen Fällen.[30] **264**

Der Antrag, eine **Geschlechtsänderung** im Geburtenbuch einzutragen, mußte bis dahin mangels gesetzlicher Grundlage – so der Bundesgerichtshof[31] – erfolglos bleiben. Immerhin hat das Gericht anerkannt, „daß ein Transsexueller, der schicksalhaft kraft eines unwiderstehlichen Dranges bestrebt war und ist, sich in eine dem Gegengeschlecht angehörende Person umzuwandeln, und dem diese Umwandlung auch mehr oder weniger gelungen ist, ein anerkennenswertes Bedürfnis haben kann, auch rechtlich dem Gegengeschlecht zugeordnet zu werden". Indessen dürfe man nicht übersehen, „daß eine genitalkorrigierende Operation wegen der mit ihr verbundenen Schwere des Eingriffs in organisch gesunde Körperteile und wegen ihrer die gesamte Persönlichkeit verändernden Auswirkung nur in ganz eindeutigen Ausnahmefällen, in denen sie zur Vermeidung schwerster seelischer und körperlicher Beeinträchtigungen unerläßlich erscheint, als nicht sittenwidrig bewertet werden kann". **265**

Das **Transsexuellengesetz** hat das Recht der Geschlechtsumwandlung geklärt und verbessert.[32] Nach dem Gesetz sind die Vornamen einer Person, die „sich auf Grund ihrer transsexuellen Prägung nicht mehr dem in ihrem Geburtseintrag angegebenen, sondern dem anderen Geschlecht als zugehörig empfindet und seit mindestens drei Jahren unter dem Zwang lebt, ihren Vorstellungen entsprechend zu leben", auf ihren Antrag vom Gericht zu ändern, wenn u. a. „mit hoher Wahrscheinlichkeit anzunehmen ist, daß sich ihr Zugehörigkeitsempfinden zum anderen Geschlecht nicht mehr ändern wird, und sie mindestens fünfundzwanzig Jahre alt ist" (§ 1). **266**

---

[29] § 4 „Medikamentöse Kastration)". Die Maßnahmen des § 4 sind auch bei Frauen möglich.

Stereotaktische Eingriffe „gegen die Auswirkungen eines abnormen Geschlechtstriebes" fallen nicht unter diese Vorschrift; für sie gilt – de lege lata – § 226a StGB. Nach OLG Hamm, NJW 1976, 2311, sind stereotaktische Hirnoperationen „wegen ihrer z. Z. wissenschaftlich noch nicht erforschten Auswirkungen keine geeignete Behandlungstherapie zur Heilung abartigen Sexualverhaltens".

[30] BGBl. 1980 I, 1654; V. Sigusch, NJW 1980, 2740–2745.

[31] BGH, NJW 1972, 330, mit Anm. v. A. Eberle; vgl. auch W. Uhlenbruck, Therapie der Gegenwart 1977, 2357ff., mit weiteren Hinweisen. Siehe ferner Präs. OLG Hamm, Das Standesamt 1974, 69, außerdem A. Spengler, NJW 1978, 1192, zur Transsexualität als einer Krankheit im Sinne der RVO.

[32] W. Eicher, Transsexualismus, 1984. Das TSG sieht eine kleine und eine große Lösung vor: die Änderung des Vornamens und die Änderung der Geschlechtszugehörigkeit. Aus der eher spärlichen Judikatur: OLG Hamm, MedR 1984, 146, mit Rezension von A. Schneider, MedR 1984, 141–142. Zu den rechtlichen Gesichtspunkten insgemein H.-G. Koch, MedR 1986, 172–176.

267 Vor schwierige Rechts- und Gewissensfragen stellt den Arzt ein verlangter **Schwangerschaftsabbruch.** Der Hippokratische Eid, an den sich die meisten Ärzte gebunden wissen, enthält den strengen Satz: „Ich werde niemandem, auch auf eine Bitte nicht, ein tödlich wirkendes Gift geben und auch keinen Rat dazu erteilen; gleicherweise werde ich keiner Frau ein fruchtabtreibendes Zäpfchen geben: Heilig und fromm werde ich mein Leben bewahren und meine Kunst."[33] Die Berufsordnung für die deutschen Ärzte von 1985 verpflichtet den Arzt grundsätzlich dazu, „das ungeborene Leben zu erhalten". Sie setzt freilich einschränkend hinzu: „Der Schwangerschaftsabbruch unterliegt den gesetzlichen Bestimmungen."[34] Das 15. Strafrechtsänderungsgesetz[35] hat zuletzt die Legislatur zu dem Verbot des Schwangerschaftsabbruchs und den Möglichkeiten der Zulassung zum Abschluß gebracht, nachdem das Bundesverfassungsgericht die mit dem 5. Strafrechtsreformgesetz eingeführte sogenannte Fristenregelung für grundgesetzwidrig erklärt hatte.[36] Viele Ärzte sehen sich vor einem Zwiespalt zwischen dem gesetzlich Möglichen und dem berufsethisch Erlaubten. Dieser Zwiespalt wirkt um so bedrückender, als der Gesetzgeber auch mit seinem jüngsten Werk wieder ein hohes verfassungsrechtliches Risiko einging. Er hat, wie einer der besten Sachkenner urteilt,[37] „eine hinreichend bestimmte Beschreibung der Indikationsvoraussetzungen nicht geleistet, vielleicht nicht leisten können, außerdem aber auf jede öffentlichrechtliche Kontrolle der Indikationsstellung im Einzelfall verzichtet, durch Verteilung der Verantwortung auf unübersehbar viele Schultern dem Mißbrauch eine Chance gegeben und die Strafverfolgung durch die Unbestimmtheit der Strafbarkeitsvoraussetzungen und den Ausschluß jeder präventiven öffentlichrechtlichen Aufsicht nachhaltig erschwert".

268 Der neue § 218a StGB kennt nur noch eine einzige, nämlich die **sozialmedizinische Indikation** als Rechtfertigungsgrund für einen Schwangerschaftsabbruch. Das Gesetz (Abs. 1) erlaubt ihn, „wenn 1. die Schwangere einwilligt und 2. der Abbruch der Schwangerschaft unter Berücksichtigung der gegenwärtigen und zukünftigen Lebensverhältnisse der Schwangeren nach ärztlicher Erkenntnis angezeigt ist, um eine Gefahr für das Leben oder die Gefahr einer schwerwiegenden Beeinträchtigung des körperlichen oder seelischen Gesundheitszustandes der Schwangeren abzuwenden, und die Gefahr nicht auf eine andere für sie zumutbare Weise abgewendet werden kann". Die

---

33 K. Deichgräber, Der Hippokratische Eid, ^{4}1983, 15, 34ff.

34 § 5 (Erhaltung des ungeborenen [bisher: keimenden] Lebens).

35 Vom 18. 5. 1976, BGBl. I, 1213.

36 BVerfGE 39, 1 = NJW 1975, 573.

37 K. Lackner, im vorstehend genannten, auch im Folgenden herangezogenen Aufsatz, NJW 1976, 1243. Umfassend zum Stand der Dinge, auch mit rechtstatsächlichen Hinweisen E. v. Hippel, JZ 1986, 53–60. Vgl. ferner B. Büchner, Schriftenr. d. Juristen-Vereinigung Lebensrecht e. V. Nr. 3, 1986, 9–13. Zur Statistik M. Spieker, Jura 1987, 57–60.

bisher selbständig behandelten Indikationen – die embryopathische, die kriminologische und die aus einer Notlage sich ergebende – erscheinen nur noch als Unterfälle, entsprechend einem Vorschlag des Deutschen Ärztetages: Bei Vorliegen der Unterindikationen gilt zugleich der sozialmedizinische Tatbestand kraft § 218a Abs. 2 als erfüllt. Weil jene aber nicht notwendig den sozial-medizinischen Oberfall verwirklichen, bleiben sie wie bisher selbständig und unabhängig von den Erfordernissen des Abs. 1 zu prüfen. Aus der wenig zweckmäßigen Konstruktion fließt der Zweifel, ob und wie sich nach Ablauf der Fristen des Abs. 3 für die besonderen Indikationen auf die zeitlich unbeschränkte Oberindikation zurückgreifen läßt, wenn diese nicht nur kraft unwiderleglicher Vermutung, sondern auch nach den Umständen des Einzelfalles gegeben ist. Auch besagt die „Einbindung" nichts zur fachlichen Kompetenz der Ärzte im Beratungs- und Feststellungsverfahren.

Grundsätzlich kann nur der Arzt[38] eine Schwangerschaft rechtmäßig ab- **269**
brechen. Dabei kann es sich auch um einen im Ausland tätigen und nach fremdem Recht approbierten Arzt handeln. Dagegen soll der im Beratungs- und Feststellungsverfahren nach den §§ 218b Abs. 1 Nr. 1, 219 befaßte Arzt nur ein in der Bundesrepublik approbierter sein können.[39] Leider stellt das Gesetz selbst den unterschiedlichen Inhalt des Arztbegriffs nicht klar.

Nur der ärztliche Eingriff ist rechtmäßig, in den die Schwangere eingewil- **270**
ligt hat. Spezielle Vorschriften zur Einwilligung der Schwangeren, wie sie zahlreiche Entwürfe bieten,[40] hat der Gesetzgeber einer für eine künftige Wahlperiode geplanten allgemeinen Reform der Strafvorschriften über den ärztlichen Eingriff vorbehalten. Bis dahin werden sich die in den Entwürfen gebotenen Regeln von Ärzten und Gerichten zu Hilfe nehmen lassen, wenn es gilt, die strengen Voraussetzungen der Einwilligung zu konkretisieren.

Die sozial-medizinische Indikation nach § 218a Abs. 1 Nr. 2 StGB erlaubt **271**
einen Schwangerschaftsabbruch nur subsidiär, als **letztes Mittel.** In allen Fällen bleibt zu prüfen, ob sich die der Schwangeren drohende Gefahr auf eine andere für sie zumutbare Weise abwenden läßt. Im übrigen muß der Eingriff nach ärztlicher Erkenntnis geeignet und zugleich ein angemessenes Mittel sein, um eine Gefahr für das Leben oder die Gefahr eines schwerwiegenden Nachteils für den körperlichen oder seelischen Gesundheitszustand der Schwangeren abzuwenden. Dazu können auch Zustände gehören, die keinem medizinisch fest umschriebenen Krankheitsbild entsprechen.[41]

---

[38] Der Arzt muß nicht Gynäkologe sein, was indes problematisch ist.

[39] Im Hinblick auf das in der Bundesrepublik geltende Standesrecht, auf dem das Beratungs- und Feststellungssystem mit beruht; vgl. K. Lackner, NJW 1976, 1237.

[40] K. Lackner, NJW 1976, 1237.

[41] Zu den Voraussetzungen der Indikationen im einzelnen kritisch und eingehend K. Lackner, NJW 1976,1237ff., mit weiteren Nachweisen. Vgl. auch G. E. Schrömbgens, Die Fruchtschadensindikation zum Schwangerschaftsabbruch, iur. Diss. Heidelberg, 1976.

272 Das **Beratungssystem** regelt § 218b StGB.[42] Die Beratungspflicht nach Abs. 1 dieser Vorschrift besteht bei jedem Schwangerschaftsabbruch und umfaßt zweierlei. Abs. 1 Nr. 1 erfordert eine Sozialberatung, „insbesondere über solche Hilfen, die die Fortsetzung der Schwangerschaft und die Lage von Mutter und Kind erleichtern". Welche fachliche Qualifikation der Sozialberater erfüllen muß, bestimmt der folgende Absatz. Den kritischen Punkt bildet dabei Abs. 2 Nr. 2c, der jeden Arzt als Berater zuläßt, wenn er nur nicht selbst den Abbruch vornimmt, nach dem Recht der Bundesrepublik approbiert ist und sich bei einem mit der Sozialberatung Schwangerer betrauten Arzt, bei einer Sozialbehörde oder „auf andere geeignete Weise" über die im Einzelfall zu Gebote stehenden Hilfen unterrichtet hat. Damit hat der Gesetzgeber „das Einstehen für fachkundige und wirksame Beratung mit einer an Unbestimmtheit kaum zu überbietenden Generalklausel auf die Ärzte in ihrer Gesamtheit abgewälzt. Und die Gerichte werden sich jetzt mit der Frage herumschlagen müssen, unter welchen näheren Voraussetzungen sich ein regelmäßig mit dem Sozialrecht und den Möglichkeiten sozialer Hilfe nicht vertrauter Arzt in ‚geeigneter Weise' unterrichtet hat."[43] Der pflichtbewußte Arzt wird eine ihm fachfremde und seine Kompetenz übersteigende Sozialberatung nicht übernehmen, die Schwangere vielmehr zu einer Beratungsstelle oder einem anerkannten Berater schicken.[44] Weil die Indikation in das soziale Feld hineinreicht, stellt sie den eingreifenden wie den zur Feststellung der Angezeigtheit berufenen Arzt vor höchst schwierige Aufgaben, die unlösbar bleiben können. Der überforderte Arzt muß sich zurückhalten. Neben der Sozialberatung verlangt das Gesetz in Abs. 1 Nr. 2, daß die Schwangere von einem Arzt „über die ärztlich bedeutsamen Gesichtspunkte" beraten wird.

273 Das **Feststellungssystem** regeln die §§ 219 und 219a StGB. Ein rechtmäßiger Schwangerschaftsabbruch erfordert die schriftliche Feststellung eines anderen Arztes über die Indikationsvoraussetzungen, die den eingreifenden Arzt freilich nicht bindet.[45] Der Gesetzgeber hat auf bedenkliche Weise jeden beliebigen in der Bundesrepublik approbierten Arzt ohne besondere fachliche Qualifikation und öffentlichrechtliche Kontrolle zu der nach § 219 Abs. 1 erforderlichen Feststellung ermächtigt.

---

[42] Für die materielle Rechtfertigung eines Schwangerschaftsabbruchs ist die Beratung ohne Belang.

[43] K. Lackner, NJW 1976, 1240. Bedenken gegen die Eignung des Arztes als Sozialberater hatte das BVerfG (E 39,1 = NJW 1975, 573) geäußert.

[44] Vgl. M. Koschorke u. J. F. Sandberger (Hg.), Schwangerschaftskonfliktberatung, 1978.

[45] Ob der Eingriff straflos bleibt, bemißt sich allein nach den Voraussetzungen des § 218a. Der ohne schriftliche Feststellung eingreifende Arzt verwirkt die Ungehorsamsstrafe nach § 219 Abs. 1. Zu den neuen Sanktionen der §§ 219 Abs. 2 u. 219a siehe K. Lackner, NJW 1976, 1241. – Nur am Rande sei noch angedeutet, daß Sterilisation und Schwangerschaftsabbruch in den Schutz des Sozialrechts aufgenommen worden sind; vgl. BGBl. 1975 I, 2289.

Die sozial-medizinische Indikation berechtigt den Arzt zum Eingriff, verpflichtet ihn aber nicht dazu. Nach der **Freistellungsklausel**[46] ist niemand verpflichtet, an einem Schwangerschaftsabbruch mitzuwirken. Das Weigerungsrecht, das keinen Gewissensvorbehalt darstellt, gilt in vollem Umfang auch für den Kassenarzt. Die Freistellungsklausel verleiht dem persönlichen Entschluß des Arztes Vorrang vor dem Organisations- und Direktionsrecht des Krankenhausträgers. Kommunale oder staatliche Krankenhausträger können die Klausel durch arbeitsrechtliche Mittel grundsätzlich nicht aus dem Wege räumen oder aushöhlen. Können öffentliche Krankenhausträger – im Unterschied zu privaten – etwa durch Beschluß von Gemeinde- oder Kreisparlamenten medizinisch nicht indizierte Schwangerschaftsabbrüche untersagen, weil ihnen als Betriebsinhabern und Trägern der Organisationsgewalt das Recht zusteht, das Leitungsangebot ihrer Häuser zu bestimmen? Dem steht der Sicherstellungsauftrag der öffentlichen Krankenhausträger entgegen. Zwar kann die Schwangerschaft nicht als Krankheit, ihr Abbruch darum prinzipiell nicht als Heileingriff im Sinne der bisher anerkannten Krankenhauszwecke gelten. Doch hat das neue Recht die Aufgaben der öffentlichen Krankenhäuser erweitert. Außerdem dürfen Kommunalparlamente Beschlüsse des Bundesgesetzgebers nicht ablehnen oder unterlaufen.[47] 274

Die Bundesärztekammer hat nachdrücklich ihre Sorge über die **Zunahme der Abtreibungen** aus sozialer Indikation zum Ausdruck gebracht. Trotz aller Schwächen hält das deutsche Gesetz im internationalen Vergleich eine mittlere Linie. Es gibt dem Arzt einen nicht unbeträchtlichen legalen Spielraum und erscheint gekennzeichnet durch ein starkes Vertrauen in die Integrität der Ärzteschaft wie in ihr Verantwortungsbewußtsein. 275

Zu dem Verhängnis der ausgeuferten, kaum noch gehemmten Abtreibungspraxis tragen Ärzte bei. Die Ärzteschaft zeigt sich – wie das Publikum – in dieser Grundfrage des Lebensschutzes tief gespalten: Es gibt Ärzte, die der weitgefaßten sozialmedizinischen Indikation ablehnend gegenüberstehen, und solche, die ihr folgen oder gar gerichtlich einen Rechtsanspruch darauf geltend machen, als Einrichtung für die Vornahme ambulanter Schwangerschaftsabbrüche zugelassen zu werden. Das *BVerwG* wies zu Recht die Klagen niedersächsischer und baden-württembergischer Ärzte ab, deren Anträge auf Zulassung ihrer gynäkologischen **Praxen für ambulante Abtreibungen** von den zuständigen ärztlichen Gesundheitsbehörden abgelehnt worden waren.[48] 276

---

[46] Art. 2 des 5. StrRG.

[47] Vgl. zum Ganzen G. Hirsch u. W. Weissauer, außerdem K. Grupp, NJW 1977, 329, jeweils mit Nachweisen.

[48] BVerwG, DÖV 1987, 546 = DVBl. 1987, 681 mit zust. Anm. von H. Goerlich; ähnlich H. Lecheler, MedR 1985, 214–217.

277 Das grundlegende Urteil des *BVerfG*[49], das die Fristenlösung verwarf und dem Lebensschutz der Leibesfrucht prinzipiell für die gesamte Dauer der Schwangerschaft Vorrang vor dem Selbstbestimmungsrecht der Mutter zusprach, hat die Frage nicht deutlich genug geklärt, ob und inwieweit die strafgesetzlichen **Indikationen** die Tötung ungeborener Menschen **rechtfertigen oder nur straflos stellen.** Das Reformsystem ließ jedenfalls die ausnahmsweise Abbruchmöglichkeit ohne wirksame Aufsicht zur praktischen Regel werden, wobei sich die Konjunktur der Eingriffe außerhalb der Kontrolle durch das *BVerfG* vollzieht. Das Ausmaß der zumeist nach der sozialen Indikation und vielfach auf Krankenschein oder mit öffentlichen Beihilfen erfolgenden Schwangerschaftsabbrüche hat die Kritik an einem Zustand verstärkt, der sich nachteilig auf den Lebensschutz überhaupt und auf die Rechtsidee auswirken muß.

278 Nach vordringender, wohlbegründeter Ansicht stellt die soziale Indikation keinen Rechtfertigungsgrund dar[50] und verstoßen die §§ 200f, 200g RVO, soweit sie den sozial indizierten Schwangerschaftsabbruch als **Leistungstatbestand** umfassen, gegen das Grundgesetz.[51] Das Sozialgericht Dortmund hat dem *BVerfG* die Frage der Verfassungsmäßigkeit dieser Regel in den Fällen nichtmedizinischer Indikationen vorgelegt. Das *BVerfG* hat den Vorlagebeschluß indessen für unzulässig erklärt, in der Sache selbst also nicht entschieden.[52] Darum bestehen die verfassungsrechtlichen Bedenken und Kontroversen in Theorie und Praxis fort. Eine Entscheidung durch das höchste Gericht bleibt erwünscht, solange der Gesetzgeber nicht handelt.[53]

279 Als ethisch wie rechtlich in vielem zweifelhaft erweist sich die durchaus häufig praktizierte **künstliche Insemination,**[54] nämlich die auf andere Weise als durch Geschlechtsverkehr erfolgende Übertragung männlichen Spermas zur Befruchtung einer Frau. Dem unbedingten Verdikt der Katholischen Kirche stehen differenziertere Ansichten in der Evangelischen Kirche gegenüber, die aber die heterologe Insemination überwiegend gleichfalls ablehnen, also die Insemination bei einer unverheirateten Frau oder bei einer Ehefrau mit dem Samen eines anderen als des ehelichen Mannes. Die heterologe

---

[49] BVerfGE 39,1 = NJW 1975, 573. Den Vergleich zur Rechtsprechung d. United States Supreme Court zieht W. Brugger, NJW 1986, 896–901.

[50] C. Belling, Ist die Rechtfertigungsthese zu § 218a StGB haltbar?, 1987; W. Geiger, Jura 1987, 60–65; H. Tröndle, Jura 1987, 66–75; vgl. auch ArbG Iserlohn, NJW 1986, 2393.

[51] J. Isensee, NJW 1986, 1645–1651; vgl. auch W. Philipp, Jura 1987, 86–92.

[52] Vgl. SG Dortmund, MedR 1984, 113; W. Esser, MedR 1983, 57–60; O. Gritschneder, MedR 1984, 99–101.

[53] Zur Unzulässigkeit der Annahme eines ärztlichen Beurteilungsspielraumes bei der Indikationsfeststellung W. Kluth, NJW 1986, 2348—2350.

[54] Vgl. dazu u. zur Eierstocktransplantation und Embryoverpflanzung auch D. Giesen, Die zivilrechtliche Haftung des Arztes, 34ff., ferner J. Pasquay, Die künstliche Insemination, iur. Diss. Freiburg, 1968.

Insemination mit gewollter Anonymität des Spermators verstößt gegen die Menschenwürde nach Art. 1 Abs. 1 des Grundgesetzes.[55] Denn sie trifft das Kind systematisch in dem Recht, seine blutmäßige Herkunft zu erfahren. Das Bild der anonymen heterologen Insemination zeigt sich belastet mit dem für das Schicksal seiner Nachkommenschaft ganz unempfindlichen Samenproduzenten und einer Mutter, die es der Retorte überläßt, von wem ihr Kind abstammt. Die verheiratete Mutter nimmt den Gatten als beliebig austauschbar hin. Gleichwohl hat der Ausschuß für Rechtliche Zusammenarbeit des Straßburger **Europarats** den Vorschlag eines juristisch-medizinischen Sachverständigengremiums übernommen und eine Gesetzesinitiative zur Regelung der heterologen Insemination in den Mitgliedstaaten ergriffen.[56] Der **Gesetzesvorschlag** anerkennt alle typischerweise bei der Vornahme einer heterologen Insemination getroffenen Abreden und garantiert die Anonymität des Samenspenders wie den endgültigen Ausschluß aller verwandtschaftlichen Bande samt der Unterhaltspflichten. Die heterologe Insemination soll nur stattfinden dürfen, wenn das Wohl des zukünftigen Kindes gesichert erscheint – und darüber soll der Arzt entscheiden. Der Arzt soll auch ausnahmslos die Identität des Samenspenders und grundsätzlich diejenige der Frau und ihres Ehemannes ebenso geheimhalten wie die heterologe Insemination selbst. Bezeichnenderweise begründet der Straßburger Sachverständigenausschuß die gesetzliche Garantie der Spenderanonymität mit der Erwägung, ohne sie ließen sich nicht genügend Männer für die Spermaspende finden.

Der Entwurf erweitert die Rechtsposition des Arztes auf Kosten anderer 280
Beteiligter in einem Maße, das seine bisher anerkannten und wohlbemessenen Befugnisse bei Therapie und Heilversuch weit überschreitet. Die Straßburger Initiative verfolgt das Interesse von Ärzten, die einen möglichst ungehinderten, von Rechtsfolgen weithin freien Spielraum gewinnen möchten; sie **vernachlässigt** kraß die **Persönlichkeitsrechte** des aus eugenischen Manipulationen entstehenden Menschenlebens. Setzte der Entwurf sich durch, gewännen auch andere problematische Techniken weiter Raum, die sich in manchem weder berufsethisch noch rechtlich von der heterologen Insemination unterscheiden: Befruchtungen in der Retorte, Embryo-Transfers, Samen- und Foetenbanken, Keimdrüsentransplantationen, ungeschlechtliche Vermehrungen durch Cloning und die Kreation von Mensch-Tier-Hybriden.

---

[55] Dürig (1958), in: Maunz-Dürig, Komm. z. GG, 1987, Art. 1 Rdnr. 39, mit weiteren Nachweisen. D. Giesen, Die künstliche Insemination, 174 ff., gleichfalls unter Hinweis auch auf den Widerspruch zu Art. 6 GG.

[56] M. Balz, Heterologe künstliche Samenübertragung beim Menschen. Rechtliche und politische Überlegungen zu einem Vorhaben des Europarats, 1980. Dazu gleichfalls trefflich D. Giesen, Heterologe Insemination – Ein neues legislatorisches Problem? Zu einer Gesetzgebungsinitiative des Europarats, FamRZ 1981, 413–418. – Den englischen Text der Resolution und Beiträge zum internationalen Recht bietet Volume I, 1, 1982, der Zeitschrift Medicine and Law.

281 Wenn das Vorhaben des Europarats sich über bisher anerkannte Schranken zum Schutze neuen Lebens hinwegsetzt, so läßt es sich auch nicht mit dem Hinweis auf das Recht der Adoption rechtfertigen. Die Annahme als Kind erfolgt unter strengen Kautelen durch Fürsorgeakt des Vormundschaftsgerichts. Sie erfüllt wichtige soziale Aufgaben. Sie bietet nicht nur dem Annehmenden Ersatz für fehlende eigene Abkömmlinge, stillt nicht nur die Sehnsucht nach dem Kind in unfruchtbaren Ehen; sie kann vor allem in vielen Fällen Kindern bessere Entwicklungsmöglichkeiten als bei den Blutsverwandten eröffnen, Waisen und nichtehelichen Kindern familiäre Geborgenheit verschaffen, die Heime nicht in gleicher Weise geben können. Eine solche Hilfe für das geborene Kind aber bedeutet etwas grundsätzlich anderes als die Zeugung durch heterologe Insemination, bei der die Beteiligten das neue Leben bewußt in den mißlichen Zwiespalt zwischen genetischem und rechtlichem Status führen und ihm seine natürliche Herkunft verborgen halten wollen.[57] Auch die Incognitoadoption, bei der die einwilligenden Eltern die als solche schon feststehenden Annehmenden nicht kennenlernen, um die volle Integration des Kindes in den neuen Lebenskreis zu erleichtern,[58] trennt die alten natürlichen und rechtlichen Bande nicht völlig. Vor allem bleibt dem Adoptierten die Möglichkeit, jedenfalls nach der Volljährigkeit Beziehungen zu den natürlichen Eltern aufzunehmen.

282 Die künstliche Fremdinsemination bildet wie der Schwangerschaftsabbruch den Gegenstand eines fundamentalen gesellschaftlichen Dissenses. Erscheint sie den einen als Ausweg in existentieller Not, als letzte Chance einer vollwertigen Ehe, so gilt sie anderen als schwerer Angriff auf die Gebote des Gewissens, auf die verfassungsrechtliche Garantie der Menschenwürde und die Ordnung von Ehe und Familie. Diese prinzipielle Verschiedenheit der Standpunkte berührt den Konsens über die sittlichen Grundlagen des Zusammenlebens in der Gemeinschaft, der Verfassung und Gesetz trägt. Das Eingreifen des Gesetzgebers verstieße in dieser Lage gegen das von Adolf Arndt[59] herausgearbeitete Gebot, „den Rechtsgedanken so zu entwickeln, daß er gemeinschaftsbildend für jedermann offen und darum verbindlich sein kann“. Das Recht darf niemandes Gewissen verletzen, wenn seine Autorität nicht Schaden nehmen soll. Was der Arzt durch ein Inseminationsgesetz an beruflichen Möglichkeiten gewänne, verlöre er an beruflicher Würde, weil er seine Aufgabe als Beschützer allen menschlichen Lebens verfehlte.

283 Der Arzt wird darum eine heterologe Insemination rechtlich noch vertreten können, wenn folgende Voraussetzungen erfüllt sind:[60] Inanspruchnahme

---

[57] E.-W. Hanack, Die künstliche Insemination, in: A. Mergen (Hg.) III, 168–199 (190).

[58] § 1747 Abs. 3 BGB. Das BVerfG hat die Incognitoadoption gebilligt (BVerfGE 24, 119ff., 153f.). Unwirksam ist die Blankoadoption.

[59] Gesammelte juristische Schriften, 1976, 40f. Vgl. auch J. Esser, Vorverständnis und Methodenwahl in der Rechtsfindung, 1970, 14ff.

[60] E.-W. Hanack, Die künstliche Insemination, 189.

nur eines Samenspenders für jede Insemination in der Gewißheit, daß ein früherer Versuch mit dem Sperma eines anderen Gebers nicht zur Konzeption führte; Aufklärung des Spenders darüber, daß das Kind seine Ehelichkeit anfechten und dann – unverzichtbar – die Vaterschaft des Samengebers mit allen Rechtsfolgen feststellen lassen kann; Zustimmung der Ehefrau des Spermaspenders; Hinweis darauf, daß der Arzt nach erfolgreicher Ehelichkeitsanfechtung den Namen des Spenders nicht geheimhalten darf; Unterrichtung der Ehegatten über diese Situation; schließlich einwandfreie Dokumentation aller Vorgänge bei einem Rechtsanwalt oder Notar, der die Befugnis erhält, nach erfolgreicher Ehelichkeitsanfechtung den Namen des Spenders zu offenbaren.

Nach einem jüngeren Urteil des *BGH* besteht keine Möglichkeit, das **284** Recht des Scheinvaters zur Anfechtung der nach § 1591 BGB vermuteten Ehelichkeit des Kindes rechtsgeschäftlich auszuschließen.[61]

Als weniger kritisch erweist sich die Rechtslage bei der einverständlichen **285** **homologen Insemination,** einer möglichen Sterilitätstherapie bei Eheleuten, die auch arztethisch als vertretbar gelten kann. Das auf solche Weise gezeugte Kind ist ehelich. Als Mitbeteiligter am Schöpfungsakt trifft den Arzt freilich nicht nur die Pflicht, medizinisch angemessen und sorgfältig zu verfahren, sondern auch streng auf Kontraindikationen zu sehen, insbesondere gesundheitliche Gefahren für die Eltern wie das Kind zu beachten. Bei einem hohen Prozentsatz steriler Eltern wird sich darum eine homologe Insemination von vornherein verbieten.

Im ganzen ziehen Recht und Standesethik dem Arzt also enge Grenzen für **286** die künstliche Insemination. Wo sie vertretbar erscheint, gelten strenge Kautelen. Strafbar ist die künstliche Insemination als solche nach geltendem Recht indessen nicht, auch dann nicht, wenn der Konsens fehlte, soweit jedenfalls die Grenzen strafbaren Zwangs gewahrt bleiben; zivilrechtlich kommt hier eine Verletzung des allgemeinen Persönlichkeitsrechts in Betracht.[62]

Die arztethischen wie arztrechtlichen Probleme der medizinisch eingeführ- **287** ten Insemination steigern und erweitern sich beträchtlich bei der noch in der klinischen Entwicklung begriffenen **In-vitro-Fertilisation mit folgendem Embryotransfer.** Angewandte Wissenschaft vermag den anders unerfüllbaren Wunsch nach einem Kind einzulösen durch künstliche Insemination, Retortenbefruchtung, Embryoverpflanzung, wie die Medizin andererseits mittels verfeinerter Methoden unerwünschter Empfängnis, Schwangerschaft und Geburt wirksam entgegenzutreten weiß durch Verhütungsmittel, präna-

---

[61] BGH, NJW 1983, 2073 = MedR 1983, 182; dazu D. Coester-Waltjen, NJW 1983, 2059f.

[62] Vgl. im übrigen D. Giesen, Die zivilrechtliche Haftung des Arztes, 34ff.

tale Diagnostik und Abtreibung: „gemachte und weggemachte Kinder".[63] Ein Kind kann nicht weniger als fünf Elternteile haben: So können die genetischen Eltern Sperma und Eizellen spenden, um diese Gaben im Reagenzglas vereinigen zu lassen. Der sich entwickelnde Embryo mag dann im Wege der Implantation eine Surrogatmutter erhalten, die das Kind austrägt und es nach der Geburt den Wunscheltern überläßt.[64] Die neuen Techniken stellen nicht nur Ei- und Samenzellen, sondern auch frühes menschliches Leben im Labor und für die Konservierung zu Gebote. Die Möglichkeit der Produktion genetisch völlig identischer oder generationenversetzter Individuen gewinnt Gestalt. Die artifizielle Reproduktion liefert menschliches Gewebe für Experimente und genetische Manipulationen, die Naturwissenschaft, Medizin und Industrie verlocken. Die Fortpflanzungsmedizin öffnet der Gentechnologie die Tore. Mit Grund gewannen die dadurch aufgeworfenen, tiefgreifenden Rechtsfragen ein verbreitetes fachliches wie öffentliches Interesse.

288 Wie schon die *Benda*-Kommission in ihrem Bericht[65] unter Hinweis auf den Facharzt-Beschluß des *BVerfG*[66] darlegte, übersteigen die anstehenden Fragen die rechtliche Kompetenz von Berufsverbänden und Kammern. Gefordert bleibt nach nun vorherrschender Ansicht der Gesetzgeber selbst. Zahlreiche interdisziplinäre Tagungen und Publikationen haben ihm das Feld vorbereitet. Hervorgehoben seien die umsichtigen und kritischen Maßgaben des 56. Deutschen Juristentages 1986 zu Berlin[67] und des Deutschen Richterbundes.[68] Der verdienstliche, gründliche Bericht der Enquete-Kommission „Chancen und Risiken der Gentechnologie" des Deutschen Bundestages[69] enthält die beiden folgenden kategorischen Sätze: „Ausgangspunkt aller Bewertung muß sein, daß die Menschlichkeit des Menschen im Kern auf natürlichem Werden beruht, nicht auf technischem Herstellen und nicht auf einem sozialen Akt der Anerkennung. Die Würde des Menschen gründet

---

[63] Kritisch und eindrucksvoll P. Petersen, Schwangerschaftsabbruch – unser Bewußtsein vom Tod im Leben, tiefenpsychologische und anthropologische Aspekte der Verarbeitung, 1986. Vgl. auch M. Stauber, in: H. Helmchen u. R. Winau (Hg.), Versuche mit Menschen in Medizin, Humanwissenschaft und Politik, 1986, 150–171.

[64] Worauf D. Giesen hinwies; von dessen gewichtigen einschlägigen Arbeiten sei hier noch der Beitrag genannt in: Zur christlichen Berufsethik, Kirche im Gespräch (Bistum Essen) 4, 1986, 24–35.

[65] BMFT (Hg.). In-vitro-Fertilisation, Genomanalyse und Gentherapie, 1985, 11; R. Scholz, in: Bitburger Gespräche Jb. 1986/1, 1986, 88.

[66] BVerfGE 33, 125 = NJW 1972, 1504.

[67] Gutachten: C. Starck u. D. Coester-Waltjen, Die künstliche Befruchtung beim Menschen – Zulässigkeit und zivilrechtliche Folgen, 1986; Referate von D. Krebs, F. Böckle und D. Giesen; die Beschlüsse auch in NJW 1986, 3069f. = MedR 1986 (Heft 6), S. VIff. Bericht des Vorsitzenden H. Franzki, MedR 1987, 36–39.

[68] DRiZ 1986, 229f.

[69] BT-Dr 10/6775 v. 6. 1. 1987, auch als Buch erschienen. Vors.: W.-M. Catenhusen. – Zum DiskussionsE e. EmbryonenSchG H.-L. Günther, GA 1987, 433–457.

wesentlich in der Geburtlichkeit und der Naturwüchsigkeit seines Ursprungs, die er mit allen anderen Menschen teilt."

Mag über diese Prämisse weithin Einmütigkeit bestehen, so ließen die meist anspruchsvollen Diskussionen die Konsequenzen und gewichtige Sachfragen im Dissens. Es geht vornehmlich um den **Lebensschutz** für den ungeborenen Menschen, dessen Dasein mit der Konjugation von Ei- und Samenzelle beginnt,[70] und um den Inhalt der Menschenwürde, die das Grundgesetz dem Zugriff selbst des Gesetzgebers entzogen hat. Prinzipielle Einwände gegen die In-vitro-Fertilisation bestehen unausgeräumt weiter: die medizinische Zweifelhaftigkeit der Indikation; die Überforderung des Arztes durch eine Schöpferrolle mit unvermeidlich menschenzüchterischer Funktion; die Zeitgestalt der menschlichen Person (*Robert Spaemann*), deren Anfang nicht das zweckrationale Werk menschlicher Hände sein darf; das geltende, Forscher und Arzt bindende Recht der Neulandmedizin.[71] **289**

Gleichwohl hat der *BGH* – anders als die Vorinstanz[72] – entschieden, ein privater Krankenversicherer müsse die **Kosten** einer homologen extrakorporalen Befruchtung tragen.[73] Der Eingriff gelte „heute als wissenschaftlich allgemein anerkannte Behandlungsmethode" und sei darum als medizinisch notwendige Therapie im Sinne der Versicherungsbedingungen anzusehen. Die Frau dürfe aber den kostspieligen und erfolgsunsicheren Eingriff mit Rücksicht auf die Versichertengemeinschaft zu deren Lasten nicht beliebig oft versuchen lassen. Nach überzeugendem Urteil des *BSG*[74] besteht kein sozialversicherungsrechtlicher Anspruch auf Krankenhilfe für eine Refertilisierung nach bewußt herbeigeführter Unfruchtbarkeit. **290**

Die Ärzteschaft selbst hat sich in ihrer **Berufsordnung** auf die folgenden Maßgaben festgelegt: Die künstliche Befruchtung einer Eizelle außerhalb des Mutterleibes und die anschließende Einführung des Embryos in die Gebärmutter ist als Maßnahme zur Behandlung der Sterilität eine ärztliche Tätigkeit und nur im Rahmen der von der Ärztekammer als Bestandteil der Berufsordnung beschlossenen Richtlinien zulässig. **291**

Jeder Arzt, der diese Maßnahme durchführen will und für sie die Gesamtverantwortung trägt, hat sein Vorhaben der Ärztekammer anzuzeigen. Diese muß prüfen, ob die berufsrechtlichen Anforderungen erfüllt sind.

---

[70] F. Büchner, Der Mensch in der Sicht moderner Medizin, 1985; E. Blechschmidt, Wie beginnt das menschliche Leben, ^{5}1984.

[71] Näheres bei A. Laufs, Rechtliche Grenzen der Fortpflanzungsmedizin, 1987. Vgl. auch die Kritik von Jacques Testart, L'œuf transparent, 1986 (Flammarion).

[72] OLG Nürnberg, NJW 1985, 2203 = MedR 1985, 288.

[73] BGH, NJW 1987, 703 = MedR 1987, 182, mit abl. Besprechung von M. Pap = JZ 1987, 622 mit zust. Anm. von W. Selb. Vgl. ferner einerseits OLG Karlsruhe, NJW 1986, 1552; OLG Stuttgart, NJW 1986, 1553 (mit BGH, VersR 1987, 280) andererseits; ArbG Düsseldorf, NJW 1986, 2394: Lohnfortzahlung bei Arbeitsunfähigkeit wegen künstlicher Befruchtung.

[74] BSG, NJW 1986, 1572 = MedR 1986, 341.

Kein Arzt kann gegen seinen Willen verpflichtet werden, an einer In-vitro-Fertilisation oder einem Embryotransfer mitzuwirken.[75]

292 Manche Rechtsunsicherheit herrscht schließlich auf dem Feld der **klinischen Sektionen,**[76] das der Gesetzgeber weithin ungeregelt ließ.[77] Der postmortale Eingriff einer inneren Leichenschau erscheint von geringerer Schwere als die Transplantatentnahme:[78] er versehrt zwar gleichfalls den toten Körper, ohne ihm aber ein Organ für einen Lebenden entziehen zu wollen. Dennoch regt sich auch gegen diesen Eingriff der zuweilen heftige und bis in die Landesparlamente gelangende Protest von Angehörigen. Er beruft sich auf den entgegenstehenden Willen des Verstorbenen wie seiner Verwandten und das Gebot der Pietät. Auf der anderen Seite steht das den medizinischen Fortschritt fördernde wissenschaftliche Interesse an der Obduktion mit dem Ziel, Erkenntnisse für Diagnose und Therapie zu gewinnen. Die Autopsie soll Grundkrankheit und Todesursache abklären und dadurch eine fortwährende **Qualitätskontrolle** der klinischen Diagnostik und Therapie gewährleisten. Sie stellt darum auch ein unentbehrliches Mittel der Ausbildung dar. Die Fortschritte der Medizin mit ihren zunehmend aggressiven Methoden verlangen stetiges Überprüfen durch eine hohe Autopsie-Rate. Mit nur etwa zehn Prozent der Todesfälle liegt sie in der Bundesrepublik eindeutig zu niedrig. Außerdem kann die Sektion der Vorsorge für die Hinterbliebenen dienen.[79] Ernsthafte ethische oder verfassungsrechtliche Bedenken stehen der klinischen Sektion nicht entgegen. „Wenn die Modalitäten ‚menschenwürdig' sind, wird man dem tiefen Grundsatz: ‚Der Lebende hat recht' folgen müssen, wird also die volle Integrität des menschlichen Leichnams dem medizinischen Forschungsbedürfnis zum Heil der Lebenden opfern müssen. – Dies sicherlich dann, wenn das primäre, über den Tod hinauswirkende Selbstbestimmungsrecht oder das sekundäre Bestimmungsrecht der Angehörigen nicht ausdrücklich geäußert dagegenstehen."[80]

293 Diese Sätze bezeichnen zutreffend den Ausgangspunkt, lassen aber weitere Fragen zur Einwilligung offen. Aus dem weiten und uneinheitlichen Spektrum der Rechtslehren läßt sich jedenfalls als ganz überwiegende und gesi-

---

[75] BO § 6a, Deutsches ÄrzteBl. 1985, 3372; die Richtlinien zur Durchführung von In-vitro-Fertilisation und Embryotransfer als Behandlungsmethode der menschlichen Sterilität ebenda, 1691–1698.

[76] Die verschiedenen Fälle der Leichenöffnung in rechtlicher Übersicht bei W. Uhlenbruck, Die Zulässigkeit klinischer Sektionen. Zum „Verkauf" von Körperbestandteilen an die pharmazeutische Industrie H.-J. Rieger, DMW 1978, 290.

[77] Vgl. außer den vorstehend genannten Titeln etwa noch B. Müller, Gerichtliche Medizin, ^{2}1975, 8–39; P. Bockelmann, 106f.; M. Kohlhaas, 117f; H.-J. Rieger, Lexikon des Arztrechts, Rdnr. 1675ff., R. Zimmermann, NJW 1979, 569ff.

[78] Zur Transplantationsproblematik siehe das vorstehende Kapitel.

[79] Im Zusammenhang mit Renten- oder Versicherungsansprüchen, medizinisch auch im Hinblick auf Erbleiden oder Infektionskrankheiten.

[80] Dürig (1958), in: Maunz-Dürig, Komm. z. GG, 1987, Art. 1 Rdnr. 26.

cherte Ansicht festhalten, daß die klinische Sektion tatbestandsmäßig nicht gegen § 168 StGB verstößt.[81] Zivilrechtlich kann die eigenmächtige Sektion sich als Persönlichkeitsrechtsverletzung darstellen und eine Sanktion, nämlich ein Schmerzensgeld, auslösen,[82] wenn sie rechtswidrig ist. Ein Teil der Autoren sieht in der Obduktion einen Verstoß gegen das Recht, wenn weder der Verstorbene noch seine nächsten Angehörigen[83] einwilligten. Wohl die meisten Verfechter dieser Ansicht begnügen sich freilich vernünftigerweise mit einer **generellen Einwilligung,** die mit der Unterschrift auf das eine Sektionsklausel[84] enthaltende Aufnahmeformular der Klinik als erteilt gilt. Einen Kranken gezielt um sein Einverständnis anzugehen, verbietet sich regelmäßig ebenso wie das Befragen der unter dem Eindruck oder Schock des Todesfalles stehenden Hinterbliebenen. So wird denn von Rechts wegen eine generelle Einwilligung genügen. Ohne die wissenschaftlichen Aufschlüsse umfassender Sektionen kann eine qualitätsbewußte und fortschreitende Medizin nicht bestehen. Wer ihre Dienste in Anspruch nimmt, soll darum seinerseits das Erforderliche beitragen. Diese Pflicht der **Patientenethik** rechtfertigt ein gemäßigtes Einwilligungsverfahren. Das Arztrecht hat die Freiheitsrechte des Patienten behutsam mit sozialen Erfordernissen zu vereinen. Eine indizierte Obduktion ohne besonderes Nachsuchen um Erlaubnis darf der Arzt danach also durchführen, wenn eine formularmäßige Einwilligung vorliegt oder ein Befragen nächster Angehöriger untunlich erscheint, was vielfach vorkommen wird. Ein besonderer **Widerspruch des Verstorbe-**

---

[81] Störung der Totenruhe. Vgl. Th. Lenckner, in: A. Schönke u. H. Schröder, StGB Kommentar, [22]1985, Rdnr. 6, mit weiteren Belegen. Siehe auch OLG München, NJW 1976, 1805: „Die ohne Einwilligung des Verstorbenen oder seiner totensorgeberechtigten Angehörigen vorgenommene klinische Sektion (innere Leichenschau) ist rechtswidrig; sie ist gleichwohl nicht strafbar, solange sich die Leiche noch in der Obhut allein der (die Sektion veranlassenden) Klinik befindet."

[82] Hier ist so gut wie alles streitig; vgl. die Angaben oben in Kap. V um Anm. 25.

[83] Auch hier bleibt manches kontrovers; vgl. oben Kap. V, Anm. 20. Die Allg. Vertragsbestimmungen der Bad.-Württ. Krankenhausgesellschaft e. V. bestimmen in § 12 Abs. 1 b: „Nächste Angehörige sind der Reihe nach der Ehegatte, die Kinder, die Eltern, die Geschwister."

[84] Ein abgewogener Vorschlag des Pathologischen Instituts Freiburg (W. Sandritter) von 1974 sieht für die Aufnahmebestimmungen der Universitätskliniken eine Klausel folgenden Wortlauts vor: „Im Falle des Ablebens eines Patienten im Bereich der Universitätskliniken bedarf es einer Obduktion durch das Pathologische Institut der Universität Freiburg, wenn a. die Fürsorge für die Hinterbliebenen (z. B. bei Renten- oder Versicherungsansprüchen) oder die Rücksicht auf die Gesundheit der überlebenden Familie (z. B. bei Erbleiden oder Infektionskrankheiten) dies verlangt, b. ein besonderes, dem medizinischen Fortschritt dienendes, wissenschaftliches Interesse besteht mit dem Ziel, ähnliche Erkrankungen künftig früher erkennen und besser behandeln zu können, c. die klinische Todesursache zur Eintragung in den Leichenschauschein ermittelt werden muß. Der Patient anerkennt diese Notwendigkeit und willigt in eine eventuell notwendig werdende Obduktion ein. Diese Einwilligung kann während des Klinikaufenthaltes durch schriftliche Erklärungen gegenüber dem geschäftsführenden ärztlichen Direktor der Klinik widerrufen werden."

nen oder seiner Hinterbliebenen hindert den Arzt von Rechts wegen an dem Eingriff nicht, sofern die Notwendigkeit der Sektion bei Abwägung der widerstreitenden Interessen das Selbstbestimmungsrecht, die Pietät oder ein religiöses Empfinden wesentlich überwiegt.[85] Trotz der Überwindbarkeit des Widerspruchs empfiehlt sich der formularmäßige Hinweis auf die Möglichkeit der Obduktion und des Einspruchs dagegen, weil sich Heimlichkeiten und Vertrauensschäden auf diese Weise vermeiden lassen und weil das Nein des Patienten oder auch seiner Angehörigen den Arzt zur Rechtfertigung zwingt, über die am Ende die Disziplinarbehörde oder der Zivilrichter entscheiden kann.

---

[85] H. Weitnauer, im BGB-Kommentar Erman, [7]1981, Anhang zu § 12, Rdnr. 10 a. E.

VII. Berufsgeheimnis und Dokumentation

H.-J. Ahrens, Ärztliche Aufzeichnungen und Patienteninformation – Wegmarken des BGH, NJW 1983, 2609–2613; F. Arloth, Arztgeheimnis und Auskunftspflicht bei AIDS im Strafvollzug, MedR 1986, 295–299; F. Baur, Keine Schweigepflicht gegenüber den Krankenkassen?, Arztrecht 1984, 93–100; W. Becker, Schutz des Privat-Geheimnisses im neuen Strafrecht, MDR 1974, 888–892; H.J. Bochnik u. C. Gärtner-Huth, Ärztliche Schweigepflicht im Zwiespalt von Persönlichkeitsrechten und sozialen Interessen, Der Internist 1983, 211–219; P. Bockelmann, Die Dokumentationspflicht des Arztes und ihre Konsequenzen, in : Festschr. f. H.-H. Jescheck, 1. Halbbd. 1985, 693–711; J. Daniels, Die Ansprüche des Patienten hinsichtlich der Krankenunterlagen des Arztes, NJW 1976, 345–349; W. Eberbach, Rechtsprobleme der HTLV-III-Infektion (AIDS). Straf- und zivilrechtliche Aspekte gefährlicher ansteckender Krankheiten, 1986; A. v. Elling u. M. Wunder (Hg.), Krebsregister, Erfassung als Politik, 1986; K. Geppert, Die ärztliche Schweigepflicht im Strafvollzug, 1983; W. Gitter, Arzt und Sozialdatenschutz, Mitt. d. LVA Oberfranken u. Mittelfranken 1981, 491–501; U. Glenewinkel-Baurhenn, Die ärztliche Auskunftspflicht des Kassenarztes im System der gesetzlichen Krankenversicherung, med. Diss. Kiel, 1974; H. Göppinger, Die Entbindung von der Schweigepflicht und die Herausgabe oder Beschlagnahme von Krankenblättern, NJW 1958, 241–245; U. Grömig, Schweigepflicht der Ärzte untereinander, NJW 1970, 1209–1213; R.W. Heckl, Der Arztbrief. Eine praktische Anleitung, 1983; G. Hertel, Ärztliche Auskunft, 1966; G. Hohloch, Ärztliche Dokumentation und Patientenvertrauen, NJW 1982, 2577–2585; A. Hollmann, Schweigepflicht der Ärzte und des ärztlichen Hilfspersonals – Aktuelle Aspekte, Der Internist 1974, 534–540; A. Hollmann, Auskunftsanspruch des Patienten im Datenschutzrecht, NJW 1977, 2110–2111; J.H. Husmann, Die Problematik in der Praxis bei Mitteilung und Übergabe ärztlicher Befunde, in: A. Mergen (Hg.) II, 183–216; H.O. Jäckel, Über den Begriff, die Pflicht zur Führung und Aufbewahrung sowie die Rechtsnatur der Krankenunterlagen, in: A. Mergen (Hg.) II, 163–182; W. Jacob, Die Einrichtung von Krebsregistern unter ärztlich-ethischem Aspekt, Sonderbeil. BadWürtt. ÄrzteBl. 6, 1982; W. Jacob, Ärztlich-ethische Bedenken gegen die Einschränkung der Grundrechte des Kranken durch ein sog. Krankenregistergesetz, Sonderbeil. BadWürtt. ÄrzteBl. 6, 1983; H. Jung, Der strafrechtliche Schutz des Arztgeheimnisses im deutschen und französischen Recht, in: Gedächtnisschr. L.-J. Constantinesco, 1983, 355–376; H. Kamps, Datenschutz und ärztliche Schweigepflicht in Psychiatrischen Landeskrankenhäusern, MedR 1985, 200–207; W.-S. Kierski, Ärztliche Schweigepflicht und öffentlicher Gesundheitsdienst, in: A. Mergen (Hg.) II, 126–162; W. Kilian, Rechtsfragen der medizinischen Forschung mit Patientendaten. Datenschutz und Forschungsfreiheit im Konflikt, 1983; W. Kilian, Rechtsprobleme der Behandlung von Patientendaten im Krankenhaus, MedR 1986, 7–14; W. Kilian, Rechtliche Aspekte der digitalen medizinischen Archivierung von Röntgenunterlagen, NJW 1987, 695–698; W. Kilian u. A.J. Porth (Hg.), Juristische Probleme der Datenverarbeitung in der Medizin, 1979; H. Kleinewefers u. W. Wilts, Schadenersatzansprüche bei Verletzung der ärztlichen Schweigepflicht, NJW 1963, 2345–2348; C.O. Köhler, K. Böhm u. R. Thome (Hg.), Aktuelle Methoden der Information in der Medizin, 1983; P. Krauß, Aktuelle Probleme der ärztlichen Schweigepflicht, Deutsches ÄrzteBl. 1972, 1156–1163; A. Kreuzer, Die Schweigepflicht von Krankenhausärzten gegenüber Aufsichtsbehörden, NJW 1975, 2232–2236; A. Kreuzer, Schweigepflicht von Ärzten öffentlicher Krankenhäuser,

Med. Klinik 1976, 1396–1400, 1467–1470, 1520–1523, 1977, 776–778 (Schlußwort); K. Krückl, Der Anspruch des Patienten auf Einsicht in seine Krankengeschichte, ÖJZ 1983, 281–287; A. Laufs, Krankenpapiere und Persönlichkeitsschutz, NJW 1975, 1433–1437; A. Laufs, Berufsfreiheit und Persönlichkeitsschutz im Arztrecht, 1982; A. Laufs u. D. Weber, Juristischer Kommentar zum „Body-Packer-Syndrom" (intestinaler Transport von Haschisch), Der Chirurg 1986, 277–278; Th. Lenckner, Ärztliches Berufsgeheimnis, in: H. Göppinger (Hg.), 159–199; K. Lenkaitis, Krankenunterlagen aus juristischer, insbesondere zivilrechtlicher Sicht, 1979; B. Lilie, Medizinische Datenverarbeitung, Schweigepflicht und Persönlichkeitsrecht im deutschen und amerikanischen Recht, 1980; H. Lilie, Ärztliche Dokumentation und Informationsrechte des Patienten. Eine arztrechtliche Studie zum deutschen und amerikanischen Recht, 1980; E. Miltner u. H. Sauer, Rauschgift auf Station, DMW 1986, 1125–1127; K. Müller, Schweigepflicht und Schweigerecht des Arztes, in: A. Mergen (Hg.) II, 63–125; H. Müller-Dietz, Ärztliche Schweigepflicht. Stellungnahme aus juristischer Sicht, Saarl. ÄrzteBl. 1980, 356–367; H. Nagel, Das Berufsgeheimnis der Ärzte im Zivilprozeß auf internationaler Ebene, DRiZ 1977, 33–36; H. Narr, Die Schweigepflicht des Pathologen, in: Verh. Dtsch. Ges. Path. 1979, 645–655; H. Narr, Was gehört zu den objektiven Befunden, die der Patient in seinen Krankenunterlagen einsehen darf?, Der Chirurg 1984, 58–59; K. Nüßgens, Zur ärztlichen Dokumentationspflicht und zum Einsichtsrecht des Patienten in die Krankenunterlagen, insbesondere zur Begründung dieses Rechts, in: VersR, 25 Jahre Karlsruher Forum, Jubiläumsausgabe 1983, 175–178; J. Rehberg, Ärztliches Berufsgeheimnis und gesetzlicher Vertreter der Patienten, in: Festg. F. Schwarz, 1968, 23–36; H.-J. Rieger, Schweigepflicht des Krankenhausarztes bei der Ausfüllung von Formularen für Kostenträger, DMW 1979, 1552–1553; E. Rimpel, Ärztliche Schweigepflicht. Stellungnahme aus medizinischer Sicht, Saarl. ÄrzteBl. 1980, 353–356; G. H. Schlund, Zu Fragen der ärztlichen Schweigepflicht, JR 1977, 265–269; H. Schmid, Über den notwendigen Inhalt ärztlicher Dokumentation, NJW 1987, 681–687; K. Schmid, Eignungsuntersuchungen und ärztliche Schweigepflicht im Rahmen des werksärztlichen Dienstes, Der Betriebsberater 1968, 954–957; E. Schmidt, Brennende Fragen des ärztlichen Berufsgeheimnisses, 1951; E. Schmidt, Ärztliche Schweigepflicht und Zeugnisverweigerungsrecht im Bereiche der Sozialgerichtsbarkeit, NJW 1962, 1745–1750; S. Simitis, Datenschutz – Ende der medizinischen Forschung?, MedR 1985, 195–200; G. Solbach, Kann der Arzt von seiner Schweigepflicht entbunden werden, wenn sein Patient verstorben oder willensunfähig ist?, DRiZ 1978, 204–207; G. Solbach, Körperliche Untersuchungen bei Verdacht intrakorporalen Drogenschmuggels, MedR 1987, 80–83; U. Stern, Die ärztliche Schweigepflicht im Sozialrecht, Med. Klinik 1978, 481–486; J. Taupitz, Prozessuale Folgen der „vorzeitigen" Vernichtung von Krankenunterlagen, ZZP 1987, 287–345; K. Wasserburg, Die ärztliche Dokumentationspflicht im Interesse des Patienten, NJW 1980, 617–624; W. Weissauer, Ärztliche Schweigepflicht und Herausgabe von Unterlagen an den Krankenhausträger, Hamburg. ÄrzteBl. 1977, 256–259; C. You, Der zivilrechtliche Schutz der Persönlichkeit bei der Verletzung der ärztlichen Schweigepflicht, iur. Diss. Heidelberg, 1978.

294 Die Ambivalenz des Fortschritts zeigt sich beim Schutzbereich der ärztlichen Schweigepflicht. Je dichter das Netz der sozialen Fürsorge, je perfekter die arbeitsteilige und apparative Technik, um so gefährdeter das Arztgeheimnis, die Persönlichkeitssphäre des Patienten. Die gesetzliche Krankenversicherung, die ungefähr sieben von acht Bürgern umfaßt, hat das Arzt-Patient-Verhältnis zu einer Dreiecksbeziehung gewandelt und das **ärztliche Berufsgeheimnis relativiert.** Die im Zeichen öffentlicher Daseinsvorsorge allge-

mein vermehrten **Anzeige- und Auskunftspflichten** gehören zur Kehrseite der sozialen Sicherheit, mit der sich der verwaltete Mensch abfinden muß. Gefahren liegen auch in der durchaus notwendigen medizinischen Dokumentation. Der Arzt muß bei seiner präventiven wie kurativen Tätigkeit Aufzeichnungen machen, die ihm bei seiner Arbeit helfen und letztlich im Interesse des Behandelten liegen, aber auch – vor allem in Gestalt des klinischen Materials – dem wissenschaftlichen Fortschritt und der für die Gesundheitspolitik erforderlichen Statistik dienen. Auch im Gesundheitswesen dringt die Datentechnik vor: Informationsverbund, standardisierter Datenaustausch, Massendatenverarbeitung – so heißen die Stichworte.

Mag die heutige Medizin das alte Prädikat einer ars muta nicht mehr **295**
verdienen, so gilt doch die Schweigepflicht als eine der höchsten ärztlichen Standes- und Rechtspflichten fort. „Was immer ich sehe und höre", so verlangt der Hippokratische Eid[1] vom Arzt, „bei der Behandlung oder außerhalb der Behandlung, im Leben der Menschen, so werde ich von dem, was niemals nach draußen ausgeplaudert werden soll, schweigen, indem ich alles Derartige als solches betrachte, das nicht ausgesprochen werden darf." Die Berufsordnung für die deutschen Ärzte hält an diesem Kernstück ärztlicher Berufsethik nachdrücklich fest.[2] Die Statuten der einzelnen Landesärztekammern bekräftigen das Prinzip des Berufsgeheimnisses ihrerseits und stimmen dabei weitgehend überein.[3] Längst hat das Arztgeheimnis seinen Platz nicht mehr allein im Bereich der **Standesethik** und des **Berufsrechts,** sondern auch im staatlichen **Strafrecht.** Sedes materiae ist seit dem 1. Januar 1975 der § 203 StGB. Die Novelle hat in Anlehnung an den Entwurf 1962 die Vorschriften über den Schutz des persönlichen Lebens- und Geheimbereichs als selbständiges Rechtsgut anerkannt und zugleich den hohen Rang unterstrichen, der in heutiger Zeit einer ungefährdeten Intimsphäre des Menschen zukommt. § 203 Abs. 1 Nr. 1 StGB entspricht im wesentlichen, abgesehen von klarstellenden und abrundenden Randkorrekturen, dem bisherigen Recht. Den postmortalen Geheimnisschutz hat der Gesetzgeber jedenfalls insofern verbessert, als Außenstehenden nach dem Tode des Arztes nicht erst die qualifizierte Form des Veröffentlichens, sondern schon jedes unbefugte Offenbaren verboten ist. Das neue Recht hat den Kreis der geheimhaltungsverpflichteten Berufe erheblich erweitert und dabei die Angehörigen eines Unternehmens der privaten Kranken-, Unfall- oder Lebensversicherung oder einer privatärztlichen Verrechnungsstelle einbezogen. Gerade auch diese Stellen hüten in ihren Unterlagen private Geheimnisse, und die Bedürfnisse

---

[1] Vgl. K. Deichgräber, Der Hippokratische Eid, [4]1983, 15, 43 ff.

[2] Berufsordnung nach den Beschlüssen des 79. Deutschen Ärztetages 1976 in der Fassung von 1985: Gelöbnis, § 2, § 11. Vgl. auch die Resolution des Arbeitskreises Ärzte und Juristen, Fortschritte d. Medizin 1977, 1665. Zum ganzen Problemkreis ausführlich H. Narr, Ärztliches Berufsrecht, 457–481.

[3] Nachweise bei K. Müller, 63 f.

eines praktischen und wirksamen Diskretionsschutzes verlangen eine Gleichstellung dieser Institutionen mit solchen amtlichen oder halbamtlichen Charakters.[4]

296 Neben die strafrechtlich sanktionierte Schweigepflicht tritt als prozessuales Korrelat das **Zeugnisverweigerungsrecht** der §§ 53 Abs. 1 Nr. 3 StPO und 383 Abs. 1 Nr. 6 ZPO.[5] Das Strafrechtsänderungsgesetz von 1953 schließlich hat das Zeugnisverweigerungsrecht des Arztes durch ein ausdrückliches Beschlagnahmeverbot ergänzt: § 97 StPO verwehrt der Strafverfolgungsbehörde den Zugriff auf die im Besitz des Arztes befindlichen Korrespondenzen, Krankengeschichten, Untersuchungsbefunde und anderen dergleichen Dokumente und bildet darum eine weitere wichtige Säule, auf der das ärztliche Berufsgeheimnis als Rechtsinstitut ruht.

297 Der ärztlichen Schweigepflicht liegt zuerst das **Individualinteresse** des leidenden oder vorsorgenden Menschen zugrunde, der medizinischen Rat und Beistand sucht. Wer sich dem Arzt anvertraut, muß diesem im Dienst einer zutreffenden Diagnose und einer angezeigten Therapie unter Umständen Einblick in die persönlichsten und intimsten Bewandtnisse eröffnen unter Einschluß auch der mitmenschlichen und gesellschaftlichen Beziehungen. Immer muß der Kranke dazu bereit sein, sich dem Arzt in allen seinen Nöten und Sorgen zu offenbaren, wenn die Konsultation Sinn haben soll. Der Kranke wird sich nur dann völlig in die Hand des Arztes geben, wenn er die Gewißheit haben darf, daß dieser über alles schweigen wird, was er wahrnimmt und was vom Standpunkt des Patienten aus Diskretion verdient. Der einzelne Patient braucht und erwartet also die strenge Verschwiegenheit seines Arztes. Mit dem Individualinteresse verknüpft erscheint sogleich das überindividuelle, **staatliche Interesse** an einer guten allgemeinen Gesundheitspflege. Sie erfordert Vertrauen zwischen Ärzten und Patienten, das ohne Verschwiegenheit nicht gedeihen kann.

298 Nicht erst die jüngsten Fortschritte der Strafrechtsreform haben den engen Zusammenhang zwischen der ärztlichen Schweigepflicht und dem Schutz des durch die Art. 1 und 2 des Grundgesetzes begründeten allgemeinen Persönlichkeitsrechts hergestellt und verdeutlicht. Dieser Zusammenhang machte sich längst geltend. So sah ein Beschluß des Landessozialgerichts Bremen 1957[6] in der ärztlichen Schweigepflicht den spezialgesetzlichen Ausdruck der Grundrechte auf Achtung der Würde des Menschen und der freien Entfaltung der Persönlichkeit. Im selben Jahr spielten Krankenhausunterlagen eine wichtige Rolle bei der höchstrichterlichen Entfaltung des **allgemeinen Persönlichkeitsrechts.** In einer seiner Erscheinungsformen, so entschied der

---

[4] Für die Einzelheiten sei verwiesen auf die Kommentare von K. Lackner, [17]1987; und Th. Lenckner, in: A. Schönke u. H. Schröder, [22]1985, jeweils zu § 203 StGB.

[5] Vgl. auch das Auskunftsverweigerungsrecht in § 102 Abs. 1 Ziff. 3 c der Abgabenordnung, 1977, BGBl. 1976 I, 638.

[6] NJW 1958, 278.

Bundesgerichtshof,[7] richte es sich auf die Wahrung der persönlichen Geheimsphäre durch Geheimhaltung ärztlicher Zeugnisse über den Gesundheitszustand. Es handelte sich um die Preisgabe von Krankenunterlagen einer Versicherung. Das Bundesverfassungsgericht hat in einem Beschluß von 1972 ausgeführt:[8] „Ärztliche Karteikarten (Krankenblätter)[9] betreffen mit ihren Angaben über Anamnese, Diagnose und therapeutische Maßnahmen zwar nicht die unantastbare Intimsphäre, wohl aber den privaten Bereich des Patienten. Damit nehmen sie teil an dem Schutz, den das Grundrecht aus Art. 2 Abs. 1 i. V. m. Art. 1 Abs. 1 GG dem Einzelnen vor dem Zugriff der öffentlichen Gewalt gewährt. Insbesondere gilt das für die Erkenntnisse, die der Arzt durch seine berufliche Tätigkeit über den Gesundheitszustand des Patienten gewinnt und schriftlich niederlegt. Dabei kommt es nicht darauf an, ob derartige Aufzeichnungen Krankheiten, Leiden oder Beschwerden verraten, deren Offenbarung den Betroffenen mit dem Verdacht einer Straftat belastet, ihm in anderer Hinsicht peinlich oder seiner sozialen Geltung abträglich ist. Vielmehr verdient ganz allgemein der Wille des Einzelnen Achtung, so höchstpersönliche Dinge wie die Beurteilung seines Gesundheitszustandes durch einen Arzt vor fremdem Einblick zu bewahren.“

Weil das **Vertrauensverhältnis** zwischen dem Arzt und jedem seiner 299
Patienten in besonderem Maße der Privatsphäre angehört, weil hier stets ureigene Angelegenheiten des Patienten und seiner Lebensführung erörtert werden, genießt es nicht nur den Schutz der §§ 203 StGB, 53 und 97 StPO, sondern untersteht darüber hinaus den verfassungsrechtlichen Grundsätzen der Unantastbarkeit der Menschenwürde und des allgemeinen Persönlichkeitsrechts, die auch in Art. 8 der Menschenrechtskonvention zum Ausdruck kommen. „Sie gelten auch im Strafprozeß und billigen dem einzelnen die ausschließliche Verfügungsgewalt über die seine Intimsphäre betreffenden Angelegenheiten zu. Solange demnach ein Patient den Arzt nicht von seiner Schweigepflicht entbunden hat, sind seine Krankenunterlagen in der Regel der Beschlagnahme entzogen, und zwar über § 97 StPO hinaus auch dann, wenn der Patient nicht als Beschuldigter des Strafverfahrens in Betracht kommt.“[10] Der Umkreis des Diskretionsschutzes bemißt sich also nicht allein nach den spezialgesetzlichen Normen, sondern auch nach der Reichweite des allgemeinen Persönlichkeitsrechts. Diese wiederum ergibt sich regelmäßig aufgrund einer Güterabwägung mit jenen Interessen, die dem Persönlichkeitsrecht und der Menschenwürde des einzelnen gegenüberstehen. So ver-

---

[7] BGHZ 24, 72 = NJW 1957, 1146.

[8] NJW 1972, 1123.

[9] Zum Krankenblatt als einer Gedächtnisstütze des Arztes im Unterschied zur Krankengeschichte der BGH in VersR 1963, 168. Die neugefaßte Berufsordnung von 1979 folgt mit einem Zusatz der jüngeren Judikatur und Rechtslehre: „Ärztliche Aufzeichnungen sind nicht nur Gedächtnisstützen für den Arzt, sie dienen auch dem Interesse des Patienten an einer ordnungsgemäßen Dokumentation.“

[10] OLG Celle, NJW 1965, 362.

bietet etwa das Interesse der Patienten an der Geheimhaltung des dem Arzt Anvertrauten die Beschlagnahme der Patientenkartei bei dem beschuldigten Arzt, solange eine Sachverhaltsaufklärung durch andere Beweismittel möglich erscheint.[11] Auch darf der Staatsanwalt nach rechtmäßiger Beschlagnahme von Unterlagen bei einem verdächtigen Arzt unverhoffte Zusatzergebnisse gegen bestimmte Patienten des Beschuldigten keineswegs verwerten.[12]

300 Umgekehrt kann ein Arzt trotz seiner prinzipiellen Schweigepflicht nach den Grundsätzen über die Abwägung widerstreitender Pflichten oder Interessen berechtigt sein, die Verkehrsbehörde zu benachrichtigen, wenn sein Patient trotz abmahnenden Zuredens am Straßenverkehr mit einem Kraftfahrzeug teilnimmt, obwohl eine Krankheit ihn außer Stand setzt, es zu führen, ohne sich und andere zu gefährden.[13] Die **Durchbrechung der Schweigepflicht** bleibt stets der pflichtgemäßen gewissenhaften Interessenabwägung des Arztes überlassen. Eine Pflicht, bestimmte Umstände zu offenbaren oder gar anzuzeigen, besteht nicht und darf es auch nicht geben. Mit der ärztlichen Garantenpflicht zugunsten des Patienten ließe sie sich nicht begründen, denn der Kranke braucht sich nicht gegen seinen Willen vor Schaden bewahren zu lassen.[14] Sie wirkte außerdem prohibitiv: sie schreckte manchen Kranken vom Gang zum Arzt ab. Demgemäß hat ein Arzt, der dem Schweigegebot den Vorrang einräumt, auch keine straf- oder zivilrechtlichen Vorwürfe zu gewärtigen. Freilich muß er den Belehrungs- und Warnungspflichten gegenüber seinem Patienten genügen, wenn er zivil- und strafrechtliche Folgen vermeiden will. Der Arzt braucht sich an die Schweigepflicht nicht mehr gebunden zu wissen, wenn – um zwei weitere Musterfälle anzuführen – seine Vertrauenssphäre zu Straftaten mißbraucht wird[15] oder wenn er es mit Simulanten zu tun hat.[16]

301 **AIDS-Infizierte** bedürfen der Verschwiegenheit des Arztes in stärkstem Maß. Andererseits bedeutet möglichst frühzeitiges Mitwissen Dritter deren Schutz vor der Infektionsgefahr.

Der verantwortliche Arzt wird dem AIDS-Kranken nicht nur dringend anraten, sich seinen Nächsten zu offenbaren, sondern er wird sich auch dazu bereit erklären, dem Infizierten bei der freiwilligen Information gefährdeter Dritter zu helfen. Das Einverständnis des Patienten entbindet den Arzt von

---

[11] LG Dortmund, NJW 1972, 1533.

[12] M. Kohlhaas, NJW 1962, 670.

[13] BGH, NJW 1968, 2288, mit zustimmender Anmerkung von K. Händel, NJW 1969, 555. Der übergesetzliche Notstand von einst ist heute gesetzlich konkretisiert in § 34 StGB. Vgl. auch OLG München, MDR 1956, 565.

[14] Nicht überzeugend die Begründung des Strafurteils BGH, NJW 1983, 350 = MedR 1983, 29. Zutreffend dagegen die Feststellung von H. Lilie, NStZ 1983, 314f., „daß für die ärztliche Behandlung und die Mitteilung der von der ärztlichen Schweigepflicht umfaßten Tatsachen an Dritte die Selbstbestimmung des Patienten die Handlungspflicht des Arztes einengt". Vgl. auch M. Geiger, JZ 1983, 153f.

[15] LG Köln, NJW 1959, 1598.

[16] H.-J. Rieger, DMW 1975, 567.

der Schweigepflicht. Willigt der Kranke in die Hinzuziehung weiterer Fach- und Konsiliarmediziner ein, so entpflichtet er damit in der Regel zugleich den behandelnden Arzt von dem grundsätzlich auch unter Schweigepflichtigen geltenden Gebot, das Berufsgeheimnis zu bewahren. Schwere Gewissensfragen ergeben sich für den Arzt, wenn sein Patient trotz Belehrung und Ermahnung Dritte, über die Infektion nicht Informierte gefährdet: mittels der gemeinsamen Nadel im Kreis Drogensüchtiger, als Sexualpartner oder als Spender von Körpersäften. Hat der Arzt in bedrohlichen Situationen dieser Art das Recht oder gar die Pflicht zum Bruch des Berufsgeheimnisses? Die Antwort ergibt sich wiederum aus bewährten arztrechtlichen Regeln.

Der rechtfertigende Notstand nach § 34 StGB befugt den – der anders 302
nicht abwendbaren Gefahr entgegentretenden – Arzt dazu, sich zu offenbaren, weil das durch den Geheimnisbruch geschützte Rechtsgut das preisgegebene wesentlich überwiegt: Die Rechtsgüter Leben und Gesundheit der von der Infektion Bedrohten besitzen eindeutig mehr Gewicht als das durchaus hoch zu achtende Vertrauen, das der AIDS-Patient dem Arzt seiner Wahl schenkte. Der Arzt darf also gefährdete Personen warnen, mit denen der Infizierte Umgang hat; er darf die angesteckte, uneinsichtige Prostituierte der Behörde anzeigen. Eine Rechtspflicht dazu trifft ihn freilich nicht, auch wenn der Entschluß zur Preisgabe des Geheimnisses regelmäßig als verantwortlicher und gebotener Schritt erscheint. Allenfalls dann entsteht eine Rechtspflicht des Arztes zur Mitteilung, wenn er deren Empfänger zugleich und aktuell Hilfe zu leisten hat, etwa wenn der Sexualpartner des Infizierten gleichzeitig mit oder nach diesem in Behandlung desselben Mediziners steht. Bei einer Pflichtenkollision[17] dieser Art beansprucht die Garantenstellung des Arztes im Dienste der Gesundheit des zu Informierenden wohl den Vorrang vor dem Schweigegebot, ohne daß eine Wahlmöglichkeit bestünde[18].

Eine gesetzliche Pflicht des Arztes, über die AIDS-Infektion seines Patienten zu berichten, besteht nicht. Das Gesetz zur Bekämpfung der Geschlechtskrankheiten beschränkt sich ausdrücklich auf Gonorrhoe, Lues, Ulcus molle und Lymphogranuloma inguinale. Die Vorschriften des Bundesseuchengesetzes über die Meldepflicht bleiben, weil der Krankheitskatalog LAV/HTLV III – Infektionen nicht aufführt, insgesamt unanwendbar[19]. Dienstrechtlich kann sich eine Offenbarungspflicht für den Amtsarzt, den

---

[17] Im Widerstreit stehen die Pflicht, Auskünfte zu unterlassen, und die hinsichtlich des Rechtsgutes höhere Pflicht, Gesundheitsgefahren durch Handeln abzuwenden. Dabei kann sich eine Anzeigepflicht aus §§ 138 Abs. 1 Nr. 6 u. 139 Abs. 3 S. 1 Nr. 1 i. V. m. S. 2 StGB ergeben.

[18] Ähnlich W. Eberbach, Rechtsprobleme der HTLV-III-Infektion (AIDS), 1986, 37.

[19] W. Bachmann, Deutsches ÄrzteBl. 1986, 3465 f., ferner AIDS-Forschung 1987, 100–104. Seit 1. Okt. 1987 gilt die VO über die Pflicht zu anonymem Bericht bei positiven HIV-Bestätigungstests, BGBl. I, 2141 (LaborberichtsVO). Zur Geltungsdauer vgl. § 7 i.V.m. § 7 Abs. 2 BSeuchG.

Truppen- und Musterungsarzt ergeben[20]. Sofern eine Krankheit, also auch AIDS, die Interessen der Strafvollzugsbehörde erheblich berührt, muß der Anstaltsarzt die Leitung des Hauses unterrichten[21]. Die allgemeine Meldepflicht bei AIDS bildet einen Hauptgegenstand der noch nicht abgeschlossenen rechtspolitischen Diskussion.

303 Der Persönlichkeitsschutz nimmt in unserer Rechtsordnung einen hohen Rang ein. Darum hat der Arzt auch im Rahmen ihm obliegender **Offenbarungspflichten** stets deren **Umfang** zu bedenken. So kann etwa im Verhältnis des Truppenarztes zu dem von ihm behandelten Soldaten ein durch das Berufsgeheimnis abgeschirmter Vertrauensbereich entstehen, über dessen Grenzen der Arzt im Einzelfall nach pflichtgemäßem Ermessen zu entscheiden hat.[22] Auch sind Fälle denkbar, bei denen der im amtlichen Auftrag als Sachverständiger tätig gewordene Arzt, der eine Blutentnahme vorgenommen und einen Alkoholtest durchgeführt hat, der Geheimhaltungspflicht unterliegt.[23] Andere Beispiele ließen sich anfügen.

304 Der Schweigepflicht unterliegen alle Umstände, die nur einem beschränkten Personenkreis bekannt sind und an deren Geheimhaltung vor anderen derjenige, den sie angehen, ein von seinem Standpunkt aus sachlich begründetes Interesse hat oder bei eigener Kenntnis haben würde. Geheimnischarakter können tragen nicht nur Geschehnisse des Privatlebens, ungünstige Charaktermerkmale, psychische Abartigkeiten, körperliche Besonderheiten, Krankheitsbefunde, sondern auch die beruflichen, wirtschaftlichen und finanziellen Verhältnisse.[24] Das Geheimnis kann sich gleichermaßen auf den Patienten selbst wie auf einen Dritten beziehen,[25] wobei es weiter keinen Unterschied macht, ob die fragliche Tatsache dem Betroffenen bekannt ist oder nicht; es gibt also Geheimnisse, von denen ihr Träger nichts weiß.[26] **Der geschützte Geheimbereich** erstreckt sich somit weit, wenngleich er von der Zone bloß gesellschaftlicher Diskretion durchaus abzugrenzen ist. Der Umstand, daß jemand einen Arzt aufgesucht hat, fällt – wie auch der Name des Patienten[27] – grundsätzlich unter den Geheimnisschutz. Die lange strittige

---

[20] H. Narr, Ärztliches Berufsrecht, [2]1987, 460.4, Rdnr. 748f.

[21] F. Arloth, MedR 1986, 298f. – Zu den Rechtsfragen des intestinalen Transports von Haschisch vgl. die Aufsätze von A. Laufs u. D. Weber, von E. Miltner u. H. Sauer, sowie von G. Solbach.

[22] BDH, Wehrdienstsenat, NJW 1963, 409.

[23] OLG Hamm, NJW 1968, 1202.

[24] Vgl. H.J. v. Brandis, Med. Klinik 1965, 353.

[25] Th. Lenckner nennt als einprägsames Beispiel die Exzesse des Ehemanns, von denen die Patientin dem Arzt berichtet. Vgl. W. Hackel, NJW 1969, 2257.

[26] Etwa die Diagnose, die der Arzt trotz seiner Aufklärungspflicht dem Patienten aus guten Gründen verschweigen darf.

[27] LG Köln, NJW 1959, 1598. Vgl. aber auch LG Aurich, NJW 1971, 252, zu den Grenzen der ärztlichen Schweigepflicht im Offenbarungseidverfahren: der Arzt muß seinem Gläubiger die Namen von als Drittschuldner in Frage kommenden Privatpatienten preisgeben.

Frage, ob die Schweigepflicht über den Tod des Betroffenen hinaus fortdauere, hat der Gesetzgeber inzwischen positiv beschieden.[28]

Nach ganz vorherrschender Ansicht besteht die Schweigepflicht des be- 305
handelnden Arztes auch gegenüber medizinischen Kollegen, die der Patient nicht konsultierte.[29] Freilich scheint die Ärzteschaft die **Schweigepflicht unter Schweigepflichtigen** keineswegs fest anzuerkennen und durchweg zu üben. So gilt die Herausgabe von Karteikarten und Krankenpapieren bei einer Praxisübernahme infolge Kaufs, Tauschs oder nach dem Tod des bisherigen Inhabers nicht als unüblich oder gar standeswidrig, wenngleich sich auch aus dem Kreis der Ärzte Bedenken und Einsprüche gegen solche Gepflogenheiten verstärken. Zwar hat der Bundesgerichtshof entschieden, in Praxisübernahmeverträgen könne rechtswirksam und ohne Verstoß gegen das Strafgesetz vereinbart werden, daß der Veräußerer dem Erwerber die Behandlungsunterlagen, insbesondere die Patientenkartei, zu überlassen habe, wobei es einer vorherigen Befragung der Patienten und ihres ausdrücklichen Einverständnisses nicht bedürfe;[30] doch überzeugen kann dieses Erkenntnis nicht.[31] Die **Übergabe medizinischer Unterlagen** von Arzt zu Arzt beim Praxiskauf oder -tausch sollte vielmehr als unzulässig gelten. Leider regeln die einzelnen Berufsordnungen die Obhutspflicht hinsichtlich ärztlicher Aufzeichnungen unterschiedlich und unvollkommen. Immerhin erlegen einige Satzungen dem Arzt die Sorge dafür auf, „daß seine ärztlichen Aufzeichnungen und Untersuchungsbefunde nach seinem Tode unverzüglich einem anderen Arzt oder der zuständigen Ärztekammer zur Aufbewahrung unter Verschluß durch einen Arzt übergeben werden".[32] Indessen sollten in allen Fällen der Praxisaufgabe die Krankenunterlagen verschlossen an die Standesorganisation gelangen, sofern der Patient eine andere Obhut nicht zugestanden hat. Dort blieben sie dem später behandelnden Arzt zugänglich.

„Wenn mehrere Ärzte", so die Berufsordnung,[33] „gleichzeitig oder nach- 306
einander denselben Patienten untersuchen oder behandeln, so sind sie untereinander von der Schweigepflicht insoweit befreit, als das Einverständnis des Patienten anzunehmen ist." Diese Regel zeigt, daß die Ärzte selbst den freizügigen Austausch untereinander ablehnen.[34] Sie unterstellt nicht mehr

[28] § 203 Abs. 4 StGB; in die gleiche Richtung ging bereits die Judikatur. Interessant OLG Düsseldorf, NJW 1959, 821: Aussagepflicht des Arztes in einer Erbscheinsache bezüglich seiner Wahrnehmungen zur Geschäftsfähigkeit eines Verstorbenen, wenn nicht wichtige Interessen des Toten oder der Angehörigen entgegenstehen.

[29] Nachweis dazu und zum Folgenden A. Laufs, NJW 1975, 1433.

[30] BGH, NJW 1974, 602.

[31] Vgl. G.-J. Kuhlmann, JZ 1974, 670.

[32] Berufsordnung 1985, § 11 Abs. 4: „Der Arzt soll dafür Sorge tragen, daß seine ärztlichen Aufzeichnungen und Untersuchungsbefunde nach Aufgabe der Praxis in gehörige Obhut gegeben werden."

[33] § 2 Abs. 6.

[34] § 11 Abs. 3 läßt überdies die nach § 2 BO erlaubte Herausgabe ärztlicher Unterlagen nur „in Verbindung mit der Erstattung eines Berichts oder Gutachtens" zu, sofern das Verständnis der Unterlagen dies erfordert.

generell das Einverständnis des Patienten und belastet ihn nicht mehr damit, Verbote – gar noch vorsorglich – auszusprechen. Ein **stillschweigendes Einverständnis** läßt sich nur annehmen, wenn der Patient sich auf unmittelbaren Vorschlag des einen Arztes in die Behandlung des anderen oder eines Krankenhauses begibt. Gleiches muß für die Konsiliartätigkeit gelten. Die Schweigepflicht besteht nur dann nicht, wenn beide Ärzte gemeinsam am Krankenbett des Patienten sind. „Deshalb", so ein angesehener Mediziner weiter, „sollte auch innerhalb der verschiedenen Abteilungen eines Krankenhauses die so häufig geübte Diskussion über Patienten nur anonym erfolgen, es sei denn, der Patient ist mit allem ausdrücklich einverstanden."[35]

307 Der 80. Deutsche Ärztetag hat die in der Berufsordnung geregelte Schweigepflicht in einem Punkt schärfer gefaßt: **wissenschaftliche Mitteilungen** müssen die Anonymität des Patienten wahren oder bedürfen dessen ausdrücklicher Zustimmung.[36] In der Forschung,[37] insbesondere in der Epidemiologie, besteht das Bedürfnis nach Registern, die alle Bewandtnisse der Patienten und ihres Lebensstils ausweisen. Die Weitergabe von Krankenmerkmalen an forschende Ärzte, die nicht zu den behandelnden gehören und auch nicht als Konsiliarii ins Vertrauen gezogen worden sind, bedarf der Einwilligung des Trägers. Solange der Gesetzgeber die Weitergabe nicht im Rahmen des verfassungsrechtlich Möglichen erleichtert, bleiben die Register auf das Einverständnis der Betroffenen oder ausreichend anonymisierende Verfahren[38] angewiesen. Studierende im praktischen Jahr trifft die Schweigepflicht nach § 203 Abs. 3 StGB, desgleichen nach dem Sinn der Vorschrift wohl auch klinische Studenten.[39]

308 **Verstöße** gegen die ärztliche Schweigepflicht unterlaufen leider immer wieder aus Unachtsamkeit in der klinischen Praxis.[40] Auch für den Sportarzt gilt das Schweigegebot; er darf dem Drängen oder der Versuchung durch Journalisten nicht einfach nachgeben.[41] Der einsichts- und urteilsfähige minderjährige Patient kann dem Arzt die Aussage über das Anvertraute untersagen, wenn die Eltern Auskunft von diesem verlangen.[42] Die überwiegend vertretene Ansicht, der Arzt könne von der Schweigepflicht nach dem Tode

---

[35] H. J. v. Brandis, Med. Klinik 1965, 355.

[36] § 2 Abs. 7, Deutsches ÄrzteBl. 1977, 1441. Vgl. auch LG Köln, MedR 1984, 110.

[37] Vgl. die Monographie von W. Kilian.

[38] Vgl. die Aufsätze von W. Jacob.

[39] Zur Rechtsstellung der Medizinstudenten während der praktischen Ausbildung in Krankenanstalten E. Liebhardt, W. Spann u. B. Marx, MMW 1977, 1353. Zur Schweigepflicht der Medizinstudenten W. Braun, DMW 1976, 1298.

[40] Vgl. H.-J. Rieger, DMW 1978, 1322f. (keine Mitteilung der Namen von Herzschrittmacherpatienten an die Herstellerfirma); S. 1362 (Vorsicht im Mehrbettzimmer); S. 1546f. (Frage nach Religionszugehörigkeit und Weitergabe der Antwort).

[41] K. Appert, Deutsches ÄrzteBl. 1979, 31 ff. (mit einem „Regulativ für die Informationspolitik von Sportärzten").

[42] A. Hollmann, Ovulationshemmer für Minderjährige, DMW 1978, 1258f.

des Patienten nicht mehr entbunden werden, fand aus staatsanwaltlichem Ermittlungsinteresse Widerspruch.[43]

Der Krankenhausarzt hat der Schweigepflicht zu folgen, wenn er **Formulare für den Kostenträger** ausfüllt: Die Auskünfte dürfen nicht weiter reichen als zur ordnungsgemäßen Prüfung der Leistungspflicht erforderlich. Auch darf der Arzt nicht von dem regelmäßig stillschweigenden Einverständnis des versicherten Patienten ausgehen, wenn Anlaß zu Zweifeln besteht.[44] 309

Wachsende Abhängigkeiten des einzelnen von Versicherungsleistungen und Verwaltungserfordernissen schwächen den Schutz des Patientengeheimnisses. Mit dem Inkrafttreten des X. Buches des **Sozialgesetzbuchs** erfuhr der Sozialdatenschutz eine eigenständige und umfassende Regelung.[45] Die ärztliche Schweigepflicht gilt grundsätzlich auch innerhalb des Kassensystems. 310

Das **Kassenarztrecht** enthält keine ausdrückliche Regel, die es dem Kassenarzt erlaubte, Patientendaten zu offenbaren. Dem Gesetzesrecht zur kassenärztlichen Versorgung der Versicherten und ihrer Angehörigen liegt indes, woran das *BSG* gegen seine Kritiker festgehalten hat,[46] „die Befugnis zugrunde, Patientendaten innerhalb des kassenärztlichen Versorgungssytems insoweit zu offenbaren, als ärztliche Behandlung in Anspruch genommen wird und die an der Leistungserbringung Beteiligten für ihren Leistungsbeitrag auf die Information angewiesen sind. Ohne diese beschränkte Offenbarungsbefugnis wäre das kassenärztliche Versorgungssystem, so wie es gesetzlich ausgestaltet ist, nicht funktionsfähig." Das Gericht betont mit Recht die Begrenztheit der Offenbarungsbefugnis und die Geltung der ärztlichen Schweigepflicht auch innerhalb der kassenärztlichen Versorgung im Dienste des notwendigen Vertrauensverhältnisses zwischen Patient und Arzt. Will der Versicherte die Preisgabe seiner Daten ausschließen, kann er privatärztliche Hilfe in Anspruch nehmen. Ein **privater Krankenversicherer** braucht Leistungen eines Krankenhauses und seines Chefarztes nicht zu erstatten, wenn diese sich gegenüber dem Versicherten und der Versicherung weigern, ausreichende Belege zur Beurteilung der Notwendigkeit einer stationären Therapie vorzulegen.[47] 311

Weil die Schweigepflicht auch zwischen Ärzten gilt, darf etwa der Krankenhausarzt dem einweisenden Kollegen gegen den Willen des Behandelten keinen **Arztbrief** zuleiten.[48] Im Verhältnis zwischen mitbehandelnden Ärzten läßt sich in der Regel vom Einverständnis des Patienten mit Auskünften an 312

---

[43] G. Solbach, DRiZ 1978, 204ff.

[44] H.-J. Rieger, DMW 1979, 1552f.

[45] Vgl. den Aufsatz von W. Gitter.

[46] BSG, NJW 1986, 1574 = MedR 1986, 221 (Herausgabe von Röntgenaufnahmen an Kassenärztliche Vereinigung).

[47] OLG Düsseldorf, MedR 1986, 328, m. einschränkender Anm. von C. Jansen.

[48] H.-J. Rieger, DMW 1979, 1627. Zur Einsichtnahme in Arztbriefe und fremde Arztgutachten H.-J. Rieger, DMW 1979, 570f.

die Kollegen ausgehen. Der Hausarzt und die Krankenkasse unterliegen der Schweigepflicht gegenüber dem Betriebsarzt.[49] Sie reicht nach § 203 StGB außerdem weit über den Kreis der Ärzte hinaus. Das Gesetz verpflichtet zum Schweigen etwa auch den vom Träger eines Krankenhauses oder einer Dialyseeinrichtung angestellten **Techniker,** dem es obliegt, Hämodialysegeräte beständig zu warten.[50] Der Arzt kann sich mitteilen, sofern und soweit ihn der Patient von der Schweigepflicht entbindet. Deuten Anzeichen auf die Abhängigkeit des befreienden Patienten von den Interessen eines Dritten, sollte der Arzt zurückhaltend bleiben.[51] Als Arzt im berufs- und strafrechtlichen Sinne hat auch der **Pathologe** das Schweigegebot zu achten. „Der schriftlichen Zustimmung des Patienten gem. § 3 BDSG bei Übersendung morphologischen Untersuchungsmaterials vom behandelnden Arzt an den Pathologen oder vom Pathologen an einen Fachkollegen bedarf es dann nicht, wenn und soweit der Patient mit der Übersendung des Untersuchungsmaterials nach den Grundsätzen der ärztlichen Schweigepflicht einverstanden ist."[52]

313 Der 85. Deutsche Ärztetag hat in seinen einmütig beschlossenen „Empfehlungen zur Beachtung der ärztlichen Schweigepflicht bei der **Verarbeitung personenbezogener Daten** in der ärztlichen Berufsausübung"[53] dem Geheimnisschutz des Individuums den Vorrang eingeräumt: „Personenbezogene Angaben dürfen dementsprechend grundsätzlich auch zum Zweck der medizinischen Forschung nur mit der Zustimmung des betroffenen Patienten oder Probanden an andere Ärzte oder an Forschungseinrichtungen weitergegeben werden." Immerhin erkennt die Resolution die Möglichkeit von Konfliktfällen, in denen der Arzt nach bestem Wissen und Gewissen die Güter abwägen und den Maßgaben folgen soll, die der Wissenschaftliche Beirat der Bundesärztekammer empfahl.[54] Diese Richtlinien eröffnen dem auf personenbezogene Daten unausweichlich angewiesenen **Forscher** auch ohne ausdrückliche Einwilligung des Patienten oder Probanden ein begrenztes Feld, freilich auf nicht bedenkenfreie Weise.[55]

---

[49] Verfehlt R. Moossen, Die Berufsgenossenschaft 1979, 663f.

[50] H.-J. Rieger, DMW 1979, 1733.

[51] J. Keller, Deutsches ÄrzteBl. 1980, 406.

[52] H. Narr, VerhDtschGesPath 1979, 652. Vgl. auch A. Hollmann, Arztrecht 1980, 65ff. (Ärztliche Krankenunterlagen sind grundsätzlich keine Dateien, sondern interne Daten).

[53] Deutsches ÄrzteBl. 1982, 20f.

[54] Deutsches ÄrzteBl. 1981, 1443.

[55] Die Voraussetzungen im Wortlaut: „Die Verarbeitung personenbezogener Daten in der **medizinischen Forschung** ist ohne ausdrückliche Einwilligung der Patienten oder Probanden nur zu rechtfertigen, wenn alle folgenden Voraussetzungen erfüllt sind: (a) Die zu bearbeitende Forschungsproblematik kann nicht durch andere Methoden als durch die Verarbeitung personenbezogener Daten geklärt werden. (b) Schutzwürdige Belange des Patienten/Probanden werden nach menschlichem Ermessen durch die Verarbeitung der personenbezogenen Daten nicht beeinträchtigt. (c) Das Forschungs-

Wenn die Richtlinien den Eingriff in „schutzwürdige Belange" verwehren, so können und wollen sie damit von Rechts wegen nicht die Reichweite der ärztlichen Schweigepflicht relativieren, die streng auch unter Schweigepflichtigen gilt. **314**

Der Arzt darf das Geheimnis preisgeben, wenn und soweit der Geschützte damit einverstanden ist.[56] Der Patient kann die Aufhebung der Schweigepflicht sachlich beschränken.[57] Zur Entbindung des Arztes von der Schweigepflicht ist grundsätzlich allein der Patient berechtigt, nicht eine dritte Person, die den Arzt zugezogen oder sonst beauftragt hat.[58] Sind Geheimnisträger und Anvertrauender verschiedene Personen, so kommt es auf die **Einwilligung** des ersteren an. Der Einwilligende muß nach seiner geistigen und sittlichen Reife ein Urteilsvermögen besitzen, das ihm die Einsicht in die Tragweite seines Entschlusses erlaubt. Bei Minderjährigen wird sich der Arzt regelmäßig an den gesetzlichen Vertreter wenden und dessen Konsens einholen. Wenn der insoweit urteilsfähige Minderjährige ein Geheimnis durch den Arzt auch vor seinen Eltern bewahrt wissen will, muß es diesen verborgen bleiben. Nach den Grundsätzen der Güterabwägung kann sich der Arzt aber mitteilen, etwa wenn es ihm zum gesundheitlichen Wohle seines Patienten notwendig erscheint. **315**

Wer einwilligt, braucht sich nicht ausdrücklich zu erklären; ein **schlüssiges Verhalten** genügt durchaus. Wenn sich etwa jemand auf seine Tauglichkeit für eine Lebensversicherung untersuchen läßt, so liegt darin das konkludent erklärte Einverständnis mit der Weitergabe des Befundes an die Assekuranz. Schwierigkeiten bereitet die Frage, ob die Einwilligung auch solche Umstände aus dem Geheimnisschutz löst, an die der Einwilligende nicht denkt, die er selbst nicht kennt oder von denen er annimmt, der Arzt seinerseits wisse sie **316**

---

vorhaben läßt nach Fragestellung, Forschungsmethodik und Qualität der Durchführung einen wesentlichen Nutzen für die weitere Entwicklung der Medizin in Wissenschaft und Praxis erwarten. (d) Es ist entweder nicht möglich oder nach Art und Aufwand im Verhältnis zu einem etwaigen Schaden für den Patienten/Probanden nicht zumutbar, die Einwilligung einzuholen. (e) Es ist gewährleistet, daß die Verarbeitung der personenbezogenen Daten auf die primäre wissenschaftliche Fragestellung begrenzt bleibt. (f) Die organisatorischen und technischen Maßnahmen sind ausreichend, einen unberechtigten Zugriff Dritter auf die personenbezogenen Daten zu verhindern. (g) Die Daten oder ihr Personenbezug werden nach Abschluß des medizinischen Forschungsvorhabens gelöscht. Muß damit gerechnet werden, daß zu einem späteren Zeitpunkt eine erneute Bearbeitung des Datenmaterials notwendig werden kann, dann darf die Löschung hinausgeschoben werden, sofern die unter (a) bis (f) genannten Voraussetzungen für diesen Zeitraum zutreffen.

In Konfliktfällen muß der Arzt nach bestem Wissen und Gewissen Güterabwägungen zwischen dem Forschungsziel einerseits und den Individualrechten der Patienten/Probanden andererseits vornehmen."

[56] Einschränkend A. Kaufmann in seiner Anmerkung zu einem Beschluß des OLG Nürnberg, NJW 1958, 272, bezüglich der Aussagepflicht.

[57] OLG Hamburg, NJW 1962, 689.

[58] OLG Karlsruhe, NJW 1960, 1392.

nicht. Darf der Arzt mit einem solchen Einverständnis sein Wissen in vollem Umfang offenbaren mit der Folge einer unbeschränkten Aussagepflicht als Zeuge vor Gericht? Eine verneinende Antwort gebietet der Grundsatz, „daß eine Einwilligung nur dann zum Verlust des Rechtsschutzes führen kann, wenn sich der Betroffene der Tragweite seiner Entscheidung wenigstens im wesentlichen bewußt ist, vor allem wenn er weiß, in was er einwilligt".[59] Ein vertrauensvolles Arzt-Patient-Verhältnis erfordert den Geheimnisschutz auch hier. Formularmäßige Erklärungen vermitteln keinen Freibrief.

317 Die Schweigepflicht besteht **auch gegenüber Aufsichtsinstanzen.** So sind alle am Behandlungsgeschehen in einem öffentlichen Krankenhaus Beteiligten auch gegenüber der Aufsichtsbehörde schweigepflichtig. Diese kann Ärzte eines öffentlichen Krankenhauses von Rechts wegen nicht generell anweisen, Krankenakten vorzulegen, sich auch nicht die Entscheidung über die Herausgabe von Patientenunterlagen an Dritte vorbehalten.[60] „Die Stadt als Dienstherr des Chefarztes der Anästhesieabteilung einer städtischen Krankenanstalt ist nicht berechtigt, von dem Arzt ohne Zustimmung der behandelten Personen die Herausgabe der Anästhesieprotokolle zu verlangen, um auf Grund der darin enthaltenen Angaben mit den jeweiligen Kostenträgern abzurechnen. Auch der beamtete Arzt hat über das, was ihm in seiner Eigenschaft als Arzt anvertraut oder bekannt geworden ist, zu schweigen. Die Schweigepflicht umfaßt auch schriftliche Mitteilungen der Patienten, Aufzeichnungen über die Patienten, Röntgenaufnahmen und Untersuchungsbefunde, also auch Anästhesieprotokolle."[61]

318 Die Vorlage von Dienstbüchern bei der Klinikverwaltung zum Zwecke der Abrechnung mit den Bereitschaftsärzten erfüllt den Tatbestand des Offenbarens eines Patientengeheimnisses. Die **schlüssige (konkludente) Einwilligung** der Patienten in die Vorlage wird sich schwerlich regelmäßig annehmen lassen.[62] Denn nicht jeder Umstand, den der Patient erwarten kann oder muß, läßt sich seinem Willen einfach zurechnen. Die Verantwortlichen sollen den Patienten vielmehr über ihre Vorhaben informieren und um sein Einverständnis bitten oder anonymisierende Verfahren praktizieren.

319 Personalien, Anschrift und der Umstand, daß sich eine Person zu ambulanter Behandlung ins Krankenhaus begibt, stellen ein Arztgeheimnis dar. Die Anfrage einer Polizeibehörde nach diesen Tatsachen allein zu Ermittlungszwecken vermag die Offenbarung nicht zu rechtfertigen.[63]

320 Allein in den gesetzlich bestimmten Fällen trifft den Arzt eine **Offenbarungspflicht,** die nur so weit reicht, wie der Gesetzeszweck es jeweils

---

[59] Th. Lenckner, 180.

[60] Dazu im einzelnen A. Kreuzer, NJW 1975, 2232, u. Med. Klinik 1976, 1396. Zur Schweigepflicht der Krankenhausleitung ferner H. Kleinewefers u. W. Wilts, NJW 1964, 428.

[61] So in einem verdienstvollen Urteil OVG Lüneburg, NJW 1975, 2263.

[62] So aber VG Münster, MedR 1984, 118.

[63] OLG Bremen, MedR 1984, 112.

erfordert. Neben den im Interesse der Verbrechensverhinderung statuierten Anzeigepflichten[64] stehen die aus gesundheitspolizeilichen Gründen erlassenen Meldegebote. Hier muß das Arztgeheimnis den Erfordernissen im Dienst der Volksgesundheit weichen. Eine Liste der meldepflichtigen Krankheiten enthält das Bundesseuchengesetz.[65] Auch das Geschlechtskrankheitengesetz[66] schränkt das Patientengeheimnis ein, doch auf schonende Weise, indem es dem Arzt die Anzeige nur unter besonderen, gravierenden Umständen auferlegt. Weitere Offenbarungspflichten enthält das Recht des Personenstandswesens.[67] Nicht zuletzt verdienen die im Rahmen der Sozialversicherung gebotenen ärztlichen Auskünfte Aufmerksamkeit. Die Versicherungsträger sehen sich vielfach bei der Erfüllung ihrer gesetzlichen Pflichten auf die ärztliche Mitteilung angewiesen.[68] Aber gerade hier müssen die Beteiligten die Grenzen des unabweisbar Erforderlichen einhalten. Die gebotene geldliche Rechenschaft der Ärzte und die notwendige Aufsicht über das Finanzgebaren wie die Wirtschaftlichkeit der Kliniken müssen über diskretionsgünstige behördliche Verfahren, etwa mittels Chiffren, erfolgen, wenn der Geheimnis- und damit Persönlichkeitsschutz nicht leerlaufen soll.

Die Ärzte sehen sich nicht nur zur Verschwiegenheit, sondern auch zur 321
Dokumentation ihrer Tätigkeit verpflichtet. „Der Arzt hat über die in Ausübung seines Berufes gemachten Feststellungen und getroffenen Maßnahmen die erforderlichen Aufzeichnungen zu machen. Ärztliche Aufzeichnungen sind nicht nur Gedächtnisstützen für den Arzt, sie dienen auch dem Interesse des Patienten an einer ordnungsgemäßen Dokumentation. Ärztliche Aufzeichnungen sind zehn Jahre nach Abschluß der Behandlung aufzubewahren, soweit nicht nach anderen gesetzlichen Vorschriften eine längere Aufbewahrungspflicht besteht. Eine längere Aufbewahrung ist auch dann erforderlich, wenn sie nach ärztlicher Erfahrung geboten ist."[69] Diese Auflagen im Interesse des einzelnen Patienten wie der Volksgesundheit belasten den Arzt auch hinsichtlich seiner Diskretionspflicht. Berufsgeheimnis und Dokumentation erfordern indessen gleichermaßen ihr Recht.

Der Arzt ist von Rechts wegen verpflichtet, Krankenunterlagen zu führen 322

---

[64] Vgl. § 138 StGB mit § 139 StGB.

[65] BGBl. 1961 I, 1012; §§ 3, 8. Das Gesetz nach dem neuesten Stand (1985) bei W. Thürk, Recht im Gesundheitswesen, 51–1.

[66] BGBl. 1953 I, 700; § 12. Neuester Stand (1974) bei W. Thürk, 51–3.

[67] Personenstandsgesetz §§ 16 ff.

[68] Vgl. etwa § 1543 d der RVO, § 3 Lohnfortzahlungsgesetz. Zur Auskunftspflicht in der gesetzlichen Krankenversicherung U. Glenewinkel-Baurhenn.

[69] Aus § 11 der Berufsordnung für die deutschen Ärzte von 1985. Ähnlich die verschiedenen Berufsordnungen. Vgl. auch § 32 Abs. 2 der Ersten StrahlenschutzVO, BGBl. 1965 I, 1654. Nach § 43 Abs. 3 der Strahlenschutzverordnung 1976 (BGBl. I, 2905) sind Aufzeichnungen über die Untersuchung zehn Jahre, über die Behandlung dreißig Jahre nach der letzten Untersuchung oder Behandlung aufzubewahren. Gleiches gilt nach § 29 Abs. 4 RöV; vgl. auch O. Hinrichs, NJW 1987, 2284 f.

und aufzubewahren. Die **Krankenpapiere** spielen **im Zivilprozeß** als Beweismittel eine wichtige Rolle. Lücken in den Unterlagen gehen meist zu Lasten des Arztes. Nicht selten bilden unsorgfältig geführte Unterlagen im Haftpflichtprozeß eine Schwachstelle der ärztlichen Position. „Anzeichen deuten darauf hin, daß die Krankenpapiere sich zu einem ähnlichen ‚Aufhänger' entwickeln werden, wie ihn seit geraumer Zeit die Aufklärungspflicht darstellt."[70]

323 Dem Arzt jedenfalls bleibt zu raten, die größte Sorgfalt auf das Krankenblatt und seine Annexe zu verwenden. Auch die **Lagerung des Patienten** auf dem Operationstisch fällt unter die Dokumentationspflicht, wobei es „genügt, die Lagerung technisch schlagwortartig zu beschreiben (oder durch ein zeichnerisches Symbol zu kennzeichnen), so daß für den Fachmann erkennbar wird, nach welcher Methode gelagert oder operiert worden ist".[71] Ein **Berufsanfänger** hat den Gang der von ihm selbständig durchgeführten Operation auch bei Routineeingriffen in den wesentlichen Punken zu dokumentieren.[71a]

324 Nach richtiger, seit langem nicht mehr zu bestreitender Ansicht hat der Patient das Recht, die Herausgabe von Krankenunterlagen an den nachbehandelnden Arzt zu verlangen.[72] Die Aufklärungspflicht kann es dem Arzt in bestimmten Situationen durchaus gebieten, seinem Patienten medizinische

---

[70] H. Putzo, Die Arzthaftung. Grundlagen und Folgen, 1979, 59. – In einem neueren Urteil hat der BGH betont, „daß die unterlassene Dokumentation nicht selbst eine Anspruchsgrundlage bildet. Sie kann nur dazu führen, daß dem Patienten der durch sie erschwerte Beweis eines behaupteten Behandlungsfehlers erleichtert wird. Damit bleibt es aber Voraussetzung des Anspruchs, daß ein schuldhafter Behandlungsfehler als Ursache des auszugleichenden Gesundheitsschadens ernstlich in Frage kommt. Dies ist zunächst vom Patienten schlüssig zu behaupten, wobei an die Substantiierung keine allzugroßen Anforderungen gestellt werden dürfen" (NJW 1983, 332).

[71] BGH, NJW 1984, 1403 = MedR 1985, 221. Die technisch richtige Lagerung ist voll beherrschbar, so daß die Beweislast dafür von Krankenhaus und Ärzten zu tragen ist.

[71a] BGH, NJW 1985, 2193 = MedR 1986, 39.

[72] OLG Köln, Arztrecht 1975, 176. „Wer von einem Arzt behandelt worden ist, kann stets verlangen, daß dieser Arzt die über seine Behandlung gemachten Aufzeichnungen vollständig einem ihm namhaft gemachten anderen Arzt zur Einsicht überläßt, der das Vertrauen des Patienten hat. Erkundigt sich der später behandelnde Arzt bei seinem Vorgänger über die frühere Behandlung, so wird der Arzt im allgemeinen die Zustimmung des Patienten annehmen dürfen, wenn er sich des ärztlich-beruflichen Charakters der Anfrage sicher sein kann; jedoch wird der Arzt einem anderen Arzt nur mit Zustimmung des früheren Patienten Auskunft über die frühere Behandlung geben und auch bei ärztlicher Fallerörterung im Kollegenkreise das Persönliche des Patienten nur mit dessen Zustimmung offenbaren dürfen." – Normalerweise kann der Arzt seine Unterlagen in verschlossenem Umschlag mit sorgfältiger Aufschrift über den Patienten als Boten an den weiterbehandelnden Kollegen gelangen lassen; vgl. W. Uhlenbruck, Med. Klinik 1976, 1163.

Unterlagen vorzuweisen, etwa ein Röntgenbild[73] zu demonstrieren; auch dies gilt nicht erst seit kurzem.

Die Krankenunterlagen sind wichtige **Beweismittel.** Im Streit um ihre **vorprozessuale Zugänglichkeit** hat der *BGH* durch neue Erkenntnisse die Richtung gewiesen und Grenzen aufgezeigt. Die Urteile erlegen der ärztlichen Praxis zusätzliche, bisher von ihr weder allgemein geübte noch anerkannte Berufspflichten auf. Danach hat der Patient gegenüber Arzt und Krankenhaus grundsätzlich auch außerhalb eines Rechtsstreits **Anspruch auf Einsicht** in die ihn betreffenden Krankenunterlagen, freilich nur, soweit sie Aufzeichnungen über objektive physische Befunde und Berichte über Behandlungsmaßnahmen wie die Medikation oder die Operation betreffen.[74] Anderes gelte für die psychiatrische Behandlung. Auch nach deren Abschluß bestehe selbst gegenüber dem inzwischen beschwerdefreien Patienten in der Regel keine grundsätzliche Pflicht, Einsicht zu gewähren.[75] **325**

Der *BGH* hat seine Judikatur inzwischen ergänzt: Auch der **psychiatrische Patient** kann Einsicht begehren, wenn der Arzt „keine therapeutischen Bedenken gegen eine Offenlegung der Krankengeschichte hat, wenn er keine nachteiligen Eingriffe in das einmal begründete Vertrauensverhältnis ..., das auch ihn selbst schützt, befürchtet und wenn auch im Interesse Dritter eine Geheimhaltung nicht oder nicht mehr erforderlich ist“. Darüber entscheidet der Arzt ohne Begründungszwang. „Zur Einsicht in die Krankenaufzeichnungen muß der Patient kein besonderes rechtliches Interesse darlegen“. Eine Bestätigung der Richtigkeit und Vollständigkeit offenzulegender Dokumente „gehört jedenfalls nicht von vornherein und selbstverständlich zum Einsichtsrecht“.[76] **326**

Der Arzt dürfe sich, so das Gericht, dem ernstlichen Verlangen seines Patienten nicht widersetzen, in die objektiven Feststellungen über seine körperliche Befindlichkeit und in die Aufzeichnungen über die Umstände und den Verlauf der ihm zuteil gewordenen Behandlung Einsicht zu gewinnen. Dieser zusätzliche Vertragsanspruch ergebe sich regelmäßig nicht kraft Abrede, sondern aus dem durch grundrechtliche Wertung geprägten Selbstbestimmungsrecht und der personalen Würde des Patienten. Das Gericht erkennt die **Gefahren,** in die bestimmte Einblicke den Patienten stürzen können. Das aber müsse im Interesse des Selbstbestimmungsrechts in Kauf genommen werden. In besonderen Situationen freilich dürfe der Arzt dem Patienten aus therapeutischen Gründen gewisse Erkenntnisse vorenthalten – **327**

---

[73] Zur Herausgabe zahnärztlicher Röntgenaufnahmen an Privatpatienten AG Ludwigsburg, NJW 1974, 1431. Vgl. auch OLG Stuttgart, NJW 1958, 2118, 2120. Das AG Passau, Deutsches ÄrzteBl. 1976, 524, hat den Anspruch des Patienten auf Herausgabe von Original-Röntgenaufnahmen unter Hinweis auf § 29 Röntgenverordnung (Aufbewahrungspflicht des Arztes) zu Recht abgelehnt.

[74] BGH, NJW 1983, 328. Vgl. auch G. Hohloch, NJW 1982, 2577ff.

[75] BGH, NJW 1983, 330.

[76] BGH, NJW 1985, 674 = MedR 1985, 164.

ähnlich wie bei der rechtfertigenden Aufklärung über die Risiken eines Eingriffs. „Die Grenzen für solche Ausnahmefälle“ seien indessen hier wie dort „sehr eng zu ziehen“.

328 Eine stärkere **Einschränkung** trifft das Gericht insofern, als es die persönlichkeitsrechtlich begründete Informations- und Einsichtsbefugnis „nur auf die Aufzeichnungen über naturwissenschaftlich objektivierbare Befunde“ bezieht sowie „auf Behandlungsfakten“, welche „die Person des Patienten betreffen“. Die gebotene gegenseitige Zuwendung zwischen dem Arzt und seinem Patienten führe zu Einträgen in den Krankenunterlagen, „die einerseits sachgemäß, aber andererseits für die Kenntnis durch den Patienten weder geeignet noch bestimmt sind“. Die Krankenunterlagen enthielten „der Sache nach legitime Bekundungen“, die „der Einsicht des Patienten entzogen werden müssen und dürfen“: „nicht nur wegen ihrer zwangsläufig emotionellen Färbung und in ihnen enthaltener subjektiver Wertungen, sondern etwa auch wegen des Hinweises auf später aufgegebene Verdachtsdiagnosen, den indessen zu tilgen ärztlich verfehlt wäre“. Die unverkennbaren Schwierigkeiten, die sich aus dieser notwendigen Einschränkung des Einsichtsrechts ergeben, sind noch ungelöst. Der *BGH* ließ es ausdrücklich offen, „ob sich ihnen durch eine ‚duale‘ Gestaltung der Unterlagen (Trennung der offenbarungspflichtigen und der nicht zu offenbarenden Aufzeichnungen)[77] begegnen läßt“. Immerhin lasse sich ein praktischer Vollzug nur dadurch ermöglichen, „daß die Zurückhaltung von Aufzeichnungen, auf die sich der Einsichtsanspruch des Patienten nicht erstreckt und an deren Ausschluß von der Einsichtnahme ein begründetes Interesse besteht, im wesentlichen dem Arzt bzw. Krankenhaus anvertraut wird“.

329 Können sich die Parteien nicht gütlich auf einen neutralen Arzt für die Einsichtnahme einigen, was sich empföhle, dann müsse es dem behandelnden Arzt wie dem Krankenhausträger gestattet sein, „auf den Ablichtungen der Befunde und Behandlungsberichte, auf die sich das Einsichtsrecht des Patienten erstreckt, weitere nicht hierunter fallende Vermerke abzudecken, was zweckmäßigerweise so zu geschehen hat, daß die Abdeckung als solche erkennbar bleibt“. Doch diese Maßgabe wird Mißtrauen und Streit nicht bannen, sondern da und dort anfachen. Die langwierigen Kontroversen um die Reichweite der Aufklärungspflicht sollten sich nicht wiederholen. Um so mehr möge die Ärzteschaft sich selbst um die nun herausgeforderten Standards bemühen.

330 Die ersten beiden tastenden Urteile, mit denen der *BGH* 1982 dem Patienten grundsätzlich den vorprozessualen Zugang zu den Krankenunterlagen eröffnete,[78] ließen manche Frage zu Grund und Umfang der neuen

---

[77] H. Lilie, Ärztliche Dokumentation und Informationsrecht des Patienten, 1980, 187ff.

[78] BGH, NJW 1983, 328 u. 330. Vgl. auch OLG Düsseldorf, NJW 1984, 670:

Befugnis offen.[79] In einem ersten ergänzenden Urteil stellte das Gericht „eine **vermögensrechtliche Komponente**" des Einsichtsanspruchs heraus und ordnete insoweit das Recht auf Information den Erben zu, freilich nur in den Grenzen, welche die ärztliche Schweigepflicht gebietet.[80] Der *BGH* wiederholte, es handle sich beim Einsichtsrecht des Patienten um „einen Nebenanspruch aus dem Behandlungsvertrag". Der Senat habe sich allerdings „für die im Wege der ergänzenden Vertragsauslegung gewonnene Feststellung" dieser Nebenpflicht „auf das durch grundrechtliche Wertung geprägte Selbstbestimmungsrecht und die personale Würde des Patienten bezogen". Darum sei der Vertragsanspruch aber nicht in vollem Umfang ein „höchstpersönlicher", vielmehr dürfe er „auch legitimen wirtschaftlichen Belangen – so der Klärung von Schadensersatzansprüchen sowohl gegen andere Ärzte als auch gegen den auf Einsichtsgewährung in Anspruch genommenen Arzt selbst – dienstbar gemacht werden", so daß auch der Übergang des Anspruchs auf die Erben in Frage komme.

Der **Anspruch ist ein vertraglicher.** Grundrechtliche Gehalte können ihm 331
über die Generalklausel des § 242 BGB zufließen. Aus dem Arztvertrag läßt er sich auch sachlich begrenzen. Der persönlichkeitsrechtliche Ansatz des *BGH* begünstigt weite Grenzen, zumal der Patient nach den neuen Judikaten kein berechtigtes Interesse geltend zu machen braucht. Die Vertragsgerechtigkeit erfordert den ausgewogenen Schutz beider Teile; darum hat sich der *BGH* bemüht. Bei psychiatrischen Patienten gewinnt die Rechtsposition des Arztes stärkeres Gewicht, weil seine eigene Persönlichkeit sich tiefer mit dem medizinischen Geschehen verbindet. Indessen haben sich auch psychiatrische Stimmen zu Wort gemeldet, die für rückhaltlose Offenheit dem Patienten gegenüber eintreten.[81] Eine Schranke vor dem Zugang zu den Behandlungsunterlagen bilden die Rechte dritter Personen, vor allem der Angehörigen, die als Auskunftspersonen dienten und vor Mißverständnissen und Angriffen des Patienten geschützt bleiben sollen. „Inwieweit das Ergebnis solcher Befragungen, das auch die pflichtgemäße Beurteilung zwischenmenschlicher Beziehungen durch den Arzt umfaßt, dem Patienten offengelegt wird, muß dem ärztlichen Ermessen überlassen bleiben."[82]

Unbeantwortet ließ der *BGH* die Frage, ob die **Diagnose** unter die 332
offenzulegenden Feststellungen des Arztes fällt, oder ob sie ein subjektives Urteil auf der Grundlage eines naturwissenschaftlich konkretisierten Befun-

---

Bekanntgabe der Namen behandelnder Ärzte durch das Krankenhaus.

[79] Vgl. die kritischen Analysen: H.-J. Ahrens; P. Bockelmann; K. Nüßgens; H.-J. Rieger, DMW 1983, 431 ff.; W. Wachsmuth u. H.-L. Schreiber, JZ 1983, 307 f. – Zum österreichischen Recht K. Krückl, ÖJZ 1983, 281 ff.

[80] BGH, NJW 1983, 2627 = MedR 1984, 24.

[81] Vgl. Recht und Psychiatrie, H. 1, 1983.

[82] BGH, NJW 1983, 331.

des darstellt.[83] Obwohl die Diagnose subjektive Züge trägt, weil sie von den Einsichten, Fähigkeiten und Möglichkeiten ihres Urhebers abhängt, erstreckt sich das Einsichtsrecht grundsätzlich auch auf sie, weil sonst eine der praktisch möglichen und bedeutsamen Fehlerquellen ärztlichen Tuns und Unterlassens verdeckt bliebe.

333 Zusätzliche Chancen für die Gesundheitspflege wie Risiken für das Arztgeheimnis liegen in der **Datentechnik,** die zunehmend auch in die Krankenhäuser und Praxen ihren Einzug hält. Die Gefahr für den Diskretionsschutz liegt in der Ansammlung und raschen Verfügbarkeit persönlicher Merkmale durch die apparative Datenverarbeitung insbesondere in Verbundsystemen. Noch bevor sich der Bundesgesetzgeber dem allgemeinen Datenschutz zuwandte,[84] haben einzelne Krankenhausgesetze der Länder einen speziellen Schutz vor Datenmißbrauch im klinischen Bereich zu gewährleisten gesucht. Auch der Weltärztebund hat sich mit der Aufgabe des Schutzes der Patientendaten befaßt und Richtlinien erlassen.[85]

334 **Das arbeitsteilige Krankenhaus** erhebt und sammelt eine Fülle oft sensibelster Patientendaten, die im Betrieb hin und her, für unterschiedliche Zwecke auch nach außen gehen. Computer verstärken den Informationsaustausch. Dabei geraten die Persönlichkeitsrechte der Patienten in Gefahr. „Das derzeit geltende Recht, nämlich die allgemeinen Datenschutzgesetze und die ärztliche Schweigepflicht, können den gebotenen Schutz nicht sicherstellen."[86] Der Schutz des Arztgeheimnisses und der individuell wie ökonomisch wichtigen Patientendaten vornehmlich im Krankenhaus hat sich im Zeitalter der Informationstechnik zu einer komplexen Materie entwickelt. „Es bedarf weiterer intensiver Diskussionen, um die Interessen des Patienten an einer effektiven Verwendung und Kontrolle seiner Daten mit dem öffentlichen Interesse an zweckmäßiger Verwaltung, Planung und Forschung in Einklang zu bringen."[87] Über Namen und Daten von Patienten dürfen Krankenhäuser keineswegs beliebig verfügen.[88]

---

[83] H. Narr, Der Chirurg 1984, 58f. – Gutachten für die Krankenversicherung zählen nicht zu den ärztlichen Behandlungsunterlagen, an denen dem Patienten grundsätzlich ein Einsichtsrecht zusteht: OLG Köln, NJW 1983, 2641.

[84] Bundesdatenschutzgesetz, BGBl. 1977 I, 201. Das Gesetz trat am 1. Januar 1978 in Kraft. Sein zweiter Abschnitt (Datenverarbeitung der Behörden und sonstigen öffentlichen Stellen) läßt den landesgesetzlichen Datenschutz unberührt.

[85] R. Schlögell, Deutsches ÄrzteBl. 1978, 1843 ff.

[86] Eindrucksvoll R. Leuze (Hg.), 7. Tätigkeitsbericht der Landesbeauftragten für den Datenschutz in Baden-Württemberg 1986, S. 66 ff. Vgl. auch H.-D. Rzadtki u. U. Wollenteit, in: A. v. Elling u. M. Wunder (Hg.), Krebsregister. Erfassung als Politik, 1986, 154–194.

[87] W. Kilian, MedR 1986, 7–14. Über Datenschutz und medizinische Forschung S. Simitis, MedR 1985, 195–200.

[88] Vgl. etwa LG Frankfurt, NJW 1985, 2767. Über Datenschutz und ärztliche Schweigepflicht in Psychiatrischen Landeskrankenhäusern H. Kamps, MedR 1985, 200–207.

Nicht nur die Dokumentation und ihr Hauptstück: das Krankenblatt **335**
fordern dem Arzt Umsicht und Sorgfalt ab, sondern auch das vielfach verlangte **Attest oder Gesundheitszeugnis,** dessen Inhalt von der bloßen Feststellung der Arbeitsunfähigkeit bis zu einem einläßlichen medizinischen Gutachten reichen kann.[89] Atteste bilden regelmäßig die Grundlage für Entscheidungen Dritter. Unrichtige Zeugnisse können straf- und schadensersatzrechtliche Folgen haben. Beim Ausstellen eines Attestes hat der Arzt die Schweigepflicht zu beachten.

---

[89] Med.-jur. Arbeitskreis Kirkel, Saarl. ÄrzteBl. 1984, 299f., mit Muster.

VIII. Kunstfehler und Sorgfaltspflichtverletzung

E. Ankermann u. H.J. Kullmann (Hg.), Arzthaftpflicht-Rechtsprechung. Ergänzbare Rechtsprechungssammlung zur gesamten Arzthaftpflicht einschließlich der Haftung von Krankenhausträgern, 1987; H. Baumann, Arzthaftung und Versicherung, JZ 1983, 167–175; U. Baur u. Rainer Hess, Arzthaftpflicht und ärztliches Handeln, 1982; K.-H. Bichler (Hg.), Begutachtung und Arztrecht in der Urologie, 1986; R. Bodenburg, Der ärztliche Kunstfehler als Funktionsbegriff zivilrechtlicher Dogmatik, 1983; C. v. Brandis u. O. Pribilla, Arzt und Kunstfehlervorwurf. Dargestellt an 114 einschlägigen Fällen mit 5 Tabellen, 1973; G. Brüggemeier, Deliktsrecht. Ein Hand- und Lehrbuch, 1986, 376–451; G. Carstensen, Der chirurgische Behandlungsfehler, Langenbecks Arch. Chir. 352, 1980, 47–52; G. Carstensen u. H.-L. Schreiber, Arbeitsteilung und Verantwortung, in: H. Jung u. H.W. Schreiber (Hg.), Arzt und Patient zwischen Therapie und Recht, 1981, 167–174; G. Carstensen, Vorwerfbare Behandlungsfehler. 10-Jahres-Bilanz der Gutachterkommission Nordrhein, Der Chirurg 1986, 288–290; G. Carstensen, Aktuelle juristische Probleme im Rahmen der Gefäßchirurgie, Akt. Chir. 1986, 43–45; G. Carstensen u. H.-L. Schreiber, Zur Rechtslage bei simultanen und präventiven Operationen, Der Chirurg 1987, 129–134; E. Deutsch, Medizinische Fahrlässigkeiten, NJW 1976, 2289–2293; E. Deutsch, Rechtswidrigkeitszusammenhang, Gefahrerhöhung und Sorgfaltsausgleichung bei der Arzthaftung, in: Festschr. f. E. v. Caemmerer, 1978, 329–342; E. Deutsch, Das Internationale Privatrecht der Arzthaftung, in: Festschr. f. M. Ferid, 1978, 117–135; E. Deutsch, Der Umgang mit medizintechnischen Geräten – straf- und zivilrechtliche Konsequenzen, Das Krankenhaus 1980, 266–268; E. Deutsch, Arzneimittelschaden: Gefährdungshaftung, Verschuldenshaftung, Staatshaftung, in: Festschr. f. K. Larenz, 1983, 111–125; E. Deutsch, Die Haftung des Zahnarztes bei der zahnärztlichen Behandlung, VersR 1983, 993–997; E. Deutsch, AIDS und Blutspende, NJW 1985, 2746f.; E. Deutsch, Die Haftung von Arzt und Krankenhaus in der Bundesrepublik Deutschland. Eine Bestandsaufnahme der Rechtsprechung, in: Festschr. f. W. Weißauer, 1986, 12–22; E. Deutsch, Die Infektion als Zurechnungsgrund, NJW 1986, 757–759; E. Deutsch, Krankenhaushygiene aus der Sicht des Juristen, VersR 1987, 534–536; E. Deutsch, H. Kleinsorge u. F. Scheler (Hg.), Verbindlichkeit der medizinisch-diagnostischen und therapeutischen Aussage, 1983; E. Deutsch u. K.-H. Matthies, Arzthaftungsrecht. Grundlagen, Rechtsprechung, Gutachter- und Schlichtungsstellen, ²1987=RWS-Skript 148; Th. Doms, Die ärztlichen Gutachterkommissionen und Schlichtungsstellen, NJW 1981, 2489–2493; W. Dunz, Aktuelle Fragen zum Arzthaftungsrecht unter Berücksichtigung der neuen höchstrichterlichen Rechtsprechung, 1980; W.H. Eberbach, Juristische Probleme der HTLV-III-Infektion (AIDS) unter besonderer Berücksichtigung arztrechtlicher Fragen, JR 1986, 230–235; W.H. Eberbach, Rechtsprobleme der HTLV-III-Infektion (AIDS). Straf- und zivilrechtliche Aspekte gefährlicher ansteckender Krankheiten, 1986; L. Eberhardt, Verjährungsfragen im Arzthaftpflichtrecht, NJW 1983; 2613–2616; L. Eberhardt, Ärztliche Haftpflicht bei intraoperativen Lagerungsschäden, MedR 1986, 117–121; L. Eberhardt, Zur Praxis der Schlichtung in Arzthaftpflichtfällen, NJW 1986, 747–752; R. Ellermann (Hg.), Ärztliche Schlichtungsstellen im Brennpunkt, 1987; G. Gaisbauer, Die Rechtsprechung zum Arzthaftpflichtrecht 1966 bis 1970 – eine Übersicht, VersR 1972, 419–424; G. Gaisbauer, Zur Haftung des Arztes für Bestrahlungsschäden, VersR 1981, 815–817; D. Giesen, Arzthaftungsrecht. Die zivilrechtliche Verantwortlichkeit des Arztes in rechtsvergleichender Sicht, 1981; D. Giesen, Grundzüge der zivilrechtlichen Arzthaftung, Jura 1981, 10–24; D. Giesen, Arzthaftungsrecht im Umbruch (I). Der ärztliche Behandlungsfehler in der Rechtsprechung seit 1974, JZ 1982, 345–356; D. Giesen, Recht und medizinischer Fortschritt. Höchstrichterliche Entscheidungen zur Arzthaftung im Zeitalter neuer biomedizinischer Technologien, JR 1984, 221–229; W. Gitter, Zur Haftung des Betriebsarztes, RdA 1983, 156–162; B. Gramberg-Danielsen, Die Haftung des Arztes, 1978; B. Hahn, Zulässigkeit und Grenzen der Delegierung ärztlicher Aufgaben, NJW 1981, 1977–1984; B. Hahn, Zur Haftung des Arztes für nichtärztliches Hilfspersonal, 1981; B. Hahn, Verabreichung von Injektionen durch nichtärztliche Mitarbeiter, DMW 1984, 231–234; M. Hartl, Die neue Medizingeräteverordnung, VersR 1986, 1050–1055; I. Heberlein, Die Haftung der Kassen(zahn)-ärztlichen Vereinigungen gegenüber den Krankenkassen, MedR 1987, 144–151; W. Heim (Hg.), Haftpflichtfragen im ärztlichen Alltag, 1980; M. Heinze u. H. Jung, Die haftungsrechtliche Eigenverantwortlichkeit des Krankenpflegepersonals in Abgrenzung zur ärztlichen Tätigkeit, MedR 1985, 62–71; V. Henschel, Aufgabe und Tätigkeit der Schlichtungs- und Gutachterstellen für Arzthaftpflichtstreitigkeiten, 1980; R. Hymmen u. U. Ritter (Hg.), Behandlungsfehler – Haftung des operativ tätigen Arztes, 1981; H. G. Isele, Grundsätzliches zur Haftpflicht des Arztes, in: A. Mergen (Hg.) III, 11–24; F.-X. Kaufmann (Hg.), Ärztliches Handeln zwischen Paragraphen und Vertrauen, 1984; A. Keller, Die Ärztehaftpflicht aus der Sicht der Versicherung, Schweiz. Ärztezeitung 1981, 3479–3488; H. Kleinewefers, Ärztliche Sorgfalts- und Aufklärungspflichten, in: W. Künzel (Hg.), Gießener Gynäkologische Fortbildung, 1983, 63–79; H. Kleinewefers, Ärztliche Sorgfalts- und Aufklärungspflichten unter Berücksichtigung der Unfallmedizin, in: Hauptverband d. gewerbl. Berufsgenossenschaften e. V. (Hg.), Bericht über die Unfallmedizinische Tagung in Mainz 1984, 1986; H. Kleinewefers, Gutachterstelle sowie ärztliche Sorgfalts- und Aufklärungspflichten, VersR 1986, 1140–1148; H. Kleinewefers u. Th. Burckhardt, Zur Tätigkeit der Gutachter- und Schlichtungsstelle, Hess. ÄrzteBl. 1984, 80–88; M. Klimke, Haftung des Arztes für Prozeßkosten, NJW 1985, 2744-2745; M. Klimke, Zurechnung der während des Krankenhausaufenthalts eingesparten allgemeinen Lebenshaltungskosten, NJW 1986, 2355–2356; E. Kohnle, Entlastung der Gerichte und Staatsanwaltschaften durch die ärztlichen Gutachterstellen, DRiZ 1983, 140–143; H. Köster, Die Haftung des Arztes für das Verschreiben von Medikamenten, iur. Diss. Köln, 1975; J. Krähe, Die Diskussion um den ärztlichen Kunstfehler in der Medizin des neunzehnten Jahrhunderts. Zur Geschichte eines umstrittenen Begriffes, 1984 = Marburger Schriften zur Medizingeschichte Bd. 13; H. Kroitzsch, Zur Haftung bei Gesundheits- und Vermögensschäden durch psychotherapeutische Behandlung, VersR 1978, 396–403; A. Laufs, Die Verletzung der ärztlichen Aufklärungspflicht und ihre deliktische Rechtsfolge, NJW 1974, 2025–2030; F. Lohmann, Behandlungsfehler des Durchgangsarztes: Wer haftet?, Krankenhausarzt 1977, 1080–1081; H. G. S. Marinero, Arzneimittelhaftung in den USA und Deutschland, 1982; K.-H. Matthies, Schiedsinstanzen im Bereich der Arzthaftung: Soll und Haben, 1984; H.-J. Mertens, Arzthaftung, in: Münchener Kommentar zum BGB, III 2, ^{2}1986, § 823, Rdnr. 358–468; J.-E. Meyer, Zur ärztlichen Verantwortung bei der Verhinderung eines Suizids aus psychiatrischer Sicht, MedR 1985, 210–214; M. Mikorey, Die chirurgische Operation als strafrechtlicher Tatbestand der Körperverletzung, Med. Klinik 1956, 1779–1782; H. Morasch u. E. Blankenburg, Schieds- und Gutachterstellen – ein noch entwicklungsfähiger Teil der Rechtspflege, ZRP 1985, 217–223; P.-C. Müller-Graff, Berufshaftung und Organisationshaftung bei der ärztlichen Anfängeroperation-BGHZ 88, 248, JuS 1985, 352–360; H. W. Opderbecke u. W. Weißauer, Durchführung von Injektionen, Infusionen und Blutentnahmen durch das Pflegepersonal im Krankenhaus, Inform. d. Berufsverb. d. Dt. Chirurgen e. V. 1983, 157–163; G. Pfeiffer, Das Arzthaftungsrecht in der Rechtsprechung des Bundesgerichtshofes, Arzt u. Krankenhaus 1987, 79–86; O. Pribilla, Der ärztliche Kunstfehler, in: A. Mergen (Hg.) III, 70–90; H. Putzo, Die Arzthaftung,

Grundlagen und Folgen, 1979; J. Rehn u. H. P. Harrfeldt, Behandlungsfehler und Haftpflichtschäden in der Unfallchirurgie, 1980; M. Reichenbach, Arzthaftpflicht aus der Sicht des Versicherungsmediziners, VersR 1981, 807–809; H.-J. Rieger, Verantwortlichkeit des Arztes und des Pflegepersonals bei der Dialysebehandlung, NJW 1979, 582–587;G. H. Schlund, Zur Frage der ärztlichen Haftung bei verspäteter Vornahme eines Kaiserschnitts, Geburtsh. u. Frauenheilk. 1984, 591f; K. Schöne (Bearb.), Die Haftung in Klinik und Praxis. Einführung und richtungweisende Urteile, 1982; W. Schmitt, Arzt-Haftpflicht-Prozesse nach Injektionsschäden, med. dent. Diss. Berlin, 1985; H.-L. Schreiber, Abschied vom Begriff des ärztlichen Kunstfehlers?, Der med. Sachverständige 1976, 71–73; H.-L. Schreiber, Arzthaftung und erforderliche Sorgfalt, HNO 1983, 228–232; H.-L. Schreiber, Wer haftet für das Behandlungsrisiko?, Med. Klinik 1983, 468–469, 503–505; H.-L. Schreiber, Qualitätssicherungssysteme in Recht und Medizin im Vergleich, in: H.-K. Selbmann (Hg.), Qualitätssicherung ärztlichen Handelns, 1984, 33–40; E. Seidler, Die leges artis und die Heilkunde, Der med. Sachverständige 1976, 68–71; A. Siebert, Strafrechtliche Grenzen ärztlicher Therapiefreiheit, 1983; G. Stratenwerth, Arbeitsteilung und ärztliche Sorgfaltspflicht, Festschr. f. E. Schmidt, 1961, 383–400; E. Steffen, Neue Entwicklungslinien der BGH-Rechtsprechung zum Arzthaftungsrecht,[2] 1986 = RWS-Skript 137; H. Teichner, Haftung bei post-tranfusionellem AIDS, MedR 1986, 110–115; W. Uhlenbruck, Die ärztliche Haftung für Narkoseschäden, NJW 1972, 2201–2206; W. Uhlenbruck, Ärztlicher Kunstfehler und Todesbescheiniung, Arztrecht 1975, 182–188; W. Uhlenbruck, Die ärztliche Untersuchungspflicht, DMW 1979, 1366–1368; W. Uhlenbruck, Rechtliche Aspekte des Kontrastmittelzwischenfalls und des Strahlenrisikos in der ambulanten Diagnostik, NJW 1981, 1294–1299; W. Uhlenbruck, Haftung für Injektionsfehler, Rhein. ÄrzteBl. 1984, 330–333; W. Uhlenbruck, Das Recht und die Pflicht des Arztes zur restitutio ad integrum nach einem Behandlungsfehler, in: Festschr. f. W. Weißauer, 1986, 150–163; W. Wachsmuth, Über die ärztliche Verantwortung, Georgia Augusta 1979, 5–14; H. P. Weber, Die Bedeutung der neuen Medizingeräteverordnung für Ärzte und Krankenhäuser, MedR 1986, 66–70; W. Weißauer, Die rechtliche Verantwortung des leitenden Anaesthesisten, Der Anaesthesist 1964, 385–395; W. Weißauer, Die Aufteilung der Kompetenzen im Krankenhaus und die Verantwortung der leitenden Abteilungsärzte, Bay.ÄrzteBl. 1980, 953–960; W. Weißauer u. G. Hirsch, Die Haftung des Frauenarztes, Gynäkologe 1982, 80–88; W. Weißauer u. H. W. Opderbecke, Die Überwachung des Patienten nach der Narkose, Anästhesiologie u. Intensivmed. 25, 1984, 60–63; W. Weißauer, Recht und Risiko in der Medizin, in: Festschr. f. W. Spann, 1986, 511–517; W. Weißauer, Zur Vereinbarung zwischen dem Berufsverband Deutscher Anästhesisten und dem Berufsverband der Deutschen Chirurgen über die Zusammenarbeit bei der operativen Patientenversorgung, MedR 1983, 92–95; D. Wilhelm, Verantwortung und Vertrauen bei Arbeitsteilung in der Medizin. Zu den rechtlichen Grenzen ärztlicher Sorgfalt, 1984; W. Wilts u. H. Kleinewefers, Die zivilrechtliche Haftung des Arztes, in: A. Mergen (Hg.) III, 25–69; G. Wolfslast, Psychotherapie in den Grenzen des Rechts, 1985; U. Wolter, Die Haftungsregelung des neuen Arzneimittelgesetzes, Der Betrieb 1976, 2001–2006.

336 Weder das StGB noch das BGB kennen den eben darum schillernden und in der Literatur mehrdeutig verwendeten **Begriff des ärztlichen Kunstfehlers.** Im umfassenden Sinne bezeichnet er das nach dem Stande der Medizin unsachgemäße und schädigende Verhalten des Arztes. Ein Kunstfehler kann danach sowohl in einem Tun wie in einem Unterlassen, in der Vornahme eines nicht indizierten wie in der Nichtvornahme eines gebotenen Eingriffs, in Fehlmaßnahmen und unrichtigen Dispositionen des Arztes vor, bei und

nach der Operation und der Medikation liegen.[1] Unärztlich und damit fehlerhaft handelt also auch der Mediziner, der fachlich nicht Angezeigtes unternimmt, etwa Substanzen an Gesunde zum Zwecke der Leistungssteigerung verabreicht (Doping von Sportlern). Die Judikatur faßt den Kunstfehler als einen Verstoß gegen die allgemein anerkannten Grundsätze der ärztlichen Wissenschaft.[2] Wo solche allgemein akzeptierten Regeln nicht oder noch nicht gelten, kommt nach dieser Definition ein Kunstfehler als Regelverstoß nicht in Betracht, wohl aber eine Sorgfaltspflichtverletzung. Kunstfehler und Fahrlässigkeit sind also zu unterscheiden,[3] auch aus einem zweiten Grund: Es gibt Verstöße gegen die Kunstregel, die sich dann nicht als Sorgfaltspflichtverletzungen qualifizieren lassen, wenn die Methodenfreiheit den Arzt zu seinen konkreten Maßnahmen im Einzelfall berechtigte. „Widerspricht das, was die lex artis vorschreibt, der in gewissenhafter Prüfung gewonnenen Überzeugung des Arztes, so ist er berechtigt, ja verpflichtet, von der Regel abzuweichen und seiner Überzeugung zu folgen" (Paul Bockelmann).

Verpflichtete die Kunstregel unbedingt, so unterblieben wesentliche Fort- **337**
schritte der ärztlichen Wissenschaft. Kein Arzt darf sich freilich beliebig über die Regeln der medizinischen Wissenschaft hinwegsetzen. Der Arzt hat vielmehr bei seiner Berufsarbeit von dem anerkannten Fachwissen und den **Standards** in seiner Disziplin auszugehen. Andererseits muß er sich um erkenntnismäßige Teilnahme an den Fortschritten und Erfahrungen der medizinischen Wissenschaft bemühen, ohne sich neuen Einsichten und Methoden aus Bequemlichkeit, Eigensinn oder Hochmut zu verschließen.[4]

Den Sorgfaltsmaßstab bestimmen die Gerichte generell nicht selbst. Sie **338**
stellen vielmehr nach einem Zwischenfall darauf ab, wie sich ein gewissenhafter Arzt in der gegebenen Lage verhalten hätte. Das Recht und die Gerichte

---

[1] Vgl. E. Schmidt, Der Arzt im Strafrecht, 45f.; K. Engisch, Die rechtliche Bedeutung der ärztlichen Operation, 22f. Kritisch zum Begriff E. Deutsch u. H.-L. Schreiber. Vgl. auch E. Deutsch, Typen des Arztverschuldens, VersR 1977, 101. R. Bodenburg, Der ärztliche Kunstfehler als Funktionsbegriff zivilrechtlicher Dogmatik, 1983, stellt die ärztlichen Verkehrspflichten den Schutzgesetzen in § 823 Abs. 2 BGB gleich. „Der ärztliche Kunstfehlerbegriff beinhaltet – orientiert an der äußeren Sorgfalt im Höchstmaß – den objektiven Pflichtverstoß des Arztes, der mit mindestens überwiegender Wahrscheinlichkeit als Ursache für den in Rede stehenden Schaden feststehen muß. Der personale Sorgfaltsverstoß des Arztes wird dann vermutet" (S. 194). Vgl. noch die Monographie von D. Giesen zum Arzthaftungsrecht, 1981, und H. J. Hirsch, Leipziger Kommentar zum StGB, [10]1981, §§ 223–233.

[2] Vgl. etwa BGHZ 8, 138 = NJW 1953, 257; dazu E. Deutsch, Fahrlässigkeit und erforderliche Sorgfalt, 1963, 134f., u. NJW 1976, 2291: „Der Kunstfehler oder besser Berufsfehler stellt ein Abweichen von generell geübten und nicht im Streit befindlichen Erkenntnisformen und Behandlungsschritten dar." Siehe aber auch W. Liertz u. H. Paffrath, Handbuch des Arztrechts, 1938, 263ff. – Die „Regeln der ärztlichen Kunst" kennt das Gesetz, vgl. etwa § 81a StPO. – Zum Doping vgl. J. Linck, Doping und staatliches Recht, NJW 1987, 2545–2551, 2547.

[3] P. Bockelmann, Strafrecht des Arztes, 86f.; E. Deutsch, NJW 1976, 2292f.

[4] E. Schmidt, 47f., mit Belegen.

verlangen vom Arzt, sich an die in seinem Fach entwickelten Regeln zu halten. Während die gesetzgebende wie die rechtsprechende Gewalt kaum reglementierend in die Kernzone der ärztlichen Berufstätigkeit eingreifen, überziehen sich die medizinischen Fachgebiete selbst im Zuge ihres Fortschreitens, ihrer Professionalisierung und Spezialisierung mit einem zunehmend engeren und angespannteren Netzwerk von Kunst- und Sorgfaltsregeln. Diese **durch die medizinische Wissenschaft selbst geschaffenen, immer anspruchsvolleren Maßgaben** bezeichnen für die Gerichte die nach § 276 BGB gebotene Sorgfalt. So nimmt mit der wachsenden Perfektion auch die Verrechtlichung der Medizin gleichsam von innen her zu, ein – wie manche Beobachter nicht ohne Grund finden – gefährlicher circulus vitiosus, den die gleichfalls fortschreitende Arbeitsteilung noch verschärft. „Verringert sich die Zahl der folgenschweren Zwischenfälle, werden diese aber an strengeren Maßstäben geprüft, so bleibt der Gesamteffekt hinsichtlich des forensischen Risikos gleich."[5] Unter diesen Vorzeichen wird das Gewicht präventiver Qualitätskontrollen wachsen. Nicht übersehen läßt sich, „daß die Entwicklung der Medizin und die Realisierung ihrer Fortschritte der Rechtsprechung entscheidende Impulse verdankt".[6]

339 Nur der Arzt kann befugterweise bei seinem therapeutischen Entschluß einen **Beurteilungsspielraum**[7] in Anspruch nehmen, der genaue Kenntnisse über die von ihm bevorzugte Methode und weiter fachliche Übersicht besitzt. „Anhänger von medizinischen **Außenseitermethoden** und **Neulandbehandlungen** müssen darüber hinaus die konkurrierenden Verfahren der Schulmedizin sowie die wissenschaftlichen Grundlagen der eigenen Heilmethode kennen. Die Sachkunde über die Schulmedizin muß sogar so weit gehen, daß der Arzt genau zu wissen hat, wie die Schulmedizin den Kranken im konkreten Einzelfall behandeln würde. Der Patient, der sich der Behandlung eines medizinischen Außenseiters anvertraut, muß alle Umstände seines Falles kennen."[8]

340 Auch ein Arzt, der grundsätzlich Anhänger einer bestimmten Behandlungsmethode ist, muß prüfen, ob nicht im Einzelfall eine andere Art der Therapie den Vorzug verdient, weil sie bei Berücksichtigung aller Umstände eher Erfolg verspricht und geringere Gefahren für den Patienten mit sich bringt.[9] Vertreter medizinischer Außenseitermethoden und neuartiger Heilverfahren handeln fehlerhaft, wenn sie eine Behandlung nicht abbrechen,

---

[5] So W. Weißauer, Inform. d. Berufsverb. d. Dt. Chirurgen e. V. 1985, 93–97. Vgl. auch G. Carstensen, Arzt u. Krankenhaus, 1985, 204 f.

[6] W. Weißauer, Festschr. f. W. Spann, 1986, 516. f.

[7] A. Siebert, 51 ff.

[8] A. Siebert, MedR 1983, 219.

[9] BGH, VersR 1956, 224. BGH, NJW 1960, 2253: „Ein Arzt, der im Gegensatz zur sog. ‚Schulmedizin' steht, darf sich über deren Erfahrungen nicht hinwegsetzen. Das gilt besonders dann, wenn es sich um lebensgefährliche Erkrankungen (wie Krebs) handelt."

obwohl deren Fehlschlag objektiv erkennbar geworden ist. Der für den ärztlichen Dienst erforderliche Freiraum entbindet nicht von der berufserforderlichen Umsicht. So darf sich der Arzt nach gewissenhaftem Abwägen des Für und Wider auch dazu veranlaßt sehen, einem Heilverfahren zu folgen, das sich bisher nicht allgemein durchgesetzt hat, oder einen neuen Schritt zu wagen. In gewissen Grenzen besteht eine „Gleichwertigkeit der Therapien".[10]

Die Freiheit des Arztes, sich gewissenhaft für eine bestimmte Methode zu **341** entscheiden, findet jedenfalls dort ihr Ende, wo die Überlegenheit eines anderen Verfahrens allgemein anerkannt ist.[11] Kritisieren namhafte Wissenschaftler eine Behandlungsmethode, so kann sie nicht als „wissenschaftlich allgemein anerkannt" gelten.[12]

Den Kern einer **verantwortlichen Therapiewahl** bildet die gewissenhafte **342** Abwägung der Vorteile und Gefahren bei der ins Auge gefaßten Methode in Kenntnis aller ernsthaft in Betracht kommenden Verfahren, insbesondere der eingeführten. Das Fehlen eigener Sachkunde und Fähigkeiten oder deren Unzulänglichkeit verpflichtet den Arzt dazu, einen Konsiliarius beizuziehen oder den Kranken an einen kundigeren Kollegen oder Spezialisten zu überweisen. Je angefochtener oder umstrittener eine gewählte medizinische Methode, je stärker der Arzt von eingeführten oder als anerkannt geltenden Heilverfahren abweichen möchte, daß heißt von dem, was der Patient erwarten darf, und je tiefer der Arzt in Neuland vorstoßen will, desto weiter reichen die Informationspflichten. Es besteht eine Wechselwirkung zwischen Therapiewahl und Aufklärungspflicht.

Der Arzt, der einer aussichtslosen therapeutischen Methode folgt, handelt **343** standes- und sittenwidrig mit der Folge seiner Strafbarkeit wegen Körperverletzung. Denn der Einwilligung in einen gegen die guten Sitten verstoßenden Eingriff fehlt die rechtfertigende Kraft (§ 226a StGB).

Die Frage nach der durch die lex artis vorgeschriebenen Heilmethode ist **344** nicht abstrakt, sondern im Hinblick auf die besonderen Umstände des konkreten Falles zu stellen. Ebenso gilt, „daß die Gebräuchlichkeit eines Verfahrens zur Verneinung eines Kunstfehlers nicht ausreicht, wenn nicht zugleich alles getan wird, was nach den Regeln und Erfahrungen der medizinischen Wissenschaft zur Bewahrung des Patienten vor körperlichen Schäden getan werden muß".[13]

---

[10] K. Engisch, 24; P. Bockelmann, 87f., auch zu den Grenzen. Zutreffend betont E. Deutsch, NJW 1976, 2291, daß der mit seiner Therapie erfolglose Arzt nicht zum Opfer eines Schulenstreits werden sollte; unter Hinweis auf BGH, VersR 1955, 573 (hier ging es um die Sorgfaltspflicht bei elektro-chirurgischen Eingriffen: „Ein Arzt muß die Literatur über die von ihm angewandte Heilmethode einschließlich der Anwendungsvorschriften der von ihm benutzten Apparate kennen").

[11] BGH, NJW 1960, 2253.

[12] LG Köln, VersR 1982, 486. Zur Erfahrung in der Medizin K. Überla, MMW 1982, Nr. 46; Diskussion ebenda, 1983, Nr. 10.

[13] BGH, NJW 1965, 346.

345 Gehen die Ansichten in der ärztlichen Wissenschaft und Praxis über eine medizinische Methode auseinander, dann dürfen die Patienten und nach ihnen die Gerichte die Ansprüche an die Sorgfaltspflicht des Arztes nicht überspannen. „Herrscht... Streit darüber, welches Maß von Vorsicht zur Verhütung von Schäden bei der Behandlung notwendig ist, so hat der Arzt im allgemeinen die größere Vorsicht zu beobachten, wenn er nicht fahrlässig handeln will, denn der Kranke darf verlangen, daß der Arzt alle, auch entfernte Verletzungsmöglichkeiten in den Kreis seiner Erwägungen zieht und sein Verhalten bei der Behandlung des Patienten hiernach einrichtet. Deshalb kann auch der Arzt, wenn er die in seinem Tätigkeitsbereich **erforderliche Sorgfalt** außer acht gelassen hat, sich nicht darauf berufen, daß er die **übliche Sorgfalt** angewendet habe."[14] Verfügt der Arzt über den zu fordernden Standard hinaus über medizinische Spezialkenntnisse, dann hat er sie auch zugunsten seines Patienten einzusetzen.[15]

346 In einer beträchtlichen Zahl weiterer Erkenntnisse hat der Bundesgerichtshof Maßstäbe für die ärztliche Sorgfaltspflicht gesetzt, die grundsätzlich auch in den Fällen gelten, in denen die medizinische Maßnahme als solche nicht von der Kunstregel abwich.[16] Das Recht fordert diejenige Sorgfalt, die der Verkehr von einem ordentlichen, pflichtgetreuen Durchschnitts-Arzt oder -Gebiets(Fach)arzt in der konkreten Situation erwartet. Das **Maß der unerläßlichen Achtsamkeit,** der im Verkehr erforderlichen Sorgfalt,[17] bestimmt sich nach dem, was der normale Umgang berechtigterweise verlangt, „wobei es allerdings geboten ist, Rücksicht zu nehmen auf die Verhältnisse des in Betracht kommenden engeren Verkehrskreises und auf das Maß von Umsicht und Sorgfalt, das danach entsprechend dem Urteil besonnener und gewissenhafter Angehöriger dieses Kreises von dem in seinem Rahmen Handelnden zu fordern ist".[18]

347 Die notwendige Sorgfalt kann nur der Arzt aufbieten, der sich laufend über die Fortschritte der Medizin unterrichtet und sich mit den neuesten Heilmitteln und -verfahren vertraut macht. Dabei darf er sich grundsätzlich auf die Angaben in **Fachpublikationen** verlassen. Er haftet freilich für das Überse-

---

[14] BGHZ 8, 138 = NJW 1953, 257, im Anschluß an die Rechtsprechung des Reichsgerichts. (Dem beklagten Dentisten entglitt eine ungesicherte, 4 cm lange Nervnadel.)

[15] BGH, NJW 1987, 1479, mit zust. Anm. von E. Deutsch, = MedR 1987, 231 = JZ 1987, 877, mit zust. Anm. v. D. Giesen.

[16] Vgl. etwa BGH, VersR 1956, 224: „Hat die operative Behandlung eines Bruches in der ärztlichen Praxis Anerkennung gefunden und stellt sie insofern grundsätzlich keinen Kunstfehler dar, so kann doch im Einzelfall dem Arzt die Wahl dieser Behandlung als Fahrlässigkeit i. S. d. § 276 BGB zur Last gelegt werden."

[17] § 276 BGB.

[18] BGH, NJW 1961, 600 (zu den Voraussetzungen, unter welchen den Arzt ein Verschulden trifft, wenn er bei der Auswertung von Röntgenreihenuntersuchungen einen Tuberkuloseherd übersieht).

hen evidenter Fehler.[19] So verstößt etwa der Arzt gegen die Sorgfaltspflicht, der sich von einem Druckfehler irreführen läßt und deswegen bei einem Infusionstest eine 25prozentige statt eine 2,5prozentige Kochsalzlösung verabreicht.[20]

Vom **Mißerfolg** läßt sich nicht auf einen Verstoß gegen die Sorgfaltspflicht 348
zurückschließen. Unterlief etwas medizinisch Mangelhaftes, ein Kunstfehler, so bleibt dieser Umstand für den Arzt rechtlich doch folgenlos, wenn er nur alle Sorgfalt walten ließ.[21] Denn wenn dem Arzt **kein schuldhafter Behandlungsfehler** unterlief, sondern „ein nicht aufzuhaltender, schicksalsmäßiger Verlauf vorlag", [22] kommt eine Berufshaftpflicht nicht in Betracht. Mit gutem Grund hat das Reichsgericht einmal ausgeführt, „daß auch der geschickteste Arzt nicht mit der Sicherheit einer Maschine arbeitet, daß trotz aller Fähigkeit und Sorgfalt des Operateurs ein Griff, ein Schnitt oder Stich mißlingen kann, der regelmäßig auch dem betreffenden Arzte selbst gelingt".[23] So fällt einem Orthopäden, der während einer kurzen Therapie seines über Beschwerden in der Zone des Sprunggelenks klagenden Patienten nicht an die Möglichkeit einer Knochentuberkulose gedacht hat, nicht ohne weiteres ein vorwerfbarer Diagnosefehler zur Last.[24] Ein Chirurg verstößt nicht gegen die anerkannten Regeln des Faches, wenn er es nach der Operation einer fortgeschrittenen Appendizitis mit fibrinösen Belägen unterläßt, eine Drainage in das Operationsfeld zu legen.[25]

Mit dem Grad der Gefährlichkeit einer Behandlung steigt das Maß der 349
erforderlichen Sorgfalt. Bei besonders **gefährlichen Methoden** macht jede Nachlässigkeit den Arzt haftpflichtig.[26]

Den Arzt trifft die Pflicht, seinen Patienten vor krankheitsbedingten 350
Selbstschädigungen zu bewahren. Der **selbstmordgefährdete Patient** bedarf ständiger Aufsicht und einer im Rahmen der Gegebenheiten möglichst risikoarmen Unterkunft.[27] „Die Sicherheit des Patienten muß auch bei der stationären Behandlung in einer psychiatrischen Krankenanstalt oberstes Gebot sein. Auf die durch geeignete Sicherungsmaßregeln entstehenden Kosten oder den sonstigen personellen und sächlichen Aufwand kann es jedenfalls dann nicht ankommen, wenn diese nicht außer allem Verhältnis zu der drohenden Gefahr stehen und diese Gefahr keine nur ganz entfernte

---

[19] Vgl. P. Bockelmann, 94; strenger K. Engisch, 29, mit weiteren Nachweisen.
[20] BGH, NJW 1970, 1963.
[21] E. Schmidt, 46; P. Bockelmann, 88f.; vgl. auch Rdnr. 377.
[22] OLG Köln, VersR 1986, 480 (wiederholter Schlaganfall bei durch Gefäßkrankheit vorgeschädigter Patientin).
[23] RGZ 78, 432.
[24] OLG Düsseldorf, VersR 1986, 919 = MedR 1986, 197.
[25] OLG München, VersR 1986, 1217.
[26] W. Wilts u. H. Kleinewefers, 33. Vgl. dazu auch BGH, MedR 1986, 77.
[27] OLG Düsseldorf, VersR 1983, 739.

ist."[28] Dem chronisch suizidalen, manifest sich selbst gefährdenden Patienten kann der Arzt nach der akuten Krise nur dann helfen, wenn er nicht um jeden Preis versucht, den Suizid zu verhindern.[29] Risikobereitschaft soll Lebenssinn vermitteln – ein Balanceakte forderndes Dilemma. Die Sicherheit des chronischen wie des akuten psychiatrischen Patienten gebietet wohlbedachte Maßnahmen[30] im Rahmen des Angezeigten, Möglichen und Zumutbaren.[31] Dem Krankenhausträger, der einen Patienten vor Selbstschädigung zu bewahren hatte, bleibt der Mitverschuldenseinwand versagt, wenn der Kranke während der stationären Therapie dennoch einen Suizidversuch unternahm.[32]

351 Die **Anfälligkeit des Patienten** verpflichtet zu erhöhter Umsicht. Veranlaßt ein Arzt beispielsweise seinen Patienten zum Hinlegen auf einen Untersuchungstisch, so braucht er nicht damit zu rechnen, daß der Kranke diesen Platz unaufgefordert verläßt und sich hierbei gefährdet. „Ausnahmsweise kann jedoch eine Verpflichtung zu besonderer Sorgfalt gegeben sein, wenn es sich um einen gebrechlichen Patienten handelt, in welchem der Arzt durch mißverständliches Verhalten den Eindruck erweckt hat, seine ärztliche Tätigkeit sei beendet und der Patient solle den Untersuchungstisch selbständig verlassen."[33] „Zur Pflege und Betreuung gehört die körperliche Unterstützung und Begleitung von Patienten, die geschwächt oder unsicher sind und infolgedessen gefährdet sein würden, wenn sie sich im Krankenzimmer, auf der Station oder in der Klinik ohne Begleitung bewegen."[34]

352 Bei jedem Eingriff hat der Arzt den **typischen Gefahren vorzubeugen.** Legt der Chirurg bei einer Bauchoperation Mullkompressen in die Leibeshöhle ein, „so genügt der Operateur seiner Sorgfaltspflicht im allgemeinen nur dann, wenn die Kompressen zur Sicherung gegen ihr Verschwinden in der Bauchhöhle armiert werden".[35] Bei dem Gebrauch von Medikamenten hat der Arzt die Packungsbeilagen genau zu beachten. Schreibt etwa die Herstellerfirma eines Narkosemittels vor, eine intraarterielle Injektion sei „mit Sicherheit" zu vermeiden, so handelt der Arzt fehlerhaft, wenn er die Spritze in dem besonders gefährdeten Bereich der Ellenbeuge ansetzt.[36]

---

[28] OLG Düsseldorf, MedR 1984, 69; kritisch zu dem Urteil im übrigen E. Deutsch, VersR 1984, 338.

[29] Aus psychiatrischer Sicht aufschlußreich J.-E. Meyer, MedR 1985, 210–214. Zum freien Ausgang in der Behandlung geschlossen untergebrachter psychisch Kranker E. Giemulla u. W. Vollmoeller, MedR 1985, 101–104 und J. Helle, MedR 1986, 23–26.

[30] G. Wolfslast, Psychotherapie in den Grenzen des Rechts, 1985, insb. 128ff.

[31] Vgl. OLG Braunschweig, VersR 1985, 576; OLG Hamm, VersR 1986, 171.

[32] BGH, NJW 1986, 775.

[33] BGH, NJW 1971, 1079 (die achtzigjährige Klägerin erlitt Knochenbrüche bei oder nach dem Hinuntersteigen von der Liege).

[34] OLG Düsseldorf, VersR 1982, 775 (Sturz einer am Auge operierten Patientin beim Verlassen der Toilette).

[35] BGH, NJW 1956, 1834.

[36] BGH, VersR 1968, 280 (Estil-Injektion); vgl. auch BGH, VersR 1968, 276, ferner BGH, NJW 1959, 1583 (Untersuchungspflicht des Arztes vor Anwendung von Narkotika) und BGH, NJW 1959, 815 (Schutzmaßnahmen bei Serumbehandlung).

Große Aufmerksamkeit verlangen bei der **Medikation** die Kontraindikationen und die Angemessenheit der zu verabreichenden Menge, vor allem die Höchstdosis.[37]

353 In Diagnose[38] und Therapie gewinnt die **Technik** weiter an Raum mit der Folge, daß sich dadurch auch besondere Rechtspflichten etwa für den Krankenhausträger und die Bediensteten ergeben.[39] Der Umgang mit medizinisch-technischen Geräten erfordert geschultes, gewissenhaft in sorgfältig abgestimmter Organisation arbeitendes Personal. Beim Einsatz von **Geräten** muß der Arzt „die Bedienungsanleitung peinlich genau innehalten und die einschlägigen Hinweise im medizinischen Schrifttum beachten".[40] Zwar bringt es die zunehmende Technisierung der modernen Medizin mit sich, daß der Arzt nicht mehr alle technischen Einzelheiten der ihm verfügbaren Geräte zu erfassen und gegenwärtig zu haben vermag. Das befreit ihn aber nicht von der Pflicht, „sich mit der Funktionsweise insbesondere von Geräten, deren Einsatz für den Patienten vitale Bedeutung hat, wenigstens insoweit vertraut zu machen, wie dies einem naturwissenschaftlich und technisch aufgeschlossenen Menschen (diese Fähigkeiten müssen vor allem bei einem Anästhesisten vorausgesetzt werden) möglich und zumutbar ist".[41] Die apparative Ausstattung der Krankenhäuser und niedergelassenen Ärzte vermehrt die Rechtspflichten, was auch die neue Medizingeräteverordnung zeigt.[42]

354 Soweit es ihn fachlich angeht, muß der Arzt im sich verdichtenden Geflecht technischer Regeln etwa des Strahlenschutzes[43] oder der Hygiene[44] Bescheid wissen.

355 Die apparativ bedingten Komplikationen weisen auf die Notwendigkeit des **Zusammenwirkens von Herstellern, Betreibern und Anwendern** dia-

---

[37] BGH, VersR 1967, 775 (zur Haftung des Krankenhausträgers und des verantwortlichen Stationsarztes für einen schweren Gehörschaden bei einem Kleinkind durch Überdosierung von Streptomycin).

[38] W. Uhlenbruck, Arztrecht 1980, 175ff.

[39] E. Deutsch, Das Krankenhaus 1980, 266ff.; W. Uhlenbruck, Rhein. ÄrzteBl. 1980, 403ff.

[40] OLG Nürnberg, VersR 1970, 1061 (Verwendung eines Ultrathermgeräts für einen elektro-chirurgischen Eingriff). Zur Haftung des Arztes bei Belastungsuntersuchungen ohne Defibrillationsgerät H.-J. Rieger, DMW 1977, 1167. Siehe auch das Votum des Wissenschaftlichen Beirates der Bundesärztekammer, Deutsches ÄrzteBl. 1981, 2341f.

[41] BGH, NJW 1978, 584 (Intubationsnarkose im halbgeschlossenen System).

[42] M. Hartl, VersR 1986, 1050–1055; H.P. Weber, MedR 1986, 66–70.

[43] Siehe Strahlenschutz VO v. 13. Okt. 1976, zuletzt geändert durch VO v. 26. Nov. 1986, bei W. Thürk, Recht im Gesundheitswesen, Bd. 3; ferner RöntgenVO v. 1. März 1973, geändert durch VO v. 13. Okt. 1976, ebenda; vgl. auch OLG Hamm, VersR 1980, 1030.

[44] Vgl. etwa R.-E. Bader, Verordnungen und Richtlinien zur Praxis- und Krankenhaushygiene, Der Internist 1977, 345ff., weiter etwa die Stellungnahme des Arbeitskreises für Krankenhaushygiene: AIDS-Prophylaxe in Krankenhaus und Praxis, Dt. ÄrzteBl. 1987, 2178ff.

gnostischer wie therapeutischer Geräte.[45] Hier gilt der **Vertrauensgrundsatz,** nach dem jeder Partner davon ausgehen darf, der andere werde den ihm obliegenden Teil mit den erforderlichen Kenntnissen und der gebotenen Sorgfalt wahrnehmen. Den leitenden Krankenhausarzt treffen als Anwender Prüfungs-, Kontroll- und Anleitungspflichten gemäß seiner fachlichen Kompetenz. Dem Krankenhausträger als dem Betreiber obliegt es, sich des Rates seiner leitenden Ärzte und technischer Sachverständiger zu bedienen und für verschlissene oder den fortgeschrittenen medizinischen Ansprüchen nicht mehr genügende Apparate Ersatz zu beschaffen. Die Klinikärzte haben bei ihrer Verwaltung das Notwendige einzufordern.

356 Die Fortschritte der Medizin gründen auf einer **Arbeitsteilung,** die indessen auch Risiken für den Patienten mit sich bringt. Gefahren erwachsen aus mangelnder Qualifikation der beteiligten Mitarbeiter, unzulänglicher Kommunikation und Koordination, auch aus einer Organisation, die weder Sicherheit vermittelt noch Kontrollen gewährleistet.

357 Besondere Sorgfaltspflichten begründet das vielfach unerläßliche **Zusammenwirken** des Arztes **mit Hilfspersonen** wie Assistenten, Krankenschwestern und Pflegern.[46] Läßt es der Arzt an der gebotenen Sorgfalt bei der Auswahl, Anleitung oder Kontrolle seiner Helfer fehlen, so muß er für deren Versäumnisse selbst einstehen.[47] Bei der ersten Auswahl darf er sich freilich auf Zeugnisse verlassen. Doch im Zuge des Zusammenwirkens muß er sich ein eigenes Bild von der Sachkunde und der Zuverlässigkeit des Mitarbeiters machen. Inwieweit er diesen zu überwachen hat, „hängt von der erworbenen Geschicklichkeit und Erfahrung der Hilfsperson ab".[48] Anspruchsvollere Dienste verlangen eingehende **Instruktionen und Direktiven.** Indessen bestehen Grenzen für die Delegation von Aufgaben. So darf etwa ein Stationsarzt bei einem problematischen Patienten „nicht die Verantwortung für ein aktuell mit Leibes- und Lebensgefahr bestehendes Risiko völlig auf das Pflegepersonal überwälzen"; er hat sich vielmehr kontrollierend zu beteiligen.[49]

358 Bisher nicht völlig geklärt, weil gesetzlich immer noch nicht eindeutig geregelt, blieb die Frage, ob **Injektionen, Infusionen und Blutentnahmen** ausschließlich durch den Arzt erfolgen müssen oder auch von Angehörigen

---

[45] Knapp und klar: H. W. Opderbecke u. W. Weißauer, Das Krankenhaus 1982, 60ff. Zu den Hinweis- und Beratungspflichten einer Fachfirma bei der Montage eines Röntgengerätes und zu den Pflichten des auftraggebenden Arztes OLG Frankfurt, Arztrecht 1981, 67ff.

[46] P. Bockelmann, 89f.; M. Kohlhaas, 144ff. Zur Vornahme von Injektionen durch nichtärztliche Hilfskräfte W. Dunz, DMW 1974, 1542; ferner H.-J. Rieger, DMW 1974, 1380, und B. Hahn, 1981. Vgl. auch OLG Köln, NJW 1969, 1586, u. OLG Bremen, NJW 1970, 1233, ferner das Nachstehende.

[47] Haftung wegen eigener Sorgfaltspflichtverletzung, zivilrechtlich nicht erst nach § 278 BGB für fremdes Verschulden. Vgl. auch B. Hahn, DMW 1984, 231ff.

[48] BGH, NJW 1965, 346.

[49] LG Göttingen, VersR 1983, 1188.

der **medizinischen Assistenzberufe** selbständig oder nur auf einzelne Anordnung durch den Arzt vorgenommen werden dürfen. Das Recht der Heilhilfsberufe enthält keine detaillierten Vorschriften dazu.[50] Die Spruchpraxis des *BGH* entschied nicht ausdrücklich darüber, ob und welche Injektionen ärztlichem Hilfspersonal übertragen werden dürfen.[51] Einer approbierten, also voll ausgebildeten und geprüften Krankenschwester dürfen intramuskuläre Injektionen nur überlassen werden, wenn der leitende Arzt sich von ihrer Fähigkeit vergewissert hat und wenn die vorhandenen Ärzte für ihre Überwachung und Beaufsichtigung Sorge tragen.[52] Nach einem jüngeren Erkenntnis[53] soll „vieles dafür sprechen", daß die Verabreichung von Injektionen durch ausgebildete Krankenpflegehelferinnen nicht geduldet werden darf, weil die fehlerhafte Vornahme von Injektionen zu typischen schwerwiegenden Schäden führen kann. Auch die Verlautbarungen der ärztlichen Standesorganisationen halten jedenfalls die Übertragung intravenöser Injektionen auf Assistenzpersonal unterhalb der Schwelle ausgebildeter Krankenpflegehelferinnen für völlig unvertretbar.[54] Nach der Stellungnahme der Bundesärztekammer dürfen Krankenpflegeschülerinnen nur zum Zwecke der Ausbildung unter unmittelbarer Aufsicht und Anleitung des Arztes oder einer entsprechend qualifizierten Krankenpflegeperson subcutane und intramuskuläre Injektionen vornehmen. Auch kurz vor der Abschlußprüfung stehende Medizinstudenten dürfen mangels ausreichender Qualifikation grundsätzlich keine intramuskulären Injektionen verabfolgen.[55]

Eine Strahlentherapie „unter Aufsicht eines Arztes" erfolgt nur dann, **359**
wenn sich ein entsprechend ausgebildeter Mediziner jederzeit verfügbar hält, um auftretenden Schwierigkeiten abzuhelfen und auf Fragen des Patienten einzugehen.[56] Eingeführten **klinischen Kontrollmechanismen** hat sich der Arzt stets zu unterwerfen. So verlangt der Zuruf von Arzneimittelnamen immer eine Antwort, weil die Vielzahl ähnlich lautender Aufschriften die Gefahr von Hörfehlern begründet. Auch soll sich der Arzt mit der von der Hilfsperson aufgezogenen und gereichten Spritze jeweils die leere Ampulle vorweisen lassen, um Irrtümer auszuschließen. Verordnet er durch Diktat, so muß er sich gleichfalls von der Richtigkeit des Aufgenommenen und Niedergeschriebenen überzeugen.[57]

Zu den Sorgfaltspflichten auch des Krankenhausträgers gehört es, das **360**

---

[50] H. Narr, Ärztliches Berufsrecht, ²1987, 546.4, Rdnr. 890, m. w. N.

[51] H.-J. Rieger, Lexikon des Arztrechts, 1984, 401 ff., Rdnr. 892 ff., m. w. N.

[52] BGH, NJW 1959, 2302 (im Zusammenhang des § 831 Abs. 1 S. 2 BGB). Vgl. dazu auch BGH, NJW 1981, 628.

[53] BGH, NJW 1979, 1935 = Arztrecht 1980, 49, mit Anm. von M. Andreas.

[54] H. W. Opderbecke u. W. Weißauer, Inform. d. Berufsverb. d. Dt. Chirurgen e. V. 1983, 157–162, m. w. N.

[55] Instruktiv OLG Köln, MedR 1987, 192.

[56] OLG Stuttgart, NJW 1983, 2644 = MedR 1983, 152.

[57] BGHSt 6, 282 = NJW 1954, 1536 (Nachschau von Ampullen).

ärztliche Personal, vornehmlich das nachgeordnete, zu überwachen.[58] Diese Aufgabe versehen als eigene wie fremde die ausbildenden und vorgesetzten Ärzte. Die Leitungs- und Aufsichtspflicht, die dem Vorstand einer Klinik obliegt, bezieht sich auch darauf, „daß im Krankenhausbetrieb die ärztliche Aufklärungspflicht beachtet und ihren Erfordernissen genügt wird. Die Notwendigkeit ärztlicher Aufklärung liegt vorwiegend auf dem Felde operativer Eingriffe, kann sich aber sehr wohl auch bei medikamentöser Behandlung ergeben."[59]

361 In **Fachabteilungen** von Krankenhäusern darf der Patient durchgehend den Leistungsstandard des voll weitergebildeten und als Gebietsarzt anerkannten Spezialisten erwarten. Darum hat der in Weiterbildung[60] stehende Arzt vor der Übernahme einer Aufgabe seine Qualifikation zu prüfen. Die leitenden Krankenhausärzte trifft die Pflicht, für die gebotenen Anleitungen und Kontrollen zu sorgen. „Ziel der Gesundheitspolitik kann es nicht sein, dem Patienten einen Rechtsanspruch zu geben, im Krankenhaus nur von Gebietsärzten behandelt zu werden. Die Organisation der Patientenversorgung muß dem Patienten jedoch Gewähr bieten, daß Qualifikationsdefizite durch ein Netz von Überwachungsmaßnahmen ausgeglichen werden."[61]

362 Nur innerhalb bestimmter Grenzen darf der behandelnde Arzt sich durch Assistenten und Mitarbeiter helfen lassen und zeitlich entlasten, um für weitere Patienten bereit zu sein. In der **Übertragung einer** selbständig durchzuführenden **Operation** auf einen dafür noch nicht ausreichend qualifizierten Assistenzarzt liegt ein Behandlungsfehler, der dem ausbildenden Oberarzt zur Last fällt.[62] Die Ausbilder sollen den **Anfänger** schrittweise und unter Aufsicht an die Operationen der verschiedenen Schwierigkeitsstufen heranführen. Die ausbildenden Ärzte müssen, bevor sie einem jungen Kollegen einen eigenverantwortlichen Eingriff übertragen, „vorher nach objektiven Kriterien prüfen und danach zu dem ärztlich vertretbaren Ergebnis kommen können, daß für den Patienten dadurch kein zusätzliches Risiko entsteht. Immer muß der Standard eines erfahrenen Chirurgen gewährleistet sein". Das Wohl und die Sicherheit des Patienten haben stets den Vorrang. Diese Grundregeln gelten nicht nur in der Chirurgie, sondern auch in anderen Fächern, etwa der Gynäkologie[63] und Anästhesie.

---

[58] OLG Köln, MedR 1984, 67.

[59] BGH, NJW 1963, 395.

[60] V. Nunius, Die ärztliche Weiterbildung im Krankenhaus, 1983. Vgl. auch R. Schäfer, Inf. d. Berufsverb. d. Dt. Chir. e.V., Supplement 1, 1987, 4–9.

[61] H. W. Opderbecke und W. Weißauer, MedR 1984, 134–137. Über die Voraussetzungen der Haftpflicht eines nicht persönlich behandelnden Chefarztes für Organisations- und Überwachungsmängel OLG Düsseldorf, VersR 1985, 291.

[62] BGHZ 88, 248 = NJW 1984, 655 = MedR 1984, 63, mit weiteren Fundstellen zur Sache. Dazu E. Deutsch, NJW 1984, 650, u. D. Giesen, JZ 1984, 331 (Lymphknotenexstirpation am Hals durch einschlägig unerfahrenen Assistenzarzt in Facharztausbildung ohne Aufsicht); darüber zuletzt P.-C. Müller-Graff, JuS 1985, 352–360.

[63] OLG Hamm, VersR 1983, 883.

Die **Anfängeroperation** erfordert ein Pflichtenprogramm, das sich nach der dem Patienten geschuldeten „sorgfältigen ärztlichen Betreuung und Behandlung" richtet. Dazu gehört die Pflicht des Berufsanfängers, „den Gang der von ihm selbständig durchgeführten Operation auch bei sogenannten Routineeingriffen in den wesentlichen Punkten zu dokumentieren"[64]. Die Dokumentation liegt im Interesse der Ausbildung des Arztes, noch mehr in dem des Patienten, zu dessen Vorteil damit ein Beweismittel entsteht.

Der Chefarzt der chirurgischen Abteilung eines Krankenhauses hat entweder selbst oder durch einen damit beauftragten ausgebildeten Facharzt alsbald Diagnose und eingeleitete Therapie des in der Facharztausbildung stehenden Arztes, der den Patienten bei der Aufnahme ärztlich versorgt hat, zu überprüfen.[65]

Des weiteren hat die Judikatur gefordert, „daß der leitende Narkosearzt, **363**
auch wenn er sich zur Durchführung ärztlicher Verrichtungen und Aufgaben eines Medizinalassistenten bedient, **jederzeit die Narkose überwachen** und bei Zwischenfällen unverzüglich eingreifen, sowie die fachärztliche Versorgung des Patienten übernehmen kann".[66] Eine **Parallelnarkose** ist nur zulässig, wenn der mehrere Anästhesien überwachende Arzt gewährleistet, daß er jederzeit einspringen und die einem Nicht-Facharzt übertragene Narkose rechtzeitig weiterführen kann. Eine ausreichende Aufsicht an beiden Operationstischen verlangt grundsätzlich Blick- oder wenigstens Rufkontakt zum Fachanästhesisten. Andernfalls muß die Parallelnarkose unterbleiben. Personelle Engpässe dürfen den gebotenen Sicherheitsstandard nicht senken.[67] Eingriffe und Anwendungen, die spezifisch ärztliches oder fachärztliches Können voraussetzen, gehören nicht in die Hand von **Hilfspersonen.** Umgekehrt darf der behandelnde Arzt sich nicht seinerseits übernehmen. Vielmehr muß er sich ein zutreffendes Bild von seinen eigenen Fähigkeiten und deren Grenzen verschaffen und Fälle, die außerhalb der Möglichkeiten seiner Kunst liegen, an den kompetenteren Kollegen und Spezialisten überweisen oder jedenfalls Rat bei einem **Konsiliarius** suchen.[68]

Die moderne Hochleistungsmedizin lebt vom interdisziplinären Zusam- **364**
menwirken zwischen Spezialisten.[69] In diesem Verhältnis gilt der **Vertrauensgrundsatz,** der besagt, „daß im Interesse eines geordneten Ablaufs der Operation sich die dabei beteiligten Fachärzte grundsätzlich auf die fehlerfreie Mitwirkung des Kollegen aus der anderen Fachrichtung verlassen

---

[64] BGH, NJW 1985, 2193 = MedR 1986, 39.

[65] BGH, NJW 1987, 1479, mit zust. Anm. von E. Deutsch, = MedR 1987, 231 = JZ 1987, 877, mit zust. Anm. von D. Giesen.

[66] BGH, NJW 1974, 1424, unter Berufung auf W. Uhlenbruck u. W. Weißauer.

[67] BGH, MedR 1983, 104.

[68] OLG Oldenburg, VersR 1983, 888 = MedR 1983, 192.

[69] G. Carstensen u. H.-L. Schreiber, 167ff.; B.-R. Kern, Krankenhauskalender 1982, 415ff.

können".[70] Auch soweit der Arzt bei **Teamarbeit** sich auf den Kollegen verlassen darf, bleibt er grundsätzlich dazu berechtigt, das gemeinsame Vorhaben insgesamt medizinisch und ethisch zu beurteilen. Der Entschluß des Chirurgen etwa bindet den Anästhesisten nicht schlechthin. Der weisungsgebundene Arzt hat die medizinischen Maßnahmen in der angeordneten Weise durchzuführen. Der schuldige Gehorsam entbindet ihn jedoch nicht von der Pflicht, sich jederzeit ein eigenes Bild von der Krankheit wie der Wirksamkeit oder gar Schädlichkeit des Eingriffes zu machen und gegebenenfalls zu remonstrieren. Kein nachgeordneter oder hinzugezogener Arzt ist gehalten, „Kunstfehler auf Weisung"[71] zu begehen.

365 Besondere Sorgfalt verlangt die Abgrenzung der Verantwortlichkeit zwischen **Chirurgen und Anästhesisten.** Beide erfüllen beim prä-, intra- und postoperativen Dienst am Patienten eine gemeinsame Aufgabe. Die Zusammenarbeit soll den Operateur während des Eingriffs von der Verantwortlichkeit für die Narkose und von der Sorge um die Vitalfunktionen entlasten. Der Anästhesist kann darauf vertrauen, „daß der Operateur die eigene Tätigkeit sachgemäß mit der des Narkosearztes koordiniert, insbesondere die richtige Diagnose stellt, auf der das Narkoseverfahren aufbaut, und den Narkosearzt rechtzeitig und vollständig über die Anforderungen unterrichtet, welche die beabsichtigte Narkose stellen wird".[72]

Die Grenzlinie zwischen der Verantwortlichkeit des Operateurs und der des Anästhesisten beleuchtete neuerlich der *BGH.*[73] Es ging um eine schwere Blutung aus einer Verweilkanüle zwei Tage nach der Operation. Die Kanüle hatte der Anästhesist in der Operation gelegt, um die Narkose zu ermöglichen. „Die Entscheidung zu dieser Maßnahme, ihre Durchführung und eine Gefahren vorbeugende Kontrolle in der operativen und in der postnarkotischen Phase bis zur Wiedererlangung der Schutzreflexe der Patientin und bis zu ihrer Verlegung in die Krankenstation war dessen Sache." Der Zwischenfall ereignete sich in einer Phase, in der es „nur noch um die therapeutische Nachbehandlung des operativen Eingriffs ging" und die deswegen in die fachliche Zuständigkeit und damit Verantwortlichkeit des nachbehandelnden Operateurs fiel.

---

[70] BGH, NJW 1980, 650.

[71] W. Uhlenbruck, Arzt und Krankenhaus 1979, 310f. Zur Abgrenzung von Konsilium und Mitbehandlung M. Andreas u. G. Siegmund-Schultze, Der Krankenhausarzt 1979, 361f.

[72] BGH, NJW 1980, 649 = MDR 1980, 155. Vgl. dazu die Vereinbarung zwischen den Berufsverbänden der deutschen Anästhesisten und der deutschen Chirurgen über die Zusammenarbeit bei der operativen Patientenversorung, in: MedR 1983, 21; dazu W. Weißauer, MedR 1983, 92–95. Zur Überwachung des Patienten nach der Narkose W. Weißauer u. H.W. Opderbecke, Anästhes. u. Intensivmed. 1984, 60–63.

[73] NJW 1984, 1400 = MedR 1984, 143 („Verweilkanüle"). Das Urteil ist bedeutsam auch wegen seiner Sätze zur Reichweite der Haftpflicht, wenn dritte Personen den Behandlungsvertrag im eigenen Namen zugunsten des Patienten schlossen, und zum Verweisungsprivileg des § 839 BGB. – Über „Verantwortung und Vertrauen bei Arbeitsteilung in der Medizin" allg. D. Wilhelm, 1984.

Richterlichen Bescheid fand auch die gewichtige Frage, ob der nur **konsiliarisch tätige Radiologe** die vom behandelnden Neurologen gestellte Indikation zur Hirnangiographie auf ihre sachliche Richtigkeit hin überprüfen muß.[74] Zwar bleibt „der konsiliarisch tätige Radiologe gehalten, im Hinblick auf eine mögliche kontraindizierende Vorerkrankung oder Unverträglichkeit die Anamnese durch gezielte Fragestellung zu ergänzen, ähnlich wie dies die Anästhesisten vor Einleitung einer Narkose tun". Doch „kann sich ein Radiologe, dem von anderen Fachärzten wie Chirurgen, Neurologen und Internisten ein Patient zur Durchführung einer bestimmten Diagnosemaßnahme überwiesen wird, grundsätzlich darauf verlassen, daß der überweisende Facharzt die medizinische Indikation zu dieser Maßnahme nach den Regeln der ärztlichen Kunst geprüft und bejaht hat". **366**

Immer gilt, „daß sich das Maß der erforderlichen ärztlichen Sorgfalt nach der Größe der von dem Patienten abzuwendenden Gefahren bestimmt".[75] Bei einem eilbedürftigen Eingriff um Leben und Tod kann der Arzt sich unter Zeitdruck nicht mit der Kontrolle ihm mitgeteilter Daten und dargereichter Ampullen befassen, wie er es tut, wenn Gelegenheit zu ruhigen Dispositionen besteht. Der Arzt muß die Gegebenheiten der Situation, die medizinisch-klinischen Möglichkeiten und die Bewandtnisse des Kranken oder Verunglückten abwägen und **das Vordringliche zur Abwehr der Gefahr** leisten. **367**

Neue Gefahren gebieten zusätzliche Anstrengungen. **AIDS** (Aquired Immune Deficiency Syndrome) ist als Retrovirusinfektion wegen der jahrelangen Inkubations- und Latenzphase, in der Infektiosität besteht, und wegen ihrer hohen Sterblichkeit eine besonders heimtückische, bösartige Seuche. Gleichwohl stellen sich die arztrechtlichen Fragen ähnlich wie bei anderen gefährlichen Infektionskrankheiten. „Der Arzt dient der Gesundheit des einzelnen Menschen und des gesamten Volkes."[76] Er darf einem Aids-Kranken die Hilfe nicht verweigern. Er darf die Infektionsketten nicht verlängern, sondern hat sie möglichst zu unterbrechen. Daraus folgen strenge Sorgfalts-, Beratungs- und Abmahnungspflichten nicht nur bei Angehörigen von Risikogruppen, in der Schwangerschafts-, Transfusions- und Transplantationsmedizin. **368**

Ob der Arzt das gebotene Maß an Sorgfalt und Fachkunde im Einzelfall aufgebracht hat, bestimmt sich nach dem jeweiligen Stand der medizinischen Wissenschaft zur Zeit der Behandlung.[77] Nachträgliche Erkenntnisse oder Publikationen bleiben also außer Betracht, es sei denn, daß sie sich zugunsten des Arztes verwerten lassen.[78] **369**

---

[74] OLG Düsseldorf, NJW 1984, 2636 (schwere Folgen nach Vertebralis-Angiographie).

[75] BGH, NJW 1974, 1425.

[76] § 1 Abs. 1 BÄO.

[77] Vgl. den von D. Giesen, Die zivilrechtliche Haftung des Arztes bei neuen Behandlungsmethoden und Experimenten, 1976, 13, mitgeteilten Fall.

[78] BGH, NJW 1962, 1780 (ärztliche Außenseitermethoden als Kunstfehler bei der

370 Hat der Arzt die erforderliche Sorgfalt verletzt, so fragt sich weiter, ob sein pflichtwidriges Verhalten die Gesundheitseinbuße oder gar den Tod seines Patienten verursachte. Im strafrechtlichen Sinne[79] besteht der **Kausalzusammenhang,** wenn der Verstoß gegen die Sorgfaltspflicht die conditio sine qua non der gesundheitlichen Unbill darstellt, also wenn jener sich nicht hinweg denken läßt, ohne daß auch diese entfiele. Das Zivilrecht hingegen rechnet allein adäquat verursachte Schäden zu und scheidet die nur infolge ganz außergewöhnlicher Umstände eingetretenen Nachteile aus. Über die Adäquanztheorie kommen also nur solche Kausalglieder in Betracht, die objektiv vorhersehbar und typischerweise einen solchen Schaden verursachen konnten. Beim sorgfaltspflichtwidrigen Heileingriff spielt der Unterschied der Kausalitätslehren indes eine nur geringe Rolle, denn daß jener einen Gesundheitsschaden nach sich zieht, entspricht geradezu der Lebenserfahrung.[80] Unterließ der Arzt eine gebotene Maßnahme, so ist zu fragen, ob deren Vornahme den Eintritt der Gesundheitseinbuße verhindert hätte oder ob durch den angezeigten, aber unterbliebenen Eingriff eine Verschlimmerung der Krankheit vermieden worden wäre.[81]

371 Damit sind dem Richter **hypothetische Urteile** abverlangt, die ihm um so schwerer fallen können, als sich niemals völlig ausschließen läßt, daß der Zustand des Patienten sich auch bei unternommenem und sorgfältig durchgeführtem Eingriff verschlimmert hätte. Trotz dieser Ungewißheit im letzten muß der Richter das hypothetische Urteil treffen. „Erst da ist er zu einem non liquet verpflichtet..., wo nicht die allgemeine Unsicherheit einzurechnen ist, die jeder nachträglichen theoretischen Prognose über Krankheitsprozesse anhaftet, sondern wo bestimmte, besondere Tatsachen die Möglichkeit nahelegen, daß der Kranke auch bei richtigem Verhalten des Arztes Schaden genommen haben würde."[82]

372 Im Falle **abgebrochener Kausalität** entsteht keine Haftpflicht. Mit der Weiterbehandlung des Patienten durch einen anderen Arzt entfällt die Ursächlichkeit eines Fehlers des Erstbehandelnden grundsätzlich nur dann,

---

Krebstherapie; Isselsfall).

[79] Für die Dogmatik der Fahrlässigkeit ist hier kein Raum; vgl. dazu die weiterführenden Hinweise v. K. Lackner, StGB mit Erläuterungen, [17]1987, § 15 Anm. III; für das Zivilrecht H. C. Nipperdey, NJW 1957, 1777–1782, und die einschlägigen Lehrbücher.

[80] P. Bockelmann, 95, mit dem Hinweis auf die sich ergebenden Schwierigkeiten, wenn der Tod eintritt, nach der Lebenserfahrung aber nur eine Körperverletzung zu erwarten stand.

[81] BGH, NJW 1960, 2253: „Eine Gesundheitsbeschädigung i. S. der §§ 223, 230 StGB liegt auch dann vor, wenn durch das Verhalten des fahrlässig Handelnden eine Krankheit zwar nicht hervorgerufen, aber gesteigert wird (RGSt 19, 226)." Im Urteil auch Hinweise zur Unterlassung einer Krebstherapie nach den Regeln der Schulmedizin.

[82] P. Bockelmann, 90.

wenn feststeht, daß sich der Fehler auf den weiteren Krankheitsverlauf nicht mehr auswirkte.[83]

Wie die objektive, so hat der Straf- oder Zivilrichter auch die subjektive Pflichtwidrigkeit, das **Verschulden,** ex ante, also aufgrund der Lage festzustellen oder abzulehnen, vor die sich der Arzt gestellt sah, als er seine Maßregeln traf oder den Eingriff unterließ. Hat der Arzt einen schädlichen Erfolg pflichtwidrig verursacht, dann wird ihn in aller Regel auch ein strafrechtlicher Schuldvorwurf treffen,[84] daneben noch leichter ein zivilrechtlicher. Das bürgerliche Recht folgt zwar gleichfalls dem Verschuldensgrundsatz.[85] Im Unterschied zum Strafrecht gilt hier indessen ein verallgemeinerter, objektiver, auf die Verkehrsmaßstäbe abgestellter Fahrlässigkeitsbegriff, der von den persönlichen Fähigkeiten weithin absieht: Der Arzt haftet für die Sorgfalt eines ordentlichen Angehörigen seines Faches. Im Straf- wie im Zivilrecht muß er es sich als Schuld anrechnen lassen, wenn er eine Tätigkeit übernimmt, obwohl er weiß oder wissen muß, daß er zu ihr nicht taugt. 373

Wie steht es um die **Sanktion,** wenn der Arzt es bei der **Selbstbestimmungsaufklärung** des Patienten an der gebotenen Sorgfalt fehlen ließ oder den Kranken pflichtwidrig überhaupt nicht instruierte?[86] Die Gerichte werten den lege artis indizierten und durchgeführten, indessen unerlaubt-eigenmächtigen Heileingriff als Körperverletzung, der zum Schadensersatz verpflichtet, wenn er mißlingt, also dem Behandlungsfehler durchaus gleichsteht. Ein Beispiel mag das juristische Problem veranschaulichen.[87] Eine an lebensgefährlichem Unterleibskrebs erkrankte Patientin unterzieht sich der gebotenen und fachgerecht durchgeführten Strahlentherapie. Der behandelnde Arzt unterläßt es, der Leidenden Aufschlüsse über die Risiken des Heilverfahrens zu geben. Die Patientin wird von ihrem Krebs geheilt. Doch die bei ihr sich einstellenden schädlichen Nebenfolgen der Therapie zwingen sie erneut in die Klinik. Darüber enttäuscht, geht sie in den Haftpflichtprozeß, um die wirtschaftlichen Nachteile des zweiten Krankenhausaufenthalts und ein Schmerzensgeld einzuklagen – nach der Spruchpraxis durchaus nicht ohne Aussicht auf Erfolg.[88] Das zusprechende Urteil übersähe indessen die Verschiedenheit der betroffenen Rechtsgüter – der Willensfreiheit auf der einen, der körperlichen Unversehrtheit auf der anderen Seite – und ihr 374

---

[83] BGH, NJW 1986, 2367 m. zust. Anm von E. Deutsch; MedR 1986, 326.

[84] P. Bockelmann, 90f., mit Fall-Konstellationen.

[85] Zur Gefährdungshaftung des pharmazeutischen Unternehmers nach dem neuen Arzneimittelgesetz der Aufsatz von U. Wolter, ferner A. Kloesel, NJW 1976, 1769–1773, u. H. Weitnauer, Arzt- + Arzneimittelrecht 1977, 100–107, 128–136, 155–162.

[86] Vgl. das im Kapitel über die Aufklärungspflicht Gesagte; ferner A. Laufs, NJW 1974, 2025ff.; instruktiv auch K. Luig, 248ff.

[87] In Anlehnung an BGHZ 29, 176 = NJW 1959, 814.

[88] Dem behandelnden Arzt droht außerdem nach der durch die Judikatur verfolgten Gleichsetzung von Heileingriff und Körperverletzung eine Strafe nach § 230, nicht nach § 223 StGB, wenn er irrtümlich den Einwilligungsmangel verkennt; vgl. A. Eser,

Verhältnis zueinander. Wenn der medizinisch richtig, doch eigenmächtig therapierende Arzt zunächst die Willensfreiheit des Patienten mißachtet, dann liegt in dem sich verwirklichenden Risiko oder im Fehlschlag seines Tuns eine Folgeverletzung. Die Zurechnung einer solchen hängt regelmäßig vom Gewicht der Gefahr ab, die der Täter mit dem Eingriff in das zunächst verletzte Rechtsgut verantwortlich schuf.[89] Der medizinisch indizierte und lege artis unternommene Heilakt verschlechtert die Gesundheitschancen des Kranken aber gerade nicht, denn die kunstgerechte Heilmaßnahme zeichnet sich dadurch aus, daß ihre Risiken in einem wohlabgewogenen Verhältnis zu den schon bestehenden Gefahren der Krankheit selbst stehen. Der – ex ante beurteilt – nach den Regeln der Heilkunst und medizinisch mit größter Sorgfalt behandelte Patient ist eben darum gesundheitlich optimal betreut. Hat der Arzt im Hinblick auf das körperliche Wohl des Kranken sachgemäß gehandelt, so darf ihm der negative Ausgang seiner Therapie nicht deshalb zugerechnet werden, weil er ein anderes Recht des Patienten, nämlich das auf Selbstbestimmung, mißachtete. Den **Rechtswidrigkeitszusammenhang** kann also nur bejahen, wer das Selbstbestimmungsrecht gleichsam für transparent erklärt und hinter ihm wieder Körper und Gesundheit als Schutzobjekte erscheinen läßt[90] oder mit der Autonomie auch die Gesundheit potentiell gewährleistet sieht.[91] „Darin liegt jedoch ein teilweiser Rückgriff auf die Gleichsetzung von Heileingriff und Körperverletzung, den die Theorie vom Persönlichkeitsrecht als Schutzobjekt der Aufklärungspflicht überwunden hatte in der Erkenntnis, daß der lege artis vorgehende Arzt im Gegensatz zum ebenfalls auf die Einwilligung angewiesenen Boxer die körperliche Integrität gerade nicht verletzt. Auf der Grundlage der Theorie vom Persönlichkeitsrecht ist demnach bei eigenmächtiger Behandlung dem Patienten stets nur ein Schmerzensgeld zuzubilligen."[92]

375 Wer mit dem **Tatbestandswechsel** Ernst macht, wird die durch den Rechtswidrigkeitszusammenhang, den jeweiligen Schutzzweck, gebotenen Konsequenzen für die Schadenszurechnung ziehen, dem unaufgeklärten Patienten also ein Schmerzensgeld nach § 847 BGB wegen Mißachtung seines Selbstbestimmungsrechts zubilligen und nicht – wie dem Opfer eines Kunstfehlers, eines Unfalls oder bewaffneten Angriffs – Ersatz des Körperschadens und

---

in: A. Schönke u. H. Schröder, Kommentar zum StGB, [22]1985, § 223 Rdnr. 52. – K. Engisch, 20f., hält die ex ante objektiv indizierte und kunstgerecht durchgeführte ärztliche Operation nicht für eine Körperverletzung, sondern für ein nach geltendem Recht gemäß §§ 239, 240 StGB strafbares „Freiheitsdelikt". Die Reformentwürfe sehen einen besonderen Tatbestand vor.

[89] Vgl. H. Stoll, Kausalzusammenhang und Normzweck im Deliktsrecht, 1968, 14.

[90] E. Deutsch, NJW 1965, 1985.

[91] D. Eberhardt, Selbstbestimmungsrecht des Patienten und ärztliche Aufklärungspflicht im Zivilrecht Frankreichs und Deutschlands, 1968, 218.

[92] K. Luig, 251, mit weiteren Belegen. Zuerst hat R. Wiethölter, Arzt und Patient als Rechtsgenossen, 1962, diese Rechtsansicht vertreten.

aller daraus folgenden Einbußen. Dieser Weg enthöbe die Judikatur kaum lösbarer Schwierigkeiten, die bisher vielfach umgangen blieben, wie etwa der Frage nach dem Vorteilsausgleich. Außerdem läßt sich das gebotene Maß an Aufklärung nur unter sorgfältigem Abwägen des Indikationsgrades, der möglichen Alternativen, der Konstitution des Patienten bestimmen. Den Persönlichkeitsschutz kennzeichnet eben dieses Prinzip der Güter- und Interessenabwägung stark,[93] so daß sich auch von daher der Zusammenhang ergibt.

Im Mittelpunkt des Haftungsrechts der Heilberufe steht die Frage nach 376
Inhalt und Umfang der **Verkehrs- oder Sorgfaltspflichten**[94] des Arztes. Die Fortschritte der Medizin und die zunehmenden Gefahren aggressiver diagnostischer und therapeutischer Methoden erhöhen das Maß, verschärfen die Ansprüche, denen der Arzt gerecht werden muß. Die Standards gewissenhaft zu bestimmen, der fortschreitenden Wissenschaft anzupassen und laufend zu verfeinern, ist gemeinsame Aufgabe der Ärzte und der Juristen. Großzügig gehandhabte Maßstäbe, die das Vertrauen in die Heilkunst untergraben, stiften ebenso Schaden wie Überspanntheiten, die Tatkraft und notwendigen Wagemut des Arztes dämpfen. „Auch im Verhältnis zwischen Arzt und Krankem", so postulierte der Arbeitskreis Ärzte und Juristen,[95] „muß zwischen **Schicksal und Schuld** unterschieden werden. Für den schicksalhaften Krankheitsverlauf kann der Arzt ebensowenig verantwortlich gemacht werden wie der Patient, dem das Krankheitsschicksal widerfährt. Immer muß aber auch bedacht werden, daß es kaum eine ärztliche Tätigkeit ohne mehr oder weniger großes Risiko gibt". Auf der anderen Seite stehen die immer wieder vorkommenden Kunstfehler und Verstöße gegen die Sorgfaltspflicht, auch wenn sie sich oft als nur schwer feststellbar erweisen.

Nicht jeder ärztliche **Fehlgriff** läßt auf mangelnde Sorgfalt schließen. 377
Angesichts schwieriger anatomischer Verhältnisse kann „das versehentliche Anpunktieren einer Arterie auch dem erfahrensten Arzt unterlaufen", der das Mißgeschick freilich alsbald erkennen muß.[96] „Die Sorgfalt hat sich von der Vermeidung zur **Kontrolle der Gefahr** gewandelt."[97] Das gilt vornehmlich für die **Neulandmedizin.** Der Arzt darf vom Standard auf diesem Felde „nur aufgrund einer validen Forschungsfrage und unter Einhaltung der stringenten Regeln der klinischen Forschung" abweichen. „Die klinische Forschung folgt eigenen Sorgfaltsregeln relativ strenger Natur."[98] Mit einer Gefährdungshaf-

---

[93] H. Weitnauer, in: W. Erman (Hg.), Handkommentar zum BGB, ^{7}1981, Anhang zu § 12 BGB, Rdnr. 8.

[94] Vgl. E. v. Caemmerer, Wandlungen des Deliktsrechts, 1964, 71ff.

[95] Der med. Sachverstädige 1976, 82.

[96] BGH, NJW 1985, 1392 = MedR 1985, 227 (Anästhesist in Notsituation). Vgl. auch Rdnr. 348.

[97] E. Deutsch, in: H. Kleinsorge, G. Hirsch u. W. Weißauer (Hg.), Forschung am Menschen, 1985, 34.

[98] E. Deutsch, ebenda, 31.

tung, wie sie der Gesetzgeber 1976 für den pharmazeutischen Unternehmer eingeführt hat, lassen sich die Probleme der Arzthaftpflicht kaum lösen: die Versicherungsprämien müßten ins Ungemessene steigen; auch bliebe die Notwendigkeit, die schicksalhaften Verläufe auszugrenzen.

378 Eine in der Regel sachgerechte und ausreichende Sanktion bei Sorgfaltspflichtverletzungen bilden Schadensersatz und Schmerzensgeld. Die Inanspruchnahme des **Staatsanwalts** und des **Strafrichters** zum Zwecke des zivilrechtlichen Schadensausgleichs stellt eine wenig angemessene Praxis dar, die weiter zurückgehen sollte.[98a]

379 Auch der von einer Infektion oder einem anderen Leiden Befallene hat Pflichten und weitere Lasten zu tragen. Dies gilt auch im Schadensrecht. So muß sich ein Verletzter im Rahmen der Schadensminderungspflicht einem operativen Routineeingriff unterziehen, wenn dieser gefahrlos erscheint und mit hoher Wahrscheinlichkeit eine wesentliche Besserung verspricht.[99] **Ersatz fiktiver Operationskosten** etwa für eine Narbenkorrektur kann ein Verletzter nicht begehren. Er kann vielmehr die Zahlung der für eine Operation erforderlichen Kosten nur verlangen, wenn er die Absicht hat, die Operation durchführen zu lassen.[100]

380 Die inzwischen gut eingeführten und angenommenen[101] **Schiedsinstanzen**[102] für haftpflichtrechtliche Ansprüche gegen Ärzte wirken entspannend und befriedend. Ohne Verfahrenskosten für die Beteiligten klären qualifizierte Mediziner unterschiedlicher Fächer den Sachverhalt zügig und rasch. Die

---

[98a] Vgl. neuerdings K. Ulsenheimer, Ein gefährlicher Beruf: Strafverfahren gegen Ärzte. Erfahrungen, Schwerpunkte, Tendenzen, MedR 1987, 207–216.

[99] OLG Oldenburg, VersR 1986, 1220. – Zur ärztlichen restitutio ad integrum nach einem Behandlungsfehler W. Uhlenbruck, in: Festschr. f. W. Weißauer, 150–163.

[100] Der Anspruch nach § 249 S. 2 BGB ist in Fällen der Personenverletzung zweckgebunden. BGH, NJW 1986, 1538 = MedR 1986, 325 = JZ 1986, 638 mit zust. Anm. A. Zeuner. – Zur Zurechnung d. während d. Krankenhausaufenthalts eingesparten allg. Lebenshaltungskosten M. Klimke, NJW 1986, 2355 f.

[101] Bei der Gutachterkommission für Fragen ärztlicher Haftpflicht der Landesärztekammer Baden-Württemberg (Bereich Nordbaden) etwa nahmen 1980 die Eingänge um ein Viertel auf 125 zu, wobei insbesondere die Rechtsanwälte meist schwierige Fälle mit teilweise hohen Streitwerten anhängig machten. Die rasche und vollständige Sachaufklärung bringt Vorteile, auch wenn das Verfahren keinen Kostenersatz vom Gegner ermöglicht. 70 % der Fälle ließen sich innerhalb eines halben Jahres erledigen. Die Quote mit 25 % Fehlerfeststellungen im Verhältnis zu den Bescheiden und mit 17 % im Verhältnis zu den Eingängen blieb gegenüber dem Vorjahr konstant. Die Zahlen für 1986 lauten: Anträge 249, zur Sachentscheidung angenommen 135, positiv entschieden 25, abgelehnt 110. Ähnlich liegen die Ergebnisse bei anderen Kommissionen. In einigen Fällen legten Richter den Anwälten nahe, der besseren Sachaufklärungsmöglichkeiten wegen das Gerichtsverfahren ruhen zu lassen und zunächst die Gutachterkommission anzurufen. Zur Entwicklung vgl. etwa E. Kohnle, DRiZ 1983, 140–143 u. Der Chirurg, 1984, 60–64. Grundsätzlich positiv beurteilt die Stellen L. Eberhardt, NJW 1986, 747–752. Vgl. auch R. Ellermann (Hg.), Ärztliche Schlichtungsstellen im Brennpunkt, 1987.

[102] Vgl. dazu umfassend V. Henschel, 1980, und K.-H. Matthies, 1984.

Arbeit der **Gutachter- und Schlichtungsstellen** verläuft durchaus erfolgreich und hat sich im ganzen bewährt, wenngleich sich das Verfahren da und dort noch verbessern ließe. Die Haftpflichtversicherer der Ärzte erkennen die Bescheide der Stellen regelmäßig an, ein Umstand, der die Gerichte und Staatsanwaltschaften entlastet. Einseitigkeit läßt sich den Schiedsinstanzen nicht nachsagen, die schon außerprozessual die Waffengleichheit zwischen Arzt und Patient herstellen. Der *BGH* unterstützt die Tätigkeit der Gutachter- und Schlichtungsstellen, indem er dazu neigt, eine Hemmung der Verjährung nach § 852 Abs. 2 BGB „auch bei einem reinen Gutachterverfahren zu bejahen, auf das sich der Arzt eingelassen hat".[103] Die Schiedsinstanzen wirken indessen nicht nur befriedend auf anhängige Streitigkeiten, sondern sie versuchen auch, aus ihrer Erfahrung heraus die Fehlerquote zu senken und Empfehlungen auszusprechen. So hat die Gutachterkommission für ärztliche Behandlungsfehler bei der Ärztekammer Nordrhein aufgrund ihrer Erkenntnisse zu äußerster Vorsicht bei Cortisoninjektionen aufgerufen.[104]

Kosten für anwaltliche Hilfe im Rahmen des Verfahrens vor der Gutachter- **381**
kommission für Fragen ärztlicher Haftpflicht gelten als Kosten notwendiger vorprozessualer Rechtsverfolgung, die im Rahmen vertraglicher und deliktischer Schadensersatzansprüche erstattungsfähig sind.[105]

In Arzthaftpflichtsachen kann das Prozeßgericht dem finanziell nicht **382**
leistungsfähigen Kläger Prozeßkostenhilfe nicht bewilligen, bevor er den Versuch unternommen hat, die Gutachterkommission für ärztliche Haftpflichtfragen oder eine Schlichtungsstelle anzurufen.[106]

Nach § 852 BGB **verjähren** deliktische Ansprüche in drei Jahren von dem **383**
Zeitpunkt an, in welchem der Verletzte von dem Schaden und der Person des Ersatzpflichtigen Kenntnis erlangt. Mißerfolge und Komplikationen weisen nicht stets schon auf ein Fehlverhalten des Arztes hin. Deswegen gehört zur Kenntnis des Patienten von einem schuldhaften Arztfehler „das Wissen von den wesentlichen Umständen des Behandlungsverlaufs", wozu auch „ein Abweichen vom üblichen ärztlichen Vorgehen und die jeweils zur Vermeidung oder Beherrschung von Komplikationen getroffenen ärztlichen Maßnahmen" zählen.[107]

---

[103] MedR 1983, 143 = BGH, NJW 1983, 2075, mit Anm. v. H. J. Ahrens, der zu Recht darauf hinweist, daß es im Interesse des Patienten liege, wenn sich im Fall einer Krankenhausbehandlung der Krankenhausträger und alle in Betracht kommenden Ärzte an dem Schlichtungsverfahren beteiligten.

[104] Rhein. ÄrztBl. 1978, H. 11. Vgl. auch F. Grosse-Brockhoff, Arzt und Krankenhaus 1978, 297 ff.

[105] LG Baden-Baden, MedR 1987, 159 (§ 249 BGB).

[106] LG Dortmund, MedR 1987, 195. Ebenso LG Aurich, NJW 1986, 792, mit krit. Anm. von K.-H. Matthies.

[107] BGH, VersR 1985, 740 = NJW 1985, 2194 L im Anschluß an BGH, NJW 1984, 661. Vgl. ferner OLG Hamm, VersR 1985, 348. Vgl. auch BGH, NJW 1984, 661, m. Anm. v. J. Taupitz. Anders wohl zu Unrecht OLG Düsseldorf, NJW 1983, 1383 =

384 In Arzthaftpflichtsachen darf der **Anwalt** ein Schadensersatzbegehren seines Mandanten in aller Regel nicht von vornherein für aussichtslos halten, weil der Prozeßausgang von einer Beweisaufnahme abhängt, deren Ergebnis sich von medizinischen Laien kaum abschätzen läßt.[108]

385 Die Inhalte der Sorgfaltspflicht zu bestimmen, zu gewährleisten und zu überwachen, obliegt als Aufgabe zunächst der medizinischen Wissenschaft, den Ärzten und ihren Standesorganisationen. Unverkennbar zeigt sich ein verstärktes Bemühen um **Qualitätssicherung und -kontrolle,** nicht nur literarisch,[109] sondern auch organisatorisch etwa bei den Heilverfahren in der gesetzlichen Unfallversicherung[110] und nach gemeinsamen Plänen der Deutschen Gesellschaft für Chirurgie und des Berufsverbandes deutscher Chirurgen.[111] Die Deutsche Gesellschaft für Chirurgie hat sich auf ihrem Münchener Kongreß 1977 und bei späteren Anlässen eingehend mit der **Sicherheit chirurgischer Arbeit** befaßt.[112] Der Wissenschaftliche Beirat der Bundesärztekammer hat unter anderem Empfehlungen zur Versorgung von Nervenverletzungen veröffentlicht.[113] Es kommt in der Tat darauf an, die Regeln der ärztlichen Kunst und der beim Menschen angewandten Naturwissenschaft fortwährend zu überprüfen und ins Bewußtsein zu rücken – eine Aufgabe, die der Gesetzgeber und die staatliche Exekutive dem Berufsstand und seinen Fachverbänden nur zum Teil abnehmen können.[114]

386 Zahlreiche Urteile vermitteln ein eindrucksvolles Bild davon, welche **Anforderungen** die **Gerichte** an die Sorgfaltspflicht der Ärzte stellen. Die Erforderlichkeit eines **Hausbesuchs** etwa bemißt sich nach strengem Maßstab: „Es gehört zu den Aufgaben des Arztes, sich von den Leiden des Patienten ein eigenes Bild zu machen, dabei die Angaben Dritter ... nicht ungeprüft zu übernehmen und wichtige Befunde selbst zu erheben. Dazu ist, wenn der Patient nicht selbst in die Sprechstunde kommen kann, ein Hausbesuch jedenfalls dann erforderlich, wenn es sich offensichtlich um eine schwe-

---

MedR 1983, 150: Der Anspruchsteller müsse von einem Fehlverhalten des Arztes subjektiv überzeugt sein. „Der Patient muß darüber so viel wissen, daß bei zutreffender medizinischer und rechtlicher Subsumtion ohne weitere Ermittlung etwa bisher verborgener Fakten eine Einschätzung der Prozeßaussichten möglich ist. Wie auch sonst kommt es jedoch nicht zusätzlich darauf an, ob der geschädigte Patient selbst zu einer solchen Beurteilung der ihm bekannten Tatsachen in der Lage ist“: OLG Düsseldorf, VersR 1986, 1193. Vgl. ferner OLG Hamm, VersR 1987, 106; OLG Köln, VersR 1987, 188; BGH, VersR 1986, 1080.

108 OLG Düsseldorf, VersR 1985, 552.

109 Instruktiv das Buch zu einem auch forensischen Brennpunkt: H. W. Opderbekke, Anästhesie und ärztliche Sorgfaltspflicht, 1978.

110 A. Daßbach, MMW 1978, 599ff.

111 W. Schega, MMW 1978, 583ff.

112 W. Müller-Osten, Rhein. ÄrzteBl. 1977, 707.

113 Deutsches ÄrzteBl. 1978, 565. Zum Arzneisicherheitssystem der Ärzte H. Kimbel, DMW 1977, 1784.

114 Vgl. etwa R.-E. Bader, Gesetze, Verordnungen und Richtlinien zur Praxis- und Krankenhaushygiene, Der Internist 1977, 345. – Vgl. auch A. Laufs, NJW 1981, 1290.

rere Erkrankung handelt. Ferndiagnosen aufgrund mündlicher Berichte von Angehörigen können in den seltensten Fällen ausreichen, und viel anders ist es auch nicht, wenn der Arzt den Patienten selbst sprechen kann."[115]

Zunehmendes Gewicht gewinnen die **therapeutischen Hinweispflichten,** 387
deren schuldhaftes Versäumnis den Arzt schadensersatzpflichtig macht. Grundsätzlich hat der Arzt dem Patienten auch solche krankhaften Befunde zu offenbaren, derentwegen die Konsultation gar nicht stattfand. Ergibt sich beim Blutspender der Verdacht auf AIDS, muß dieser dem Patienten kraft Vertragspflicht mitgeteilt werden.[116] Erhält der behandelnde Mediziner einen Arztbericht, der für die weitere Beratung und Behandlung der Patientin neue und bedeutsame Befunde enthält, die einen alsbaldigen Besuch der Patientin bei dem Behandelnden unumgänglich machen, so hat er diese auch dann unter kurzer Mitteilung des Sachverhalts einzubestellen, wenn er ihr aus anderen Gründen die Wahrnehmung eines Arzttermins angeraten hatte.[117] Verläßt der Patient entgegen medizinischem Rat das Krankenhaus, obwohl ein fristgebundener Eingriff indiziert ist, so hat der Arzt dem Kranken die Folgen nicht rechtzeitiger Operation vor Augen zu führen.[118] Wann der Arzt seinen Patienten zu bestimmten Schritten aufzufordern, zurückzurufen, zu warnen hat, ergibt sich aus dem Behandlungsvertrag und der letzten Konsultation. Sie legen fest, worauf der Kranke in seiner Eigenart vertrauen darf.

Es gehört zu den Pflichten einer **Klinik,** einen Patienten, bei dem die 388
Behandlung noch nicht abgeschlossen ist, zur weiteren Versorgung einzubestellen und, falls er nicht erscheint, ihn **erneut zu laden.**[119]

Bei der Untersuchung des Patienten[120] hat der Arzt das nach den Regeln 389
des Faches Gebotene ebenso zu leisten wie bei der Therapie. Grob fahrlässig handelt er etwa, wenn er nach dem Sturz einer Patientin trotz erkennbarer Fehlstellung des Handgelenks keine **Röntgenuntersuchung** vornimmt und die widerstrebende Verunglückte nicht auf die Dringlichkeit einer solchen diagnostischen Maßnahme hinweist, sondern sich mit Salbenverbänden begnügt.[121] Zur Sorgfaltspflicht eines Hals-, Nasen- und Ohrenarztes gegen-

---

[115] BGH, NJW 1979, 1248 = VersR 1979, 376.

[116] E. Deutsch, NJW 1985, 2746, und Erwiderung von M. Teichner, NJW 1986, 761f. Über die Infektion als Zurechnungsgrund E. Deutsch, NJW 1986, 757ff. Vgl. auch R. Laufs u.a., DtÄrzteBl. 1985, 3593ff., ferner R. Laufs u. A. Laufs, NJW 1987, 2257–2265.

[117] BGH, NJW 1985, 2749 = MedR 1985, 272 (Unterrichtung über Möglichkeit des Mißerfolges eines Schwangerschaftsabbruchs).

[118] OLG Stuttgart, MedR 1985, 175, im wesentlichen bestätigt durch BGH, NJW 1987, 705 = MedR 1987, 42. Vgl. auch OLG Celle, VersR 1985, 346 (Unterlassen der Einweisung eines sich weigernden infarktgefährdeten Patienten in die Klinik).

[119] OLG Frankfurt, MedR 1987, 187 (weit gehend).

[120] W. Uhlenbruck, DMW 1979, 1366ff. Zur Sorgfaltspflicht des Arztes bei Nichterscheinen des Patienten nach Wiedereinbestellung H.-J. Rieger, DMW 1979, 1224f.

[121] LG Memmingen, VersR 1981, 585.

über einem Patienten, bei dem der Verdacht einer Lymphdrüsenentzündung besteht, kann eine baldige Gewebsentnahme gehören.[122]

390 Der Arzt handelt sorgfaltswidrig, der die drohende Gefahr einer schweren Gesundheitsschädigung eines **ungeborenen Kindes,** dessen Mutter während der ersten Schwangerschaftswochen an Röteln erkrankt war, schuldhaft verkennt.[123] Die vertragliche Pflicht des Arztes zu rechtlich einwandfreiem und medizinisch richtigem Vorgehen besteht auch zugunsten eines Dritten – etwa eines Ungeborenen[124] –, wenn der Behandlungsvertrag dessen Schutz mit umfaßt.

391 Die forensisch festgestellten und eingeschärften Standards sind – im Unterschied zu denen für die ärztliche Aufklärungspflicht – letztlich heilkundliche, nicht juristische. Die richterlichen Antworten auf folgende Fragen gründen auf der durch Sachverständige vermittelten medizinischen Wissenschaft. Welche rettenden Eingriffe schuldet der Arzt bei Verdacht auf **Herzinfarkt**?[125] Wann darf der Arzt eine rektale Untersuchung bei einem **Hämorrhoidenleiden** unterlassen?[126] Wann gilt es, den **Augeninnendruck** zu messen?[127] Wie weit reicht die Sorgfaltspflicht des Personals einer psychiatrischen Klinik gegenüber Patienten mit endogener **Depression?**[128] Was hat ein Chirurg bei der Übernahme eines Patienten zu leisten, der sich einige Zeit vorher der Gefäßrekonstruktion eines Oberschenkel-Kniekehlen-Verschlusses unterzogen hatte und bei dem Verdacht auf **Thrombose** bestand?[129] Muß ein Arzt eine beginnende Pseudo-Krupp-Erkrankung (**Kehlkopf-Stenose**) bei einem Zweijährigen erkennen?[130] Welche chirurgischen Maßnahmen erfordert eine schwere **Sturzverletzung** des Handgelenks?[131] Unter welchen Vorsichtsmaßnahmen soll die **Cytoskopie** erfolgen?[132] Über das rechtliche Maß ärztlicher Sorgfalt entschieden die Gerichte auch in folgenden Fällen: bei der Früherkennung eines **Brustkarzinoms,**[133] der Verabfolgung einer interglutäalen

---

[122] OLG Hamm, VersR 1982, 556.

[123] BGHZ 86, 240 = NJW 1983, 1371 = MedR 1983, 101; BGHZ 89, 95 = NJW 1984, 658.

[124] OLG Düsseldorf, NJW 1986, 2373 = MedR 1987, 111.

[125] OLG Hamm, VersR 1979, 847.

[126] OLG Düsseldorf, VersR 1979, 723.

[127] OLG Hamm, VersR 1979, 826.

[128] OLG Frankfurt, VersR 1979, 451. Vgl. dazu auch OLG Hamm, VersR 1983, 43, und OLG Düsseldorf, MedR 1984, 69. Siehe vorstehende Rdnr. 350.

[129] OLG Düsseldorf, VersR 1980, 171.

[130] OLG Stuttgart, VersR 1979, 630: „Es stellt einen schweren Behandlungsfehler dar, wenn der behandelnde Arzt bei Noteinweisung eines in akuter Erstickungsgefahr befindlichen Patienten keine telefonische Voranmeldung in der Klinik veranlaßt."

[131] Kahnbeinbruch mit Knochenabriß und perilunärer Luxation, LG Kassel, VersR 1980, 1[illegible]9.

[132] LG Bremen, VersR 1979, 632.

[133] BGH, VersR 1981, 754.

Injektion,[134] der Nachbestrahlung eines Brustkrebsrezidivs,[135] bei der Therapie einer **Urosepsis** mit Refobacin[136] und bei einer schwerwiegenden **gynäkologischen Operation.**[137] Weitere Urteile betreffen die Amtspflicht zur Gesundheitsfürsorge zugunsten eines Gefangenen nach wiederholten **Rektalblutungen.**[138]

Die Fortschritte der klinischen **Transfusionsmedizin** mit ihren gewissen 392
Gefahren begründen eigene Sorgfaltspflichten. Die durch die Bundesärztekammer und das Bundesgesundheitsamt aufgestellten und wiederholt überarbeiteten Richtlinien zur Blutgruppenbestimmung und Bluttransfusion setzen Maßstäbe.[139] Auch für den **Rettungs- und Notarztdienst,** ihr Zusammenwirken[140] und ihre Zuständigkeiten samt der Notkompetenz des Rettungssanitäters haben sich standardisierte Sorgfaltspflichten ausgebildet.[141] Wer am Notarzteinsatz mitwirkt, hat zu prüfen, ob er die dafür erforderliche Qualifikation besitzt. Diese Prüfpflicht trifft auch den zum Notfalleinsatz Ärzte einteilenden Dienstherrn.[142]

Die Krankenhausträger haben den **Nacht- und Sonntagsdienst** grund- 393
sätzlich so zu organisieren, daß dieser den Patienten in Eil- und Notfällen den Standard eines Gebietsarztes gewährleistet.[143] Diesem Erfordernis genügt regelmäßig die Präsenz eines Approbierten im Krankenhaus verbunden mit der Rufbereitschaft eines Oberarztes oder des Chefs im Hintergrunddienst. Der Krankenhausträger darf sich dabei auf den sorgfältig ausgewählten und überwachten approbierten Assistenzarzt verlassen.[144]

Besondere Umstände können dem Arzt **Penicillininjektionen,** vornehm- 394
lich solche auf Verdacht, verbieten.[145]

Der Arzt, der seinen Patienten zu früh aus der **Klinik entläßt,** begeht einen Behandlungsfehler.[146] Die Entlassung eines Patienten, bei dem der Verdacht einer Infektion im Operationsbereich sich nicht mit Sicherheit ausschließen

---

[134] OLG Celle, VersR 1981, 684.
[135] OLG Koblenz, VersR 1981, 689.
[136] KG, VersR 1982, 74.
[137] OLG Düsseldorf, VersR 1981, 1060.
[138] BGH, VersR 1982, 240.
[139] H. Narr, in: W. Schneider u. R. Schorer (Hg.), Klinische Transfusionsmedizin, 1982, 331ff.
[140] Das dem Vertrauensgrundsatz folgt.
[141] Umfassend dazu H.-D. Lippert u. W. Weißauer, Das Rettungswesen, 1984; H.-D. Lippert, NJW 1982, 2089ff., u. MedR 1984, 41ff.
[142] W. Weißauer, Intensivmed. 1980, 144ff.; Bay. ÄrzteBl. 1980, 34ff. Zum kassenärztlichen Notfalldienst R. Hess, Deutsches ÄrzteBl. 1981, 489f.
[143] OLG Düsseldorf, VersR 1986, 659.
[144] Vgl. auch H. Narr, Ärztl. Berufsrecht, ^{2}1987, 717f. (Rdnr. 1157).
[145] OLG Frankfurt, VersR 1983, 349.
[146] OLG Hamm, MedR 1983, 189.

läßt, bedeutet einen Arztfehler, wenn der Entlassene nicht täglich zur ambulanten Behandlung in die Klinik bestellt wird.[147]

395 Der Arzt einer Klinik, die selbst keine Replantationen vornimmt, hat nicht nur die Wunde des Verstümmelten zu versorgen und seine Überweisung zu veranlassen, sondern sich auch um das **Amputat** zu kümmern.[148]

396 Der naheliegende dringende Verdacht auf **Sickerblutungen** bei einem Mandeloperierten verlangt regelmäßige, mindestens stündliche Inspektionen des Patienten.[149] Ein grober Behandlungsfehler liegt vor, wenn in der Entbindungsstation eines Krankenhauses der behandelnde Arzt zu der Zeit fehlt, zu der über das weitere ärztliche Vorgehen eine Entscheidung fallen muß, mit der Folge, daß die Patientin bei einer **Spontangeburt** erhebliche Körperschäden davonträgt.[150]

397 Wenn der Arzt beim Vernähen von Blutgefäßen im Zuge einer **Kaiserschnittoperation** versehentlich einen Harnleiter miterfaßt, so braucht darin kein Verschulden zu liegen.[151] In der vorzeitigen Abnahme des zur Behandlung eines **Oberschenkelhalsbruchs** angelegten Streckverbands kann ein schwerer Arztfehler liegen.[152]

398 Zu den Behandlungsfehlern gehören die **Fehldiagnosen.** Der Arzt hat notwendige Befunde zu erheben und diese fachgerecht zu beurteilen. Dabei hat er alle ihm zu Gebote stehenden Erkenntnisquellen zu nutzen, soweit die Umstände und Verdachtsmomente dies verlangen. Je deutlicher sich eine Krankheit abzeichnet, desto eher kann der Arzt auf belastende und kostspielige Diagnostik verzichten. Wenn die Anzeichen den Ausschluß eines schweren Verdachts erforderlich erscheinen lassen, muß der Arzt die notwendigen abklärenden Maßnahmen ergreifen oder durch einen kompetenteren Spezialisten vornehmen lassen. Die Pflicht zu einer gründlichen Diagnose kann auch im Interesse der Vermeidung eines nicht indizierten folgenschweren Eingriffs bestehen.[153] Bei Symptomen einer bedrohlichen Erkrankung darf der Arzt sich nicht mit Arbeitshypothesen aufhalten, sondern er hat unverzüglich mit differentialdiagnostischen Erkenntnismitteln die in Frage kommenden Ursachen abzuklären.[154]

---

147 OLG Köln, VersR 1982, 677.

148 OLG Celle, MedR 1983, 225.

149 OLG Hamm, VersR 1983, 564. Zur ärztlichen Pflicht, Thrombosen bei Knochenbrüchen entgegenzuwirken, OLG Frankfurt, VersR 1984, 289.

150 OLG Hamm, VersR 1980, 684. Zu den Anforderungen an die ärztliche Sorgfaltspflicht bei der Behandlung eines komplizierten Oberschenkelbruchs OLG Schleswig, VersR 1981, 242.

151 LG Dortmund, VersR 1982, 1060.

152 OLG Nürnberg, VersR 1982, 1153.

153 Vgl. OLG Düsseldorf, VersR 1986, 64: über die allgemeinen Anforderungen an die ärztliche Sorgfaltspflicht bei Abklärung eines Malignitätsverdachts durch Probeexzision von Brustgewebe und bei Vornahme einer subkutanen Mastektomie.

154 Vgl. BGH, VersR 1985, 886 (Streptokokken-A-Sepsis, nicht Periarthritis). – Zu den Anforderungen an die Überwachung von Säuglingen in der Entbindungsstation auf

Je ernster die Krankheitsgefahr, desto höher dürfen auch die Risiken invasiver diagnostischer Verfahren sein. Der Mediziner verfehlt das ärztliche Maß, der das Machbare stets voll ausschöpft, weil er der Technik erliegt oder meint, sich durch **„Überdiagnostik“** rechtlich absichern zu müssen.

Zahlreiche Judikate befassen sich **nach wie vor** mit den ärztlichen Sorg- **399**
faltspflichten im einzelnen – bei Injektionen[155], beim Dienst des Anästhesisten[156], in der Chirurgie[157], in der Gynäkologie[158], der die minderjährige Patientin gesteigerte Aufmerksamkeit besonders hinsichtlich der Einwilligungsfähigkeit abverlangt.[159]

Immer wieder stellt sich die Frage, ob und wann ein Krankenhauspatient **400**
verlangen kann, von einem bestimmten Arzt und gar nach bestimmter Methode behandelt zu werden. Auch dem Privatpatienten braucht der Chefarzt nicht zu jeder Zeit zu Gebote zu stehen.[160] Kassenpatienten haben grundsätzlich keinen Anspruch auf die **Dienste eines bestimmten Arztes.** Erfordern Art und Schwere der Krankheit den Einsatz eines bestimmten Arztes, so kann den Krankenhausträger die Pflicht treffen, einen solchen zu gewährleisten.[161]

Krankheitsanzeichen OLG Karlsruhe, VersR 1986, 44. Über die Gebotenheit bakteriologischer Untersuchungen trüber Kniegelenkflüssigkeit OLG Celle, VersR 1985, 1047. – Zu den Diagnosepflichten klar H. Lilie, DMW 1985, 1906–1909. Einem Chirurgen, der eindeutige Röntgenaufnahmen nicht richtig auswertet, unterläuft ein grober Behandlungsfehler: OLG Celle, VersR 1987, 941.

[155] OLG Düsseldorf, VersR 1986, 472.

[156] OLG Hamm, VersR 1986, 603; OLG Düsseldorf, NJW 1986, 1548. – Zur Verantwortlichkeit für Lagerungsschäden L. Eberhardt, MedR 1986, 117ff.

[157] OLG Düsseldorf, VersR 1986, 1244 (Wiederherstellung einer weiblichen Brust); OLG Düsseldorf, NJW 1986, 2375 (diagnostische Pflichten in der Ambulanz).

[158] OLG Hamm, VersR 1986, 660; OLG Hamburg, VersR 1986, 896; OLG Hamburg, VersR 1986, 1195; OLG Braunschweig, VersR 1986, 1214. Vgl. auch Nobel, Der Frauenarzt 1987, 29ff. (Ureterfistel).

[159] A. Eser u. H.G. Koch, in: H. Huber u. H.-D. Hiersche (Hg.), Praxis der Gynäkologie im Kindes- und Jugendalter, ^{2}1987, 18ff.

[160] OLG Hamm, VersR 1986, 897.

[161] OLG Stuttgart, MedR 1986, 201 (Anspruch Krebskranker gegen Krankenhausträger, eine bestimmte Therapie durch einen Arzt zu dulden, dessen Anstellungsverhältnis fristlos gekündigt wurde?). Ein öffentlich-rechtlicher Anspruch gegen einen Krankenhausträger auf Behandlung durch einen bestimmten Arzt nach dessen spezieller Methode besteht nicht, VGH Bad.-Württ., MedR 1986, 346.

IX. Passivlegitimation und Beweislast im Arzthaftpflichtprozeß

H.-J. Ahrens u. P. Udsching, Heimliche Ablösung der Arzthaftung durch gesetzliche Unfallversicherung, NJW 1978, 1666–1671; M. Andreas u. G. Siegmund-Schultze, Abgrenzung von Konsilium und Mitbehandlung, Arztrecht 1977, 243–245; M. Andreas u. G. Siegmund-Schultze, Die Haftung des Krankenhausträgers bei der Ausbildung von Medizinstudenten, Krankenhausarzt 1980, 565–566; G. Baumgärtel, Handbuch der Beweislast im Privatrecht, 1981; H. Bitter, Zur Problematik der zivilrechtlichen Haftung des nachgeordneten Arztes, med. Diss. Kiel, 1974; R. Bodenburg, Die zivilrechtliche Haftungssituation des Medizinstudenten während der praktischen Ausbildung in Krankenanstalten, VersR 1979, 308–313; G. Burck, Die Haftung für Behandlungsfehler der Ärzte an Universitätskliniken unter dem Gesichtspunkt gefahrengeneigter Arbeit, VersR 1968, 613–623; J. Daniels, Probleme des Haftungssystems bei stationärer Krankenbehandlung, NJW 1972, 305–309; E. Deutsch, Haftungsfreistellung von Arzt oder Klinik und Verzicht auf Aufklärung durch Unterschrift des Patienten, NJW 1983, 1351–1354; B. Forster (Hg.), Praxis der Rechtsmedizin. Für Mediziner und Juristen, 1986; D. Franzki, Die Beweisregeln im Arzthaftungsprozeß. Eine prozeßrechtliche Studie unter Berücksichtigung des amerikanischen Rechts, 1982; H. Franzki, Leitfaden für Arzthaftungsprozesse, DRiZ 1977, 36–38; R. D. Gaupp, Beweisfragen im Rahmen ärztlicher Haftungsprozesse, iur. Diss. Tübingen, 1969; H.-H. Günter, Staatsanwaltliche Ermittlungen gegen Ärzte bei Verdacht eines „Kunstfehlers“, DRiZ 1982, 326–334; M. Heinze, Zur Qualifikation der ärztlichen Tätigkeit als gefahrgeneigte Tätigkeit, MedR 1983, 6–13; J. H. Husmann, Ärztliche Fehlbehandlung – ein Arbeitsunfall mit der Folge der Haftungsbefreiung nach § 636 RVO, VersR 1978, 793–797; V. Kaiser, Überblick über die Haftung für Arztfehler im Bereich der gesetzlichen Unfallversicherung, Die Berufsgenossenschaft 1979, 323–337; F. J. Kaufmann, Die Beweislastproblematik im Arzthaftungsprozeß, 1984; B.-R. Kern, Die Haftpflicht des beamteten Arztes aus § 839 BGB, VersR 1981, 316–318; H. Kleinewefers u. W. Wilts, Die vertragliche Haftung bei gespaltenem Arzt-Krankenhaus-Vertrag, NJW 1965, 332–334; H. Kleinewefers u. W. Wilts, Die Beweislast für die Ursächlichkeit ärztlicher Kunstfehler, VersR 1967, 617–625; T. Kurzowa, Auswirkungen der unterschiedlichen Krankenhausorganisation der Krankenanstalten auf Art und Umfang der Arzthaftpflicht, VersR 1977, 799–802; A. Laufs, Die Verletzung der ärztlichen Aufklärungspflicht und ihre deliktische Rechtsfolge, NJW 1974, 2025–2030; F. Lohmann, Behandlungsfehler des Durchgangsarztes: Wer haftet?, Krankenhausarzt 1977, 1080–1081; W. Frhr. Marschall v. Bieberstein, Überlegungen zur Haftung bei Heilbehandlung, Festschr. f. E. Klingmüller, 1974, 249–260; B. Minnigerode, Grundsätzliches zur Beweislast im Arzthaftpflichtverfahren, Laryng. Rhinol. 1975, 538–541; H.-J. Musielak, Die Beweislast, JuS 1983, 198–203, 368–373, 526–532, Arzthaftung: 609–617; E. Natter, Der Streit um die öffentlichrechtliche Schadensersatzpflicht des Kassenarztes, NJW 1986, 1529–1530; K. Nüßgens, Zwei Fragen zur zivilrechtlichen Haftung des Arztes, in: Festschr. f. F. Hauß, 1978, 287–301; J. Prölß, Anmerkung zu BGH-Urteilen, Zeitschr. f. Zivilprozeß 1969, 468–475; H. Prütting, Beweisprobleme im Arzthaftungsprozeß, in: 150 Jahre Landgericht Saarbrücken, 1985, 257–274; M. Reichenbach, Arzthaftpflicht aus der Sicht des Versicherungsmediziners, Med. Welt 1982, 1262–1265; G. Schwalm, Zum Begriff und Beweis des ärztlichen Kunstfehlers, in: Festschr. f. P. Bockelmann, 1979, 539–556; J. Sick, Beweisrecht im Arzthaftpflichtprozeß, 1986; H. Stoll, Haftungsverlagerung durch beweisrechtliche Mittel, Archiv f.

d. civilistische Praxis 1976, 145–196; R. Stürner, Entwicklungstendenzen des zivilprozessualen Beweisrechts und Arzthaftungsprozeß, NJW 1979, 1225–1230; J. Taupitz, Prozessuale Folgen der „vorzeitigen" Vernichtung von Krankenunterlagen, ZZP 1987, 287–345; W. Uhlenbruck, Beweisfragen im ärztlichen Haftungsprozeß, NJW 1965, 1057–1064; W. Uhlenbruck, Der Beweis im Arzthaftpflichtprozeß, Arztrecht 1968, 99–103 u. 115–119; W. Uhlenbruck, Die Schadensausgleichspflicht des Krankenhausträgers gegenüber dem angestellten Krankenhausarzt aus dem Gesichtspunkt der gefahren- oder schadensgeneigten Tätigkeit, Festschr. f. E. Knorr, 1968, 371–390; W. Uhlenbruck, Die vertragliche Haftung von Krankenhaus und Arzt für fremdes Verschulden, NJW 1964, 2187–2191; W. Weißauer, Die Aufteilung der Kompetenzen im Krankenhaus und die Verantwortung der leitenden Abteilungsärzte, Bay. ÄrzteBl. 1980, 953–960; H.P. Westermann, Zivilrechtliche Verantwortlichkeit bei ärztlicher Teamarbeit, NJW 1974, 577–584; D. Wilhelm, Verantwortung und Vertrauen bei der Arbeitsteilung in der Medizin. Zu den rechtlichen Grenzen ärztlicher Sorgfalt, 1984; W. Wilts, Die Beweislast für ärztliche Kunstfehler im Rahmen des § 831 BGB, MDR 1973, 353–356.

Die **Haftpflicht** des Arztes folgt grundsätzlich dem allgemeinen Vertrags- **401**
und Deliktsrecht. Den Plänen einer neuartigen **Patientenversicherung** nach schwedischem Muster trat E. Klingmüller mit guten Gründen entgegen:[1] „Das eigentliche Ziel einer solchen Versicherung, wie sie derzeit in Schweden praktiziert wird, ist der Schadensersatz für eine mißlungene Heilbehandlung, die nicht auf Verschulden beruht und bei der der geschädigte Patient keinen anderweitigen oder keinen ausreichenden Ersatz erhält. Dieser echte soziale Bedarf dürfte in Deutschland relativ gering zu veranschlagen sein." Erhalten bliebe auch die Hauptschwierigkeit, die durch fehlerhaften ärztlichen Eingriff verursachte Unbill vom unaufhaltsamen, schicksalhaften Verlauf einer Krankheit abzugrenzen.

Während der Patient im Zivilprozeß grundsätzlich den schuldhaften Arzt- **402**
fehler und dessen Ursächlichkeit für den festgestellten Schaden voll nachzuweisen hat, soll es nach dem jüngst vorgeschlagenen Modell einer Patientenversicherung allenfalls des Beweises bedürfen, daß eine (mißlungene) Heilmaßnahme die schwere Unbill wahrscheinlich herbeiführte. Der Versicherer hätte dann nachzuweisen, daß der Schaden auf unvorhersehbaren, nicht vermeidbaren Umständen beruht.[2] Die rechtspolitische Diskussion um eine Patientenversicherung gegen schwere Behandlungsschäden blieb freilich bisher offen, zumal noch erforderliche rechtstatsächliche Daten und eine Kostenanalyse fehlen.

Nach Schadensereignissen im Krankenhaus stellt sich für den prozessieren- **403**
den Patienten regelmäßig die Frage nach dem oder den richtigen Beklagten. Wann läßt sich die Klage gegen Krankenhausärzte, wann – vielleicht zugleich – gegen den Anstaltsträger sachlich begründen? Welchen Platz nimmt das klinische Hilfspersonal im Haftpflichtsystem ein?

---

[1] VersR 1980, 694ff. Vgl. auch K.H. Dinslage, VersR 1981, 310ff., und H.-L. Schreiber, Langenbecks ArchChir 1980, 43ff.

[2] H. Baumann, JZ 1983, 167–175.

Mit der Aufnahme in die allgemeine Pflegeklasse einer Anstalt kommt zugunsten des Kassenpatienten ein einheitlicher (totaler) **Krankenhausvertrag** zustande, der die ärztliche wie die pflegerische Fürsorge umfaßt. Bei schuldhaften Verstößen gegen die Pflichten aus diesem Vertrag haftet der Anstaltsträger nach **§ 278 BGB** für alle seine Erfüllungsgehilfen, nämlich für Ärzte, Krankenschwestern, Pfleger und sonstige Hilfspersonen. Anderes gilt im gespaltenen Arzt-Krankenhaus-Verhältnis, bei dem der Privatpatient oder auch der Patient eines Belegarztes zwei Verträge abschließt, deren Schuldner jeweils nur einen Teil der zum Heilerfolg notwendigen Maßnahmen zu leisten haben – etwa pflegerische Dienste neben medizinisch-diagnostischen und therapeutischen Eingriffen. Dabei fragt sich, welcher Schuldner im konkreten Fall für das Fehlverhalten einer im Krankenhaus tätigen Hilfsperson einstehen muß. Für ein Versehen in der Diätküche haftet nach den §§ 611, 278 BGB der Krankenhausträger, weil die Tätigkeit des Küchenpersonals allein zu seinem Pflichtenkreis gehört.[3] Ungleich schwieriger fällt die Zurechnung beim nachgeordneten ärztlichen Dienst, insbesondere **bei Assistenzärzten,** und auch bei Operationsschwestern.

404 Der Bundesgerichtshof hat sich wiederholt um die rechtlichen Kriterien bemüht und dabei auf das Merkmal der Beherrschbarkeit abgehoben mit der Tendenz, den Chef- oder Belegarzt weitgehend von der Verantwortlichkeit für das im Krankenhaus beschäftigte ärztliche Personal zu entlasten.[4] Der Patient rechne auch beim gespaltenen Vertrag damit, „daß ihm durch das Krankenhaus alle diejenige erforderliche Heilbehandlung zuteil wird, die nicht durch den behandelnden Arzt selbst, sondern gewöhnlich nur mittels der personellen und sachlichen Einrichtungen eines Krankenhauses gewährt zu werden pflegt, z. B. Verabfolgung von Medikamenten, Injektionen, Bestrahlungen und vieles andere mehr. Das Krankenhaus selbst entspricht dieser Erwartung, indem es solche Einrichtungen zur Verfügung stellt und Maßnahmen durchführt und auch berechnet".[5] Gliedere sich demnach **der gespaltene Vertrag** nicht nach der gesamten Heilbehandlung einerseits und der Pflege des Patienten andererseits, sondern grenzten die **Pflichtenkreise** sich nach den eigenen Leistungen des behandelnden Arztes und den üblichen Funktionen des Krankenhauses ab, so könne nicht zweifelhaft sein, daß der

---

[3] Über die Grenzen: BGHZ 23, 319 = NJW 1957, 709. – Zum Fragenkreis H.-J. Musielak, JuS 1977, 87, der zutreffend darauf hinweist, daß der seit 1974 geltenden Bundespflegesatzverordnung der totale Krankenhausaufnahmevertrag entspricht, von dem auszugehen ist, wenn andere Abreden fehlen. Der Patient kann über einen Arztzusatzvertrag in rechtsgeschäftliche Beziehungen zum Krankenhausarzt treten. Gespaltene Verträge begegnen regelmäßig nur noch in der Belegarztpraxis. Zum Belegarztvertrag BGH, NJW 1972, 1128; zum Arztzusatzvertrag BGHZ 95, 63 = NJW 1985, 2189. Vgl. auch Kap. II.

[4] K. Luig, Der Arztvertrag, 256.

[5] BGHZ 5, 321 = NJW 1952, 658 (für Fehler bei der Bluttransfusion muß das Krankenhaus nach § 278 BGB einstehen).

nachgeordnete ärztliche Dienst in den letzteren Bereich falle. „Er wird von dem Krankenhaus, das vermöge seiner personellen und sachlichen Einrichtung allein dazu imstande ist, erwartet und erbracht, während ihn der frei praktizierende Belegarzt ebenso wenig wie der Chefarzt, der Privatpatienten auf seiner Station behandelt, selbst zu leisten vermöchte.“[6]

Mit dieser Formel lassen sich zahlreiche Fälle lösen; gleichwohl befriedigt 405
sie nicht. Das Versagen der ärztlichen Assistenz bei der Operation kann durchaus in den Haftpflichtbereich des Chef- oder auch des Belegarztes[7] fallen. Zwar erbringen die Assistenzärzte als vom Krankenhausträger bezahlte Angestellte ihre Tätigkeit in engem Zusammenwirken mit dem übrigen Personal der Anstalt und mit deren Sachmitteln. Doch allein der Chefarzt leitet sie fachlich an und überwacht sie; außerdem vergütet er ihre Arbeit zum Teil mit. Es besteht also eine zwischen Anstalt und Chef geteilte Verantwortlichkeit für den ärztlichen Assistenzdienst. Darum bildet jedenfalls die Operation eine unteilbare Leistung des gesamten Krankenhausapparates einschließlich des Chefarztes.[8] Der Anstaltsträger und der medizinische Leiter haften folglich als Gesamtschuldner für Versehen und Versäumnisse des nachgeordneten ärztlichen Dienstes bei der Operation.[9] Dem gemeinsamen Einfluß- und Gefahrenkreis und damit dem Bereich gesamtschuldnerischer Erfolgshaftung nach § 278 BGB gehört auch **das nichtärztliche Hilfspersonal** bei der Operation an. Wenn die Schwester im Operationssaal eine Spritze für die Lumbalanästhesie mit Novalgin statt mit Novocain aufzieht, dann müssen sich Krankenhaus wie Operateur dieses fremde Verschulden zurechnen lassen.[10] Dieses Ergebnis schränkt die Gespaltenheit des Arzt-Krankenhaus-Vertrages haftpflichtrechtlich ein, hebt sie aber nicht im ganzen auf. Zu weit geht, wer sämtliche für die Therapie erforderlichen Tätigkeiten als sowohl vom Arzt als auch von der Anstalt geschuldet ansieht.[11] Der Narkosefacharzt wird in aller Regel sowenig als Erfüllungsgehilfe des operierenden Chefarztes gelten können wie der Krankenpfleger, der den Patienten aus dem Operationssaal schiebt: Beide befinden sich bei ihrer Arbeit nicht

---

[6] BGH, NJW 1962, 1763; das Urteil betrifft freilich keinen Haftpflichtfall, sondern § 612 BGB.

[7] Da der Belegarzt weniger Einfluß auf den nachgeordneten Dienst nehmen kann als der Chefarzt, hat er gewöhnlich auch weniger Erfüllungsgehilfen im Krankenhaus. – Zu den Rechtsfragen bei ärztlicher Teamarbeit umfassend H. P. Westermann.

[8] Im Sinne des § 431 BGB. Kritisch dazu BGH, VersR 1957, 806 (zum ganzen Problem besonders lesenswert).

[9] K. Luig, 256; H.-J. Musielak, JuS 1977, 89.

[10] Vgl. OLG Hamburg, VersR 1954, 125. Das Aufziehen der Spritze stelle eine Schwesterntätigkeit dar, „die allein von dem Funktionieren der von dem Krankenhaus gestellten, in ihrer Ausbildung und Leistungsfähigkeit allgemein überwachten Schwester getragen wird“. Die Haftpflicht des Operateurs im Unterschied zu der des Krankenhauses ergab sich dem Gericht nicht aus § 278 BGB, sondern aus eigenem ärztlichen Verschulden (unterlassene Kontrolle).

[11] So H. Kleinewefers u. W. Wilts, NJW 1965, 334; ähnlich K. Luig, 256f.

unmittelbar in dem Einfluß- und Gefahrenkreis, für den der Chirurg persönlich verantwortlich ist, weil er ihn beherrscht.

406 Der *BGH* hat die zunächst offen gebliebene Frage inzwischen entschieden, ob dann, wenn der Krankenhausträger als Wahlleistung nach § 6 S. 4 BPflVO ärztliche Dienste als „gesondert berechenbare Leistungen" anbietet und der Patient diese Möglichkeit nutzt, ein gespaltener Krankenhausvertrag mit der Folge der Alleinhaftung des Chefarztes für Fehler in seinem Pflichtenkreis oder ein **Arztzusatzvertrag** zustande kommt, der dem Kranken nur einen zusätzlichen Schuldner für bestimmte ärztliche Tätigkeiten verschafft: Der Arztzusatzvertrag bildet das Regelmodell; normalerweise bleibt der Pflichtenkreis des Krankenhausträgers also uneingeschränkt. „Wenn zwischen den Vertragsparteien etwas anderes verabredet werden soll, muß das im Krankenhausaufnahmevertrag klar zum Ausdruck kommen."[12]

407 **Konsiliararzt** und behandelnder Arzt haften als Gesamtschuldner für Schäden, die ein schuldhaft fehlsames Konsilium verursachte. Hat das Konsilium seinen Grund in einem Vertrag zwischen dem behandelnden Arzt und dem Konsiliarius, dann haftet dem Patienten allein ersterer; der behandelnde Arzt hat allerdings gegen den Konsiliarius wegen dessen Mitverschuldens einen Freistellungsanspruch, der in der Regel die Hälfte des Schadensbetrages ausmachen wird.[13]

408 Ähnlich wie die Mitglieder einer Anwaltssozietät kann die Mitbetreiber einer nach außen als Einheit auftretenden ärztlichen **Gemeinschaftspraxis** eine der Interessenlage und Verkehrsanschauung entsprechende gesamtschuldnerische Einstandspflicht für eine Fehlbehandlung durch einen der Partner treffen.[14]

409 Bei **Schadensfällen im Krankenhaus** kommen regelmäßig mehrere Beklagte in Betracht.[15] Ein Krankenhausarzt, der anderen Medizinern oder Hilfspersonen gegenüber leitende Funktionen ausübt, wird dadurch nicht deren Geschäftsherr nach § 831 BGB; diese Rolle bleibt allein dem Anstaltsträger.[16] Eine persönliche Haftpflicht kann den leitenden Arzt aber dann treffen, wenn er eine Operation durch einen offensichtlich unerfahrenen Kollegen ermöglicht oder gar vornehmen läßt.[17] Gegen den **Urlaubsvertreter** eines Kassenarztes, der einen Kassenpatienten durch fehlerhafte Beurteilung für arbeitsfähig erklärt und diesem damit Vermögensnachteile zufügt, bestehen weder vertragliche noch deliktische Schadensersatzansprüche.[18]

410 Im Krankenhausprozeß besitzt die deliktische Anspruchsgrundlage wegen

---

[12] BGHZ 95, 63 = NJW 1985, 2189. Vgl. nunmehr § 7 Abs. 1 BPflVO n. F.
[13] M. Andreas u. G. Siegmund-Schultze, Zeitschr. Arztrecht 1977, 244.
[14] BGH, NJW 1986, 2364 = MedR 1986, 321.
[15] Lehrreich OLG Köln, VersR 1987, 188.
[16] OLG Düsseldorf, VersR 1986, 893, wie schon VersR 1985, 1049.
[17] OLG Düsseldorf, VersR 1985, 1049.
[18] OLG Düsseldorf, VersR 1985, 370.

des Schmerzensgeldes nach § 847 BGB[19] besonderes Gewicht. Weil das Krankenhaus-Benutzungsverhältnis auch bei staatlichen und kommunalen Häusern dem Zivilrecht folgt, scheidet die Staatshaftung über Art. 34 des Grundgesetzes mit § 839 BGB grundsätzlich aus.[20] Der Patient kann den Anstaltsträger nur aus den §§ 89, 31, sowie aus § 831 BGB in Anspruch nehmen,[21] wobei sich die **Organhaftung** nach den zuerst genannten Vorschriften für ihn günstiger darstellt, weil sich der Beklagte nicht entlasten kann. Dabei stellt sich die Frage, welche Ärzte als verfassungsmäßig berufene Vertreter anzusehen sind.

Die Gerichte wenden den **§ 31 BGB ausdehnend** an. Da es der juristischen **411**
Person nicht freistehe, selbst darüber zu entscheiden, für wen sie ohne Entlastungsmöglichkeit haften will, könne es nicht entscheidend auf die Frage ankommen, ob die Stellung des „Vertreters" in der Satzung der Körperschaft vorgesehen erscheint. Für die Annahme der Vertretereigenschaft spreche auch nicht wesentlich der Umstand, daß der Betreffende über rechtsgeschäftliche Vertretungsmacht verfügt. „Vielmehr genügt es, daß dem Vertreter durch die allgemeine Betriebsregelung und Handhabung bedeutsame wesensmäßige Funktionen der juristischen Person zur selbständigen eigenverantwortlichen Erfüllung zugewiesen sind, er also die juristische Person auf diese Weise repräsentiert."[22]

Der Bundesgerichtshof hat § 31 BGB auf einen mit umfassenden Befugnis- **412**
sen ausgestatteten alleinigen Chefarzt angewandt. Offen ließ das Gericht zunächst, inwieweit diese Grundsätze für den „Chefarzt einer mehr oder weniger selbständigen Fachabteilung oder einer in eine größere Krankenhausorganisation eingegliederten Anstalt" gelten.[23] Der leitende Arzt eines Krankenhauses oder einer größeren in sich geschlossenen Fachabteilung verfügt, auch wenn er nicht das Amt eines ärztlichen Direktors bekleidet, über ein Höchstmaß an Selbständigkeit mit repräsentativer, nach außen wirkender Funktion. Seine leitende, beaufsichtigende, ausbildende und beurteilende Tätigkeit verleiht ihm eine vorstandsmäßige Position. Es erscheint darum gerechtfertigt, den Anstaltsträger für Pflichtverstöße des Chefarztes

---

[19] R. Lieberwirth, Schmerzensgeld und Haftung des Arztes, Med. Klinik 1966, 1638–1643. Umfassend ders., Das Schmerzensgeld, [3]1965.

[20] J. Daniels, NJW 1972, 307, und B.-R. Kern, VersR 1981, 316.

[21] Ein Chefarzt, der dem Stationsarzt völlig freie Hand läßt und dessen Tätigkeit nicht überwacht, haftet dem Patienten nach § 831 BGB für Fehler des Stationsarztes. Der Krankenhausträger haftet nach §§ 31, 89 BGB für den Schaden, den der Chefarzt zu verantworten hat, ohne sich entlasten zu können: OLG Köln, VersR 1982, 677.

[22] BGH, NJW 1972, 334.

[23] Knapp verneinend BGHZ 4, 138 (152) = NJW 1952, 382. Ausdehnend hingegen RG, Deutsches Recht 1944, 287: Hafte die Trägerin einer Universitätsklinik einem ambulant behandelten Patienten wegen des Verschuldens eines Assistenzarztes, dem aus betriebsbedingten Notwendigkeiten die selbständige Leitung der Ambulanz oblag, so könne sich die Körperschaft nicht aus § 831 BGB entlasten.

nach § 31 BGB einstehen zu lassen und ihm die Möglichkeit zu versagen, sich über § 831 BGB zu entlasten.[24] So hat denn auch der *BGH* seine ausgreifende Judikatur zur Haftpflicht körperschaftlicher Krankenhausträger für das ärztliche Handeln von Chefärzten erweitert auf **fachlich unabhängige Chefärzte von Teilkrankenhäusern:** Auch der medizinisch weisungsfreie Chefarzt einer organisatorisch nicht selbständigen Klinik gilt hinsichtlich der Haftpflicht für von ihm begangene Behandlungsfehler als verfassungsmäßig berufener Vertreter der das Krankenhaus tragenden Körperschaft (§§ 31, 89, 823 BGB).[25]

413 **Beim gespaltenen Arzt-Krankenhaus-Vertrag** erhebt sich die Frage, ob sich der Anstaltsträger auch solche Fehler und Versäumnisse zurechnen lassen muß, die innerhalb des ärztlichen Pflichtenkreises auftraten, ob die §§ 31, 89 und 831 BGB also auch hier gelten. Beide Vorschriften setzen ein Handeln in Ausführung der übertragenen Verrichtung voraus und verlangen damit einen inneren, sachlichen Zusammenhang zwischen der schädigenden Handlung und dem gewöhnlichen Tätigkeitskreis des Organs oder des Verrichtungsgehilfen. Es muß sich also jeweils um eine Aktivität gerade für die Körperschaft oder den Geschäftsherrn handeln. Die Gespaltenheit der Vertragsverhältnisse steht der Annahme dieser Tatbestandselemente nicht entgegen.[26] Wenn der Chefarzt vorstandsähnliche, repräsentative Funktionen wahrnimmt, dann für sein ganzes Haus mit allen Patienten ohne Unterschied des Liquidationsrechts oder der Krankenversicherung. Die Pflicht zur ärztlichen Fürsorge besteht aufgrund der Anstellung des Chefarztes regelmäßig für alle Patienten.[27] Die deliktische Haftpflicht des Krankenhausträgers über die §§ 31, 89 und 831 BGB kann unabhängig von der Art der Vertragsverhältnisse in Frage kommen. Vertragliche und deliktische Schadensersatzansprüche können nebeneinander bestehen.

414 Für die **persönliche Einstandspflicht** des behandelnden Arztes kommt neben § 823 BGB auch § 839 BGB in Betracht, wobei diese Vorschrift die Haftpflicht des Beamten im staatsrechtlichen Sinne für schuldhaftes Verhalten abschließend regelt.

415 Die Gerichte haben die Reichweite der den beamteten Arzt privilegierenden **Sonderregel des § 839 BGB** bisher noch nicht voll ausgemessen. Offen blieb zunächst die Frage, ob der beamtete Arzt, jedenfalls der selbst liquidationsberechtigte Chef oder Abteilungsdirektor, deliktisch nach § 839 BGB

---

[24] J. Daniels, NJW 1972, 308.

[25] BGH, NJW 1980, 1901f. (Chirurgische Klinik städtischer Krankenanstalten). Vgl. dazu W. Weißauer, Bay. ÄrzteBl. 1980, 953ff.

[26] Anders J. Daniels, NJW 1972, 308f. Wie im Text wohl K. Luig, 253. Nach Ansicht des BGH, NJW 1975, 1463, wird der selbstliquidierende Chefarzt bei reiner Behandlungstätigkeit in der Regel weder als Vertreter noch als Verrichtungsgehilfe des Krankenhausträgers tätig.

[27] BGHZ 7, 1 (12). Vgl. auch H.-J. Rieger, Lexikon des Arztrechts, 1984, Rdnr. 776.

oder nach der allgemeinen Vorschrift des § 823 BGB hafte, wenn er als Vertragspartner des Patienten handelte. Der *BGH* hat diese Frage mit guten Gründen zugunsten der Ärzte beantwortet. Der **selbstliquidierende beamtete Arzt** haftet für Schäden aus Versäumnissen einer stationären Behandlung deliktisch nach § 839 BGB und kann sich auf das Verweisungsprivileg dieser Sonderregel berufen.[28]

Der Grundsatz **„Liquidiere und hafte"** gilt auch für den beamteten, privat abrechnenden Chefarzt. Auf sein Beamtenprivileg kann er sich freilich nur in dem Umfang berufen, in dem er in seiner Eigenschaft als Leiter oder Bediensteter des Krankenhausträgers den Schaden verursachte.[29]

Die Eigenhaftpflicht des beamteten Arztes nach § 839 BGB tritt ein, wenn **416**
dieser im privatrechtlichen Rechtskreis seines Dienstherrn tätig geworden ist.[30] Liegt der ärztlichen Maßnahme indessen ein **Hoheitsakt,** etwa eine Zwangseinweisung, zugrunde, dann greift die Staatshaftung nach Art. 34 des Grundgesetzes ein, die den Arzt grundsätzlich freistellt, jedenfalls soweit weder Vorsatz noch grobe Fahrlässigkeit im Spiele sind.[31] Nicht in Ausübung eines öffentlichen Amtes handelt ein von der Berufsgenossenschaft bestellter **Durchgangsarzt** bei der ärztlichen Erstversorgung eines Unfallverletzten; es geht vielmehr um eine privatrechtliche Tätigkeit. Unterläuft dem Durchgangsarzt dabei ein Behandlungsfehler, so haftet er persönlich auf Schadensersatz.[32]

Soweit Ärzte oder Pflegepersonen im Rahmen eines privaten totalen **417**
Krankenhausaufnahmevertrages deliktische Tatbestände verwirklichen, also nach den §§ 823, 839 BGB selbst Ersatz schulden, kann der Anstaltsträger aus arbeitsrechtlichen Gründen gehalten sein, das ärztliche und nichtärztliche Personal von der im Außenverhältnis bestehenden Haftpflicht freizustellen. Wenn eine solche **Freistellungspflicht** nicht besteht, haften Krankenhaus und Handelnder nebeneinander als Gesamtschuldner nach § 840 BGB.[33]

---

[28] BGHZ 85, 393 = NJW 1983, 1374 = MedR 1983, 104. So schon B.-R. Kern, VersR 1981, 316–318. Soweit ein Soldat (Beamter) Unfallfürsorgeansprüche gegen seinen Dienstherrn hat, ist ein Arzthaftpflichtanspruch gegen den bei demselben Dienstherrn beamteten Arzt dauernd ausgeschlossen, LG Osnabrück, VersR 1983, 991.

[29] OLG Köln, VersR 1985, 844.

[30] BGH, NJW 1974, 1424, mit weiteren Nachweisen; BGH, NJW 1959, 816 (private Vertragshaftung von Universitätskliniken). Vgl. auch J. Daniels, NJW 1972, 309, zum Verhältnis zwischen § 839 Abs. 1 S. 2 u. § 831 BGB. Siehe auch H. P. Westermann, NJW 1974, 579, Anm. 11.

[31] „Das schadensursächliche Verhalten eines Amtsträgers ist dann Ausübung des ihm anvertrauten öffentlichen Amtes, wenn und soweit es der Erfüllung von öffentlich-rechtlichen Aufgaben des Staates dient": W. Meyer, in: I. v. Münch (Hg.), GG-Kommentar, Bd. 2, ²1983, Art. 34, Rdnr. 38.

[32] BGHZ 63, 265 = NJW 1975, 589. F. Lohmann, Krankenhausarzt 1977, 1080.

[33] Vgl. die Arbeiten von H. P. Westermann, G. Burck, W. Uhlenbruck u. M. Heinze, ferner H.-J. Rieger, Lexikon des Arztrechts, 1984, Rdnr. 779 ff.

418 Erleidet ein Kassenpatient bei einem ärztlichen Eingriff im Zuge stationärer Krankenhaustherapie einen Körperschaden, so soll es sich nach einem problematischen Urteil um einen Arbeitsunfall nach § 539 Abs. 1 Nr. 17a RVO handeln. Darum entfalle eine Haftpflicht des Krankenhausträgers gegenüber dem Geschädigten aus unerlaubter Handlung nach § 636 RVO auch dann, wenn den Arzt oder das Pflegepersonal ein Verschulden trifft.[34] Die durch dieses aufsehenerregende Urteil aufgeworfene – und bejahte – Frage, ob das Rehabilitationsangleichungsgesetz von 1974 den ärztlichen Sorgfaltsverstoß gegenüber stationär behandelten Sozialversicherten in den Schutz der gesetzlichen Unfallversicherung einbezog mit der Folge eines Ausschlusses von Ersatzansprüchen gegen Arzt und Krankenhausträger, kann inzwischen als geklärt gelten: Sie ist aus guten Gründen zu verneinen.[35]

419 Die „besonders schwierige und verantwortungsvolle richterliche Aufgabe der **Tatsachenfeststellung im Arztfehlerprozeß**" erfordert in wiederkehrenden Konstellationen eine „gesteigerte Aufmerksamkeit", „zu der der Richter hier mehr als im durchschnittlichen Parteiprozeß aufgerufen ist".[36] An die **Substantiierungspflicht** einer Partei in derartigen Prozessen darf der Richter nur maßvolle und verständige Anforderungen stellen. Bleibt im Prozeß ein non liquet, so verliert ihn, wer die Beweislast trägt.[37]

420 Die objektive **Beweislast** gibt Auskunft darüber, zu Lasten welcher Prozeßpartei es geht, wenn eine entscheidungserhebliche Tatsache unbewiesen bleibt, welche Seite also das Risiko der Beweislosigkeit trägt.[38] Weil nur Tatsachen Gegenstand des Beweises sein können, beschränken sich auch die Beweislastregeln auf das rein Tatsächliche. „Die Beweislast gewinnt lediglich dann praktische Bedeutung, wenn der Sachverhalt, aus dem eine Prozeßpartei Rechte herleiten möchte, oder wenn einzelne für die Entscheidung erhebliche Tatumstände trotz Erschöpfung aller angebotenen und verfügbaren Beweismittel nicht aufgeklärt werden können (sogenanntes ‚non liquet'); der Mangel der Aufklärbarkeit wirkt sich in einem solchen Fall zum Nachteil

---

[34] OLG Braunschweig, NJW 1978, 1203.

[35] Vgl. H.-J. Ahrens u. P. Udsching, NJW 1978, 1666; J. H. Husmann, VersR 1978, 793; BSG, NJW 1978, 2357; LG Darmstadt, NJW 1979, 605; OLG München, NJW 1979, 606. Krankenhausträger sind von Schadensersatzansprüchen ihrer Patienten aus Unfällen, für die § 539 Abs. 1 Nr. 17a RVO Versicherungsschutz gewährt, durch die §§ 636, 637 RVO nicht befreit, so zutreffend BGH, VersR 1981, 350.

[36] BGH, NJW 1980, 2751; vgl. dazu V. Emmerich, JuS 1981, 223f.

[37] Umfassend und kritisch G. Baumgärtel, Handbuch der Beweislast im Privatrecht, 1981, 608ff., und D. Franzki, Die Beweisregeln im Arzthaftungsprozeß. Eine prozeßrechtliche Studie unter Berücksichtigung des amerikanischen Rechts, 1982, ferner die Abh. von F. J. Kaufmann u. J. Sick. Zum Schweizer Recht vgl. Züricher OG, SJZ 1980, 383; dazu R. H. Steyert, SJZ 1981, 109f. und A. Ileri, SJZ 1981, 333f. – Der Patient ist nicht verpflichtet, zur näheren Substantiierung des Klagebegehrens vorprozessual ein Sachverständigengutachten einzuholen: OLG Köln, VersR 1987, 791.

[38] O. Jauernig, Zivilprozeßrecht, ^{21}1985, 182; L. Rosenberg, Die Beweislast auf der Grundlage des BGB und der ZPO, ^{5}1965.

derjenigen Partei aus, die für den betreffenden Umstand die Beweislast trägt."[39] Dies wiederum bemißt sich nach folgender Grundregel: Jede Partei trägt die Beweislast für das Vorliegen der tatsächlichen Voraussetzungen der ihr günstigen Rechtsnorm. Wenn eine Partei also das Bestehen etwa eines Schadensersatzanspruchs behauptet, hat sie die Tatsachen zur Überzeugung des Gerichts zu führen,[40] an die das bürgerliche Recht die Entstehung des Anspruchs knüpft. Demzufolge trägt der geschädigte Patient den Prozeßnachteil der Beweislast für seinen Vortrag, der behandelnde Arzt habe bei dem Eingriff gegen die Regeln der Medizin verstoßen. Dabei befindet sich der Patient jedenfalls zunächst in einem Informationsrückstand. Diese Umstände gefährden im Gerichtsverfahren die **Waffengleichheit** als Ausfluß der Rechtsstaatlichkeit und des allgemeinen Gleichheitsstatus, das heißt die verfassungsrechtlich gewährleistete Gleichwertigkeit der prozessualen Stellung der Parteien vor dem Richter. Das *BVerfG* hat in den tragenden Gründen seines Beschlusses zum Arzthaftpflichtprozeß[41] festgestellt, „daß das auf die Arzthaftung anzuwendende Beweisrecht in Rücksicht auf die vielschichtige Interessenlage, die erhebliche Gefahrneigung der ärztlichen Tätigkeit und die besondere, oft schwierige prozessuale Situation der geschädigten Patienten sachgerechte, dem Interessen- und Härteausgleich dienende Beweisregeln enthält". Die Beweislastnormen entscheiden darüber, in welcher Weise und mit welchem Ergebnis der Richter im Prozeß materielles Recht anwendet.

Bei typischen Geschehensabläufen – wenn ein gewisser Tatbestand fest- 421
steht, der nach den Erfahrungen des Lebens auf eine bestimmte Ursache hinweist – mildert sich die Beweislast durch den **Beweis des ersten Anscheins** oder prima-facie-Beweis: Die beweisbelastete Partei hat dann lediglich einen Umstand überzeugend darzutun – etwa das Zurücklassen einer Arterienklemme –, der nach der Lebenserfahrung auf einen bestimmten Grund – das Verschulden des Arztes – hindeutet. Überzeugt sich das Gericht vom Vorliegen des Ausgangstatbestands, so ist damit die bestimmte Ursache bewiesen. Es bleibt Sache des Gegners, die ernsthafte Möglichkeit eines atypischen Geschehensablaufs darzulegen, um damit dem Anscheinsbeweis die Grundlage zu entziehen und die Beweislast der anderen Seite wieder voll herzustellen. Die Judikatur hat nicht nur den im Gesetz unerwähnt gebliebenen Anscheinsbeweis ausgebildet, sondern für den Schadensersatzprozeß auch Regeln entwickelt, nach denen sich die Beweislast voll umkehrt. Zur echten **Beweislastumkehr** kommt es hauptsächlich, wenn feststeht, daß der Beklagte eine Berufspflicht zum Schutz des Klägers vor Gefahren für Körper und Gesundheit gröblich verletzte und die Pflichtwidrigkeit geeignet war, einen

---

[39] BGH, NJW 1973, 2208.

[40] D. h. einen so hohen Grad von Wahrscheinlichkeit zu vermitteln, daß vernünftige Zweifel schweigen.

[41] NJW 1979, 1925.

Schaden herbeizuführen, wie er tatsächlich eintrat.[42] Hier erspart das Recht dem Kläger den Nachweis der Kausalität der groben Pflichtwidrigkeit und des Verschuldens; vielmehr hat der Beklagte nun darzutun, daß sein Verstoß den Schaden nicht verursachte.

422 Traten in einer Arztpraxis **nach Injektionen** bei mehreren Patienten **Infektionen** auf, so führt dieser Umstand noch nicht über den Anscheinsbeweis zur Annahme eines ärztlichen Verschuldens.[43] Auslöser für die Beweislastumkehr kann der **grobe Arztfehler** sein, der eindeutige Verstoß gegen gesicherte und bewährte medizinische Erkenntnisse und Erfahrungen – ein schwer zu umreißender, problematischer Begriff. Nach der in der Literatur kritisierten[44] Rechtsfortbildung des *BGH* soll die Beweiserleichterung vornehmlich davon abhängen, in welchem Maß der Arzt durch seine Versäumnisse die nachträgliche Aufklärbarkeit der Kausalzusammenhänge erschwerte.

423 In einer durch Technik und Massenverkehr bestimmten Gesellschaft muß der vom Gesetzgeber weithin allein gelassene Richter das Haftpflichtrecht laufend verfeinern und neuen Bedürfnissen anpassen. Das bevorzugte Mittel dafür bildet das Beweisrecht, mit dessen Hilfe der Richter die Standards anheben kann, ohne das gesetzte Recht zu durchbrechen.[45] Die Gerichte erleichtern den grundsätzlich dem Geschädigten obliegenden Beweis einer schadensursächlichen Schuld des Schädigers in vielen Fällen mittels der Regeln über den Anscheinsbeweis, durch Annahme einer Beweislastumkehr und auch über eine großzügige Inanspruchnahme des § 287 ZPO.

424 Im Arzthaftpflichtprozeß kommt ein wesentlicher Umstand hinzu, der die Gewichte entscheidend verschiebt. „Immer häufiger und stärker tritt neben den Vorwurf eines Behandlungsfehlers (‚Kunstfehlers'), der ursprünglich weit im Vordergrund stand, die Geltendmachung einer unterlassenen (oder unvollständigen) Aufklärung."[46] Den Grund dafür bildet die unterschiedliche Beweislast. Hat nämlich der Patient grundsätzlich den Kunstfehler darzutun und zu belegen, so muß umgekehrt der Arzt die Einwilligung des Patienten

---

[42] BGHZ 61, 118 = NJW 1973, 1688. Dort auch zur ärztlichen Aufklärungspflicht der Hinweis darauf, „daß die Ungewißheit, wie der Patient – vor die Wahl von zwei in Betracht kommenden Behandlungsarten gestellt – sich entschieden und ob er die Einwilligung zu einem gefährlicheren Eingriff erteilt hätte, zu Lasten des ohne wirksame Einwilligung handelnden Arztes gehen müsse". – Vgl. auch BGH, NJW 1959, 2299, mit Anm. v. H. Niederländer, JZ 1959, 775.

[43] OLG München, VersR 1986, 496; anders bei rissigen Händen des Zahnarztes, OLG Köln, NJW 1985, 1402 = MedR 1986, 200. Vgl. auch OLG Düsseldorf, VersR 1986, 494 (Akupunktur und Hepatitis B).

[44] K.-H. Matthies, NJW 1983, 335f.

[45] H. Stoll, Haftungsverlagerung durch beweisrechtliche Mittel, Archiv f. d. civilistische Praxis 1976, 145–196, zur Arzthaftpflicht insbes. 155–158, 166.

[46] K. Nüßgens, Laryng. Rhinol. 1975, 786, aus der Perspektive des BGH. In der instanzgerichtlichen Praxis scheinen sich die Verhältnisse nicht so kraß darzustellen.

und damit dessen hinreichende Aufklärung[47] beweisen, will er den Prozeß nicht verlieren. Die **Aufklärungspflichtverletzung** erscheint geradezu als **Auffangtatbestand** im typischen Verlauf des Arztprozesses: Der Patient klagt wegen erfolglosen oder verschlimmernden Heileingriffs. Den Kunstfehler, für den er die Beweislast trägt, kann er nicht beweisen. Indessen trifft den Arzt im nächsten Stadium des Verfahrens, in dem der Patient mangelhafte Aufklärung rügt, die Beweislast dafür, daß er den Kranken über die Nebenfolgen der Operation oder Medikation unterrichtet habe. Die Aufklärung bildet nämlich die Voraussetzung einer wirksamen Einwilligung und teilt beweisrechtlich deren Charakter als Rechtfertigungsgrund: Insofern also muß der Arzt sich entlasten.[48] Nach dem gerichtlich festgehaltenen – in der Wissenschaft aber überwiegend abgelehnten – Leitbild vom Heileingriff als Körperverletzung[49] erfüllt der eigenmächtige – also nicht durch Einwilligung gerechtfertigte – Arzt eben jenen Tatbestand, auch wenn er seinen Eingriff gebotenermaßen und lege artis durchführt. Der von den Strafrechtsreformern seit Jahrzehnten abgelehnte, gesetzlich allerdings noch immer nicht überholte dogmatische Ansatz, dem der Heileingriff prinzipiell als Körperverletzung gilt, hat die weitreichenden Verschiebungen im Arzthaftpflichtprozeß jedenfalls begünstigt.

Hinter dieser Entwicklung steht – wie im Abschnitt über die Aufklärungs- **425**
pflicht ausgeführt – die Schwierigkeit der forensischen Feststellung eines Kunstfehlers. Den Arztfehlerprozeß kennzeichnen **spezifische Beweisnöte auf beiden Seiten.** Der Patient hat nur begrenzten Einblick in das Tun des Arztes. Andererseits bleibt das ärztliche Erfahrenswissen begrenzt, und der menschliche Körper reagiert je nach Konstitution und Gesundheitszustand des Patienten ganz verschieden. Bei der späteren Frage nach dem ärztlichen Fehlurteil entscheidet der üble Ausgang allein nichts. Für den therapeutischen Erfolg oder den glücklichen Verlauf eines Eingriffs kann der Arzt nicht einstehen. Er schuldet vielmehr kunstgerechte Behandlung, ohne die Verantwortung für den Erfolg oder das Ausbleiben von Unbill zu übernehmen. Etliche medizinische Verfahren wirken aggressiv, etwa in der Krebstherapie, und fordern Opfer vom Patienten. Mancher riskante Eingriff will als notwendige Maßnahme gewagt sein. Eine überstrenge Einstandspflicht des Arztes infolge hochgespannter Beweislastregeln, die auf eine Gefährdungshaftung hinausliefen,[50] könnte die ärztliche Tatkraft behindern, den medizinischen Fortschritt lähmen und zu einer „defensive medicine" führen. Das gilt auch

---

[47] A. Laufs, Die Verletzung der ärztlichen Aufklärungspflicht und ihre deliktische Rechtsfolge, NJW 1974, 2025–2030.

[48] E. Deutsch, Haftungsrecht, 1976, 209.

[49] Eindrucksvoll M. Mikorey, Die chirurgische Operation als strafrechtlicher Tatbestand der Körperverletzung, Med. Klinik 1965, 1779–1782.

[50] So für neue therapeutische Verfahren D. Giesen, Die zivilrechtliche Haftung des Arztes bei neuen Behandlungsmethoden und Experimenten, 1976, 38ff.

dann, wenn der Arzt jede Einzelheit seines Handelns dokumentarisch oder durch Zeugen absichern müßte.

426 Leider gibt es noch immer vereinzelt **Sachverständige,** die ihren schwierigen Auftrag im Prozeß verfehlen, weil sie aus falsch aufgefaßter Standessolidarität bei ihren Auskünften vor Gericht bewußt oder ohne Absicht kollegiale Rücksicht üben und damit den Nachweis von Kunstfehlern erschweren.[51] Das medizinische Sachverständigengutachten bildet aber den Angelpunkt des Arzthaftpflichtprozesses und seines Beweisrechts. Nur wenn dieses Erkenntnismittel den Erfordernissen voll genügt, lassen sich Verschiebungen der Beweislast zuungunsten des Arztes vermeiden.

427 Bei ärztlichen Pflichtwidrigkeiten von erheblichem Gewicht erscheint es unbillig, dem Patienten die Beweislast zuzumuten. Bereits das Reichsgericht hatte mit der Beweisumkehr zu Lasten des Arztes, dem ein schwerer schuldhafter Fehler nachgewiesen ist, „eine scharfe und in gewissem Sinn ungewöhnliche Waffe bereitgestellt".[52] Die jüngere Judikatur des *BGH* verzichtete mehr und mehr auf den Begriff der bloßen Beweislastumkehr, der angesichts der unsicheren Abgrenzung des groben vom einfachen Fehler problematisch erscheint. Sie spricht statt dessen von **Beweiserleichterungen** für den Patienten, die in geeigneten Fällen **bis zur Beweislastumkehr** gehen können,[53] freilich nur insoweit, als sich gerade das Risiko verwirklichte, dessen Nichtbeachtung den Fehler als einen schweren erscheinen läßt.[54] Dabei wird die allgemeine Eignung des festgestellten Behandlungsfehlers, einen bestimmten Schaden herbeizuführen, nicht durch solche Zweifel an der Ursächlichkeit in Frage gestellt, die sich aus dem konkreten Geschehensablauf herleiten lassen.[55] Sieht sich ein Patient bei stationärer Pflege durch Mißstände und Versäumnisse außerhalb des engeren Bereichs der ärztlichen Fürsorge einer Infektionsgefahr ausgesetzt, die das Maß des Unvermeidlichen erheblich überschreitet, dann ist seine Lage derjenigen vergleichbar, in der sich ein Kranker als Opfer eines groben ärztlichen Behandlungsfehlers befindet. Hat sich die Infektionsgefahr verwirklicht, dann kann es „die Billigkeit erfordern,

---

[51] Vgl. A. Laufs, NJW 1976, 1124; insbesondere auch das vorletzte Kapitel dieser Schrift.

[52] Dem folgte zunächst der BGH, NJW 1974, 1424 (zu den Sorgfaltspflichten eines Narkosearztes bei einer Intubationsnarkose); VersR 1970, 544 (zur Frage der ärztlichen Sorgfaltspflicht bei Auftreten einer frühkindlichen Gelbsucht): „Ein Arzt, der durch einen festgestellten schweren Behandlungsfehler die rechtzeitige Einleitung der einzig denkbaren und erfolgversprechenden Heilmaßnahme vereitelt hat, trägt die Beweislast dafür, daß der Heilerfolg auch bei zeitgerechtem Eingreifen ausgeblieben wäre"; NJW 1975, 1463 (Würdigung medizinischer Sachverständigengutachten; Schadensfeststellung bei verspätetem Heileingriff).

[53] BGHZ 72, 132 (133, 136) = NJW 1978, 2337ff.; vgl. dazu R. Stürner, NJW 1979, 1225–1230.

[54] BGH, VersR 1981, 954 (verfrühte Entlassung eines Patienten nach Herzkatheteruntersuchung).

[55] BGH, NJW 1968, 1185 (Infektion durch Injektion?).

daß ihm die Last des meist aussichtslosen positiven Ursächlichkeitsbeweises abgenommen wird, so daß der verantwortliche Krankenhausträger die Nichtursächlichkeit festgestellter Fehler beweisen muß, die allgemein als geeignet anzusehen sind, die Infektionsgefahr zu erhöhen".[56] Widerfährt einem Patienten gesundheitliche Unbill, weil die ihm verabreichte Infusionsflüssigkeit bei oder nach ihrer Zubereitung im Krankenhaus die Sterilität verlor, dann hat der Krankenhausträger darzutun und zu beweisen, daß der Fehler nicht auf einem ihm zuzurechnenden Organisations- oder Personalverschulden beruht.

Der Grund dafür ähnelt dem für die verwandte Beweislastregel bei der **428**
Produzentenhaftung: Der Beklagte **beherrscht das Feld,** auf dem die Gefahr erwuchs, der objektive Fehler entstand. Der Geschädigte befindet sich in praktisch nicht behebbarer Beweisnot, es erschiene unbillig, ihn in dieser zu belassen.[57] Die Grundsätze für die Umkehr der Beweislast beim **groben Arztfehler** gelten auch dann, wenn es um die Verursachung einer Krankheit geht, deren Entstehen noch nicht als naturwissenschaftlich voll geklärt gelten kann, von der aber bekannt ist, daß eine bestimmte fehlerhafte Behandlung die Wahrscheinlichkeit ihres Auftretens erhöht.[58] Beweiserleichterungen bis zur Umkehr sind ferner „immer dann und soweit geboten, als nach tatrichterlichem Ermessen dem Patienten die (volle) Beweislast für einen Arztfehler angesichts der vom Arzt verschuldeten Aufklärungshindernisse billigerweise nicht mehr zugemutet werden kann".[59]

Das **Merkmal der groben Fahrlässigkeit**[60] verlangt als Voraussetzung der **429**
Beweisumkehr eine restriktive Interpretation. Als grob fahrlässig gilt ein Verhalten, „das zwar nicht notwendig aus subjektiven, in der Person des Arztes liegenden Gründen, aber aus objektiver ärztlicher Sicht bei Anlegung des für einen Arzt geltenden Ausbildungs- und Wissensmaßstabes nicht mehr verständlich und verantwortbar erscheint, weil ein solcher Fehler dem behandelnden Arzt aus dieser Sicht schlechterdings nicht unterlaufen darf".[61] „Das Urteil grober Fahrlässigkeit bewertet somit zunächst einmal das fehlerhafte Verhalten als in gesteigertem Maße pflichtwidrig. Darüber hinaus aber enthält

---

[56] BGH, NJW 1971, 241.

[57] BGH, VersR 1982, 161 = NJW 1982, 699.

[58] KG, VersR 1981, 681 (retrolentale Fibroplasie).

[59] BGH, NJW 1978, 2337 = JZ 1978, 721, m. Anm. v. G. Walter, JZ 1978, 806–808; vgl. hierzu die ausführliche Stellungnahme von R. Stürner, NJW 1979, 1225.

[60] Neben der die „Leichtfertigkeit" (vgl. noch BGH, NJW 1959, 1583) keine eigene Bedeutung besitzt.

[61] BGH, VersR 1983, 729. Vgl. auch BGH, VersR 1983, 563. Im Unterlassen der Regelversorgung bei der Operation kann ein eindeutiger Verstoß gegen allgemein anerkannte medizinische Regeln und damit ein grober Behandlungsfehler liegen: OLG Düsseldorf, VersR 1984, 446 (operative Behandlung einer Teilausrenkung von Mittelhandknochen). Bei der Prüfung, ob ein schwerer Behandlungsfehler vorliegt, hat eine etwaige Verletzung der ärztlichen Aufklärungspflicht außer Betracht zu bleiben: BGH, VersR 1987, 770.

es eine ‚Gesamtwertung', in der objektive (Pflichtwidrigkeit) und subjektive (Vorwerfbarkeit) Elemente verbunden sind."[62] Nicht immer hat sich der Bundesgerichtshof an diese engen Grenzen gehalten, vielmehr in einem Falle die Beweislast umgekehrt, in dem der beklagte Arzt nach einer Blinddarmoperation eine – laut Sachverständigengutachten „extrem seltene" – innere Blutung verkannt hatte.[63] Dieses Erkenntnis hat aber richtigerweise nicht Schule gemacht.

430 In einem anderen Urteil hat der Bundesgerichtshof zutreffend festgestellt, die Beweislastumkehr verbiete sich, „soweit die durch den Behandlungsfehler unmittelbar gesetzte Gesundheitsschädigung noch zu weiteren Beschwerden geführt haben soll, ohne daß dies einem typischen Geschehensablauf entspricht".[64] In diesem Fall war der Kläger nach Zahnextraktionen nicht weiterbehandelt worden und darauf an einer Osteomyelitis und in den folgenden Jahren an einer Trigeminusneuralgie, einem Leber- und Galleleiden und einer Nierenentzündung erkrankt – Beschwerden, die er als Folgeleiden auf die fehlerhafte oder zu früh abgebrochene zahnärztliche Behandlung zurückführte. Der ursächliche Zusammenhang der späteren Krankheiten mit dem Primärschaden schien zwar denkbar, entsprach aber nicht dem regelmäßigen Verlauf; darum kam eine Beweisumkehr nicht in Betracht.[65]

431 Beweiserleichterungen zugunsten des Patienten kommen auch dann in Betracht, wenn eine lückenhafte oder unzulängliche **ärztliche Dokumentation** die Aufklärung des Sachverhalts unzumutbar erschwert. Besteht bei einem Krankenhauspatienten das erhebliche Risiko eines Durchliegegeschwürs, so sind die Gefahrenlage wie die ärztlich angeordneten Vorbeugemaßnahmen im Krankenblatt zu dokumentieren. Unterblieb dies, so muß im Schadensprozeß der Beklagte „die indizielle Wirkung der fehlenden Krankenblatteintragungen entkräften".[66]

---

[62] R. D. Gaupp, 104; ähnlich W. Dunz, Zur Praxis der zivilrechtlichen Arzthaftung, 1974, 31. Anders H. Stoll, 157: „Ausschlaggebend ist nicht der Grad des Verschuldens als solcher. Vielmehr kommt es auf die grundsätzliche Beherrschbarkeit eines Geschehensablaufes an", die freilich meist in elementaren Berufspflichten Ausdruck findet, „deren Verletzung vielfach den Vorwurf eines groben Verschuldens begründen wird."

[63] BGH, NJW 1968, 2291, mit durchaus kritischer Anmerkung von P. Hanau. Das Urteil ist auch abgedruckt in Zeitschr. f. Zivilprozeß 1969, 463, mit gleichfalls kritischer Anmerkung von J. Prölß.

[64] BGH, NJW 1970, 1230.

[65] Vgl. auch BGHZ 7, 198 = NJW 1953, 700: „Die Ursächlichkeit einer schuldhaften Unterlassung für einen Schadenserfolg kann nicht schon deshalb verneint werden, weil andere nicht fernliegende Umstände den Erfolg ebenfalls hätten herbeiführen können. Die Verneinung ist nur dann möglich, wenn der schädigende Erfolg bei einem normalen Verlauf nicht hätte eintreten können, sondern nur durch derartige besondere Umstände herbeigeführt worden ist."

[66] BGH, NJW 1986, 2365 = MedR 1986, 324 = JZ 1986, 958, mit nur i. E. zust. Anm. von K.-H. Matthies; vgl. auch OLG Düsseldorf, VersR 1986, 921; ferner LG Dortmund, MedR 1986, 205. Zum notwendigen Inhalt ärztlicher Dokumentation H. Schmid, NJW 1987, 681–687.

Im Arzthaftpflichtprozeß kann eine Beweislastumkehr für den Kausalitätsnachweis, so das Gericht,[67] nach den bei groben Behandlungsfehlern geltenden Regeln auch dann in Betracht kommen, wenn der Arzt in erheblichem Ausmaß **Diagnose- und Kontrollbefunde** nicht erhoben hat und deshalb in besonderem Maße dafür verantwortlich ist, daß die Daten zur Aufdeckung des Behandlungsverlaufs nicht zu Gebote stehen. Das Gericht unterscheidet die Beweislastumkehr in ihrer Grundlage klar vom Anscheinsbeweis. Der Ursachenzusammenhang zwischen grobem Behandlungsfehler und Schaden brauche nicht naheliegend oder gar typisch zu sein. Das von dem Arztfehler „in das Behandlungsgeschehen hineingetragene Aufklärungserschwernis", das es nach der Billigkeit zu verteilen gelte, liege darin, daß das Spektrum der für den Mißerfolg in Betracht kommenden Ursachen „gerade wegen der besonderen Schadensneigung des Fehlers" verbreitert oder verschoben worden sei. Der Grund für die Beweislastsonderregel liegt also in dem Umstand, daß der Arzt durch seine Fehler die nachträgliche Aufklärbarkeit der Kausalzusammenhänge erschwerte. 432

Der *BGH* hat diesen ausholenden Kurs weiterverfolgt und die ärztliche **Pflicht, zu dokumentieren sowie Befunde zu sichern,** als in gewissen Grenzen **beweis- und damit prozeßbezogen** qualifiziert. Im Regelfall müsse es freilich dabei bleiben, daß der Patient nicht nur den ärztlichen Behandlungsfehler, sondern auch dessen mißliche Folgen nachzuweisen hat. „Nur dann ist es gerechtfertigt, dem Patienten den Beweis für den Kausalzusammenhang zu erleichtern, wenn eine Befunderhebung durch eine ärztliche Untersuchungsmaßnahme angesichts der Symptome des Patienten zur Aufklärung und Sicherung des Status ärztlich zweifelsfrei geboten gewesen und schuldhaft unterlassen worden ist, und wenn ein Befundstatus, wäre er erhoben worden, wahrscheinlich den vom Patienten behaupteten Ursachenverlauf auch geklärt hätte, weil die Statussicherung gerade wegen des erhöhten Risikos eines solchen Verlaufs geschuldet war. Nur dann erscheint es unbillig, den Patienten das volle Aufklärungsrisiko tragen zu lassen. Je nach den Umständen des Einzelfalles wird der Tatrichter dann die Wahrscheinlichkeit eines Ursachenzusammenhangs zwischen Behandlungsfehler und Gesundheitsschaden ausreichen lassen müssen, um die Haftung des Arztes zu begründen. Im Einzelfall wird, etwa wenn es um grobe Versäumnisse ganz einfacher, naheliegender Befunderhebungen geht, auch eine Beweislastumkehr zu Lasten des Arztes in Betracht kommen."[68] 433

Kontroll- und Diagnoseversäumnisse sind zugleich Behandlungsmängel wie Fehler der Dokumentation insofern, als erforderliche Vorgaben den Krankenunterlagen vorenthalten bleiben. Die beweisrechtliche Parallele zu den Dokumentationsfehlern im engeren Sinne bietet sich darum zu Recht an, 434

---

[67] BGHZ 85, 212 = NJW 1983, 333, m. Anm. v. K.-H. Matthies.

[68] BGH, NJW 1987, 1482 = MedR 1987, 238. Vgl. auch OLG Karlsruhe, NJW

auch hinsichtlich der Begrenzung auf erhebliche Versäumnisse bei Diagnose und Kontrolle.

435 Nach der Judikatur liegt die Schwelle hoch, von der ab ein **Diagnoseirrtum** als schwerer Verstoß gegen die Regeln der ärztlichen Kunst zu gelten hat. Es muß also ein fundamentaler Diagnoseirrtum vorliegen,[69] etwa ein Versehen, das „in Anbetracht der Eindeutigkeit der Befunde unter keinem denkbaren Gesichtspunkt entschuldbar" erscheint.[70]

436 In einer weiteren Entscheidung[71] hat der *BGH* die Fälle, in denen Beweiserleichterungen gelten, um eine praktisch bedeutsame Konstellation erweitert: „Die Darlegungs- und Beweislast dafür, daß ein Mißlingen der Operation oder eine eingetretene Komplikation nicht auf der mangelnden Erfahrung und Übung des **nicht ausreichend qualifizierten Operateurs** beruht, tragen die Krankenhausträger und die für die Übertragung der Operation verantwortlichen Ärzte." Das Risiko der **Anfängeroperation,** das Krankenhausträger und ausbildende Ärzte erkennen und das geeignet ist, den Schaden beim Patienten zu verursachen, können die Verantwortlichen voll beherrschen. „Dann müssen sie – ähnlich wie bei Vorliegen eines schweren Behandlungsfehlers – auch die Gefahr der Unaufklärbarkeit der Kausalität der vorwerfbar geschaffenen Risikoerhöhung für den eingetretenen Schaden tragen."

437 Beweiserleichterungen bis hin zur Umkehr der Beweislast können in den Fällen eintreten, in denen eine Prozeßpartei der anderen den **Beweis schuldhaft erschwert oder gar vereitelt.** Dazu wird es insbesondere kommen, wenn der Arzt seine Dokumentationspflicht verletzte,[72] also etwa gebotene Aufzeichnungen unterließ, verspätet vornahm oder beschönigte. Im Prozeß hat der Arzt dem klagenden Patienten Aufschluß über sein Vorgehen zu geben, soweit ihm dies ohne weiteres möglich ist. „Dieser Beweispflicht genügt der Arzt weithin durch Vorlage einer ordnungsmäßigen Dokumentation in Operationsbericht, Krankenblatt oder Patientenkarte, wie sie auch gutem ärztlichen Brauch entspricht."[73] Legt der Arzt gebotene zulängliche Unterlagen nicht vor, geht das non liquet im Rechtsstreit zu seinen Lasten. Das Gericht kann die §§ 286, 419, 427, 444 ZPO, 162 BGB entsprechend

---

1987, 718 = MedR 1987, 113: Das schuldhafte Unterlassen eindeutig gebotener und möglicher diagnostischer Maßnahmen stelle einen groben Behandlungsfehler dar und rechtfertige die Beweislastumkehr.

[69] OLG Düsseldorf, VersR 1984, 446 (448).

[70] OLG Düsseldorf, VersR 1985, 169 (171) (Verrenkungsbruch im Bereich des Fußgelenks).

[71] BGHZ 88, 248 = NJW 1984, 655 = MedR 1984, 63, mit weiteren Fundstellen zur Sache. Zu dem Urteil E. Deutsch, NJW 1984, 650, und D. Giesen, JZ 1984, 331. Vgl. ferner OLG Oldenburg, VersR 1987, 794.

[72] BGH, NJW 1972, 1520; NJW 1978, 2337; OLG Braunschweig, VersR 1980, 853; BGH, NJW 1983, 332 = MedR 1983, 67.

[73] BGH, NJW 1978, 1681.

anwenden und den Vortrag des Patienten als erwiesen ansehen.[74] „Indessen gilt es festzuhalten, daß die unterlassene Dokumentation nicht selbst eine Anspruchsgrundlage bildet." Sie führt lediglich zu Beweiserleichterungen. „Damit bleibt es aber Voraussetzung des Anspruchs, daß ein schuldhafter Behandlungsfehler als Ursache des auszugleichenden Gesundheitsschadens ernstlich in Frage kommt. Dies ist zunächst vom Patienten schlüssig zu behaupten, wobei an die Substantiierung keine allzu großen Anforderungen gestellt werden dürfen."[75] Gegen die Berechtigung dieser Beweiserleichterung sind mit guten Gründen Zweifel vorgetragen worden. Der Inhalt der materiellrechtlichen Dokumentationspflicht wird durch den Zweck bestimmt, die Fortbehandlung des Patienten zu erleichtern, grundsätzlich aber nicht durch das Interesse des Behandelten im Falle eines Arztfehlers. Ein Zuviel behindere die Ärzteschaft in der Erfüllung ihrer Aufgaben. Das non liquet in der Dokumentationsfrage führe darum, so Baumgärtel,[76] nicht zu einer Beweislastumkehr beim Streit darüber, ob ein Arztfehler unterlief.

Der Arzt trage zwar die Beweislast dafür, daß er seine Dokumentations- **438**
pflicht ordentlich erfüllte, doch diese Regel erstrecke sich nicht auf die Unerweislichkeit des Arztfehlers, des Verschuldens oder des Kausalzusammenhangs. Ein non liquet schlage zum Nachteil des Arztes nur dann aus, wenn der Patient behauptet, infolge einer unzulänglichen Dokumentation einen Schaden zu erleiden, etwa eine dokumentarisch nicht nachweisbare Diagnose wiederholen zu müssen.[77]

Zu weiteren Korrekturen der Beweislast kann es führen, wenn der Arzt **439**
Gegenstände, die als **corpora delicti** bedeutsam erscheinen, etwa ein in Verdacht geratenes Sterilisationsgerät, willkürlich beseitigt. Zu ähnlichen verfahrensrechtlichen Folgen kann es führen, wenn Operationspräparate gegen ärztlichen Brauch ununtersucht bleiben oder eine naheliegende Obduktion nicht einmal angeregt wird, obwohl sie über einen Fehler Aufschluß geben könnte.[78] Auch den klagenden Patienten können Nachteile treffen, wenn er den Beweis vereitelt, vor allem durch einen Mißbrauch der ärztlichen Schweigepflicht. „Blockiert der angreifende Patient unter Beharren auf der Schweigepflicht" der Gehilfen des beklagten Arztes „eine Aufklärung des Geschehensablaufs, dann mißbraucht er die zum Schutz seiner Persönlichkeitssphäre geschaffene ärztliche Schweigepflicht zur Durchsetzung seiner Prozeßziele".[79]

---

[74] W. Uhlenbruck, NJW 1965, 1063; BGH, NJW 1963, 389. Vgl. W. Liertz u. H. Paffrath, Handbuch des Arztrechts, 1938, 336.

[75] BGH, NJW 1983, 332 = MedR 1983, 67; ablehnend G. Baumgärtel, JR 1983, 193. Vgl. dazu auch BGH, VersR 1984, 386.

[76] In: Gedächtnisschr. f. R. Bruns, 1980, 102.

[77] G. Baumgärtel, Handbuch der Beweislast im Privatrecht, 1981, 624.

[78] BGHZ 72, 132 (140f.) = NJW 1978, 2337.

[79] BGH, VersR 1981, 42; vgl. auch die Vorinstanz OLG Frankfurt, NJW 1980, 2758.

440 Neben der – mit dem Hinweis auf die Billigkeit dogmatisch noch nicht hinlänglich begründeten[80] – Beweislastumkehr steht als milderes Mittel der **Anscheinsbeweis.**[81] Er gilt allein für typische Geschehensabläufe: Nur bei diesen darf der Richter den Regelablauf ohne Ausschluß anderer denkbarer Möglichkeiten prima facie vermuten, etwa von einem ursächlichen Zusammenhang oder einem Verschulden ausgehen. Der Anscheinsbeweis erlaubt den Schluß von einem feststehenden Erfolg auf eine bestimmte Ursache und umgekehrt. „Er setzt jedoch voraus, daß ein Tatbestand dargetan ist, bei dem der behauptete ursächliche Zusammenhang oder das behauptete Verschulden typischerweise gegeben ist."[82] Hat das Eingreifen des Arztes einen Schaden zur Folge, der ganz regelmäßig auf einen Behandlungsfehler zurückgeht, ist dieser prima facie bewiesen.[83] Ob ein in der Operationswunde zurückgebliebener Fremdkörper ein Verschulden erweist, bemißt sich nach den besonderen Umständen des Einzelfalls.[84] Der Anscheinsbeweis spricht für eine Infektion, wenn der an ihr erkrankte Patient ständig Kontakt zu Mitpatienten hatte, die ihn anstecken konnten.[85] Zwischen der Inkubatorbehandlung eines Neugeborenen und dessen anschließender Erkrankung an retrolentaler Fibroplasie besteht kein zwingend oder mit hoher Wahrscheinlichkeit anzunehmender Kausalzusammenhang. Daher spricht auch kein Anscheinsbeweis für einen solchen Zusammenhang.[86]

441 Der strukturelle Unterschied zwischen der Verletzung von deliktsrechtlichen Verhaltenspflichten und vertraglichen Obligationen verwischt sich auch bei der Berufshaftpflicht. So unterscheidet die Praxis bei der inhaltlichen Ausfüllung der ärztlichen Pflichten und bei der Beweislastverteilung im Arztprozeß nicht zwischen der vertraglichen und deliktischen Einstandspflicht.[87] Umstritten blieb freilich die Frage, ob **§ 282 BGB** auch bei Schadensersatzansprüchen aus positiver Vertragsverletzung (Schlechtleistung) gegen den Arzt gilt. Der Bundesgerichtshof hat sie generell verneint,[88] „vor allem für Schäden, die anläßlich einer vom Arzt ausgeführten Operation

---

[80] Vgl. den kritischen Aufsatz von H. Kleinewefers u. W. Wilts, VersR 1967, 617–625.

[81] Ausführlich W. Uhlenbruck, NJW 1965, 1057–1064, mit vielen Belegen.

[82] BGH, NJW 1966, 1263.

[83] BGH im Nachschlagwerk von F. Lindenmaier u. P. Möhring, ZPO § 286 (C) Nr. 25.

[84] BGHZ 4, 138 = NJW 1952, 382.

[85] BGH, VersR 1960, 416. – Kommt es bei einer perkutanen Leberbiopsie (Leberblindpunktion) zur Perforation der Gallenblase, so spricht der Beweis des ersten Anscheins für ein Verschulden des Arztes: OLG Celle, VersR 1976, 1178.

[86] OLG Hamm, VersR 1983, 885. – Der Eintritt einer ausgedehnten Gewebenekrose nach intraglutacaler Injektion eines gefäßtoxischen Medikaments spricht für einen ärztlichen Behandlungsfehler: OLG Düsseldorf, VersR 1984, 241; zustimmend W. Uhlenbruck, Rhein. ÄrzteBl. 1984, 330.

[87] H. Stoll, 166.

[88] VersR 1967, 664; NJW 1969, 554; NJW 1980, 1333. Weniger streng: H. Stoll, 155; R. D. Gaupp, 63 ff.; K. Luig, 246 f.

entstanden sind". Die daraus für den Patienten resultierende ungünstige Beweislage rechtfertigt sich aus dem Gedanken, daß das krankheitsbedingte Eingriffsrisiko mit seinen dem lebenden Organismus eigenen Unberechenbarkeiten zunächst aus seiner Sphäre kommt. Der auf den lebenden Organismus des Patienten einwirkende Arzt kann die Vorgänge nur in begrenztem Umfang beherrschen.

Dieser Grund trägt aber dann nicht, wenn es um die Frage geht, ob der **442**
Arzt den nur hinsichtlich des bezweckten Erfolgs von den Unberechenbarkeiten der Natur abhängigen Eingriff – etwa eine **Tubenligatur** – überhaupt unternahm und damit erst die Möglichkeit eines Erfolgs schuf,[89] und erst recht nicht, wenn der Arzt technische Mittel einsetzt, für deren Tauglichkeit und Wirksamkeit er so wie jeder andere Vertragsschuldner einzustehen hat: Aus einem totalen Krankenhausvertrag ergab sich für den Anstaltsträger die Pflicht, für die Operation ein funktionsfähiges Narkosegerät bereitzustellen. Diese Pflicht wurde objektiv verletzt, was zu einem **Anästhesiezwischenfall** mit erheblichen Schadensfolgen führte. In solchen Fällen jedenfalls bestünden, so das Gericht, keine Bedenken, die Beweislastgrundsätze des § 282 BGB auch auf eine positive Vertragsverletzung anzuwenden. Dem stehe nicht entgegen, daß im Rahmen des ärztlichen Behandlungsvertrags für die Anwendung des § 282 BGB nur ein beschränkter Raum offen bleibe. Zwar könne der Arzt regelmäßig nur kunstgerechtes Bemühen, nicht aber den Heilerfolg oder die Richtigkeit der Diagnose zusagen. „Dieser Grundsatz kann jedoch auf die Erfüllung voll beherrschbarer Nebenpflichten, insbesondere die Gewährleistung technischer Voraussetzungen für eine sachgemäße und gefahrlose Behandlung, keine Anwendung finden." Der beklagte Krankenhausträger hatte danach zu beweisen, daß keiner seiner Erfüllungsgehilfen den ordnungswidrigen Zustand des Gerätes verschuldete.[90]

Ausnahmsweise hat der Arzt eine Verschuldens- (Fehler-)Vermutung zu **443**
entkräften, wenn feststeht, daß die Schädigung aus einem Feld herrührt, dessen Gefahren ärztlicherseits ganz ausgeschlossen werden können und sollen, also bei **voll beherrschbaren Risiken.** Sie bestehen vielfach bei der Organisation und Koordination des diagnostischen und therapeutischen Betriebes sowie beim Einsatz von Apparaten.[91]

Der ständig an praktischem Gewicht gewinnende **§ 287 ZPO** schließlich **444**
will Beweisschwierigkeiten mindern, die in Schadensfragen bei einer dem Grunde nach feststehenden Haftpflicht auftreten.[92] Dabei geht es nicht um

---

[89] BGH, NJW 1981, 2002 = VersR 1981, 730 = JR 1981, 499, m. zust. Anm. v. G. Fischer.

[90] BGH, NJW 1978, 584.

[91] Vgl. E. Steffen, Neue Entwicklungslinien der BGH-Rechtsprechung zum Arzthaftungsrecht, ²1986, 91 f., m. w. N. Siehe insbesondere BGHZ 89, 263 = NJW 1984, 1400; BGH, VersR 1981, 462; BGH, NJW 1982, 699; BGH, NJW 1978, 1683; BGH, NJW 1984, 1403.

[92] Vgl. R.D. Gaupp, 24 ff.; H. Stoll, 147, 181 ff.

die vom Kläger regelmäßig voll zu beweisende, eine Einstandspflicht begründende Ursächlichkeit im Rahmen eines konkreten Haftungsgrundes,[93] sondern um die haftungsausfüllende Kausalität, also mit kurzen Worten nicht um das Schadensereignis,[94] sondern um den Schaden. Freilich läßt sich diese Grenze nicht immer leicht ziehen. Ein großzügiger Umgang mit der Vorschrift verschärft die Haftpflicht: Wenn die Spruchpraxis den konkreten Haftungsgrund weit genug vorverlegt, ihn etwa schon dann annimmt, wenn ein Recht nach § 823 Abs. 1 BGB konkret gefährdet, ein Schutzgesetz oder eine Amtspflicht verletzt oder ein Vertrag gebrochen worden ist, läßt sie der haftungsbegründenden Kausalität kaum mehr Raum. Auch im Arzthaftpflichtprozeß sollte die Funktion des § 287 ZPO beschränkt bleiben auf „Beweiserleichterungen sowie ein Bewertungsermessen bei der Feststellung der vermögensmäßigen Auswirkungen eines Schadensereignisses".[95]

445 Auch im Rahmen der Vertragsverletzung wegen eines Arztfehlers bleibt die Feststellung, daß dieser zu einer Gesundheitsbeschädigung des Patienten geführt habe, nach **§ 286 ZPO** zu treffen, soweit es um den ersten Verletzungserfolg geht. Erst die Weiterentwicklung der Schädigung gehört zur haftungsausfüllenden, nach § 287 ZPO festzustellenden Kausalität, wie der *BGH* entschied.[96] Das Gericht verwarf die in der Literatur vertretene Ansicht,[97] Haftungstatbestand bei der Arzthaftpflicht sei grundsätzlich der Behandlungsfehler.

446 Einen springenden Punkt bildet die Beweislastregel beim Streit darüber, ob der Arzt das gebotene Maß der **Aufklärung** einhielt. Anders als etwa im amerikanischen Recht[98] hat der Arzt – weil der Eingriff als Körperverletzung dogmatisch die Rechtswidrigkeit indiziert – die Aufklärung nachzuweisen, will er den Prozeß nicht verlieren. Dagegen hat sich wiederholt die Kritik gerichtet:[99] Gehe man von der Erfahrung aus, daß die Ärzte die Patienten nicht gegen ihre Willen zu behandeln pflegen, so sei das für die Beweislastverteilung maßgebende Regel-Ausnahme-Verhältnis ein umgekehrtes. Der ärztliche Eingriff als solcher indiziere nicht die Rechtswidrigkeit. Diese habe der Anspruchsteller ebenso zur Überzeugung des Gerichts zu führen wie den Arztfehler oder den Kausalzusammenhang. In der Tat darf die mißbräuchliche Aufklärungsrüge dem klagenden Patienten nicht zu einem billigen Auffangtatbestand verhelfen. Die ärztliche Aufklärungspflicht bedarf vielmehr

---

[93] „Der Zusammenhang zwischen dem Tun und Lassen des Schädigers und dem ersten Verletzungserfolg" ist nach § 286 ZPO zu beweisen, BGH, NJW 1968, 2291, 2293.

[94] Und jede durch dasselbe kausal vermittelte Folgeverletzung.

[95] H. Stoll, 195.

[96] BGH, NJW 1987, 705 = MedR 1987, 42.

[97] E. Deutsch, NJW 1986, 1541.

[98] M. Linzbach, Informed Consent, 1980, 117.

[99] G. Baumgärtel, in: Gedächtnisschrift f. R. Bruns, 1980, 105, und B.-R. Kern u. A. Laufs, Die ärztliche Aufklärungspflicht, 1983, 172.

haftpflichtrechtlicher Entlastung, wenn die medizinische Fürsorge im Dienst des Kranken nicht leiden soll. Der *BGH* hält sich mit einem allzu scharfen Abstellen auf die Beweislast eher zurück, „ohne freilich wirklich allgemeingültige Grundsätze gefunden zu haben“ (Dunz).

Anregende **Kritik** fand die Spruchpraxis in der Literatur. Danach soll der **447**
Patient die Last des Beweises der Aufklärungspflichtverletzung tragen, und als Korrelat dazu „sollte die Dokumentationsverpflichtung des Arztes auf die Aufklärungspflicht ausgeweitet werden. Eine Verletzung dieser Verpflichtung rechtfertigt ihrerseits eine beweisrechtliche Privilegierung des Patienten, die bis zur vollen Beweislastumkehr gehen kann.“[100]

Behauptet der Arzt, sein Patient hätte bei angemessener Aufklärung **448**
gleichwohl dem Eingriff zugestimmt, so sind „an eine solche in die Beweislast des Arztes fallende Feststellung strengste Maßstäbe“ anzulegen, auch läßt sie sich nur treffen, „wenn kein Motiv für eine selbst unvernünftige Verweigerung der Einwilligung zu erkennen ist“.[101] Die Rechtspflege darf den Bogen indes nicht überspannen. Beifall verdient darum der Beschluß des *BGH* mit dem Leitsatz: „Die bloße Behauptung eines über die Risiken der Behandlung nicht hinreichend aufgeklärten Patienten, daß er eine ärztlich zwingend gebotene Therapie abgelehnt haben würde, hindert das Gericht nicht an der Feststellung, daß der Patient sich auch nach angemessener Aufklärung der Behandlung unterzogen hätte.“[102]

Der Patient, der den Arzt wegen unterlassener Aufklärung über das Risiko **449**
einer Querschnittslähmung als Folge einer vital indizierten Bestrahlung des Rückgrats auf Schadensersatz in Anspruch nimmt, muß in einem solchen Fall **substantiiert darlegen,** daß er bei sachgerechter Information aus seiner Sicht vor einem echten Entscheidungskonflikt gestanden hätte, aus dem heraus die von ihm behauptete Ablehnung der Therapie verständlich erscheint.[103]

Die **therapeutische Aufklärungspflicht** stellt sich als eine vertragliche **450**
Nebenpflicht dar, für deren Verletzung beweisrechtlich die allgemeinen Grundsätze gelten; der Patient trägt also die Beweislast. Das gilt etwa hinsichtlich der Frage, ob der Arzt eine Frau anläßlich eines gesundheitlich ungefährlichen **Sterilisationseingriffs** auf eine bei dieser Maßnahme eigentümliche Versagerquote hinwies. An die Beweislast des Patienten dürfe aber der Richter, so der *BGH* weiter, keine unbillig scharfen Anforderungen

---

[100] F. J. Kaufmann, Die Beweislastproblematik im Arzthaftungsprozeß, 1984, 90. – Wesentliche Züge der Judikatur lehnt J. Sick als contra legem ab: Beweisrecht im Arzthaftpflichtprozeß, 1986.

[101] BGH, VersR 1982, 168.

[102] BGH, VersR 1982, 74 (Behandlung einer Urosepsis mit Refobacin, im Gefolge Ausfall des vestibularen Apparats und Gleichgewichtsstörungen). Vgl. auch LG Zweibrücken, VersR 1981, 1087; ferner BGH, VersR 1981, 677, u. OLG Schleswig, NJW 1987, 712. Grundlegend dazu B.-R. Kern u. A. Laufs, 160ff., und G. Hirsch u. W. Weißauer, MedR 1983, 41ff.

[103] BGHZ 90, 103 = NJW 1984, 1397.

stellen; dies ergebe sich „sowohl aus der besonderen Natur des Arzt-Patienten-Verhältnisses wie aus dem vom erkennenden Senat für den umgekehrten Fall mehrfach aufgestellten Grundsatz, dem Arzt, der einigen Beweis für ein gewissenhaftes Aufklärungsgespräch gebracht hat, sollte im Zweifel geglaubt werden, daß die Aufklärung auch in der im Einzelfall gebotenen Weise geschehen ist". Andererseits will der *BGH* im Fehlen einer schriftlichen Bestätigung des Patienten ein Beweisanzeichen dafür erkennen, daß die Aufklärung über die Versagerquote unterblieb.[104]

---

[104] BGH, NJW 1981, 630; NJW 1981, 2002, OLG Bremen, VersR 1982, 959 (Zitat: 2003); und OLG Frankfurt, VersR 1983, 879. Vgl. dazu auch B.-R. Kern u. A. Laufs, 187ff.

X. Der Arzt als gerichtlicher Sachverständiger

A. Arbab-Zadeh, Des Richters eigene Sachkunde und das Gutachterproblem im Strafprozeß, NJW 1970, 1214–1219; R. Asanger, Das ärztliche Gutachten im sozialgerichtlichen Verfahren, Der Internist 1965, 86–91; W. Becker, Erfahrungen als Gutachter bei Vorwürfen wegen mangelnder Aufklärung und Fahrlässigkeit, Laryng. Rhinol. 1974, 75–89; W. Becker, A. Laufs u. H.-L. Schreiber, Zur Funktion und Rechtsstellung des medizinischen Sachverständigen, Laryng. Rhinol. 1977, 723–740; P. Bleutge, Die Hilfskräfte des Sachverständigen – Mitarbeiter ohne Verantwortung?, NJW 1985, 1185–1191; C. B. Bloemertz, Die Schmerzensgeldbegutachtung, Leitfaden für Ärzte, Juristen und Versicherungsfachleute, ^{4}1984; H.J. Bochnik, C. Gärtner-Huth, H. Gärtner u. W. Richtberg, Der psychiatrische Sachverständige als Zeuge im Strafprozeß, psycho 1983, 349–350; P. Bockelmann, Strafrichter und psychologischer Sachverständiger, Goltdammer's Archiv für Strafrecht 1955, 321–335; J. Breuer, Arzthaftungsrecht und medizinische Sachverständigengutachten, Arztrecht 1982, 97–103; G. Dähn, Die Leichenöffnung: Augenscheins- oder Sachverständigenbeweis, JZ 1978, 640–642; H.-G. Dennemark, Der ärztliche Gutachter beim Strafgericht, DRiZ 1971, 232–233; E. Deutsch, Zivilrechtliche Verantwortlichkeit psychiatrischer Sachverständiger, VersR 1987, 113–116; A.H. Eschner, Wege zu neuen Lösungen im Arzthaftungsprozeß, DRiZ 1983, 9–14; K. Foerster, Der psychiatrische Sachverständige zwischen Norm und Empirie, NJW 1983, 2049–2053; H. Friederichs, Richter und Sachverständiger aus der Sicht der Sozialgerichtsbarkeit, Zeitschrift für Zivilprozeß 1970, 394–418; H. Friederichs, Persönliche Gutachterpflicht in Kliniken und Obergutachten, DRiZ 1971, 312– 313; P. W. Gaidzik, Die Begutachtung des Kausalzusammenhangs durch den Arzt in der Privaten Unfallversicherung, 1986; K. Geppert, Zur Stellung des ärztlichen Sachverständigen im Spannungsverhältnis zwischen Strafgericht und Proband (Rollenprobleme beim strafgerichtlichen Sachverständigenbeweis) in: Festg. U. von Lübtow, 1980, 773–796; J. Gerchow, Der Sachverständigenbeweis aus rechtsmedizinischer Sicht, in: Festschr. f. E. Schmidt-Leichner, 1977, 68–82; D. Giesen, Wandlungen des Arzthaftungsrechts, 2. unveränd. Aufl. 1984, 97f., 119–123; S. Haddenbrock, Das Sachverständigendilemma im deutschen Strafprozeß ohne Tat- oder Schuldinterlokut, NJW 1981, 1302–1305; E.-W. Hanack, Zum Problem der persönlichen Gutachterpflicht, insbesondere in Kliniken, NJW 1961, 2041–2045; G. Hierholzer u. E. Ludolph (Hg.), Gutachtenkolloquium 1. Ärztliche Gutachten in der gesetzlichen Unfallversicherung. Die Begutachtung der posttraumatischen/postoperativen Osteomyelitis, 1986; G. Hierholzer u. E. Ludolph (Hg.), Gutachtenkolloquium 2. Ausgewählte gutachtenrelevante Begriffe aus ärztlicher und juristischer Sicht, 1987; W. Hilberg, Das Paradoxon der heutigen Vaterschaftsbestimmung und seine überraschende Ursache, MedR 1984, 81–90; K. Hummel, Das Blutgruppengutachten; seine Bedeutung vor Gericht, NJW 1981, 605–610; K. Jessnitzer, Der gerichtliche Sachverständige. Ein Handbuch für die Praxis, ^{8}1980; K. Jessnitzer, Der Psychiater als gerichtlicher Sachverständiger, Der Nervenarzt 1971, 365–370; K. Jessnitzer, Zur Haftung des Arztes als gerichtlicher Sachverständiger, Der med. Sachverständige 1979, 34–36; R. Kraemer, Methodik der ärztlichen Begutachtung, 1977; D. Krauß, Richter und Sachverständiger im Strafverfahren, Zeitschr. f. d. ges. Strafrechtswiss. 1973, 320–359; A. Kreuzer, Zur forensischen Begutachtung „gefährlicher" Drogen, NJW 1982, 1310–1314; H. Leferenz, Richter und Sachverständiger, in: Kriminalbiolog. Gegenwartsfragen, H. 5, 1962, 1–11; E. Ludolph, Beweiswert unfallmedizinischer Gutachten nach Verstößen gegen die Anschnallpflicht, NJW 1982, 2595–2596; R. Luthe, Bemerkungen zur „Krise der Begutachtung", NJW 1975, 1446–1450; K. Müller, Der Sachverständige im gerichtlichen Verfahren, Handbuch des Sachverständigenbeweises, [2]1978; R. Motsch, Vom rechtsgenügenden Beweis. Zur Entscheidung von Zivilsachen nach Wahrscheinlichkeit unter besonderer Berücksichtigung der Abstammungsfeststellung, 1983; H. Narr, Haftungsfragen des medizinischen Sachverständigen, Der med. Sachverständige 1978, 75–78; W. Ost, Zur urheberrechtlichen Bedeutung des auf ärztlichen Gutachten angebrachten Vermerks „Das Gutachten darf nicht für andere Zwecke verwendet werden", DMW 1976, 1504–1506; H. Plagemann, Das Gutachten des medizinischen Sachverständigen im Sozialgerichtsprozeß und im Arzt-Haftpflicht-Prozeß, MedR 1983, 170–175; W. Rasch, Die psychologisch-psychiatrische Beurteilung von Affektdelikten, NJW 1980, 1309–1315; G. Reinhardt u. P. Zink, Die forensische Beurteilung von Nachtrunkbehauptungen, NJW 1982, 2108–2109; W. Sarstedt, Auswahl und Leitung des Sachverständigen im Strafprozeß (§§ 73, 78 StPO), NJW 1968, 177–182; W. Schimanski, Beurteilung medizinischer Gutachten, Methoden der Kritik an ärztlichen Verwaltungs- und Gerichtsexpertisen, 1976; E. Schmidt, Der Arzt als Sachverständiger im Strafprozeß, Hefte zur Unfallheilkunde 55, 1956, 162–167; C. Scholl, Sicherheit und Wahrscheinlichkeit – statistische, medizinische und juristische Aspekte, NJW 1983, 319–320; H.-L. Schreiber, Der Sachverständige im Verfahren und in der Verhandlung, in: U. Venzlaff (Hg.), Psychiatrische Begutachtung, 1986, 151–165; H.-L. Schreiber u. G. Müller-Dethard, Der medizinische Sachverständige im Strafprozeß, Deutsches ÄrzteBl. 1977, 373–378; H. Sendler, Richter und Sachverständige, NJW 1986, 2907–2915; M. Staak u. G. Berghaus, Aktuelle Aspekte der Grenzwertdiskussion in der rechtsmedizinischen Alkoholbegutachtung, NJW 1981, 2500–2503; K.-L. Täschner, Forensisch-psychiatrische Probleme bei der Beurteilung von Drogenkonsumenten, NJW 1984, 638–642; H. D. Tröger, C. Bauer u. E. Tutsch-Bauer, Stellenwert des Tragzeitgutachtens im Vaterschaftsprozeß – Untersuchungen zur „Aussagekraft" an einem Münchner Geburtenkollektiv, MedR 1984, 90–92; W. Wachsmuth, Zur Problematik des medizinischen Sachverständigen im Arzthaftungsprozeß, DRiZ 1982, 412–417; W. Wachsmuth u. H.-L. Schreiber, Sicherheit und Wahrscheinlichkeit – juristische und ärztliche Aspekte, NJW 1982, 2094–2098; H. Walter u. M. Küper, Die Einholung medizinischer Gutachten und Obergutachten im Zivilprozeß, NJW 1968, 182–185; W. Weißauer, Ist der Arzt zur Erstattung von Gutachten verpflichtet?, Bay. ÄrzteBl. 1971, 437–443.

451 Die **Verfahrensgesetze** regeln den Beweis durch Sachverständige trotz mancher beachtlicher Unterschiede in wesentlichen Grundzügen übereinstimmend. Nach den Vorschriften der ZPO[1] richten sich weitgehend auch die Prozeßordnungen der freiwilligen Gerichtsbarkeit, des Arbeits-, Verwaltungs-, Finanz- und Sozialgerichtsverfahrens. Von diesem Bereich hebt sich das Recht der StPO[2] deutlicher ab.

452 Die **Fortschritte der Naturwissenschaften,** der Medizin,[3] der Psychiatrie und der Psychologie haben dem Sachverständigen eine gewichtige forensische Funktion in allen Verfahren vermittelt, dem medizinischen Sachverständigen

---

[1] §§ 402–414. Vgl. L. Rosenberg u. K. H. Schwab, Lehrbuch des deutschen Zivilprozeßrechts I, [13]1981, 726 ff.; O. Jauernig, Zivilprozeßrecht, [21]1985, 195 ff.

[2] §§ 72–93. Vgl. C. Roxin, Strafverfahrensrecht, [20]1987, 168 ff.

[3] Spezialliteratur zum ärztlichen Gutachten verzeichnet K. Jessnitzer in seinem Handbuch, 234 f. Hingewiesen sei ferner auf die vom Verband Deutscher Rentenversicherungsträger hg. Schriften zur Fortbildung.

besonders in der Sozial-, Zivil- und Strafrechtspflege. Während manche Beobachter von einem bedenklichen Kompetenzverlust des Richters sprechen, beklagen andere, daß sich die Gerichte noch zu oft von wissenschaftlich nicht haltbaren Laienkenntnissen leiten ließen. Im Hinblick auf den medizinischen Sachverständigenbeweis ging in der jüngeren Fachliteratur die Rede von einer Krise.

Überaus kritische Urteile des Bundesgerichtshofs setzten die **Zuverlässigkeit** des medizinischen Sachverständigen in Zweifel: „Zur Aufgabe des Tatrichters gehört es gegebenenfalls auch zu prüfen, ob ein Gutachter dazu neigt, Ermessensspielräume im Sinne einer vorfixierten Tendenz auszunützen oder gar auf Tatsachenfeststellungen überzugreifen, die dem Richter vorbehalten bleiben müssen. Daß gerade für medizinische Gutachter im Kunstfehlerprozeß solche Versuchungen aus einer unterschwelligen Standessolidarität mitunter erwachsen können, ist eine Erfahrungstatsache, die kein Richter außer acht lassen darf.“[4] Und an anderer Stelle: „Zunächst darf der Tatrichter nicht übersehen, daß auch heute noch eine nicht geringe Zahl medizinischer Gutachter Schwierigkeiten hat, sich bei der Ausübung ihres Amtes von überholten und in diesem Zusammenhang der Rechtsordnung widersprechenden Standesregeln freizumachen. Dies gilt vor allem im Kunstfehlerprozeß. Das bedeutet nicht, daß deshalb einem solchen Gutachten grundsätzlich zu mißtrauen wäre. Wohl aber hat der Richter sorgfältig auf Anzeichen einer hieraus möglicherweise entspringenden – gewiß häufig nicht bewußten – Voreingenommenheit des Gutachters zu achten, und kann deshalb, soweit er sich daran nicht durch mangelnde eigene Sachkunde gehindert sehen muß, vor allem auch Urteile des Gutachters, die notwendig auf subjektiver Wertung beruhen, durch eigene korrigieren oder ersetzen.“[5] In der Literatur finden sich noch strengere Stimmen.[6] 453

Im **Haftpflichtprozeß** gegen den Arzt lenkt eine tiefgreifende **Verschiebung** den Blick auf das Problem des medizinischen Sachverständigenbeweises: Hier drängte die **Aufklärungspflichtverletzung** den Behandlungsfehler als Klagegrund mehr und mehr zurück. Kann der Kläger einen schadensursächlichen Behandlungsfehler mittels Sachverständigengutachten nicht zur Überzeugung des Gerichts führen, so bleibt ihm noch immer der Vorwurf fehlender Aufklärung und Einwilligung, von dem sich der beklagte Arzt entlasten muß. Verfehlen die im Kunstfehlerprozeß gegen den Arzt **unentbehrlichen medizinischen Gutachter,** aus welchen Gründen immer, ihre Aufgabe, so fällt dies auf den Berufsstand zurück, weil sich die Tendenz zur Aufklärungsrüge weiter ausprägt. Die der Ärzteschaft keineswegs günstige Entwicklung von der Kunstfehlerklage zum Auffangtatbestand der Eigen- 454

---

[4] BGH, NJW 1971, 241.
[5] BGH, NJW 1975, 1463.
[6] Überzogen wohl die Kritik W. Schimanskis, 1, 4; vgl. ferner W. Dunz, Der med. Sachverst. 1976, 74.

macht läßt sich nur über das Beweisrecht korrigieren. Dabei kommt dem medizinischen Sachverständigenbeweis eine Schlüsselrolle zu. So wenig die Gutachter der Inflation der Ansprüche erliegen dürfen, so sehr müssen sie es andererseits vermeiden, eine Klippe für in Wahrheit begründete Arztfehlerklagen zu bilden.

455 Der medizinische Sachverständigenbeweis bedarf in besonderem Maße der **interdisziplinären Zusammenarbeit,** des selbstkritischen und geduldigen Austauschs zwischen Medizinern und Juristen. Denn die medizinische Denkweise unterscheidet sich von der juristischen, die berufliche Intention des Arztes von der des Richters. Bei Gericht muß der Mediziner Verständnis für die wertenden Kategorien des Juristen aufbringen, während dieser sich in die naturwissenschaftlichen Erfahrungen des Gutachters hineinzufinden hat. Für die gemeinsame Arbeit von Gericht und Sachverständigem ist die Auftragsbeziehung von grundlegender Bedeutung. Der Sachverständige kommt zu seiner prozessualen Rolle immer nur aufgrund eines Auftrages des Gerichts. „Das Verhältnis gestaltet sich viel freier, vielleicht aber auch viel verantwortungsvoller – von beiden Seiten – als etwa das Verhältnis des Gerichts zum Zeugen."[7]

456 Der Sachverständige teilt dem Gericht Erfahrungssätze mit oder stellt mittels seiner Sachkunde Tatsachen fest oder – der praktisch häufigste Fall – er beurteilt bestimmte Tatsachen mit Hilfe der Erfahrungssätze seines Wissensgebietes. Dabei hat der Gutachter nicht das Gesamtergebnis der Beweisaufnahme zu würdigen, sondern sich auf die Beurteilung der Umstände zu beschränken, auf die sich sein Fachwissen bezieht.

457 Der Sachverständige ist **vom Zeugen zu unterscheiden,** der nicht Erlerntes berichtet sondern Erlebtes. Die Unterscheidung ist prozessual von Belang, weil insbesondere die Vorschriften für die Vereidigung voneinander abweichen, weil nur der Sachverständige in bestimmten Fällen abgelehnt werden kann[8] und weil die Entschädigung des Zeugen in der Regel geringer ausfällt.[9] Trifft eine zum Prozeß beigezogene Aussageperson im Zusammenhang mit einem richterlichen Begutachtungsauftrag Tatsachenfeststellungen, so gilt sie als Sachverständiger, nicht als Zeuge.[10] Wer über Tatsachen berichtet, deren Wahrnehmung eine besondere Sachkunde erfordert, ist nicht

---

[7] E. Schmidt, Der Arzt als Sachverständiger im Strafprozeß, 163.

[8] Grundsätzlich kann in allen Gerichtsverfahren ein Sachverständiger aus denselben Gründen abgelehnt werden wie ein Richter, vgl. K. Jessnitzer, Handbuch, 132ff.

[9] Zur Entschädigung des Sachverständigen ausführlich K. Jessnitzer, Handbuch, 255ff. Das einschlägige Gesetz (ZSEG) mit der für Ärzte wichtigen Anlage findet sich ebenda, 374ff. Vgl. ferner P. Bleutge, Höhere Gebühren für Gerichts-Sachverständige, NJW 1977, 333 (zu der am 1. Januar 1977 in Kraft getretenen Novelle). Das Gesetz wurde zuletzt geändert 1986: BGBl. I, 2326.

[10] Überwiegende Ansicht, vgl. K. Jessnitzer, Handbuch, 27f.

Sachverständiger, vielmehr sachverständiger Zeuge, für den die Vorschriften über den Zeugenbeweis zur Anwendung kommen.[11]

Das **funktionale Verhältnis,** in dem Richter und Sachverständiger stehen, **458**
bildet das zentrale und unerschöpfliche Thema.[12] Den Ausgangspunkt bezeichnet die Verfassung. Die Art. 20, 92 und 97 GG und § 1 GVG vertrauen die rechtsprechende Gewalt den Richtern an, die – unabhängig und allein an Gesetz und Recht gebunden – judizieren. So sehr das Gewicht des Gutachters in der Rechtspflege zugenommen hat, so wenig hat sich dadurch an seiner rechtlichen Funktion geändert: Er ist keinesfalls selbst zur Entscheidung, sei es auch nur einer einzelnen ihm vorgelegten Fachfrage berufen. Selbst in den schwierigsten Gutachterproblemen darf der Richter sich nur beraten lassen, um dann selbst zu entscheiden. Nicht nur die Gerichte, zumal die oberen, sondern auch namhafte nichtjuristische Wissenschaftler weisen je und je auf die alleinige Verantwortung des Richters für das Urteil hin. Die gelegentlich beklagte „Herrschaft des Sachverständigen im Prozeß" verträgt sich nicht mit dem geltenden Recht, auch wenn der Richter ihr Vorschub leistet, um sich selbst zu entlasten.

Der **Richter** hat das Sachverständigengutachten selbständig und eigenver- **459**
antwortlich zu prüfen, der **Gutachter** hingegen bleibt gehalten, dem Gericht darzulegen, auf welchen Grundlagen seine Aussage beruht und welche Erwägungen im einzelnen er angestellt hat. Der Bundesgerichtshof hat die Position des Richters gegenüber dem Sachverständigen mit den folgenden Sätzen eindrucksvoll bezeichnet: „Der verfahrensrechtliche Ausgangspunkt für die Beurteilung liegt darin, daß der Tatrichter zu einem eigenen Urteil auch in schwierigen Fachfragen verpflichtet ist. Er hat die Entscheidung auch über diese Fragen selbst zu erarbeiten, ihre Begründung selbst zu durchdenken. Er darf sich dabei vom Sachverständigen nur helfen lassen. Je weniger sich der Richter auf die bloße Autorität des Sachverständigen verläßt, je mehr er den Sachverständigen nötigt, ihn – den Richter – über allgemeine Erfahrungen zu belehren und mit möglichst gemeinverständlichen Gründen zu überzeugen, desto vollkommener erfüllen beide ihre verfahrensrechtliche Aufgabe. Sowohl von Gerichten wie auch besonders von Sachverständigen wird das leider oft verkannt. Es ist ein häufig vorkommender Verfahrensfehler, daß der Richter den Sachverständigen kurzerhand nach dem Ergebnis seiner Beurteilung fragt. Dieser Verfahrensfehler geht (ebenfalls nicht selten) in einen sachlichrechtlichen Fehler über, wenn der Tatrichter nur feststellt, zu

---

[11] §§ 414 ZPO u. 85 StPO. Beispiel: Ein Arzt hat zufällig einen Unfall beobachtet und Erste Hilfe geleistet. Sagt er später über die dabei festgestellten Verletzungen vor Gericht aus, so ist er rechtlich Zeuge.

[12] Dazu ausführlich mit vielen weiteren Nachweisen K. Jessnitzer, Handbuch, 78 ff. – Im Arztfehlerprozeß ist der Richter regelmäßig von Rechts wegen auf den Sachverständigen angewiesen. Vgl. etwa BGH, NJW 1977, 2120 – abgekürzt –, ausf. Krankenhausarzt 1978, 276 ff.; dazu W. Dunz, ebenda, 280.

welchem Ergebnis der Sachverständige gekommen ist, ohne zu sagen, ob das Gericht sich dieses Ergebnis überhaupt zu eigen macht, und weshalb. Der Richter darf sich auch eine solche fachliche Entscheidung nicht einfach von dem Sachverständigen abnehmen lassen."[13]

460 Im Dienste einer dem Gesetz entsprechenden und gedeihlichen Zusammenarbeit zwischen Richtern und Sachverständigen hat das Gericht eindeutige, **präzis gefaßte Fragen** zu stellen. Der Sachverständige muß erfahren, wovon er auszugehen, welches bereits vorhandene Beweisergebnis er seiner Arbeit zugrunde zu legen hat. Beantwortungsunfähige oder schiefe Fragen hat er zurückzuweisen, wobei er auf mögliche förderliche Ansätze hinweisen soll, ohne sich damit in die Rolle des Strafverfolgers oder des Fürsprechers einer Partei zu begeben. Wichtige Gesichtspunkte zu einem durch das Beweisthema berührten Problem darf der Gutachter nicht verschweigen, auch wenn nicht ausdrücklich im einzelnen nach ihnen gefragt ist. Dem Richter freilich bleibt immer die Aufgabe, die Ausgangspunkte für die Tätigkeit des Gutachters zu bestimmen und die im Beweisverfahren gewonnenen Daten und Einsichten dazu selbständig zu würdigen. Dabei wird er gelegentlich auch hypothetische Fragen und alternative Aufgaben stellen.

461 Häufig treten bei der Gesetzesanwendung rechtliche und medizinische Bewertungen nebeneinander in engem Zusammenhang auf; hier hat der Mediziner besonders auf die **Grenzen seines Faches** und seines Auftrages zu achten. So sind etwa für die Höhe des Schmerzensgeldes nicht nur medizinisch erfaßbare Umstände – zum Beispiel die Schwere der Verletzung, bestehende wie prognostische physische und psychische Einbußen –, sondern auch juristische Gesichtspunkte maßgebend, die außerhalb der Kompetenz des Gutachters liegen: der Grad des Verschuldens, die Vermögensverhältnisse der Beteiligten, ihre Beziehungen zueinander und andere Gegebenheiten.[14]

462 Der medizinische Sachverständige ist keineswegs „als Herr des Prozesses ein notwendiges Übel".[15] Er fungiert nicht als Herr des Verfahrens, sondern als **Gehilfe des Richters,** wie ihn schon die Motive zur Straf- und zur Zivilprozeßordnung nennen. Wer die Assoziation einer untergeordneten Tätigkeit vermeiden will, wird ihn als Helfer des Richters bezeichnen. Das Verfassungsrecht verwehrt dem Gutachter einen Platz auf der Richterbank. Dem Sachverständigengericht stünde überdies die Vielfalt der Fachgebiete

---

[13] BGHSt 8, 113 = NJW 1955, 1642. – Der naturwissenschaftlich denkende Experte kennt keine „an Sicherheit grenzende Wahrscheinlichkeit". Er sollte darum nach der aufgrund seiner Erfahrung einen vernünftigen Zweifel ausschließenden Überzeugung gefragt werden; vgl. W. Wachsmuth u. H.-L. Schreiber, NJW 1982, 2094ff.

[14] Vgl. W. Weißauer, Deutsches ÄrzteBl. 1975, 3118.

[15] Wie W. Schimanski im Vorwort seines Buches schreibt.

und -fragen entgegen.[16] Der Sachverständige verantwortet also seine Auskünfte, aber nicht den Entscheid des Rechtsstreits.

Je erfahrener und sachkundiger das Gericht, desto eher wird der Sachverständige die Rolle einnehmen, die ihm das Gesetz zumißt, nämlich die eines Gehilfen des Richters. Darin liegt der Vorzug von speziellen Fachsenaten und **Fachkammern für Arzthaftpflichtsachen.** 463

Wenn der Gutachter auch keine richterlichen Funktionen ausübt, „so kann er doch als Gehilfe mit besonderer Sachkunde wesentlichen Einfluß auf die Entscheidung gewinnen". Darum habe die Gewähr seiner inneren **Unabhängigkeit,** so folgert der Bundesgerichtshof, besonderes Gewicht. Der Sachverständige dürfe nicht unter dem Druck eines möglichen Rückgriffs desjenigen stehen, zu dessen Ungunsten die auf dem Gutachten mitberuhende Entscheidung des Gerichts ergehe. Der Bundesgerichtshof hat das **Haftungsprivileg** in den folgenden Leitsatz gefaßt: „Der gerichtliche Sachverständige kann in der Regel nicht von dem Verfahrensbeteiligten, zu dessen Nachteil sich das Gutachten ausgewirkt hat, mit der Behauptung, er habe sein Gutachten fahrlässig unrichtig erstattet, auf Ersatz in Anspruch genommen werden."[17] Nach einem Beschluß des Bundesverfassungsgerichts[17a] überschreitet diese den Experten begünstigende Judikatur die Grenzen richterlicher Rechtsfortbildung. Der Richter darf die **Haftpflicht** nicht dahin einschränken, „daß ein gerichtlich bestellter Sachverständiger selbst für die Folgen einer grob fahrlässigen Falschbegutachtung nicht einzustehen habe". 464

Die Rolle als Helfer des Richters und das Haftungsprivileg verleihen dem Gutachter eine Unabhängigkeit, mit der er bei seinen Auskünften auf das beste allein seiner wissenschaftlichen Erfahrung und Einsicht zu folgen vermag. **Standesregeln können** den Arzt in seiner Rolle als medizinischer Sachverständiger **nicht einengen.** Wenn einzelne medizinische Sachverständige aus falsch aufgefaßter Standessolidarität bei ihren Aussagen vor Gericht kollegiale Rücksicht üben, dann bedarf ein solcher Mißstand der Rüge. Eine rechtswidrige Standesregel indessen, die den Pflichten des Gutachters zuwiderliefe, gibt es nicht, wie die Durchsicht der ärztlichen Statuten lehrt. Die vom 82. Deutschen Ärztetag 1979 beschlossene Berufsordnung – eine Empfehlung an die Ärztekammern ohne Rechtssatzcharakter – postuliert in ihrem § 15 unter dem Titel „Kollegiales Verhalten": „Der Arzt hat seinen Kollegen durch rücksichtsvolles Verhalten Achtung zu erweisen. Die Verpflichtung des Arztes nach § 12 Satz 1, in einem Gutachten, auch soweit es die Behandlungsweise eines anderen Arztes betrifft, nach bestem Wissen seine ärztliche Überzeugung auszusprechen, bleibt unberührt. Unsachliche Kritik an der 465

[16] Zur rechtspolitischen Diskussion um das Sachverständigengericht und eine Aufteilung der Entscheidungsgewalt zwischen Richter und Gutachter die Arbeit von H.-L. Schreiber u. G. Müller-Dethard mit interessanten Vorschlägen.

[17] BGHZ 62, 54 = NJW 1974, 312; das problematische Urteil hat ablehnend besprochen J. Hellmer, NJW 1974, 556.

[17a] BVerfG, NJW 1979, 305.

Behandlungsweise oder dem beruflichen Wissen eines Arztes sowie herabsetzende Äußerungen über seine Person sind berufsunwürdig. Es ist berufsunwürdig, einen Kollegen aus seiner Behandlungstätigkeit oder als Mitbewerber durch unlautere Handlungsweise zu verdrängen."[18]

466 Ähnliche Sätze finden sich jeweils in den einzelnen Kammersatzungen. Die Vorschrift verbietet rufgefährdende Kritik wie die verdrängende Konkurrenz unter Ärzten und verlangt, was nachfolgende Sätze noch unterstreichen,[19] Kollegialität im ärztlichen Dienst. Sie schützt das Zutrauen des Publikums zur ärztlichen Kunst, ohne das die Gesundheitspflege nicht bestehen kann. Als gerichtlicher Sachverständiger befindet sich der Arzt in einer veränderten Aufgabe; er ist nicht mehr – so ungewohnt und schwierig das sein mag – der Helfer des Kranken neben oder in Konkurrenz zu anderen Ärzten. Damit steht er auch unter einem besonderen Recht, das ärztliche Standesregeln und Satzungen weder einschränken wollen noch können. Als unparteiischer Helfer des Richters soll und darf er die sonst angezeigte schonende Rücksicht auf den Kollegen und damit den Berufsstand nicht üben. Es liegt vielmehr geradezu im stärksten Interesse der Ärzteschaft, daß der medizinische Sachverständige nach bestem Wissen und Gewissen der Wahrheitsfindung dient.

467 Der Sachverständige unterstützt den Richter als dessen Gehilfe innerhalb des gerichtlichen Aufgabenbereiches. Daraus folgt: Die Zuziehung von Gutachtern, ihre Auswahl und die Bestimmung ihrer Anzahl liegt grundsätzlich im **Ermessen des Richters,** der beurteilen muß, wie weit seine eigene Sachkunde reicht und wann er einer Unterstützung bedarf und von welcher Art.[20] In den §§ 246a, 81 und 87 StPO nennt das Gesetz Fälle, in denen es das Fehlen hinreichender eigener Sachkunde beim Gericht voraussetzt und darum die Indienstnahme Sachverständiger vorschreibt. Im übrigen beschränkt die höchstrichterliche Judikatur tendenziell das gerichtliche Ermessen bei dieser Frage.

468 Die Prozeßbeteiligten können auf die Auswahl des Gutachters Einfluß nehmen. Im Strafverfahren muß ein von irgendeinem Prozeßbeteiligten, also auch ein nach § 220 StPO vom Angeklagten förmlich durch den Gerichtsvollzieher vorgeladener und erschienener Sachverständiger vernommen werden.[21] § 404 Abs. 3 ZPO räumt dem Gericht das Recht ein, die Parteien aufzufordern, geeignete Sachverständige zu benennen. Entsprechende Vorschläge, auch sonstige Beweisanregungen der Parteien verpflichten aber das

---

[18] Abs. 1, soweit er einschlägig. Neuere Fassungen der BO ließen diesen Text unverändert.

[19] § 15 Abs. 3: „In Gegenwart von Patienten oder Nichtärzten sind Beanstandungen der ärztlichen Tätigkeit und zurechtweisende Belehrungen zu unterlassen. Das gilt auch für Ärzte als Vorgesetzte und Untergebene und für den Dienst in den Krankenanstalten."

[20] §§ 404 Abs. 1 ZPO, 73 Abs. 1 StPO. Im Zivilprozeß kann der Richter den Sachverständigenbeweis auch von Amts wegen anordnen, § 144 ZPO.

[21] § 245 StPO, mit den dort genannten Einschränkungen.

Gericht grundsätzlich nicht, einen bestimmten Sachverständigen heranzuziehen.[22] Denn die Partei tritt den Sachverständigenbeweis nicht durch die Benennung eines bestimmten Gutachters, sondern durch die Bezeichnung des Beweisthemas an, § 403 ZPO.

Nicht alle Mitglieder eines Kollegialgerichts brauchen in gleichem Maß **469** sachkundig zu sein. Ebenso wie das Gericht sich die erforderlichen Aufschlüsse von einem außenstehenden Gehilfen vermitteln lassen kann, darf es sich die besondere Sachkunde mehrerer zum Spruchkörper gehörender Richter oder eines einzelnen von ihnen zunutze machen. Erfordert also die Beurteilung einer Frage besondere Sachkunde, so kann das Gericht einen Beweisantrag auf Vernehmung eines Sachverständigen ablehnen, wenn nur ein Teil der zum Spruchkörper gehörigen Richter oder gar nur ein einziger das gebotene Fachwissen besitzt.[23] Über medizinische Fragen wird der Richter indessen kaum je allein aus eigener Einsicht urteilen. Und wenn sich ein Richter zu einem medizinischen Thema eine eigene Ansicht bildet, ohne einen Gutachter in Anspruch zu nehmen, so obliegt es ihm im allgemeinen auch darzutun, woher er die notwendige Fachkunde besitze.[24]

Nach überwiegender Lehre, aber keineswegs einheitlicher Judikatur und **470** Praxis hat das Gericht selbst den **Gutachter in Person zu benennen.**[25] „Die Gutachterpflicht ist in allen Verfahren, die auf die Vorschriften der ZPO über den Beweis durch Sachverständige zurückgreifen (FGG, VwGO, SGG, FGO), eine persönliche (§ 404 Abs. 1 ZPO). Die Beauftragung von Behörden, Kliniken, Instituten usw. mit einer Gutachtenerstattung ist bisher verfahrensrechtlich nicht vorgesehen. Eine Klinik mit der Erstattung eines Gutachtens zu beauftragen, führt zwangsläufig dazu, daß die Verfahrensbeteiligten von vornherein nicht erkennen können, wer das Gutachten erstatten wird. Die Verteilung von Gutachteraufträgen solcher Art bleibt, weil klinikintern, im dunkeln, von der unzulänglichen Begutachtung durch unerfahrene Ärzte ganz zu schweigen."[26] Verwertet das Zivilgericht ein auf solche Weise gewonnenes schriftliches Gutachten, so begeht es einen Verfahrensverstoß. Im formstrengen Strafverfahren läßt sich der Mangel dadurch beheben, daß das Gericht den von der Klinik ausgewählten und schriftlich tätig gewordenen Gutachter zur Vernehmung in die Hauptverhandlung lädt und ihn damit rechtswirksam zum Sachverständigen ernennt.

---

[22] Ausnahmefälle: §§ 404 Abs. 4 ZPO, 109 SGG.

[23] BGH, NJW 1958, 1596.

[24] BGH, VersR 1958, 545.

[25] OLG München, NJW 1968, 202; anders BVerwG, NJW 1969, 1591. Weitere Nachweise bei K. Jessnitzer, Handbuch, 121 f.

[26] H. Friederichs, DRiZ 1971, 312; s. auch die dort zitierte Arbeit von M. Stern, NJW 1969, 2259. – Wenn ein Sachverständiger ein Gutachten durch einen anderen Arzt anfertigen läßt, muß er selbst eindeutig die volle Verantwortung übernehmen: BSG, NJW 1985, 1422.

471 Neuerdings hat das *BVerwG* in einem grundlegenden Urteil folgende Leitsätze aufgestellt[27]: „Der gerichtlich bestellte Sachverständige darf bei der Vorbereitung und Abfassung seines schriftlichen Gutachtens **wissenschaftliche Mitarbeiter** und sonstige geeignete Hilfskräfte nur insoweit zu seiner Unterstützung heranziehen, als seine persönliche Verantwortung für das Gutachten insgesamt uneingeschränkt gewahrt bleibt. Unterzeichnet ein zum gerichtlichen Sachverständigen bestellter Klinikdirektor das von einem seiner ärztlichen Mitarbeiter auf Grund klinischer Untersuchungen erstellte schriftliche Gutachten lediglich mit dem Vermerk ‚Einverstanden', so wird dadurch nicht genügend erkennbar, daß der Sachverständige die ihm obliegende volle Verantwortung für das Gutachten übernommen hat und dazu nach seinem eigenen Kenntnisstand auch in der Lage war. Wissenschaftliche Mitarbeiter dürfen lediglich bei der Vorbereitung und Abfassung eines schriftlichen Gutachtens unter der Verantwortung des Sachverständigen tätig werden; zur Erläuterung des Gutachtens in der mündlichen Verhandlung sind sie nicht befugt. Das Tatsachengericht muß das Erscheinen des gerichtlich bestellten medizinischen Sachverständigen in der mündlichen Verhandlung anordnen, damit er sein schriftliches Gutachten erläutere, wenn eine Partei dies unter Hinweis darauf beantragt hat, daß der Sachverständige in Ermangelung eigener Erkenntnisse die Verantwortung für das von einem seiner Assistenzärzte erstellte Gutachten nicht übernehmen könne. Ordnet ein Gericht die schriftliche... Begutachtung des Klägers an, so überschreitet es sein Ermessen bei der Auswahl des Sachverständigen, wenn es an Stelle des ursprünglich zum Sachverständigen bestellten Leitenden Arztes einer... Universitätsklinik nachträglich einen noch in der Weiterbildung zum Facharzt... befindlichen Assistenzarzt zum Sachverständigen ernennt."

472 Fachwissen und Erfahrenheit des Sachverständigen sind insbesondere dort gefordert, wo sich **Beurteilungs- und Ermessensspielräume** auftun. „Hilfskräfte darf er nur dann einsetzen, wenn entweder wissenschaftlich oder technisch abgesicherte Arbeiten zu erledigen oder Verfahren anzuwenden sind (z. B. Messen, Wägen, Analysieren, Fotografieren) oder, wenn der Sachverständige anhand von eindeutigen Unterlagen die Feststellungen und Schlußfolgerungen seiner Hilfskräfte in allen Phasen und Denkabläufen überprüfen und dafür die fachliche Verantwortung übernehmen kann."[28] Patientenuntersuchungen hat der Gutachter grundsätzlich selbst vorzunehmen.

473 Im Gegensatz zur Zeugnispflicht gibt es keine allgemeine Staatsbürgerpflicht, Sachverständigengutachten zu erstatten. Den approbierten Arzt trifft indessen regelmäßig die **Gutachterpflicht,** weil er zur Ausübung seiner

---

[27] BVerwG, NJW 1984, 2645. – Weniger streng sind die Anforderungen an ein Gutachten nach Aktenlage („Aktengutachten"), BSG, NJW 1973, 1438.

[28] P. Bleutge, NJW 1985, 1191.

Wissenschaft „öffentlich bestellt oder ermächtigt ist".[29] Dieselben Gründe freilich, die den Zeugen berechtigen, das Zeugnis zu verweigern, erlauben es dem Sachverständigen, eine Gutachtertätigkeit abzulehnen.[30] Für den Arzt liegt das **Verweigerungsrecht** wegen beruflicher Schweigepflicht nahe.[31] Allerdings fehlt es an einem schutzwürdigen Vertrauensverhältnis dort, wo der Arzt im Auftrag des Gerichts an eine Prozeßpartei herantritt, um sie zu untersuchen. Denn hier betätigt sich der Arzt nicht als Helfer des Kranken, sondern als Helfer des Richters. Soweit er in der Eigenschaft als gerichtlich beauftragter Sachverständiger Befunde erhebt, hat er grundsätzlich kein Recht, diese zu verschweigen. Das gilt aber nach der Judikatur bereits des Reichsgerichts nur, wenn die Aussage des Sachverständigen in den Rahmen des ihm aufgetragenen Gutachtens fällt. Es kann neben der Gutachtertätigkeit des Arztes zwischen diesem und dem Untersuchten durchaus zu einem Vertrauensverhältnis kommen, das Schweigepflichten und ein Zeugnisverweigerungsrecht einschließt.[32]

Außerdem gilt die Durchbrechung der ärztlichen **Schweigepflicht** beim Sachverständigen „nur für das einzelne bestimmte Verfahren, in dem der amtliche Auftrag erteilt war und nur im Rahmen dieses Auftrags".[33] 474

Auch wenn dem Sachverständigen kein Verweigerungsrecht zusteht, kann das Gericht ihn nach seinem Ermessen – von Amts wegen oder auf Antrag – von der Pflicht zur Erstattung des Gutachtens entbinden.[34] Die Sachverständigenpflicht soll ihre Grenze an der **Zumutbarkeit** finden. Die Gutachtertätigkeit darf den Arzt nicht dazu zwingen, seine sonstige Berufsarbeit zu vernachlässigen. Für Hochschullehrer wiegen Forschung und Lehre nicht geringer als die Gutachterpflicht. Entlastet das Gericht einen Sachverständigen auf dessen Antrag ermessensfehlerhaft nicht, so kann dieser sich mit der Beschwerde helfen. 475

Der Richter hat das erstattete **Gutachten** im einzelnen durchaus **kritisch zu würdigen.** Er ist weder an die Auskünfte des Sachverständigen gebunden, noch kann er in Fachfragen ohne ausreichende Sachkunde das Gutachten übergehen. Das Verbot, in Fachfragen seine eigene Ansicht ohne entsprechende Sachkunde gegen diejenige der Sachverständigen zu setzen, entbindet den Tatrichter nicht von der Pflicht, „unter Zuhilfenahme aller ihm im Rechtsstreit zugeflossenen fachlichen Informationen nach Möglichkeit den Ursachen von Widersprüchen nachzugehen, die sich zwischen den Standpunkten mehrerer Sachverständiger ergeben. Dies ermöglicht es nicht nur häufig, eine weitere Abklärung der widersprechenden Meinungen gegenein- 476

---

[29] §§ 407 ZPO, 75 StPO.
[30] §§ 408 ZPO, 76 StPO.
[31] §§ 383 Abs. 1 Nr. 6 ZPO, 53 Abs. 1 Nr. 3 StPO.
[32] Vgl. K. Jessnitzer, Handbuch, 156ff.
[33] Ausführlich BGH, NJW 1964, 449.
[34] §§ 408 Abs. 1 S. 2 ZPO, 76 Abs. 1 S. 2 StPO.

ander zu erreichen, sondern mitunter auch, für die Entscheidung zwischen den widerstreitenden Ergebnissen Kriterien zu gewinnen, die im logischen oder rechtlichen Bereich liegen und auch dem nicht mit besonderer Fachkunde ausgestatteten Richter zugänglich sind."[35]

477 Der *BGH* fand Anlaß, den Tatrichter daran zu erinnern, daß es Auskünfte medizinischer Sachverständiger kritisch auf Vollständigkeit und **Widerspruchsfreiheit** zu prüfen gelte.[36] Neue sachliche Einwände gegen eine Expertise können eine neuerliche mündliche Anhörung des medizinischen Sachverständigen gebieten.[37] Bei widersprüchlichen Gutachten darf das Gericht nicht dem einen folgen, ohne sich mit dem anderen auseinanderzusetzen.[38] Bei entgegengesetzten Ergebnissen muß das Gericht zunächst zu klären suchen, von welchen verschiedenen tatsächlichen Grundlagen und Wertungen die Sachverständigen ausgehen. Erst wenn sich die danach bestehenden Widersprüche nicht ausräumen lassen, darf das Gericht eine abschließende Beweiswürdigung widerstreitender Gutachten vornehmen.[39]

478 Gelegentlich wird das Gericht **zusätzliche Gutachten** einholen, um bestehende Zweifel oder Widersprüche aufzulösen. Im Rahmen der freien Beweiswürdigung steht es dem Tatrichter grundsätzlich frei, nach seiner Überzeugung von dem Gutachten des einen Sachverständigen abzuweichen und sich dafür der Ansicht des später zugezogenen anderen oder auch den gutachtlichen Auskünften eines mündlich angehörten Privatgutachters anzuschließen.[40] Der Tatrichter darf die Expertise einer **Gutachter- oder Schlichtungsstelle** im Wege des Urkundenbeweises würdigen. Rügt eine Partei jedoch mangelnde Sachkunde der dieser Stelle angehörenden Ärzte, so hat der Richter ein neues Gutachten einzuholen. [40a]

479 Wenn das Gericht eine neue Begutachtung durch andere Sachverständige anordnet, weil es bereits erstattete Gutachten für ungenügend hält,[41] so treten damit **keine „Obergutachter"** auf den Plan. Weder die Zivil- noch die Strafprozeßordnung kennen diesen Begriff, über den Einmütigkeit in der Theorie sowenig wie in der Praxis besteht. Sofern der Zweitgutachter eine besondere, begründete Autorität besitzt, mag sich dieser Umstand bei der Beweiswürdigung auswirken. Das Prädikat „Ober" erzeugt indessen eine keineswegs zweckdienliche Suggestion. „Eine derartige Vorabkennzeichnung von Sachverständigen und deren Gutachten führt nur zu der Vorstellung, der Obergutachter sei besser als der (simple) Gutachter. Zudem klingt dies alles

---

[35] BGH, NJW 1971, 241.
[36] BGH, VersR 1985, 1187.
[37] BGH, VersR 1986, 1079.
[38] BGH, VersR 1986, 467.
[39] BGH, NJW 1987, 442 = MedR 1987, 156.
[40] BGH, VersR 1960, 470.
[40a] BGH, NJW 1987, 2300.
[41] §§ 412 ZPO, 83 StPO. Die erneute Begutachtung kann auch durch dieselben Sachverständigen erfolgen. Zu ihrer Erforderlichkeit BGH, NJW 1974, 1425.

nach Selbstbindung des Gerichts und nach vorweggenommener, aber unzulässiger Beweiswürdigung ... Für keinen Richter ist es außergewöhnlich, daß Sachverständigengutachten voneinander abweichen oder sogar einander widersprechen. Mit solchen Abweichungen und Widersprüchen muß der Richter fertig werden. Sobald ihm ein Gutachten ungenügend erscheint, hat er das Recht und die Pflicht, ein neues Gutachten einzuholen."[42]

Mit der richtigen **Auswahl und Anleitung** des Gutachters steht und fällt **480**
der Sachverständigenbeweis.[43] Es ist Aufgabe des Richters, schon vor der förmlichen Ernennung des Sachverständigen mit diesem mindestens telefonisch Kontakt aufzunehmen, seine Bereitschaft, Fähigkeit und Unabhängigkeit zu klären und ihm die Aufgabe zu umreißen. Auf diesem Weg wird der Richter oft nützliche Hinweise für die noch notwendige Beschaffung von Tatsachenmaterial und die Fassung der Beweisfrage erhalten. Ärzte und nachgeordnete Medizinalpersonen sollte das Gericht als Zeugen nur in Gegenwart des Sachverständigen vernehmen. Die allgemeine Frage nach dem Kunst- oder Aufklärungsfehler wird der Richter zu vermeiden und dafür um so gezielter und differenzierter Einzelaufschlüsse zu gewinnen suchen. Der Gutachter sollte in der Regel die Akten kennen. Umgekehrt wird das Gericht im Zivilprozeß meist gut daran tun, nach einer zunächst schriftlichen gutachtlichen Auskunft den Sachverständigen noch **zum mündlichen Termin** zu laden, um mit ergänzenden und kritischen Fragen nachfassen zu können.[44] Sachverständige sind in der Regel **nicht** durch den **Einzelrichter,** sondern vor dem Senat des Berufungsgerichts mündlich zu befragen.[45]

Wird im Arzthaftpflichtprozeß ein Sachverständiger zu schwierigen medi- **481**
zinischen Fragen nur mündlich, aber sehr ausführlich gehört, dann muß eine medizinisch nicht sachkundige Partei Gelegenheit haben, nach Vorliegen des Vernehmungsprotokolls – gegebenenfalls nach sachverständiger Beratung – nochmals Stellung zu nehmen.[46]

Einwände einer Partei gegen die gerichtlich eingeholte Expertise sollen den **482**
Richter veranlassen, die Schlußfolgerungen des Sachverständigen zu überprüfen. Mit Privatgutachten hat sich das Gericht ebenso sorgfältig auseinanderzusetzen, als wenn es sich um das abweichende Votum eines von ihm bestellten weiteren Sachverständigen handelte.[47]

Daß der Sachverständige durch Inhalt und auch Ausdrucksweise des **483**
Gutachtens seine Unparteilichkeit zu bewähren hat, versteht sich von

---

[42] H. Friederichs, DRiZ 1971, 312.
[43] Vgl. die praktisch wichtigen Hinweise von H. Franzki u. D. Franzki, NJW 1975, 2228.
[44] Vgl. etwa BGH, VersR 1982, 1141.
[45] BGH, VersR 1985, 343 (Zur Frage der Arzthaftung für die bei einem Neugeborenen nach vaginaler Entbindung festgestellten Hirnschädigungen).
[46] BGH, VersR 1982, 371.
[47] BGH, VersR 1981, 752.

selbst.[48] Mit der größten Mehrheit legte der Wiesbadener Deutsche Juristentag der Ärzteschaft nahe, „standesrechtlich klarzustellen, daß für den Arzt bei jeder Befassung mit den Folgen ärztlicher Behandlung ausnahmslos **Objektivität vor Kollegialität** geht".[49] Es ist die „Pflicht eines gerichtlichen Sachverständigen, das nicht sachkundige Gericht darauf hinzuweisen, wenn es sich ihm aufdrängt, daß die inkriminierte ärztliche Handlung schon an sich verfehlt oder bedenklich war. Indessen ist es eine allgemeine gerichtliche Erfahrung, daß jedenfalls von einem Arzt als Sachverständigem eine solche spontane Erweiterung seiner Aussage zu Lasten des bekl. Arztes immer noch nicht mit Sicherheit erwartet werden darf; die Unterlassung einer gezielten Frage muß daher als Verfahrensfehler gewertet werden".[50]

484 Es mag die Wahrheitsfindung erleichtern, wenn das Gericht sich bemüht, den Sachverständigen im Zusammenwirken mit allen Prozeßbeteiligten und deren Anwälten auszuwählen. Die Ärzteschaft könnte die Zusammenarbeit mit den Gerichten erleichtern, wenn sie über ihre Standesorganisation Listen medizinischer Sachverständiger für die verschiedensten Fachgebiete bereithielte und damit überall eine Mehrzahl besonders geeigneter und dann auch forensisch erfahrener Spezialisten anböte.[51]

485 Das für einen behaupteten Arztfehler bei einer Sterilisation beantragte Sachverständigengutachten bildet ein unzulässiges Beweismittel, wenn sich die Expertise nur mittels einer Operation erstatten läßt, die lebens- oder gesundheitsgefährdende Risiken begleiten.[52] Die **Auslagen** für ein vorprozessuales, verfahrensvorbereitendes medizinisches Sachverständigengutachten kann der Geschädigte als Folgekosten einer unerlaubten ärztlichen Handlung auch im Klagewege ersetzt verlangen.[53]

---

[48] Vgl. den Beschluß des LG Köln, Arztrecht 1976, 229.

[49] NJW 1978, 2193f. (V,2).

[50] BGH, VersR 1982, 168.

[51] Den allzuständigen Facharzt und Gutachter für Rechtsmedizin kann es bei der Breite der medizinischen Wissenschaft nicht geben. Über die Funktionen der Amtsärzte und der bayerischen Landgerichtsärzte K. Jessnitzer, Handbuch, 60, 44.

[52] OLG Düsseldorf, VersR 1985, 457.

[53] Die Entscheidung sollte „angesichts der Besonderheiten des Arzthaftungsrechts" nicht dem Rechtspfleger, sondern den Spruchkörpern der Instanzgerichte vorbehalten bleiben, OLG Köln, VersR 1985, 1166. – Zur Frage, ob ein Arzt, der eine nicht indizierte Krankenhausbehandlung veranlaßte, auch die Kosten eines vom Patienten vergeblich geführten Prozesses wegen Krankenhaustagegeld zu erstatten hat, M. Klimke, NJW 1985, 2744f. (bejahend).

XI. Heilversuch und klinisches Experiment

K. S. Bader, Umschau, DRZ 1947, 401–402; Ch. v. Bar u. G. Fischer, Haftung bei der Planung und Förderung medizinischer Forschungsvorhaben, NJW 1980, 2734–2740; K. D. Bock u. L. Hofmann (Hg.), Arzneimittelprüfung am Menschen, 1980; F. Böth, Das wissenschaftlich-medizinische Humanexperiment, NJW 1967, 1493–1496; R. Bork, Ethik-Kommissionen in den USA, NJW 1983, 2056–2058; R. Bork, Das Verfahren vor den Ethikkommissionen der medizinischen Fachbereiche, 1984; J. Czwalinna, Ethikkommissionen für medizinische Forschung am Menschen: Bestand, Struktur und Vorgehensweise, MedR 1986, 305–310; J. Czwalinna, Ethikkommissionen, Forschungslegitimation durch Verfahren, 1987; E. Deutsch, Das internationale Recht der experimentellen Humanmedizin, NJW 1978, 570–575; E. Deutsch, Medizin und Forschung vor Gericht, 1978; E. Deutsch, Die klinische Forschung am Menschen im amerikanischen und internationalen Recht, VersR 1978, 289–296; E. Deutsch, Das Recht der klinischen Forschung am Menschen. Zulässigkeit und Folgen der Versuche am Menschen dargestellt im Vergleich zu dem amerikanischen Beispiel und den internationalen Regelungen, 1979; E. Deutsch, Rechtliche Regelung der medizinisch-biologischen Forschung, in: Rechtswissenschaft und Rechtsentwicklung, 1980, 171–182; E. Deutsch, Der Doppelblindversuch, JZ 1980, 289–293; E. Deutsch, Ethik-Kommissionen für medizinische Versuche am Menschen: Einrichtung, Funktion, Verfahren, NJW 1981, 614–617; E. Deutsch, Das wissenschaftliche, nichttherapeutische Experiment am Menschen: nationale und internationale Grundsätze, VersR 1983, 1–4; L. Dietze, Die gesundheitsrechtliche Zweckbestimmtheit von Arzneimitteln, Kosmetika und Lebensmitteln, MedR 1987, 16–23; W. H. Eberbach, Die zivilrechtliche Beurteilung der Humanforschung, 1982; W. H. Eberbach, Familienrechtliche Aspekte der Humanforschung an Minderjährigen, FamRZ 1982, 450–455; W. H. Eberbach u. H. Schuler, Zur Aufklärungspflicht bei psychologischen Experimenten, JZ 1982, 356–363; R. Ellermann u. H. J. Jesdinsky, Rechtliche und ethische Probleme bei klinischen Untersuchungen am Menschen, 1987; A. Eser, Kontrollierte Arzneimittelprüfung in rechtlicher Sicht, Der Internist 1982, 218–226; A. Eser u. H.-G. Koch, Zum rechtlichen Wert von Ethik-Kommissionen, DMW 1982, 443–447; M. Fincke, Arzneimittelprüfung. Strafbare Versuchsmethoden, 1977; G. Fischer, Medizinische Versuche am Menschen. Zulässigkeitsvoraussetzungen und Rechtsfolgen, 1979; G. Fischer, Rechtsprobleme der Trendbeurteilung bei der klinischen Prüfung von Arzneimitteln, MedR 1987, 77–80; C. Flämig, Die genetische Manipulation des Menschen. Ein Beitrag zu den Grenzen der Forschungsfreiheit, 1985; H.-K. Gamerschlag, Persönliche Verantwortung und Interessenkonflikt des Leiters der klinischen Prüfung eines Arzneimittels, NJW 1982, 684–686; H. Gebauer, Zur Frage der Zulässigkeit ärztlicher Experimente unter besonderer Berücksichtigung der für die Heilbehandlung entwickelten Grundsätze, 1949; D. Gersemann u. F. J. Illhardt, Zugehörigkeit zu einer Randgruppe – ein zu wenig beachtetes Ausschlußkriterium bei der investigativen Prüfung von Arzneimitteln, MedR 1986, 299–305; D. Giesen, Die zivilrechtliche Haftung des Arztes bei neuen Behandlungsmethoden und Experimenten, 1976; W. Graf Vitzthum, Gentechnologie und Menschenwürde, MedR 1985, 249–257; H.-G. Grahlmann, Heilbehandlung und Heilversuch. Zur strafrechtlichen Problematik von Neulandoperationen und experimentellen Heilmethoden, 1977; H. Hasskarl, Rechtliche Zulässigkeit der klinischen Prüfung, Deutsches ÄrzteBl. 1978, 1087–1094, 1150–1155; H. Hasskarl, Arzneimittelgesetz (AMG) und klinische Prüfung aus juristischer Sicht, Klinikarzt 1978, 532–534; H. Hasskarl, Die besonderen Voraussetzungen für die Durchführung klinischer Prüfungen von mit radioaktiven Stoffen markierten Arzneimitteln, Klinikarzt 1978, 535–536; H. Hasskarl, Rechtsfragen der Entwicklung, Herstellung und Zulassung gentechnologischer Arzneimittel, MedR 1986, 269–275; H. Helmchen u. R. Winau (Hg.), Versuche mit Menschen in Medizin, Humanwissenschaft und Politik, 1986; H. Hippius, K. Überla, G. Laakmann u. J. Hasford (Hg.), Das Placebo-Problem, 1986; G. Kienle, Arzneimittelsicherheit und Gesellschaft, 1974; J. von Kirchbach, Wissenschaftsfreiheit und Arzneimittelkontrolle. Ein Beitrag zum Verständnis von Art. 5 Abs. 3 GG, iur. Diss. Köln, 1985; H. Kleinsorge, Arzneimittelgesetz (AMG) und klinische Prüfung aus medizinischer Sicht, Klinikarzt 1978, 529–531; H. Kleinsorge, Spezielle Probleme der Ethikkommissionen im Zusammenhang mit der Arzneimittelprüfung, MedR 1987, 140–144; H. Kleinsorge (Hg.), Kontrollierte Arzneimittelstudien und ihre Alternativen, 1986; H. Kleinsorge, G. Hirsch u. W. Weißauer (Hg.), Forschung am Menschen, 1985; S. Koller, Angriff auf den Fortschritt der Medizin, Fortschritte der Medizin 1977, 2570–2574; H. Kollhosser, Umfang und Form der Aufklärung über die Probandenversicherung bei der klinischen Prüfung von Arzneimitteln, MedR 1983, 201–207; M. Kriele, „Stand der medizinischen Wissenschaft“ als Rechtsbegriff, NJW 1976, 355–358; A. Laufs, Die klinische Forschung am Menschen nach deutschem Recht, VersR 1978, 385–392; A. Laufs, Kontrollierte klinische Studien: Ja oder Nein? Juristische Stellungnahme zur Arbeit Lindenschmidt, Der Chirurg 1981, 414–416; A. Laufs, Berufsfreiheit und Persönlichkeitsschutz im Arztrecht, 1982; A. Laufs, Die künstliche Befruchtung beim Menschen – Zulässigkeit und zivilrechtliche Folgen, JZ 1986, 769–777; A. Laufs, Rechtliche Grenzen der Fortpflanzungsmedizin, 1987; H. Lenk (Hg.), Humane Experimente? Genbiologie und Psychologie, 1985; H. Malchow, J. Bierich, V. M. Roemer u. D. Rössler, Aufgabe und Arbeitsweise einer Ethikkommission am Beispiel der Tübinger Ethikkommission, Der Internist 1982, 227–232; Marburger Arbeitskreis für Sozialrecht und Sozialpolitik (Hg.), Arzneimittel in der modernen Gesellschaft. Hilfe oder Risiko für den Patienten? Interdisziplinäre Fachtagung 1984, 1985; H. G. S. Marinero, Arzneimittelhaftung in den USA und Deutschland, 1982; B. Müller-Oerlinghausen, Das Plazebo-Problem, MMW 1983 Nr. 5, 80–84; H. Plagemann, Der Wirksamkeitsnachweis nach dem Arzneimittelgesetz von 1976, 1979; D. Rössler, Ethische Aspekte der klinischen Arzneimittelprüfung, in: W. Dölle, B. Müller-Oerlinghausen u. U. Schwabe (Hg.), Grundlagen der Arzneimitteltherapie, 1986, 58–66; E. Samson, Zur Strafbarkeit der klinischen Arzneimittelprüfung, NJW 1978, 1182–1187; E. Samson, Über Sinn und Unsinn von Ethik-Kommissionen, DMW 1981, 667–670; A. Sander, H. E. Köbner u. H.-O. Scholl, Arzneimittelrecht, Kommentar, 1977/1986; A. Schafer, The Ethics of the Randomized Clinical Trial, The New England Journal of Medicine 307, 1982, 719–724; P. Schimikowski, Experiment am Menschen. Zur strafrechtlichen Problematik des Humanexperiments, 1980; H. Schmid, Die Grenzen der Therapiefreiheit, NJW 1986, 2339–2343; H.-L. Schreiber, Möglichkeiten und Grenzen rechtlicher Reglementierung der Forschung, in: R. Kurzrock (Hg.), Grenzen der Forschung, 1980, 84–92; H.-L. Schreiber, Rechtsprobleme bei Therapiestudien, Verh. Dtsch. KrebsGes. 4, 1983, 13–19; H.-L. Schreiber, Zulässigkeit der Anwendung von Plazebos, MMW 1986, 857–860; H.-L. Schreiber, Behinderung der chirurgischen Forschung durch Recht?, in: F. W. Eigler, H.-J. Peiper, F. W. Schildberg, J. Witte und V. Zumtobel (Hg.), Stand und Gegenstand chirurgischer Forschung, 1986, 24–29; M. Staak u. A. Weiser, Klinische Prüfung von Arzneimitteln. Methodik und Rechtsgrundlagen, 1978; N. Victor, J. Dudeck, E. P. Brozio (Hg.), Therapiestudien, 1981; H. Weitnauer, Die Arzneimittelhaftung. Arzt- u. Arzneimittelrecht 1977, 100–107, 128–136, 155–162; V. v. Weizsäcker, „Euthanasie“ und Menschenversuche, in: Psyche, 1947/48, 68–102; S. Wille, Grundsätze des Nürnberger Ärzteprozesses, NJW 1949, 377; K. zum Winkel, W. Doerr, R. Herrmann, B.-R. Kern u. A. Laufs (Hg.), Randomisation und Aufklärung bei klinischen Studien in der Onkologie, 1984.

Die experimentelle Medizin führt auch den Juristen auf Neuland. Humanmedizinische Forschung tut not und ebenso juristisches Besinnen auf ihre rechtlichen Grenzen. Ärzte und Juristen können dabei aus nordamerikanischen Erfahrungen lernen. In Deutschland belasten das **Humanexperiment** die Untaten der nationalsozialistischen Rechtsperversion, die das Nürnberger Tribunal im Medizinerprozeß ahndete. Die Mißbräuche der Zeitgeschichte stehen als Mahnzeichen vor uns. **486**

Das vielfach besprochene und durch zahlreiche juristische Monographien abgehandelte Thema kann noch immer nicht in allen seinen Zügen als geklärt gelten, zumal die ihm gewidmeten besonderen Rechtsvorschriften des **Arzneimittelgesetzes**[1] und der **Strahlenschutzverordnung**[2] nur Teilbereiche regeln. Die Notwendigkeit des planmäßigen Schritts in medizinisches Neuland liegt deutlich zutage: Wer die Möglichkeiten der ärztlichen Kunst erweitern und ihr eine größere Sicherheit geben will, wird die Wirksamkeit neuer Methoden wie deren Nachteile durch vergleichende **biostatistische Verfahren** zu erfassen suchen. Dabei geht es regelmäßig nicht um strenge wissenschaftliche Beweise wie bei den Experimenten der Chemiker oder Physiker. Die experimentellen Studien in der Medizin, einer angewandten Naturwissenschaft, die es je und je mit unterschiedlichen Individuen zu tun hat, wollen vielmehr mutmaßliche Zusammenhänge in objektiven Verfahren mit möglichst hoher Wahrscheinlichkeit bestätigen oder widerlegen. Außer der planmäßig angelegten Versuchsreihe kann auch ein **Einzelschritt**, etwa ein bisher unbekannter oder ungebräuchlicher chirurgischer Eingriff, Neuland erschließen oder sich als Irrweg herausstellen, ohne daß es dafür statistischen Aufwandes bedürfte. **487**

Wer sich anschickt, eingeführte und anerkannte Regeln zu übertreffen, steht in gesteigerter Verantwortlichkeit. Der ärztliche Pionier benötigt ein wachsames Gewissen. Der Vorstoß in medizinisches Neuland verlangt den mutigen Gewissensentschluß. Die Begrenzung des technisch Möglichen auf das dem Menschen Gemäße erfordert gleichfalls das Gewissensbedenken. Die Forderung nach einem wissenschaftlich und sittlich hochqualifizierten **488**

---

[1] Gesetz zur Neuordnung des Arzneimittelrechts vom 24. Aug. 1976, BGBl. I, S. 2445, geändert durch Gesetze v. 24. Febr. 1983 (BGBl. I, S. 169) u. v. 16. Aug. 1986 (BGBl. I, S. 1296) u. VO v. 26. Nov. 1986 (BGBl. I, S. 2089); geändert auch § 40 Abs. 1 u. § 42. Kommentar v. A. Sander, H. E. Köbner u. H.-O. Scholl, 1986. Den Schutz des Menschen bei der klinischen Prüfung regeln die §§ 40 bis 42.

[2] Die VO über den Schutz vor Schäden durch ionisierende Strahlen vom 13. Okt. 1976 (StrahlenschutzVO, BGBl. I, 2905), zuletzt geändert durch VO v. 26. Nov. 1986 (BGBl. I, 2089), zieht dem Einsatz radioaktiver Stoffe in der medizinischen Forschung die gebotenen Grenzen (§ 41). Vgl. auch P. Roedern, Die „neue" Strahlenschutzverordnung – die Abgrenzung der Anwendung „radioaktiver Stoffe in der medizinischen Forschung" (§ 41 StrlSchV) von der Anwendung „radioaktiver Stoffe oder ionisierender Strahlen in der Heilkunde oder der Zahnheilkunde" (§ 42 StrlSchV), iur. Diss. München, 1983.

Berufsstand bildet nicht nur für das Feld der Neulandmedizin eine unverbrüchliche Einheit.[3]

489 Der experimentelle Eingriff unterscheidet sich vom gewöhnlichen nicht durch die Ungewißheit des Ausgangs. Die Medizin gebraucht zahlreiche eingeführte Therapien mit zweifelhaftem Erfolg. Das Experiment überschreitet den Standard. Wer experimentiert, begibt sich auf empirisch-wissenschaftliches Neuland. Die Grenze ist also nicht zwischen sicheren und unsicheren diagnostischen oder therapeutischen Methoden zu ziehen, sondern zwischen anerkannten einerseits und noch in der Entwicklung oder Erprobung befindlichen andererseits. „Das Gegensatzpaar heißt nicht Versuch und Erfolg, sondern **Versuchsbehandlung** und **Standardbehandlung**."[4]

490 Eine weitere wesentliche Distinktion trennt den **Heilversuch** vom **klinischen Experiment.** Bereits die „**Richtlinien für neuartige Heilbehandlung und** für die **Vornahme wissenschaftlicher Versuche** am Menschen", erlassen vom Reichsministerium des Innern 1931,[5] kannten diesen Unterschied. Sie verstanden unter der neuartigen Heilbehandlung, dem Heilversuch, „Eingriffe und Behandlungsweisen am Menschen ..., die der Heilbehandlung dienen, also in einem bestimmten einzelnen Behandlungsfall zur Erkennung, Heilung oder Verhütung einer Krankheit oder eines Leidens oder zur Beseitigung eines körperlichen Mangels vorgenommen werden, obwohl ihre Auswirkungen und Folgen auf Grund der bisherigen Erfahrungen noch nicht ausreichend zu übersehen sind". Unter wissenschaftlichen Versuchen, klinischen Experimenten, verstanden die Richtlinien „Eingriffe und Behandlungsweisen am Menschen ..., die zu Forschungszwecken vorgenommen werden, ohne der Heilbehandlung im einzelnen Falle zu dienen, und deren Auswirkungen und Folgen aufgrund der bisherigen Erfahrungen noch nicht ausreichend zu übersehen sind".

491 Ähnlich hat der **Bundesgerichtshof** unterschieden in einem Fall, bei dem es um versuchsweise **Thorotrastinjektionen** ging, die ein Lazarettarzt während des Krieges bei einem granatsplitterverwundeten Soldaten wegen eines Aneurysmas durchgeführt hatte.[6] Die Arteriographie der Beinschlagader mit dem radioaktiven Kontrastmittel sollte die Operation vorbereiten. Die Thorotrastinjektionen führten beim Kläger zu einer Leberzirrhose und im weiteren Verlauf auch zu Kosten, welche die Versorgungsbehörde nicht trug. Das Gericht sprach dem klagenden Verletzten den Ersatz jener Kosten unter dem Gesichtspunkt der Aufopferungsentschädigung zu, weil der Verwundete als Versuchsobjekt ein über seine Kriegsverwundung hinausgehendes Sonderop-

---

[3] Vortrefflich J. F. V. Deneke, Ärztliche Ethik in standespolitischer Sicht, in: R. Gross, H. H. Hilger, W. Kaufmann, P. G. Scheurlen (Hg.), Ärztliche Ethik, 1978, 69ff.

[4] E. Deutsch, Medizin und Forschung vor Gericht, 42.

[5] DMW 1931, 509.

[6] BGHZ 20, 61 = NJW 1956, 629 (zum Verhältnis von Wehrdienstbeschädigung und „Aufopferung").

fer gebracht habe. Denn der Arzt hatte das Kontrastmittel nicht gegeben wegen dessen besonderer Vorzüge im Blick auf die Heilung des Klägers. „Vielmehr war es der Forschungszweck, der bei der Behandlung des Klägers gerade mit Thorotrast im Vordergrund stand und ihr das entscheidende Gepräge gab. Dieser Sachverhalt ist rechtlich anders zu beurteilen als die Fälle, in denen bei einem erkrankten oder verwundeten Soldaten ein in seinen Auswirkungen noch nicht voll ausprobiertes Mittel zur Anwendung gekommen ist, das damit verbundene Risiko aber mangels anderer erfolgversprechender Mittel im Interesse der anderenfalls voraussichtlich überhaupt nicht oder nicht so gründlich zu erzielenden Heilung in Kauf genommen werden mußte." Die Behandlungsmethode war „nicht entscheidend im Blick auf die Heilung des Kranken, sondern entscheidend im Blick auf die damit verbundenen Forschungszwecke erfolgt."

Dem Heilversuch gibt also die in einem konkreten Krankheitsfall ins Werk **492**
gesetzte therapeutische Absicht das Gepräge. Beim klinischen Experiment hingegen steht das wissenschaftliche oder allgemein medizinische Interesse im Vordergrund des Bemühens. Beide Felder umfassen ihrerseits wiederum verschiedene Fallgruppen.

Heilversuch und klinisches Experiment unterliegen verschiedenen Rechts- **493**
regeln, vornehmlich was die Zulässigkeit betrifft. Diesem Prinzip folgen die **Regeln des Arzneimittelgesetzes** zum Schutz des Menschen bei der klinischen Prüfung.[7] Die „klinische Prüfung bei einer Person, die an einer Krankheit leidet, zu deren Behebung das zu prüfende Arzneimittel angewendet werden soll", unterliegt besonderen Voraussetzungen. Der Arzt[8] darf sie nur durchführen, „wenn die Anwendung des zu prüfenden Arzneimittels nach den Erkenntnissen der medizinischen Wissenschaft angezeigt ist, um das Leben des Kranken zu retten, seine Gesundheit wiederherzustellen oder sein Leiden zu erleichtern". Im Unterschied zum klinischen Experiment darf der Heilversuch indessen „auch bei einer Person, die geschäftsunfähig oder in der Geschäftsfähigkeit beschränkt ist, durchgeführt werden". Anders als beim klinischen Experiment ist die erforderliche Einwilligung des Kranken, des gesetzlichen Vertreters oder Pflegers „auch wirksam, wenn sie mündlich gegenüber dem behandelnden Arzt in Gegenwart eines Zeugen abgegeben wird". Das Gesetz verlangt hier also keine Schriftform,[9] ja es erlaubt dem Arzt, von Aufklärung und Einwilligung „in besonders schweren Fällen" abzusehen, „wenn durch die Aufklärung der Behandlungserfolg ... gefähr-

---

[7] §§ 40–42. Vgl. dazu den vorstehend genannten Kommentar v. A. Sander, H. E. Köbner u. H.-O. Scholl, der auch die wichtigen Gesetzesmaterialien bespricht, ferner das Sammelwerk von W. Dölle, B. Müller-Oerlinghausen u. U. Schwabe (Hg.), Grundlagen der Arzneimitteltherapie, 1986.

[8] Von dem das Gesetz eine besondere Qualifikation, nämlich „mindestens eine zweijährige Erfahrung in der klinischen Prüfung von Arzneimitteln" verlangt, § 40 Abs. 1 Ziff. 4 AMG.

[9] Wie beim klinischen Experiment: § 40 Abs. 2 Ziff. 2 AMG.

det würde und ein entgegenstehender Wille des Kranken nicht erkennbar ist".

494 Geht das Arzneimittelgesetz für den klinischen Versuch am Kranken uneingeschränkt vom Grundsatz der therapeutischen Indikation aus, weil der von der Person des Arztes abhängige und in seiner Willensfreiheit als Leidender eingeschränkte Patient im Vergleich zum Gesunden besonders schutzwürdig erscheint, so trägt es andererseits unabweislichen Geboten der ärztlichen Fürsorge Rechnung, wenn es Erleichterungen bei Aufklärung und Einwilligung vorsieht. Die Rechtssätze des Arzneimittelgesetzes gelten zwar nur für den Bereich der Medikation, treffen aber den richtigen Ansatz und lassen sich insofern verallgemeinern: Es gilt, das Recht des Heilversuchs aus der juristischen Dogmatik des Heileingriffs zu entwickeln.

495 Weil sich die Indikation beim Heilversuch mangels Erfahrung nicht mit der Unbedingtheit und Begründetheit wie bei der Standardtherapie feststellen läßt, gewinnt für den Arzt das zweite Rechtfertigungselement: die **Einwilligung des Patienten** und damit die Aufklärung zusätzlich Gewicht. Je neuer und unerprobter die Methode, desto umsichtiger und behutsamer muß der Arzt zu Werke gehen und desto eindringlicher und umfassender hat er den Patienten aufzuklären. Ist ein geschäftsunfähiger oder in der Geschäftsfähigkeit beschränkter Patient imstande, Wesen, Bedeutung und Tragweite der klinischen Prüfung einzusehen und seinen Willen hiernach zu bestimmen, so bedarf es nach dem Arzneimittelgesetz doch „neben einer erforderlichen Einwilligung dieser Person der Einwilligung ihres gesetzlichen Vertreters oder Pflegers".[10] Die mündliche Einwilligung des Kranken, des gesetzlichen Vertreters oder Pflegers zählt nur, wenn sie „gegenüber dem behandelnden Arzt in Gegenwart eines Zeugen abgegeben wird".[11] Diese Regeln gelten zwar allein für den Bereich des medikamentösen Heilversuchs, sie mahnen den Arzt aber auch bei anderen Therapien zur Vorsicht. Angezeigt erscheint stets eine sorgfältige Dokumentation, wobei der Arzt das Krankenblatt dem gedruckten Formular auch hier vorziehen sollte.

Die Vorbereitung einer klinischen Studie erfordert eine **formularmäßige Fixierung** der Umstände, die der Arzt dem Patienten im Wege der Aufklärung zu vermitteln hat. Diese Dokumentation, die der Patient aus Gründen des Beweises auch unterschreiben mag, dient der Kontrolle durch die Ethikkommission.

496 Strengeren Voraussetzungen als der Heilversuch unterliegt **das klinische Experiment,** das grundsätzlich einen Vertrag erfordert. Das Arzneimittelgesetz läßt die klinische Prüfung eines Arzneimittels bei Menschen nur zu,

---

[10] § 41 Ziff. 3 AMG. Die Einwilligung des gesetzlichen Vertreters oder Pflegers kann solange unterbleiben, „als eine Behandlung ohne Aufschub erforderlich ist, um das Leben des Kranken zu retten, seine Gesundheit wiederherzustellen oder sein Leiden zu erleichtern, und eine Erklärung über die Einwilligung nicht herbeigeführt werden kann", § 41 Ziff. 5 AMG.

[11] § 41 Ziff. 6 AMG.

wenn und solange – erstes Erfordernis – „die Risiken, die mit ihr für die Person verbunden sind, bei der sie durchgeführt werden soll, gemessen an der voraussichtlichen Bedeutung des Arzneimittels für die Heilkunde ärztlich vertretbar sind".[12] Die Strahlenschutzverordnung von 1976 verlangt für den Einsatz radioaktiver Stoffe in der medizinischen Forschung, daß die Gefahren des einem zwingenden wissenschaftlichen Bedürfnis folgenden Experiments „gemessen an der voraussichtlichen Bedeutung der Ergebnisse für die Heilkunde und die medizinische Forschung ärztlich vertretbar sind".[13] Das Arzneimittelgesetz wie die Strahlenschutzverordnung kennen eine ganze Reihe weiterer Erfordernisse und Schranken. So kommen etwa Personen, „die auf gerichtliche oder behördliche Anordnung verwahrt sind", als Probanden keineswegs in Betracht. Die Versuchsperson kann rechtswirksam nur einwilligen, wenn sie geschäftsfähig, voll aufklärt und fähig ist, das Wesen des Versuchs und seine Gefahr zu ermessen und ihren Willen danach zu bestimmen. Die Einwilligung bedarf der Schriftform und ist jederzeit auch mündlich widerruflich.

Stets hat der forschende Arzt das wissenschaftliche Vorhaben als Ganzes an **497**
ethischen Maßstäben auf seine Vereinbarkeit mit den Rücksichten der Humanität zu überprüfen. Die Maßgaben des Weltärztebundes in der **„Revidierten Deklaration von Helsinki"** mit ihren Empfehlungen „für Ärzte, die in der biomedizinischen Forschung am Menschen tätig sind",[14] bilden ein hilfreiches Regelwerk. Es enthält unter anderem folgende Maximen: Das Unternehmen „muß den allgemein anerkannten wissenschaftlichen Grundsätzen entsprechen" und „sollte auf ausreichenden Laboratoriums- und Tierversuchen sowie einer umfassenden Kenntnis der Literatur aufbauen". Eingehende Versuchsprotokolle sind ebenso geboten wie genaue Befunde in den Ergebnispublikationen. Der am Menschen forschende Arzt bedarf besonderer wissenschaftlicher Qualifikation. Immer muß „die Bedeutung des Versuchsziels in einem angemessenen Verhältnis zum Risiko für die Versuchsperson" stehen. Der Arzt hat die Risiken behutsam gegen den Nutzen abzuwägen. „Die Sorge um die Belange der Versuchsperson muß stets ausschlaggebend sein im Vergleich zu den Interessen der Wissenschaft und der Gesellschaft." Das „Recht der Versuchsperson auf Wahrung ihrer Unversehrtheit" verlangt je und je Respekt. Besonders strengem Maßstab müssen Einwilligung und Aufklärung genügen. Der Arzt hat jeden Versuch abzubrechen, „sobald sich herausstellt, daß das Wagnis den möglichen Nutzen übersteigt". Das Versuchsprotokoll sollte in allen Fällen „die ethischen Überlegungen im Zusammenhang mit der Durchführung des Versuchs darlegen und aufzeigen, daß die Grundsätze dieser Deklaration eingehalten sind".

---

[12] § 40 Abs. 1 Ziff. 1 AMG.

[13] § 41 StrlSchVO. Vgl. auch § 3 (Genehmigungsbedürftiger Umgang).

[14] Bundesanzeiger, Jg. 28 Nr. 152 v. 14. Aug. 1976, S. 3f. Vgl. auch oben Kap. I. Fußn. 43 u. 44. Das Vorwort beginnt mit den Sätzen: „Aufgabe des Arztes ist die

498 Der klinisch forschende Arzt soll bei den ethischen Fragen, die seine Arbeit fortwährend aufwirft, die Hilfe von Gutachterausschüssen in Anspruch nehmen. Nach dem Muster der amerikanischen Community Review Boards arbeiten solche Ausschüsse für die Deutsche Forschungsgemeinschaft, in vielen Kliniken, auch in der pharmazeutischen Industrie. Sie vereinen Forscher und Ärzte aus der Institution, die das geplante wissenschaftliche Unternehmen trägt, mit Kollegen von außerhalb, sowie Juristen, Theologen und anderen Dritten. Solche **Ethikkommissionen**[15] sollen und können dem Arzt und Forscher die Verantwortlichkeit nicht abnehmen. Doch sie werden ihm auf seinen Antrag hin helfen, die richtige Antwort zu finden, ihm zu- oder abraten. Behördliche Zulassungsverfahren wie in den Vereinigten Staaten verwehrt in unserem Land die grundgesetzlich gewährleistete Freiheit von Wissenschaft und Forschung.[16] Es kann also nur darum gehen, Verfahren kritischer Konsultation einzurichten, die dem Gedanken- und Erfahrungsaustausch, der Gewissensprüfung wie der Selbstkontrolle dienen. Das Kernstück des Ratschlags bildet die Frage nach der Abgewogenheit von Vorteil und Gefahr.

499 Die **Berufsordnung** enthält seit 1985 folgende **Maßgaben:** „Der Arzt soll vor der Durchführung klinischer Versuche am Menschen oder der Forschung mit vitalen menschlichen Gameten und lebendem embryonalen Gewebe oder der epidemiologischen Forschung mit personenbezogenen Daten eine bei der Ärztekammer oder einer medizinischen Fakultät gebildete Ethikkommission anrufen, um sich über die mit seinem Vorhaben verbundenen berufsethischen und berufsrechtlichen Fragen beraten zu lassen. Bei der durchzuführenden Beratung des Arztes ist die Deklaration des Weltärztebundes von 1964 (Helsinki) in der revidierten Fassung von 1975 (Tokio) zugrunde zu legen."[17]

500 Obwohl gesetzlich geregelt und viel erörtert, kann die **Arzneimittelprüfung**[18] noch nicht als juristisch voll geklärt gelten. Ärzte und Juristen müssen gemeinsam weitersuchen nach den Grenzen, die dem notwendigen Streben

---

Erhaltung der Gesundheit des Menschen. Der Erfüllung dieser Aufgabe dient er mit seinem Wissen und Gewissen".

[15] Sie haben sich in Nordamerika und in vielen deutschen Forschungszentren und Kliniken bewährt. In Deutschland bestehen auch bei den Ärztekammern solche Kommissionen.

[16] Art. 5 Abs. 3 GG.

[17] MusterBO § 1 Abs. 4, Dt. ÄrzteBl. 1985, 3371. – Die Ethikkommissionen haben sich zu einem Arbeitskreis zusammengeschlossen; Statut v. 19. Nov. 1986. – Zur Arbeit der Kommissionen vgl. insbesondere die Publikationen von R. Bork, J. Czwalinna, H. Kleinsorge, G. Hirsch u. W. Weißauer.

[18] Das Bundesministerium für Jugend, Familie, Frauen und Gesundheit hat einen Entwurf von „Richtlinien für die ordnungsgemäße Durchführung der klinischen Prüfung von Arzneimitteln" vorgelegt (14. Nov. 1986). Die Richtlinien sollen im Bundesanzeiger veröffentlicht werden.

nach erweiterter medizinischer Erkenntnis und Möglichkeit Raum lassen,[19] ohne den Patienten oder Probanden zu überfordern.[20]

Der ärztliche Heileingriff befindet sich im Einklang mit dem Recht, wenn 501
er angezeigtermaßen (also aufgrund einer medizinischen Indikation) erfolgt, wenn er weiter gedeckt ist durch eine auf ausreichender Aufklärung beruhende Einwilligung des Patienten (informed consent) und wenn er außerdem nach den Regeln des Faches (lege artis) geschieht. Diese Kernstücke **ärztlicher Legitimation**[21] gelten mutatis mutandis auch für den therapeutischen Neulandschritt zugunsten eines Leidenden. Zwar kann der Heilversuch nicht als im Sinne eines eingeführten, schulmäßigen Standards indiziert gelten. Doch er verlangt eine Angezeigtheit, oder besser: eine Vertretbarkeit jedenfalls in der Weise, daß der Arzt sich im Hinblick auf gewisse Anhaltspunkte oder Erfahrungen auch mit Vorversuchen und nach Abwägung des Für und Wider mit Fug Hoffnung auf eine Hilfe durch die neue Methode machen kann. Je aussichtsloser sich die Lage des mit herkömmlichen Mitteln behandelten Patienten darstellt, um so eher darf der Arzt einen Heilversuch auch mit nicht hoher Chance in Betracht ziehen.[22] Grundsätzlich verpflichten ihn indessen weder das objektive Recht noch der Arztvertrag dazu, nicht oder noch nicht eingeführte Verfahren anzuwenden. Beim Heilversuch soll – wie beim Standardeingriff – die angewandte Methode mit ihrer Erfolgsaussicht und Gefährlichkeit zur Not der Krankheit in einem abgewogenen Verhältnis stehen.

Prinzipiell in stärkerem Maße als beim schulmedizinischen Eingriff bedarf 502
der Arzt zu seiner Legitimation beim Neulandschritt des Einverständnisses seines Patienten. Wie bei allen Behandlungen kann der Patient seine Zustimmung jederzeit widerrufen. Das Einverständnis des kranken Menschen erfordert dessen Kenntnis vom Wesen des Eingriffs jedenfalls in den Grundzügen, von den Risiken desselben und von den Vorzügen wie Nachteilen des Versuchs im Vergleich mit der Standardmaßnahme oder mit dem Verlauf, der ohne ärztliche Hilfe zu erwarten steht.

---

[19] Der Ansatz und die Thesen von M. Fincke, der dem Versuchsleiter verhängnisvolle Fesseln anlegen will, sind auf vielfache Kritik gestoßen. Vgl. H. Hasskarl, S. Koller u. E. Samson (vorstehend); A. Laufs, NJW 1977, 2116; R. Liedtke, NJW 1977, 2113; H. Wartensleben, in: Festschrift f. Hans-Jürgen Bruns, 1978, 339.

[20] Bedenken weckt H.-G. Grahlmanns Lehre, die dem medizinischen Fortschritt im Rahmen der „kumulativen Rechtfertigung" wohl zu viel Gewicht beimißt. Vgl. A. Laufs, NJW 1978, 1194. – Zur Problematik der Trendbeurteilung bei der Arzneimittelprüfung G. Fischer, MedR 1987, 77–80.

[21] Die Legitimation der Medizin bedarf eines verbindlichen Ordnungssystems, das die Deklaration von Helsinki grundlegt, wenn sie sich auf die Maxime konzentriert, daß die Interessen von Wissenschaft und Gesellschaft niemals den Vorrang haben dürfen vor dem Wohlergehen jedes einzelnen; instruktiv H. Schipperges, Rechtfertigung ärztlichen Handelns, in: Hexagon Roche 9, 1981, Nr. 3, 1–8.

[22] Zur Komplexität und Legitimität des Humanexperiments A. Eser, Gedächtnisschrift für Horst Schröder, 1978, 191–215.

503 Auch beim Heilversuch erweist sich **das Dilemma der Aufklärung,** nämlich daß der Arzt mit bloßen Informationen und umfassenden Auskünften seiner Aufgabe nicht gerecht werden kann; der Patient benötigt, besonders wenn es um Leben und Tod geht, Rat und Zuspruch. Weil der Arzt helfen soll, kann auch einem in seiner Urteilskraft beschränkten Patienten ein Heilversuch zuteil werden. In besonders schweren Fällen können Aufklärung und Einwilligung des Kranken entfallen, wenn sonst der Behandlungserfolg gefährdet erschiene und ein entgegenstehender Wille des Kranken sich nicht erkennen läßt.[23]

Pharmakologisch unwirksame Substanzen, **Placebos,** darf der Arzt nur in rechtlich engen Grenzen bei Versuchen einsetzen, wobei wiederum die Aufklärungspflicht zu beachten bleibt.[24]

504 Bei den vielfach und in mancherlei Spielart praktizierten **kontrollierten Therapiestudien** besteht die Schwierigkeit, die rechtlichen Erfordernisse des Persönlichkeitsschutzes mit den Verfahrensregeln der Wissenschaft in Einklang zu bringen. Der Persönlichkeitsschutz gebietet den informed consent. Die Biostatistik verlangt den Aufbau aussagekräftiger Studien. Den Regeln der Biostatistik enspräche am besten ein Verfahren mit folgenden Merkmalen: Der Forscher bildet zunächst eine Gesamtheit von Patienten, die sich möglichst gleichen im Blick auf ihre Krankheitsbilder und andere prognostisch bedeutsame Kennzeichen. Dabei wird die Stratifikation nur eine begrenzte Homogenität erreichen können. Denn der Forscher wird oft nicht alle prognostisch bedeutsamen Umstände oder Eigenschaften in ihrer Erheblichkeit für den Erfolg der Therapie übersehen. Außerdem braucht der Forscher eine möglichst große Zahl von Patienten, um die kontrollierte Therapiestudie mit aussagekräftigen Ergebnissen abschließen zu können; eine zu weit getriebene Stratifikation der Ausgangsgesamtheit hielte die Zahl aber klein. Um die Überlegenheit der einen – neuen – therapeutischen Methode im Vergleich zur anderen – eingeführten – nachzuweisen, verteilt der Forscher in einem nächsten Schritt mittels **Randomisation,** also nach dem Zufall, die Patienten auf eine Versuchs- und eine Vergleichsgruppe. Je größer die Zahl der Patienten und ihre Ähnlichkeit in prognostisch erheblichen Merkmalen, desto aussagekräftiger das Ergebnis der vergleichenden Studie. Ein solches Verfahren verstieße gegen das Recht, weil es nicht auf den Willen der Patienten Bedacht nähme. Diese gerieten ohne ihr Wissen und ohne ihr Einverständnis über die Randomisation in eine der beiden Teilgruppen und erführen erst vor dem Eingriff das ihnen Zugedachte. Den Erfordernissen des Rechts genügte indessen ganz ein Modell, bei dem der forschende Arzt allen Patienten vollen Aufschluß gibt über die beiden therapeutischen Methoden, die bereits einge-

---

[23] Vgl. § 41 Nr. 7 AMG.

[24] H. Hippius, K. Überla u. a. (Hg.), Das Placebo-Problem, 1986; H.-L. Schreiber, ebenda, 11–22, u. MMW 1986, 857–860. – Weniger problematisch als beim Versuch ist die indizierte individuelle Placebo-Therapie etwa in der Psychiatrie.

führte und die zu erprobende in ihrem Für und Wider, und bei dem jeder Kranke die Wahl eröffnet erhält. Eine solche Studie genügte aber den biostatistischen Erfordernissen nicht. Denn die **Information des Patienten** und sein Entschluß können zu einer Auswahl prognostisch erheblicher Umstände führen.

Die Unterschiede der zum Vergleich anstehenden medizinischen Methoden **505**
werden schon durch ihre äußeren Anmutungen den Entschluß nicht weniger Patienten beeinflussen. Außerdem wird die ärztliche Information viele Patienten lenken, vor allem diejenigen, die ihren Arzt nach seinem persönlichen Rat fragen. Die Randomisation kann so nicht gelingen.

Das Dilemma weckt das Bedürfnis nach vermittelnden Verfahren, die den **506**
rechtlichen wie den wissenschaftlichen Ansprüchen genügen. Der forschende Arzt kann die Patienten über die verschiedenen therapeutischen Wege wie den Versuchsplan aufklären und sie fragen, ob sie sich der Randomisation unterwerfen wollen. Die bereitwilligen Patienten nehmen daraufhin an der kontrollierten Studie teil, die anderen erhalten eine Therapie nach Wahl und Möglichkeit. Dabei wird nur ein Mediziner mitwirken können, der beide therapeutischen Alternativen für ärztlich vertretbar hält. Dieses juristisch unbedenkliche Konzept hat freilich den Nachteil, daß viele Patienten, besonders die schwerer erkrankten, die Frage nach ihrem Einverständnis mit der Randomisation als bedrückende Zumutung empfinden. Auch wird die Bereitschaft wesentlich von der Art der Information und dem Stande der bereits gewonnenen Erkenntnisse abhängen. Der Weg zu Ergebnissen wird für den Wissenschaftler damit länger und ungewisser. Setzt er die Randomisation hingegen vor jede Aufklärung, so ebnet er sich die Bahn um den Preis anderer Nachteile. Wenn der Arzt die nach dem Zufall bestimmten Mitglieder der Versuchsgruppe über die Studie informiert und ihnen ein Wahlrecht einräumt, genügt er dem Selbstbestimmungsrecht dieser Patienten. Fraglich erscheint, ob er die Kranken der Vergleichsgruppe nur über die diesen zugedachte Standardmethode oder auch über die Versuchstherapie, die Studie und die Randomisation zu informieren hat. Nach fester gerichtlicher Spruchpraxis soll der Arzt den Patienten **über ernsthaft in Betracht kommende Alternativen aufklären.**[25] Dieser Satz gilt grundsätzlich auch in der Neulandmedizin, obwohl der Kranke im allgemeinen und von vornherein keinen Anspruch auf die Applikation der nicht oder noch nicht eingeführten Methode hat, weil der Arzt sich auf die Mittel der Schulmedizin, den Standard seines Faches beschränken darf. Der Arzt braucht freilich dann nicht über eine ernsthaft in Betracht kommende, noch nicht eingeführte Alternative zu unterrichten, wenn ihm diese praktisch nicht über ein bereits in Anspruch genommenes Maß hinaus zu Gebote steht. Nach diesem Modell der umfassenden Aufklärung beider durch Randomisation bestimmten Gruppen wer-

---

[25] Ist die vom Arzt vorgeschlagene Behandlungsmethode ernsthaft umstritten, hat dieser seinen Patienten darüber aufzuklären; BGH, NJW 1978, 587.

den deutlich weniger Patienten dem Zufall folgen; die Studie wird also an Aussagekraft verlieren und länger dauern. Je gehaltvoller der Arzt seine Patienten instruiert, desto weniger Raum läßt er wohl dem Zufall und damit dem biostatistischen Nachweis. Doch mit seiner ernsthaften Aufklärung genügt er dem Recht. Dem **Persönlichkeitsschutz** gebührt stets der **Vorrang.**

507 Richterlich geklärt sind die berührten Probleme noch nicht. Immerhin hat der *BGH* jüngst die Frage beschieden, unter welchen Umständen ein **Arzt den Patienten über neue diagnostische oder therapeutische Verfahren informieren muß,** die sich in der Erprobung befinden und erst an einzelnen Universitätskliniken zu Gebote stehen:

508 „Solange eine bewährte und mit vergleichsweise geringem Risiko behaftete Untersuchungsmethode zur Verfügung steht, braucht der Arzt den Patienten nicht von sich aus über andere, neuartige Verfahren zu unterrichten, die erst nach einem längeren Zeitraum auch für seinen Fall zusätzlich oder alternativ in Betracht kommen könnten. Er darf davon ausgehen, daß der Patient, der zu ihm kommt, jetzt untersucht und behandelt werden will und kein theoretisches Interesse daran hat zu erfahren, ob die Medizin über kurz oder lang wohl über bessere Methoden werde verfügen können, die auch schon hier und da erprobt und angewandt würden. Solange das Krankenhaus und der behandelnde Arzt davon ausgehen dürfen, daß der personelle und apparative Standard ausreicht, um den Patienten medizinisch zu versorgen, ist die Forderung nach einer Aufklärung über die neuesten Erkenntnisse der medizinischen Wissenschaft und über solche Diagnose- und Behandlungsmöglichkeiten, die erst in wenigen Spezialkliniken erprobt und durchgeführt werden, überzogen und durch die Bedürfnisse des Patienten nicht gerechtfertigt. Sein Selbstbestimmungsrecht wird dadurch nicht angetastet. Anders wäre es dann, wenn der Arzt weiß oder wissen muß, daß der Patient mit seinem speziellen Leiden zweckmäßiger und besser in einer Spezialklinik untersucht und behandelt wird."[26]

509 Medizinische Erprobungen können die Versuchsperson wie Außenstehende schädigen.[27] **Haftpflichtig** ist zunächst, wem das Gesetz eine objektive Einstandspflicht auferlegt, wie es das neue Arzneimittelrecht für die **Versicherung zugunsten des Probanden** vorsieht.[28] Die Vorschriften des Arzneimittelgesetzes zur **außervertraglichen Haftpflicht für Arzneimittelschäden** lassen das Verschuldensprinzip fallen und weichen damit vom allgemeinen Deliktsrecht des BGB wie von den höchstrichterlich entfalteten besonderen Grundsätzen der Produkthaftung wesentlich ab. Mit guten Gründen hat

---

[26] BGH, VersR 1984, 470 = NJW 1984, 1810.

[27] Zum Folgenden E. Deutsch, Medizin und Forschung vor Gericht, 49ff.

[28] § 40 AMG, Fall einer Schadens- (nicht Summen-)Versicherung. – Bei der klinischen Prüfung von Arzneimitteln obliegen dem Prüfarzt gegenüber dem Probanden auch Informationspflichten bezüglich des Versicherungsschutzes; vgl. die Aufsätze von H. Kollhosser (siehe oben) u. R. Bork, VersR 1983, 1094ff.

Weitnauer die Gebrechen und Nachteile des neuen Rechts aufgezeigt. Das Haftpflichtrecht des Arzneimittelgesetzes läßt sich mit seinen Besonderheiten und Eingrenzungen jedenfalls nicht im Wege der Analogie auf das Arztrecht allgemein übertragen, zumal die Gefährdungshaftung nur dort gilt, wo der Gesetzgeber sie angeordnet hat. Eine Haftpflicht kann sodann jeden treffen, der einen Versuch durchführt und dabei fehlt, also den **Versuchsleiter,** auch seine **Mitarbeiter.**

Außerdem kommen als Adressaten eines Schadensersatzanspruchs auch 510
Personen oder Institutionen in Betracht, die eine **Aufsichts- oder Überwachungspflicht** verletzten. Universitäten und Forschungsanstalten trifft ein **Organisationsverschulden,** wenn sie nicht Zuschnitt und Anlage der wissenschaftlichen Projekte, die Einhaltung der Grundsätze über die aufgeklärte Einwilligung und das Verhältnis von Vorteil und Gefahr in großen Zügen auf eine Weise überwachen, die augenfällige Mißbräuche ausschließt. Auch auftraggebende oder finanziell fördernde Gremien haben darauf zu achten, daß die wissenschaftliche Arbeit nicht die Rechtsgüter der Probanden, der Patienten oder Dritter verletze. Dabei genügt eine Richtlinienkontrolle.

Die unaufhaltsame Perfektion der Technik mit ihren Chancen und Gefah- 511
ren gebietet ethische Reflexion in den Wissenschaften aller Disziplinen.[29] In der Geschichte der Medizin erweist sich der therapeutische Optimismus als bestimmende und treibende Kraft; kritisches ärztliches Denken aber muß ihn zügeln.[30] Wie zu keiner anderen Zeit steht die „Medizin zwischen Heil und Unheil",[31] droht sie auf einzelnen Feldern zur „unmenschlichen Medizin"[32] zu werden, befinden sich **„Medizin-Technik und Arzt-Ethik im Dilemma".**[33] Wie die Kernphysik so wirft auch die Kernbiologie, insbesondere die Humangenetik, Schicksalsfragen der Menschheit auf.

Unter den Begriff der **Humangenetik** fallen die Verfahren der Reproduk- 512
tionsbiologie: die extrakorporale Befruchtung oder In-vitro-Fertilisation mit homologem und heterologem Embryotransfer in verschiedenen Spielarten, weiter die Forschung an Embryonen, die Kryokonservierung (Tiefgefrierung), das Klonen (die künstliche Produktion genetisch identischer Zwillinge oder Mehrlinge) sowie die Erzeugung von Chimären und Hybridwesen. Zur Humangenetik gehört ferner die Methode der Genomanalyse: der Nachweis einzelner Erbmerkmale des Menschen, erblicher Leiden und Dispositionen. Schließlich zählen dazu die Verfahren der Gentherapie, nämlich die Behand-

---

[29] Ausführlicher und mit zahlreichen Hinweisen A. Laufs, Rechtliche Grenzen der Fortpflanzungsmedizin, 1987, ferner JZ, 1986, 769–777, u. NJW 1986, 1515f.

[30] H. M. Koelbing, Die ärztliche Therapie, Grundzüge ihrer Geschichte, 1985.

[31] V. Diehl, Med. Klinik 1986, 100–104.

[32] Förderkreis Bad Nauheimer Gespräche (Hg.), Unmenschliche Medizin. Geschichtliche Erfahrungen, gegenwärtige Probleme und Ausblick auf die zukünftige Entwicklung, 1983. – Zur Zeitgeschichte F. Kudlien, Ärzte im Nationalsozialismus, 1985.

[33] H. Schipperges, Scheidewege 15, 1985/86, 142–162.

lung einzelner monogener Erbleiden durch Gentransfer in somatische Zellen nach Art der Organtransplantation und – ungleich problematischer – in Keimbahnzellen.[34] Die Diskussion der durch die Fortschritte der Humangenetik aufgeworfenen Rechtsfragen kann noch längst nicht als abgeschlossen gelten.[35] Auch der systematisch angelegte, thematisch umfassende, in den Einzelheiten aber knapp gehaltene Abschlußbericht der *Benda*-Kommission[36] unterbreitet bedachtsame rechtspolitische Vorschläge, ohne das Thema zu erschöpfen.

513 „Aufgabe des Rechts ist es nicht, medizinischen Entwicklungen unabhängig von überkommenen Werten zu einer (scheinbaren) Legitimation zu verhelfen, vielmehr sind die Lösungen ausgehend von dem Bestand an rechtlichen und ethischen Normen zu entwickeln."[37] Angesichts der durch die neuen Technologien aufgeworfenen Lebensfragen hat die Rechtsordnung klare Aussagen über die Grenzen des Erlaubten zu treffen.[38] Dabei gewinnt die Wahrung der **Menschenwürde** (Art. 1 GG) grundlegende und maßgebende Bedeutung. „Da jedes menschliche Leben Würde besitzt, muß Würde auch der Eizelle vom Augenblick der Befruchtung an – und unabhängig von der Art der Befruchtung – zukommen, liegt doch nun artspezifisches, ja bereits individualspezifisches menschliches Leben vor."[39] Entwicklungsbiologie und Medizin bestätigen den anthropologischen Ausgangspunkt: „Der Mensch ist von der Zeugung an ein Mensch."[40]

514 Steht die Menschenwürde der **Retortenproduktion** entgegen? „Der Mensch besitzt nicht nur eine räumliche Gestalt, deren Integrität zu respektieren eine Forderung der Menschenwürde ist. Er besitzt auch eine Zeitgestalt. Es gehört zu dieser Gestalt als Repräsentation des Unbedingten, daß ihr Anfang und ihr Ende nicht das Resultat zweckrationalen Machens anderer Menschen sind."[41] Genitum non factum?

515 In § 1 Abs. 4 gibt die Berufsordnung auch „der Forschung mit vitalen

---

[34] Instruktiv, umfassend und vielseitig führt in die Fragen der Humangenetik ein R. Flöhl (Hg.), Gentechnologie – Fluch oder Segen? Interdisziplinäre Stellungnahmen, 1985; ferner der Bericht der Enquete-Kommission „Chancen und Risiken der Gentechnologie" des 10. Deutschen Bundestages, 1987.

[35] Eine Zwischenbilanz (mit rechtsvergleichenden Hinweisen) zieht E. Benda, NJW 1985, 1730–1734.

[36] Der Bundesminister für Forschung und Technologie (Hg.), In-vitro-Fertilisation, Genomanalyse und Gentherapie, 1985.

[37] D. Giesen, Festschr. f. W. Hegnauer, 1986, 57.

[38] Der Staat darf sich dieser Aufgabe „auch nicht durch Anerkennung eines ‚rechtsfreien Raumes' entziehen, indem er sich der Wertung enthält und diese der eigenverantwortlichen Entscheidung des Einzelnen überläßt". *BVerfGE* 39, 1 (44) = NJW 1975, 573 ff.

[39] W. Graf Vitzthum, MedR 1985, 252.

[40] F. Büchner, Der Mensch in der Sicht moderner Medizin, 1985, 65 ff., 75 ff. Vgl. auch die in Kap. VI genannten Werke, insbes. diejenigen von M. Pap u. G. Schirmer.

[41] R. Spaemann, Scheidewege 15, 1985/86, 32 f.

menschlichen Gameten und lebendem embryonalen Gewebe" Raum, wobei sie den Arzt wie auch sonst vor Versuchen an „eine bei der Ärztekammer oder einer medizinischen Fakultät gebildetete Ethikkommission" verweist. Näheren Aufschluß versprechen die durch den Vorstand der Bundesärztekammer beschlossenen **„Richtlinien zur Forschung an frühen menschlichen Embryonen".**[42] Indessen zeigen sich diese Vorgaben mit ihrem Kommentar und ihrem Anhang beherrscht von zahlreichen Dissensen. Über die rechtlichen Aporien kann auch die „zentrale Kommission" nicht hinweghelfen, die „als ständiger Ausschuß bei der Bundesärztekammer" über die Richtlinien wachen soll.

Der Standesvertretung fehlt die **Kompetenz** für die vielschichtige Rechts- **516**
problematik. Die Bundesärztekammer hat nicht die Befugnis, in Mustersatzungen und Empfehlungen die Schnittpunkte festzulegen, innerhalb derer der unabdingbare Schutz der Menschenwürde und des Lebensrechts des embryonalen Menschen stattfinden muß. Die berufsordnenden Satzungen der Ärztekammern in den Ländern haben sich selbstverständlich in den Rahmen des staatlichen Gesetzes und des Verfassungsrechts einzuordnen. Auch sie können den Schutz des menschlichen Lebens nicht durch eigene Definitionen verändern.[43]

Zwar sichert das Grundgesetz in Art. 5 Abs. 3 die **Freiheit von Wissen-** **517**
schaft und Forschung. Das Prinzip der **immanenten Grundrechtsschranken** indessen gebietet den Respekt vor der Menschenwürde und vor deren vitaler Basis, nämlich dem Leben (Art. 2 Abs. 2 S. 1 GG). Dies gilt auch sonst im Arzt- und Medizinrecht. Bei den klinischen Studien etwa kann der verfassungsrechtlich gebotene informed consent den Wert biostatistischer Verfahren beeinträchtigen und den Erkenntnisprozeß erschweren; gleichwohl gelten die Aufklärungsregeln im Dienste menschlicher Autonomie.[44]

Darf der Wissenschaftler **klinisch übrig gebliebene Embryonen** im frühen **518**
Stadium vor ihrem Zerfall für Experimente nutzen? Die Antwort wird prinzipiell verneinend ausfallen müssen, auch um jeden Mißbrauch auszuschließen. Wer das Experiment zuläßt, wogegen schwerste Bedenken bestehen, wird dies allenfalls in engen Grenzen tun können: Der Forschungszweck darf nicht gegen die Menschenwürde verstoßen. Als unerlaubt müssen danach gelten die künstliche Teilung von Embryonen, Manipulationen mit dem Ziel des Eineltern- oder eines Vierelternkindes, die Konjugation menschlicher und tierischer Keimzellen sowie gentherapeutische Eingriffe, die nicht durch schwere Erbkrankheiten indiziert sind.[45]

---

[42] Dt. ÄrzteBl. 1985, 3757ff.

[43] Vgl. den Facharztbeschluß des BVerfG: E 33, 125 = NJW 1972, 1504, ferner R. Scholz, in: Bitburger Gespräche, Jb. 1986/1, 1986, 88.

[44] Vgl. etwa K. zum Winkel, W. Doerr, R. Herrmann, B.-R. Kern u. A. Laufs (Hg.), Randomisation und Aufklärung bei klinischen Studien in der Onkologie, 1984.

[45] Vgl. C. Starcks Juristentagsgutachten 1986, ferner die in Kapitel VI genannte Literatur.

519 **Schadensersatzrechtliche Verantwortlichkeit** kann nicht nur diejenigen treffen, die im Rahmen eines Forschungsvorhabens medizinische Versuche unmittelbar durchführen, sondern auch solche Personen, die derartige Vorhaben planen, kontrollieren und fördern. Den Grund der Haftpflicht bildet die Verletzung einer Verkehrspflicht (§ 823 Abs. 1 BGB).[46] Der **Träger der Ethik-Kommission** muß für eigene Pflichtversäumnisse einstehen, wenn er den Ausschuß nicht richtig organisiert hat oder nicht grundsätzlich überwacht. Ist die Kommission, wie regelmäßig an staatlichen Einrichtungen, öffentlich-rechtlich organisiert, dann haftet die Institution für eine schuldhafte Verletzung der Amtspflicht durch die Mitglieder des Ausschusses nach Art. 34 GG, § 839 BGB. Der Dienstherr kann bei grober Fahrlässigkeit bei den Mitgliedern der Ethik-Kommission **Regreß** nehmen. Zieht die Ethik-Kommission einen Gutachter heran, so ist dieser selbst haftbar, wobei er jedoch bei leichter Fahrlässigkeit einen **Freistellungsanspruch** hat, wenn er ohne oder gegen unzureichendes Entgelt tätig wurde. Dies gilt auch für Mitglieder privat organisierter Ethik-Kommissionen; insoweit belastet also die gefahrbehaftete Tätigkeit den Träger des Ausschusses.[47]

---

[46] Zur Haftung bei der Planung und Förderung medizinischer Forschungsvorhaben Ch. v. Bar u. G. Fischer, NJW 1980, 2734 ff.

[47] E. Deutsch, Arzt- und Arzneimittelrecht, 238 f.

Sachregister

bearbeitet von Dieter Weber

Die arabischen Zahlen verweisen auf die Randnummern, römische mit arabischen Zahlen bezeichnen die Fußnoten nach Kapiteln

Übersicht aller lieferbaren Bände der NJW-Schriftenreihe

Heft 1
Göppinger · Vereinbarungen anläßlich der Ehescheidung
6. Auflage. 1988. XXX, 501 Seiten 8°. Kartoniert DM 68,–

Heft 2
Gelzer/Busse · Der Umfang des Entschädigungsanspruchs aus Enteignung und enteignungsgleichem Eingriff
2. Auflage. 1980. XIII, 222 Seiten 8°. Kartoniert DM 29,50

Heft 4
Schmalzl · Die Haftung des Architekten und des Bauunternehmers
4. Auflage. 1980. XXIII, 302 Seiten 8°. Kartoniert DM 39,50

Heft 5
Wussow/Küppersbusch · Ersatzansprüche bei Personenschaden
4. Auflage. 1986. XXIII, 258 Seiten 8°. Kartoniert DM 38,–

Heft 6
Stahlhacke · Kündigung und Kündigungsschutz im Arbeitsverhältnis
4. Auflage. 1982. XXIII, 315 Seiten 8°. Kartoniert DM 39,50

Heft 7
Sanden/Völtz · Sachschadenrecht des Kraftverkehrs
5. Auflage. 1986. XV, 148 Seiten 8°. Kartoniert DM 24,–

Heft 8
Hoppe/Schlarmann · Rechtsschutz bei der Planung von Straßen und anderen Verkehrsanlagen
2. Auflage. 1981. XXVI, 169 Seiten 8°. Kartoniert DM 32,–

Heft 11
Schmidt-Salzer · Allgemeine Geschäftsbedingungen
2. Auflage. 1977. XVI, 319 Seiten 8°. Kartoniert DM 29,80

Heft 12
Finkelnburg/Jank · Vorläufiger Rechtsschutz im Verwaltungsstreitverfahren
3. Auflage. 1986. LI, 454 Seiten 8°. Kartoniert DM 68,–

Heft 15
Zuck · Verfassungsbeschwerde und einstweilige Anordnung gem. §§ 90, 32 BVerfGG
1973. IX, 103 Seiten 8°. Kartoniert DM 7,80

Heft 16
Dahs/Dahs · Die Revision im Strafprozeß
4. Auflage. 1987. XIII, 241 Seiten 8°. Kartoniert DM 34,–

Heft 18
Schwerdtner · Maklerrecht
3. Auflage. 1987. XX, 247 Seiten 8°. Kartoniert DM 34,–

Heft 20
Schmidt/Schmidt · Der Gegenstandswert in bürgerlichen Rechtsangelegenheiten
2. Auflage. 1978. XV, 191 Seiten 8°. Kartoniert DM 28,–

Heft 21
Roth-Stielow · Der Abstammungsprozeß
2. Auflage. 1978. XI, 212 Seiten 8°. Kartoniert DM 28,–

Heft 22
Kalthoener/Büttner · Die Rechtsprechung zur Höhe des Unterhalts
3. Auflage. 1985. XVIII, 325 Seiten 8°. Kartoniert DM 48,–

Heft 23
Johlen · Wehrpflichtrecht in der Praxis
2. Auflage. 1984. XVIII, 161 Seiten 8°. Kartoniert DM 24,–

Heft 24
Breuer · Öffentliches und privates Wasserrecht
2. Auflage. 1987. XXVI, 578 Seiten 8°. Kartoniert DM 74,–

Heft 25
Bauer · Die Kraftfahrtversicherung
2. Auflage. 1983. XXIV, 207 Seiten 8°. Kartoniert DM 29,–

Heft 27
Niehues · Schul- und Prüfungsrecht
2. Auflage. 1983. XXX, 385 Seiten 8°. Kartoniert DM 48,–

Heft 29
Laufs · Arztrecht
4. Auflage. 1988. X, 243 Seiten 8°. Kartoniert DM 38,–

Heft 30
Kleinknecht/Janischowsky · Das Recht der Untersuchungshaft
1977. XX, 154 Seiten 8°. Kartoniert DM 19,80

Heft 31
Sellner · Immissionsschutzrecht und Industrieanlagen
Zulassung – Abwehr – Kontrolle nach dem BImSchG
1978. XXIV, 227 Seiten 8°. Kartoniert DM 35,–

Heft 33
Seitz/Schmidt/Schoener · Der Gegendarstellungsanspruch in Presse, Film, Funk und Fernsehen
1980. XXVIII, 268 Seiten 8°. Kartoniert DM 38,–

Heft 34
Nirk/Kurtze · Wettbewerbsstreitigkeiten
Eine praxisbezogene Anleitung
1980. XXIV, 222 Seiten 8°. Kartoniert DM 32,–

Heft 35
Plagemann/Plagemann · Gesetzliche Unfallversicherung
1981. XIX, 207 Seiten 8°. Kartoniert DM 29,50

Heft 36
Commichau/Schwartz · Grundzüge des Kartellrechts
1981. XXIII, 185 Seiten 8°. Kartoniert DM 32,–

Heft 38
Weisemann · Sport, Spiel und Recht
1983. XXII, 199 Seiten 8°. Kartoniert DM 32,–

Heft 39
de Witt/Huffmann · Nichteheliche Lebensgemeinschaft
2. Auflage. 1986. XXXIII, 264 Seiten 8°. Kartoniert DM 39,–

Heft 40
Schnellenbach · Beamtenrecht in der Praxis
2. Auflage. 1987. XXV, 279 Seiten 8°. Kartoniert DM 39,–

Heft 41
Huber · Ausländer- und Asylrecht
1983. LII, 308 Seiten 8°. Kartoniert DM 39,–

Heft 42
Driehaus · Erschließungs- und Ausbaubeiträge
2. Auflage. 1987. XXXIV, 572 Seiten 8°. Kartoniert DM 74,–

Heft 43
Müller · Praktische Fragen des Wohnungseigentums
1986. XXII, 373 Seiten 8°. Kartoniert DM 48,–